FORSCHUNGSBERICHTE DES LANDES NORDRHEIN-WESTFALEN

Nr. 3235 / Fachgruppe Wirtschafts- und Sozialwissenschaften

Herausgegeben vom Minister für Wissenschaft und Forschung

Prof. Dr.phil. Horst Ueberhorst
Gerhard Hauk
Ralf Klein
Jean-Luc Malvache
Eike Stiller

Fakultät für Sportwissenschaft
Ruhr-Universität Bochum

Arbeitersport- und Arbeiterkulturbewegung im Ruhrgebiet

Westdeutscher Verlag 1989

CIP-Titelaufnahme der Deutschen Bibliothek

Arbeitersport- und Arbeiterkulturbewegung
im Ruhrgebiet / Autor: Horst Ueberhorst ... -
Opladen: Westdt. Verl., 1989
(Forschungsberichte des Landes Nordrhein-
Westfalen ; Nr. 3235 : Fachgruppe Wirtschafts-
und Sozialwissenschaften)
ISBN 3-531-03235-6
NE: Ueberhorst, Horst [Mitverf.] ; Nordrhein-
Westfalen: Forschungsberichte des Landes ...

Der Westdeutsche Verlag ist ein Unternehmen der Verlagsgruppe Bertelsmann.

Herstellung: Westdeutscher Verlag
Druck und buchbinderische Verarbeitung:
Lengericher Handelsdruckerei, 4540 Lengerich
Printed in Germany

ISBN 3-531-03235-6

Inhalt

1. Inhalt und Anlage des Forschungsprojektes

1.1 Untersuchungsgegenstand, Zielsetzung und Fragestellung

Seit einigen Jahren hat in der bundesrepublikanischen Geschichtswissenschaft das Interesse an der Erforschung organisierter und nicht-organisierter Formen von Arbeiterkultur stark zugenommen. Neben die zuvor eindeutig die wissenschaftlichen Analysen dominierenden Themen der Geschichte der politischen und gewerkschaftlichen Institutionen der Arbeiterschaft und - damit verknüpft - der Geschichte politischer Programme und Theorien, hat sich, wie eine kaum noch zu überblickende Fülle an Literatur beweist,[1] ein neuer Schwerpunkt geschoben, den man ganz allgemein als "Kulturgeschichte" oder als "Geschichte der kulturellen und symbolisch-expressiven Ausdrucksformen und Verhaltensweisen von Arbeitern und unteren Schichten" charakterisieren kann.
Diese Erweiterung des Forschungsinteresses hat ihre Ursache in einem Paradigmawechsel, der sich in den letzten Jahren nicht nur in der westdeutschen Historiographie vollzogen hat und der schlagwortartig mit den Begriffen "Alltagsgeschichte" oder "Geschichte von unten" bezeichnet wird. Im wesentlichen verbinden sich damit die drei folgenden Aspekte:
1. richtet sich das Erkenntnisinteresse mehr auf die Erfahrungsbereiche und Wahrnehmungshorizonte der Massen der Bevölkerung als auf die einzelner, in der sozialen Hierarchie an der Spitze stehender Repräsentanten.
2. rücken, gewissermaßen als logische Folge, Sektoren der sozialen Realität in den Blickpunkt, die in Gegensatz zu den sogenannten Superstrukturen der Gesellschaft wie Ökonomie, Politik, Recht, Kunst und Wissenschaft stehen und die man zunächst ganz allgemein unter die Kategorie des "Alltags" und der "alltäglichen Anschauungs- und Erlebnisformen" subsumieren kann.
3. schließlich zeigt sich in diesem Zusammenhang oft das Zugrundelegen einer regionalhistorischen Untersuchungsperspek-

---

1 Ein umfassender Überblick über die Literatur findet sich in dem vom IZS in Zusammenarbeit mit der Friedrich-Ebert-Stiftung herausgegebenen Band "Arbeiterkultur", Bonn 1987^{2}

tive, d.h. kleinere geographische Räume und Einheiten sollen in ihrer relativen Autonomie und einschließlich ihrer spezifischen Strukturen dargestellt und analysiert werden.
Das Projekt, über dessen Ergebnisse im folgenden berichtet wird, läßt sich in diesen allgemeinen Rahmen einordnen. Eine Feststellung des Sozialhistorikers Gerhard A. Ritter aufgreifend, derzufolge die Erforschung der Erscheinungsformen von Arbeiterkultur "wohl nur durch sozialgeschichtliche und volkskundliche Fragestellungen verbindende Untersuchungen über geographisch begrenzte Räume vorangebracht werden kann",[2] beschäftigte es sich in einer Laufzeit von zwei Jahren (Juli 1986 bis Juni 1988) mit der organisierten Arbeiterkultur des Ruhrgebiets und dort insbesondere mit deren einstmals größten eigenständigen Teilbereich, der Arbeitersportbewegung. Zeitlich auf die Phase zwischen 1893 (Gründungsjahr des Arbeiter-Turnerbundes in Deutschland) und 1933 (Auflösung und Verbot der eigenständigen Arbeiterkulturorganisationen durch den Nationalsozialismus) eingegrenzt, konzentrierte sich die Untersuchung auf folgende Ruhrgebietsstädte entlang der Emscherzone: Dortmund, Bochum, Gelsenkirchen, Essen, Oberhausen und Duisburg.
Dies geschah zum einen aus arbeitskapazitären Gründen sowie aufgrund der Tatsache, daß in diesen Städten eine günstige Quellen- und Materiallage gegeben war. Zum andern können die ausgewählten Orte aber hinsichtlich des Industrialisierungsgrades und der Infra- und Sozialstrukur auch als typisch für die Region des Ruhrgebiets angesehen werden, sodaß eine Generalisierbarkeit der Resultate für die Entwicklung der Arbeitersportbewegung in gewissem Maße gerechtfertigt erscheint.
Im Antrag zum Forschungsprojekt war allerdings auch schon angedeutet worden, daß diese räumliche Beschränkung nicht dogmatisch eingehalten werden sollte, falls sich im Fortgang der Arbeiten ergeben sollte, daß es lohnenswert wäre, noch andere Städte und Ortschaften miteinzubeziehen.
Wie sich schon nach kurzer Zeit herausstellte, traf dies auf Herne und auf Hagen zu, wobei es vor allem zwei Gründe waren,

---

2 Ritter, 1979, 20

die es sinnvoll erscheinen ließen, diese Städte in die Analyse miteinzuschließen:
1. bot sich hier eine zusätzliche Möglichkeit, mündliche Befragungen mit ehemaligen Arbeitersportlern durchzuführen und auch eine Reihe bislang noch nicht erschlossener schriftlicher Quellen auszuwerten.
2. existierte gerade in Hagen während des Untersuchungszeitraumes ein im Vergleich zu anderen Städten außerordentlich reges und vielfältiges kulturelles Vereinsleben der Arbeiter, sodaß es gerechtfertigt schien, die an der Grenze zwischen Ruhrgebiet und Bergischem Land liegende Stadt ebenfalls zu untersuchen.
Auf dem Hintergrund dieser räumlichen und zeitlichen Einschränkungen wurden mit dem Vorhaben zwei Hauptzielsetzungen verfolgt. Zum einen sollte die organisatorische Struktur und Entwicklung des Arbeitersports im Ruhrgebiet, bzw. in den ausgewählten Städten empirisch möglichst genau rekonstruiert und im Vergleich mit anderen Regionen Deutschlands in ihren Differenzen erfaßt werden, wobei die Beantwortung der Frage nach den möglichen Ursachen für diese Differenzen von übergeordneter Bedeutung war. Im besonderen interessierten in diesem Kontext Fragestellungen nach der Mitgliederentwicklung, und zwar sowohl insgesamt als auch nach Alter und Geschlecht differenziert, nach der Entwicklung der Arbeitersportvereine unter sportartspezifischen Aspekten sowie nach deren sozialer Zusammensetzung, wobei anzumerken ist, daß letzteres aufgrund der Quellenlage empirisch exakt nur für das Funktionärswesen beantwortet werden konnte.
Neben diesen eher an der traditionellen Organisationsgeschichte ausgerichteten Fragestellungen sollte das Projekt zum andern aber auch einen Beitrag zur Erforschung "kollektiver Mentalitäten und Identitäten" in der Arbeiterkultur- und Arbeitersportbewegung leisten. Erfaßt werden sollten hier insbesondere die Struktur und Funktion kollektiver symbolischer Wahrnehmungs- und Verhaltensmuster, d.h. die Formen sinn- und identitätsstiftender mythischer Sichtweisen sowie ritueller

Verhaltensstile. Verfolgt wurde damit die Absicht, etwas zur Erhellung der Rolle des "subjektiven Faktors" beizutragen.
Mit der Untersuchung kollektiv-symbolischer Vorstellungen und deren sozialen Gebrauchsweisen sollte sowohl der Frage der Integration von Arbeitern und Arbeitersportlern in bestehende Sozialnormen als auch dem Phänomen der Desintegration, d.h. der Frage nach möglichen Umdeutungen und Umfunktionierungsversuchen sowie der Entwicklung von Gegennormen nachgegangen werden.
Darüber hinaus war es Ziel, die integrative Rolle symbolischer Mechanismen in bezug auf die arbeitsteilig getrennten Praxisbereiche der Gesellschaft herauszuarbeiten, um so etwas zur Klärung des Problems der Interdependenz verschiedener Gesellschaftsebenen beizutragen und auch eine Vermittlung zwischen der politischen, sozioökonomischen und kulturellen Geschichte der Arbeiterbewegung zumindest ansatzweise zu leisten.
Notwendig war dafür der Rückgriff auf bestimmte soziologische sowie sprachwissenschaftliche und semiologische Kategorien und Theoreme, die im zweiten Kapitel des Berichts genauer erläutert und in ihrer Relevanz für alltags- und mentalitätsgeschichtliche Studien dargestellt werden.
Anzumerken ist aber an dieser Stelle bereits, daß die Analyse kollektiv-symbolischer Formen in der Arbeitersportbewegung des Ruhrgebiets aufgrund der Materialfülle keinen Anspruch auf Vollständigkeit erheben kann, sondern sich vielmehr auf einige, nach dem Relevanzkriterium ausgewählte Aspekte beschränken mußte. Aufgrund der Quellenauswertung wurden in diesem Zusammenhang die Festkultur des Arbeitersports, das Problem von Kartellbildung und Konzentration bzw. Zentralisation, das Verhältnis des Arbeitersports zu den sogenannten wilden Vereinen, die Konzeption und Praxis des Frauen- und des Kinder- und Jugendsports einschließlich des dahinter stehenden Frauen- und Jugendbildes sowie einige ordnungsrituelle Verhaltensformen und symbolische Vorstellungen über den Körper der Arbeitersportler als besonders wichtig angesehen.

1.2 Stand der Forschung

Das Spektrum der Literatur, die durch das in den letzten Jahren stetig zunehmende Interesse an Alltags- und Arbeiterkulturgeschichte entstanden ist, umfaßt, wie Hans Joachim Teichler in einem kritischen Überblick über die Forschung zur Geschichte der Arbeitersportbewegung in Deutschland gezeigt hat,[3] so disparate Genres wie die Reprints zeitgenössischer Texte und Quellen, Materialien- und Fotobände, Ausstellungskataloge und Broschüren, Publikationen, die einen Gesamtüberblick über die vorhandenen Arbeiterkulturorganisationen und deren Praxis und Ziele geben, sowie kleinere Aufsätze und Artikel zu besonderen Fragestellungen und Themenkomplexen.
Während in der historischen Forschung der DDR die Arbeitersportbewegung schon in den 50er Jahren zum Untersuchungsgegenstand wurde,[4] initiierten in der Bundesrepublik erst zu Beginn der 70er Jahre die Studien von Horst Ueberhorst und Heinz Timmermann,[5] die seitdem allgemein als "Pionierarbeiten" auf diesem Gebiet gelten, eine stärkere Beschäftigung mit der Thematik. Während beide Arbeiten jedoch - damals auch durchaus nötig

---

3 Teichler, 1984, 325ff

4 Zu nennen sind hier vor allem die folgenden fünf Dissertationen: Schuster, Hans: Der Kampf des Arbeiter-Turnerbundes um die Gewinnung und die proletarische Erziehung der Jugend vor dem ersten imperialistischen Weltkrieg (1893 - 1914), Leipzig 1956; Simon, Hans: Der Kampf der Opposition im Arbeiter-Turn- und Sportbund gegen die Reformisten und um die Gewinnung der Mitglieder in der revolutionären Nachkriegskrise 1919 - 1923 - ein Teil des Kampfes der fortschrittlichen Kräfte der deutschen Arbeiterklasse, Leipzig 1956; Westphal, Helmuth: Die proletarische Wehrsportbewegung in der Zeit der großen Weltwirtschaftskrise (1929 - 1933), Leipzig 1957; Wieczisk, Georg: Die Stellung der deutschen Turn- und Sportorganisationen zur faschistischen Diktatur und ihren sportfeindlichen Zielen, Leipzig 1956; Wonneberger, Günter: Revolutionäre Arbeitersportler im Kampf gegen Militarisierung und Faschisierung des deutschen Sports während der Weltwirtschaftskrise bis zum Machtantritt des Faschismus (1930 - 1933), Leipzig 1956

5 Ueberhorst, Horst: Frisch, frei, stark, treu. Die Arbeitersportbewegung in Deutschland 1893 - 1933, Düsseldorf 1973; Timmermann, Heinz: Geschichte und Struktur der Arbeitersportbewegung 1893 - 1933, Ahrensburg 1973

und sinnvoll - den Arbeitersport in Deutschland in seiner Entwicklung insgesamt analysieren und bei der Herausarbeitung seiner kulturellen Wertvorstellungen und seines politischen Verhaltens einem organisationsgeschichtlichen Paradigma verpflichtet bleiben, sind gerade in letzter Zeit eher regional- und lokalhistorische Darstellungen und Untersuchungen in den Vordergrund getreten, die zumeist beanspruchen, die Relevanz der Sichtweisen und Meinungsäußerungen der Organisationsspitzen der Arbeiterkultur sowie den Stellenwert der offiziell proklamierten Ideale durch einen engeren Bezug zur Praxis und zur Realität "vor Ort" zu relativieren. In diesen Zusammenhang gehört auch die Tendenz, daß größere Studien, die primär die politische und sozioökonomische Geschichte der Arbeiterbewegung in einem Ort oder einer Region zum Gegenstand haben, zunehmend den dort jeweils existierenden Vereinen der organisierten Arbeiterkultur Aufmerksamkeit widmen und nach deren Beziehung zu Partei und Gewerkschaften der Arbeiter fragen.
Dennoch bleibt bezüglich des hier dargestellten Forschungsprojektes zu konstatieren, daß größere und zusammenfassendere Arbeiten zur Arbeiterkultur- und Arbeitersportbewegung des Ruhrgebiets bislang nicht vorliegen. Zwar zählt gerade die Geschichte der Arbeiterschaft des Ruhrgebiets seit langem zu den klassischen Themen der Sozialgeschichte, dominierend waren dabei jedoch politische und wirtschaftliche Aspekte und Fragestellungen. Während also z.B. bezüglich der organisatorischen Entwicklungen von Gewerkschaften und Arbeiterparteien, der sozialen Struktur der Arbeiterschaft und derem politischen Verhalten für die Region des Ruhrgebiets in ausreichendem Maße Forschungen vorzuliegen scheinen, sind für den Bereich der organisierten Arbeiterkultur und des Arbeitersports erhebliche Defizite vorhanden, über die auch einzelne Aufsätze oder der in der Regel nicht genau zu überblickende Bestand an sogenannter grauer Literatur, zu dem vornehmlich Diplom-, Staatsexamens- und Magisterarbeiten zu rechnen sind, nicht hinwegtäuschen können.[6]

6 Bei Teichler (1984) findet sich eine recht umfangreiche Aufstellung auch über diese Arbeiten.

So behandelt z.B. der 1974 von Jürgen Reulecke herausgebene Band mit dem Titel "Arbeiterbewegung an Rhein und Ruhr"[7] die Arbeiterkultur überhaupt nicht. Ebensowenig gehen Einzeluntersuchungen über die Revierstädte, wie etwa die ansonsten ausgezeichnete und die soziale Lage und das politische Verhalten der Arbeiterschaft detailliert schildernde Studie David Crews über die Entwicklung Bochums zu einer Industriestadt oder Rainer Stöckers zweibändige Geschichte der Hagener Arbeiterbewegung,[8] auf diesen Bereich ein.
Sieht man einmal von den gerade in jüngster Zeit erschienenen historischen "Lesebüchern" einiger Ruhrgebietsstädte[9] ab, in denen die organisierte Arbeiterkultur eher deskriptiv und dokumentierend als analysierend dargestellt wird, wurden die kulturellen Aktivitäten von Arbeitern des Ruhrgebiets in der Vergangenheit hauptsächlich im Rahmen von Untersuchungen über die Gruppe der Bergarbeiter thematisiert. Zu erwähnen ist in diesem Kontext insbesondere die umfangreiche Sozialgeschichte der Bergarbeiterschaft an der Ruhr von Klaus Tenfelde,[10] die sich in einem gesonderten Kapitel mit dem spezifischen, zumeist konfessionell orientierten, bergmännischen Vereinswesen beschäftigt und dies als einen wichtigen kulturellen und mentalitätsbildenden Faktor begreift. Darüber hinaus hat Franz-Josef Brüggemeier den besonderen Ausformungen dieser Kultur eine hohe Aufmerksamkeit gewidmet. Seine Ausführungen besitzen

---

7 Reulecke, Jürgen (Hg.). Arbeiterbewegung an Rhein und Ruhr. Beiträge zur Geschichte der Arbeiterbewegung in Rheinland-Westfalen, Wuppertal 1974

8 Crew, David: Bochum. Sozialgeschichte einer Industriestadt 1860 - 1914, Frankfurt a.M/Berlin/Wien 1980; Stöcker, Rainer: "Noch bleibt der volle Tag uns zu ersiegen". Geschichte der Hagener Arbeiterbewegung, Bd. 1: 1848 - 1923, Essen 1984 und ders.: Seid einig! Geschichte der Hagener Arbeiterbewegung, Bd. 2: 1924 - 1933, Essen 1985

9 Vorbildfunktion für dieses Genre, dem zumindest das Verdienst gebührt, die Existenz eigenständiger Arbeiterkultur im Ruhrgebiet nicht in Vergessenheit geraten zu lassen bzw. deren Geschichte auch einem breiteren Publikum zugänglich zu machen, übernahm zweifellos der von der Stadt Recklinghausen herausgegebene Band "Hochlarmarker Lesebuch. Kohle war nicht alles ", Oberhausen 1981

10 Tenfelde, Klaus: Sozialgeschichte der Bergarbeiterschaft an der Ruhr im 19. Jahrhundert, Bonn 1977

vor allem den Vorzug, expliziter nach den Funktionen der Bergarbeiterkultur für ihre Träger zu fragen und - etwa an der Art des Festefeierns und anderem Freizeitverhalten - Spannungen und Differenzen zum Wertgefüge des Bürgertums aufzudecken.[11]
Insgesamt ist also festzustellen, daß erst ein kleiner Teil der Formen von Arbeiterkultur in der Region thematisiert worden und dabei gerade der Bereich der eigenständigen Arbeiterkulturorganisationen vernachlässigt worden ist. Hier fehlt sowohl eine systematischere Erfassung und Analyse der Praxis und der Zielvorstellungen als auch der Sozialisationsfunktionen der Arbeiterkultur- und Arbeitersportvereine, und auch Tenfeldes Beitrag zur Vereinskultur im Ruhrgebiet und deren Formen klassenspezifischer Sozialisation[12] geht in dieser Hinsicht über einige generelle Bemerkungen nicht hinaus und kann von daher allenfalls eine intensivere Beschäftigung mit dem Gegenstand anregen.
Ähnlich ist der Forschungsstand im Hinblick auf die zweite Zielsetzung des Projektes, die Untersuchung "kollektiver Mentalitäten" bzw. kollektiv-symbolischer Formen und Mythen einzuschätzen.
Die historische Symbolforschung zur Arbeiterkultur steckt in der Bundesrepublik noch in den Anfängen, gleichwohl haben die wenigen vorliegenden Arbeiten sowohl unter dem Aspekt der kollektiven Identitätsbildung von Arbeitern als auch bezüglich der Frage nach der Integration in hegemoniale Wert- und Normvorstellungen interessante und diskutierenswerte Resultate hervorgebracht.
Werner K. Blessing etwa hat am Beispiel Bayerns um 1900 die Strukturen der politischen Symbolik und der politisch-rituellen Zeremonien des bayerischen Königshauses sowie zunehmend auch des Kaisers unter dem Aspekt von Sozialisationswirkung und

---

11 Brüggemeier, Franz-Josef: Leben vor Ort. Ruhrbergleute und Ruhrbergbau 1889 - 1919, München 1983 (insbes. 142ff)

12 Tenfelde, Klaus: Vereinskultur im Ruhrgebiet. Aspekte klassenspezifischer Sozialisation, in: Heid, Ludger/Schoeps, Julius (Hg.): Arbeit und Alltag im Revier, Duisburg 1985, 22 - 33

Herstellung politischer Loyalität bei den Unterschichten analysiert.[13]

Ferner hat sich vor allem Gottfried Korff aus volkskundlicher Perspektive in mehreren Arbeiten mit den Formen und Funktionen visueller Symbole und ritueller Verhaltensweisen, wie sie sich in der Arbeiterbewegung z.B. anläßlich der Lassalle- oder der Mai- und Revolutionsfeiern artikulierten, beschäftigt.[14]

Das Projekt hat sich im Hinblick auf die Fragerichtung und die Thematik in gewisser Weise an diesen Arbeiten orientiert und versucht, einen entsprechenden Beitrag für die soziale Gruppe der organisierten Arbeitersportler zu leisten, über die bislang unter diesem besonderen Aspekt keine Studien vorliegen.[15] Dabei ist jedoch daraufhinzuweisen, daß im Unterschied zu den genannten Autoren hier ein stärkeres Gewicht auf die sprachlichen Mechanismen der Symbolbildung gelegt wurde und daß mit dem Vorhaben über eine historisch-empirische Analyse hinaus auch die Intention verfolgt wurde, die Brauchbarkeit bestimmter Theoreme und methodischer Verfahren für mentalitätsgeschichtliche Forschungen zu überprüfen und zu illustrieren, bzw. zur Diskussion zu stellen.

---

13 Blessing, Werner K.: Der monarchische Kult, politische Loyalität und die Arbeiterbewegung im deutschen Kaiserreich, in: Ritter, 1979, 185 - 208

14 Vgl. exemplarisch: Korff, Gottfried: Volkskultur und Arbeiterkultur. Überlegungen am Beispiel der sozialistischen Maifesttradition, in: Geschichte und Gesellschaft 5 (1979), 83 - 102; ders.: Rote Fahnen und Tableaux Vivants. Zum Symbolverständnis der deutschen Arbeiterbewegung im 19. Jahrhundert, in: Lehmann, 1984, 103 - 140 sowie ders.: Rote Fahnen und geballte Faust. Zur Symbolik der Arbeiterbewegung in der Weimarer Republik, in: Petzina, 1986, 27 - 60

15 Ein erster Versuch wurde in dieser Hinsicht allerdings unternommen von Hauk, Gerhard: "Armeekorps auf dem Weg zur Sonne". Einige Bemerkungen zur kulturellen Selbstdarstellung der Arbeiterbewegung, in: Petzina 1986, 69 - 90

1.3 Quellen und Quellenlage

1.3.1 Schriftliches Material

Bei der Erschließung und Exerpierung schriftlicher Quellen der Arbeitersportbewegung im Ruhrgebiet stellte sich rasch heraus, daß der größte Teil an auswertbarem Material für den Zeitraum nach 1918 vorliegt.
Zunächst ist das darauf zurückzuführen, daß im Vergleich zu anderen Regionen des Deutschen Reiches der Arbeitersport in der Ruhrregion in der Phase des Kaiserreichs relativ unterentwickelt blieb und von daher ohnehin selbst nur wenig an schriftlichem Material produziert hat. So wird z.B. erst im Jahre 1910 ein Mitteilungsblatt der Arbeitersportbewegung für den 6. Kreis (Rheinland-Westfalen) herausgegeben, das jedoch aus Kostengründen schon 1912 wieder eingestellt wird. Von diesem Mitteilungsblatt waren vier Nummern greifbar, die auch ausgewertet wurden. Protokollbücher oder Vereinsfestschriften konnten für diesen Zeitraum gar nicht erschlossen werden.
Die quantitativ untergeordnete Bedeutung hat ferner mit dazu beigetragen, daß Arbeitersportvereine im Gegensatz zu den Partei- und Gewerkschaftsorganisationen bei Polizei und Justiz sehr viel seltener in Erscheinung traten und behördliches Aktenmaterial ebenfalls nur spärlich vorliegt.
Wenig Aufschluß geben auch die Adreßbücher der Städte in dieser Zeit, da man entweder bewußt oder unbewußt dahin tendierte, die Existenz von Arbeitersportvereinen nicht zur Kenntnis zu nehmen oder diese in entsprechenden Aufstellungen nur dann berücksichtigte, wenn sie nach geltendem Recht als Verein ins Amtsregister eingetragen waren. Das jedoch traf in der Gründungsperiode für die meisten Vereine nicht zu.
Darüber hinaus beginnen die regionalen Tageszeitungen der Arbeiterbewegung im Ruhrgebiet mit einer regelmäßigen und ausführlicheren Berichterstattung über die Arbeiterkultur- und Arbeitersportvereine erst in den Jahren ab 1920/21. Zuvor finden sich nur marginale Hinweise auf die Existenz von Vereinen, indem etwa eine Festveranstaltung oder eine Gründungsversammlung angekündigt wird. Die Ursache hierfür ist u.E. aber weni-

ger in der geringen Anzahl der Vereine selbst, als vielmehr in der Haltung des politischen und gewerkschaftlichen Teils der Arbeiterbewegung gegenüber den eigenständigen Formen von Arbeiterkultur zu sehen, die von mangelndem Interesse bis hin zu direkter Ablehnung reichte und die sich erst während der Weimarer Republik änderte.
Als wichtigstes Forum auch der Arbeitersportbewegung des Ruhrgebiets erwies sich deshalb in der Gründungsphase die seit 1893 überregional erscheinende Arbeiterturnzeitung. In ihr finden sich vor allem bis zum Ersten Weltkrieg relativ regelmäßig Berichte und Artikel über die Entwicklung des Arbeitersports in den einzelnen Regionen des Deutschen Reiches, sodaß ihre Exerpierung unverzichtbar war.
Ganz anders stellt sich demgegenüber die Situation für die Zeit nach 1918 dar. Hier konnte zunächst auf die nun wöchentlich in den regionalen Arbeiterzeitungen erscheinenden Berichtsseiten zum Arbeitersport zurückgegriffen werden. Ausgewertet wurden die sozialdemokratisch orientierten, im Literaturverzeichnis genauer aufgeführten Tageszeitungen aus Bochum, Gelsenkirchen, Dortmund, Herne, Hagen, Essen und Duisburg/Oberhausen. Ferner wurde das kommunistische Ruhr-Echo, eine Reihe von Festschriften sowie eine Vereinszeitung des Dortmunder Arbeiterturn- und Sportvereins von 1931 exerpiert.
Als besonders wertvoll erwies sich in diesem Zusammenhang auch die Tatsache, daß das Regionalorgan des Arbeitersports in Rheinland-Westfalen, der von 1921 bis 1933 erscheinende "Volkssport", nahezu lückenlos erhalten ist. Neben der Auswertung dieser Zeitschrift ließ es der Fortgang der Forschungsarbeiten aber auch sinnvoll erscheinen, zu bestimmten Fragestellungen den Regionalteil der Deutschen Turnzeitung und den zunächst in Bochum herausgegebenen "Freien Deutschen Turner" (später umbenannt in "Allgemeine Deutsche Turnzeitung") zu analysieren.
Insbesondere für die Statistik zur Mitgliederentwicklung und zur sozialen Zusammensetzung der Arbeitersportfunktionäre konnten Adreßbücher der Städte bzw. Landkreise Duisburg, Oberhausen, Gelsenkirchen, Herne, Bochum, Dortmund und Hagen, die

Adressenverzeichnisse des 6. Kreises sowie die jährlich erscheinenden Geschäftsberichte des Arbeiterturn- und Sportbundes und des Arbeiterradfahrerbundes herangezogen werden.
An behördlichem Aktenmaterial boten sich zudem der Bestand "Politische Akten der Regierung Düsseldorf (1921 - 1933)", der Bestand "Polizeiliche Akten der Regierung Düsseldorf (1921 - 1933), der Bestand "Arbeitersportvereine" im Staatsarchiv Münster sowie die Bestände "Arbeitersport- und Arbeiterkulturvereine" im Stadtarchiv Duisburg und im Stadtarchiv Hagen für eine Auswertung an, wobei anzumerken ist, daß das erschlossene Material in den Staatsarchiven Münster und Düsseldorf hauptsächlich für die Zeit der Endphase der Weimarer Republik relevant ist.
Insgesamt sind bezüglich des exerpierten schriftlichen Quellenmaterials folgende einschränkende Bemerkungen zu machen: Zunächst ergibt sich eine deutliche quantitative Dominanz der Quellengattung der Zeit- und Festschriften gegenüber dem behördlichen Aktenmaterial. Die daraus entstehenden Nachteile relativieren sich u.E. jedoch vor allem im Hinblick auf die zweite Hauptzielsetzung des Projekts, da gerade Zeitschriften, sofern es sich nicht um wissenschaftliche Fachblätter o.ä. handelt, sich immer an ein Massenpublikum wenden und von daher nicht nur als ein recht zuverlässiger Indikator für die Mentalitätsstruktur einer kleineren oder größeren sozialen Gruppe gelten können, sondern an der Bildung von Mentalitäten selbst auch aktiv beteiligt sind.
Gravierender ist in dieser Hinsicht demgegenüber die Tatsache einzuschätzen, daß die Quellen mit Ausnahme des "Ruhr-Echos" Texte des der Sozialdemokratie nahestehenden Teils der Arbeitersportbewegung sind und von daher auch nur dessen Sichtweise widerspiegeln.
Die kommunistische "Rotsportbewegung", die sich nach der offiziellen Spaltung des Arbeitersports im Jahre 1928 gebildet hatte, war zwar im Ruhrgebiet nur punktuell, nämlich vor allem in Hagen und in Essen, von Bedeutung, gleichwohl sollte berücksichtigt werden, daß aufgrund der allgemeinen Quellenlage, zu der auch der Umstand gehört, daß der von 1932 bis 1933 er-

scheinende, kommunistische "Westdeutsche Arbeitersport" bislang als verschollen gelten muß, die gewonnenen Ergebnisse und Thesen sichere Gültigkeit fast nur für den sozialdemokratisch orientierten Teil der Arbeitersportbewegung im Ruhrgebiet besitzen können.

1.3.2 Die Quellengattung "mündliche Befragung"

Neben der Auswertung schriftlicher Quellen wurde auch auf die Methode der "Oral History" zurückgegriffen. Durch entsprechende Kontakte, die vor allem über den "Freundeskreis ehemaliger Arbeitersportler" geknüpft werden konnten, bestand die Möglichkeit zur Durchführung von Interviews. Befragt wurden insgesamt 32 Personen, wobei die Form des "halboffenen" bzw. "halbstandardisierten" Interviews gewählt wurde, d.h. es wurde ein Fragebogen entworfen, der u.a. durch Fragen zur Person, zum beruflichen Werdegang, zur Vereinszugehörigkeit wie auch zur Mitgliedschaft in anderen Organisationen der Arbeiterbewegung zwar einen gewissen Rahmen abstecken sollte, zugleich sollte den Interviewten selbst aber entsprechender Raum für eigene Erlebnisschilderungen gegeben werden.
Unter den Befragten befanden sich 27 Männer und 5 Frauen,die alle in einem Alter zwischen 75 und 92 Jahren waren. Alle Befragten waren Mitglied in mindestens einer, häufig jedoch in mehreren der folgenden Arbeiterkultur- und Sportorganisationen: Arbeiterjugend, Naturfreunde, Arbeiterwassersport (mit den Sparten Schwimmen, Rudern), Arbeiterturn- und Sportbund (mit den Sparten Fußball, Handball, Leichtathletik) sowie Arbeiterschachbund.
Die Interviews besaßen durchschnittlich eine Länge von 30 bis 90 Minuten. Geplant war ihre Aufzeichung auf Tonband-Cassette, dies ließ sich allerdings aufgrund von Vorbehalten einiger Befragter nicht in jedem Fall durchführen, sodaß auch auf die Form der Mitschrift bzw. des Gedächtnisprotokolls zurückgegriffen werden mußte.

Wie in der inzwischen reichhaltig vorliegenden Sekundärliteratur immer wieder hervorgehoben wird, stellt gerade die "Oral History" einige besondere Probleme, deren Reflexion für die Bestimmung des Wertes dieser Quellengattung wichtig sind. Kontrovers diskutiert wird z.B. nicht nur die Frage, inwieweit den persönlichen, durch Wert- und Vorurteile gefärbten Erinnerungen eines Zeitzeugen bestimmter historischer Ereignisse überhaupt "Objektivität" und "Authentizität" in einem für die Wissenschaft relevanten Sinne zugemessen werden kann, weitgehend ungekärt ist beim derzeitigen Stand der Theorie- und Methodendiskussion auch, wie die in der Regel überaus individuellen und subjektiven Erzählungen in Hypothesen von allgemeinerer Gültigkeit transformiert werden können.[16]
So beschreibt etwa Werner Fuchs die subjektive Lebenserzählung als eine "Geschichte von Entscheidungen, Entwicklungen, Handlungen und Erleiden", die auf "der zentralen Wichtigkeit des Ich als Leidenszentrum"[17] basiert. Für die Sozialwissenschaften ergibt sich daraus ein Widerspruch, da sie sich im allgemeinen "nicht für das Einzelleben" und "für die individuellen Geschicke", sondern für "die Stabilität bzw. den Wandel größerer sozialer Systeme oder Teilzusammenhänge" interessieren. Gegner der biografischen Forschung disqualifizieren entsprechend gewonnene Daten demzufolge oft als "bloß subjektives Material" und charakterisieren es als "quasi-literarisch".[18] Ein solches Urteil greift jedoch zu kurz, da unter der Voraussetzung bestimmter Fragestellungen, wie z.B. der nach der Verarbeitungs- und Deutungsweise sozialer Realität, die "Subjektivität" von durch die Methode der "Oral History" erhaltenen Aussagen gerade von besonderem Interesse sein kann.
Das Charakteristikum, daß Erinnerungen, wie z.B. Lutz Niethammer festellt, "keine objektiven Spiegelbilder vergangener Wirklichkeit oder Wahrnehmung" sind und daß "das Gedächtnis Erinnerungen auswählt und zusammenfaßt"[19], wurde für unser

---

16 Brüggemeier, 84, 203
17 Fuchs, 1984, 92
18 Ebenda, 92f
19 Niethammer, 1983, 19

Projekt deshalb eher als eine wichtige Möglichkeit begriffen, etwas über mentale Dispositionen zu erfahren.
Dabei betrachteten wir diese Quellengattung jedoch nicht als autonom. Vielmehr gingen wir davon aus, daß Interviews immer nur als ein Teil im Gesamtzusammenhang mit dem übrigen, in der Regel schriftlichen Quellenmaterial zu betrachten sind, das zu einem bestimmten Thema erschlossen wird und eine Thesenbildung von daher immer nur unter Heranziehung dieses Materials und in wechselseitiger Überprüfung mit ihm erfolgen kann. Dies entspricht auch einer inzwischen in der theoretisch-methodischen Literatur zur "Oral History" weitverbreiteten Auffassung, derzufolge die Rekonstruktion zurückliegender Ereignisse und Haltungen auf der alleinigen Basis mündlicher Lebenserinnerung vor allem aufgrund der Wirkungen von früher oder später erworbenen Tabuisierungen und des Nachlassens der Gedächtnisleitung nur schwer, bzw. gar nicht möglich ist und daß deshalb ein wesentliches Kontrollverfahren in der gleichzeitigen Auswertung entsprechender schriftlicher Quellen besteht.[20]
Auf diese Weise scheint es darüber hinaus auch möglich, das Problem der Repräsentativität der Aussagen in seiner Bedeutung zumindest zu relativieren. Ausgehend davon, daß "Repräsentativität" von historischen Interviews nach den Kriterien der Sozialwissenschaften wohl nicht erreicht werden kann, können doch zumindest der Wahrscheinlichkeitsgrad und die Plausibilität der Interpretation bzw. der Thesen erhöht werden.
Zusammenfassend weisen wir deshalb an dieser Stelle darauf hin, daß wir keine Thesen formuliert haben, die sich allein auf die Basis von Interviews stützen. Resultate wurden vielmehr immer auch durch die entsprechende Analyse der schriftlichen Quellen gewonnen. Das bedingte, daß bei der Darstellung der jeweiligen Forschungsergebnisse zu den bestimmten Thematiken, die Aussagen der von uns Befragten exemplarisch ausgewählt und zitiert wurden, wenn sie als besonders typisch bzw. repräsentativ erschienen. In der Regel wurde damit auch auf eine Aneinanderreihung gleicher oder ähnlicher Interviewaussagen zu einem bestimmten Thema verzichtet.

---

20 Plato, 1985, 273f

Die übergeordneten Zielsetzungen, Fragestellungen und der Untersuchungsgegenstand des Projekts sind mit diesen Ausführungen zunächst ausreichend umrissen. Entsprechend detailliertere Hinweise werden jeweils zu Beginn eines Kapitels gegeben.
Die Entscheidung, die theoretischen, begrifflichen und methodologischen Prämissen des mentalitätsgeschichtlich orientierten Untersuchungsteils in einem gesonderten Abschnitt und in ausführlicherer Weise darzustellen, gründet sich vor allem auf dem Umstand, daß Forschungsansätze dieser Art innerhalb der bundesrepublikanischen Geschichtswissenschaft noch ein Novum sind. Auf eine Auseinandersetzung mit den methodischen Problemen einer organisationsgeschichtlichen Untersuchungsperspektive in einem speziellen Kapitel haben wir demgegenüber verzichtet, da sie als allgemein bekannt gelten können. Die für das Projekt in dieser Hinsicht relevanten Fragen und unsere entsprechend begründeten Lösungsversuche wurden stattdessen in der Einleitung zu dem Abschnitt über die Mitgliederentwicklung und die Sozialstruktur im Arbeitersport des Ruhrgebiets behandelt.

2. Theoretisch-methodologische und kategoriale Prämissen der mentalitäts- und alltagsgeschichtlichen Untersuchungsperspektive

2.1 Zum Begriff der (kollektiven) Mentalitäten und den Problemen einer Mentalitätsgeschichte

Ganz allgemein verbindet sich mit der Mentalitätsgeschichte, die vor allem in Frankreich von der Historiker-Schule der "Annales"[1] begründet wurde, die Absicht, die Erlebnis- und Gefühlswelten ganzer historischer Epochen, bzw. den Erfahrungshorizont und die alltäglichen, oft klassen- oder schichtenspezifisch differierenden Wahrnehmungsmuster in einer Gesellschaft zu analysieren. Gemäß den unterschiedlichen Richtungen und Ansätzen kann dabei das Erkenntnisinteresse von einer reinen Deskription der Mentalitäten sowie der Feststellung ihrer großen, sich raschem sozialen Wandel widersetzenden "Zählebigkeit" bis hin zur Frage nach ihren jeweiligen aktuellen Wirkungen in einem bestimmten sozialhistorischen Kontext reichen.
Trotz einer inzwischen nur noch schwer zu überblickenden Fülle an Arbeiten, die sich mentalitätsgeschichtlichen Ansätzen und Fragestellungen verpflichtet fühlen, ist aber zu konstatieren, daß der Begriff der Mentalitäten häufig in einem eher unspezifischen Sinn gebraucht wird und es an eindeutigen Bestimmungen oftmals fehlt.
Ulrich Raulff hat jüngst daran erinnert, daß es bis heute "keine Theorie der Mentalitäten oder gar des Mentalitätenwandels (gibt)" und daß "alles was man hat, vage und problematische Definitionen dessen (sind), was Mentalitäten seien und wo der eigentümliche Bereich des Mentalen anzusiedeln sei."[2] Als defizitär erweist sich das insbesondere dann, wenn es um die Art und Weise des methodischen Zugriffs, also um die Frage, wie Mentalitäten erforscht werden können, geht. Ohne eine entsprechende Begriffsbestimmung können wichtige wissenschaftstheoretische Kriterien wie die Operationalität und Quantifizierbarkeit mentalitätshistorischer Untersuchungen jedoch nicht über-

---

1 Rittner, 1980, 163; Honegger, 1977, 31ff
2 Raulff, 1988, 9

prüft, und ebensowenig kann dem oft nicht zu Unrecht erhobenen Verdacht angemessen begegnet werden, mit der Mentalitätsgeschichte präsentiere sich die traditionelle Geistes- und Ideengeschichte bloß in einem anderen kategorialen Gewand.[3]
Im folgenden wollen wir deshalb den von uns verwendeten Mentalitätsbegriff definieren, wobei wir zunächst an die Historiker der "Annales" anknüpfen, die unter "Mentalität" nicht nur die kognitiven und affektiven Elemente eines Weltbildes oder den Komplex von Einstellungen, Empfindungen, Meinungen, religiösen Normen, und kulturellen Interpretationsmustern verstanden, sondern auch die Ebene der konkreten Verhaltensformen.[4]
"Mentalitäten" im Sinne der "Annales" lassen sich als ein Gefüge sozialer Sinn- und Identifikationsmuster einschließlich der dazugehörigen Verhaltensstile begreifen. Sie können auch als eine Art Raster verstanden werden, mit dem die Menschen die Welt interpretieren und sich gemäß dieser Interpretation verhalten. "Mentalitäten" besitzen also eine sinn- und identitätsstiftende Funktion. Sie bringen die Beziehungen, die die Menschen untereinander als auch zu den Objekten und Gegenständen der Welt unterhalten, aber nicht bloß einfach zum Ausdruck. Vielmehr möchten wir für unsere Definition auch ihr produktives Moment, d.h. ihren aktiven Beitrag zur Konstituierung sozialer Wirklichkeit betonen. Die Art und Weise, wie die Menschen bestimmte Dinge denken, wahrnehmen, bewerten und empfinden, bestimmt ihr Verhältnis zu diesen Dingen, ist also konstituierender Faktor für dieses Verhältnis selbst.
Soweit unsere allgemeine Definition. Es ist nun noch auf einige, immer wieder angesprochene Probleme und Schwierigkeiten mentalitätshistorisch orientierter Ansätze einzugehen. Diese Probleme lassen sich im wesentlichen auf vier Punkte reduzieren und sind vor kurzem von Peter Burke erörtert worden.[5] Da sie auch für unsere Untersuchung insofern bestimmend waren, als daß wir versucht haben, ihnen durch ein entsprechendes Vorgehen zu begegnen, seien sie hier kurz zusammengefaßt:

---

3 Schöttler, 1988, 159
4 Rittner, 1980, 163; Honegger, 1976, 32
5 Burke, 1988, 133ff

1. besteht in der geschichtswissenschaftlichen Praxis die Gefahr einer Homogenisierung, d.h. der Historiker tendiert dazu, alle möglichen und ihm fremden Einstellungen als Teile einer einheitlichen Mentalität aufzufassen und dadurch das Ausmaß des intellektuellen Konsenses in einer gegebenen Gesellschaftsformation zu überschätzen.
Burke weist jedoch völlig zu Recht daraufhin, daß kein Grund besteht, warum anstelle einer ganzen Gesellschaft, nicht eine soziale Klasse, Schicht oder Gruppe Gegenstand mentalitätsgeschichtlicher Analysen sein sollte und schlägt im Anschluß an den französischen Historiker Jacques Le Goff vor, den Begriff der Mentalität "nur für diejenigen Meinungen (zu) verwenden, die ein gegebenes Individuum mit einer Anzahl seiner Zeitgenossen teilt, und sich auf die Untersuchung ihrer gemeinsamen Annahmen und Voraussetzungen (zu) beschränken...".[6]
Wir haben uns bemüht, diesem Postulat, bei dem das kollektive Moment des Mentalitätsbegriffs als charakteristisch unterstellt wird, bei der Untersuchung über die Arbeitersportbewegung des Ruhrgebiets zu entsprechen, möchten jedoch ergänzend hinzufügen, daß wir im folgenden den Begriff "kollektive Mentalitäten" verwenden werden, da wir weder die Existenz "individueller Mentalitäten" leugnen, noch ihre Analyse aus dem Gegenstandsbereich der Geschichtswissenschaft apriori ausklammern wollen.
2. stellt sich gerade für die Mentalitätsgeschichte das Problem des historischen Wandels in einem besonderen Maße. So richtig es ist, "Mentalitäten" als Denk- und Meinungs<u>systeme</u> aufzufassen, eine Überbetonung des systematischen Charakters, der die Mentalitäten vergegenständlicht, wird nicht in der Lage sein, ihre Veränderungen, die freilich oft einem anderen Zeitrhythmus gehorchen als soziale, politische und wirtschaftliche Ereignisse, zu erklären. Hilfreich erscheint hier die Vergegenwärtigung der Tatsache, daß zumindest in differenzierten Gesellschaftsformationen herrschende und unterdrückte Denk- und Empfindungsweisen nebeneinander existieren und nicht nur in einem Verhältnis wechselseitiger Durchdringung, sondern auch in Widerspruch und Konkurrenz stehen, sodaß der Wandel von mentalen

---

6 Ebenda, 134

Dispositionen immer auf dem Hintergrund der Verschiebung sozialer Macht- und Kräfteverhältnisse interpretiert werden kann. Da der für dieses Projekt gewählte Untersuchungszeitraum im Vergleich zu anderen mentalitätshistorischen Studien relativ klein ist, resultierte für uns daraus vor allem, den Blick sowohl auf die Abhängigkeit der Mentalitätsbildung von Arbeitern und Arbeitersportlern von der jeweils herrschenden Mentalität, als auch auf Umfunktionierungs- und Umdeutungsversuche zu richten und somit Elemente einer "alternativen Kultur" aufzudecken.

3. ist davor zu warnen, Mentalitäten als "autonom" zu behandeln und ihre Verschränkung mit sozialen und politischen Konstellationen auszublenden. Auszugehen ist eher von einer relativen Autonomie, die es erfordert, neben der Eigenständigkeit immer auch die Interdependenz mit sozialen, ökonomischen und politischen Strukturen herauszuarbeiten. Eine fruchtbare Mentalitätsgeschichte wird deshalb ohne permanenten Bezug auf die Resultate der Sozial- und Wirtschaftsgeschichte nicht möglich sein. Wir glauben, daß wir diesen notwendigen Bezug gerade in den Kapiteln über Kartellierung und Konzentration im Arbeitersport und über die "wilden" Vereine hergestellt haben.

4. können die in der Mentalitätsgeschichtsschreibung vorgenommenen Qualifizierungen der Mentalitäten vergangener Epochen oder anderer Gesellschaften leicht der Unterstellung eines evolutionistischen Geschichtsbildes und einem gewissen Ethnozentrismus Vorschub leisten. Hier kommt es darauf an, fremde und überkommene Mentalitäten nicht vorschnell an der eigenen mentalen Disposition oder gar auf der Folie wissenschaftlich-logischen Denkens zu messen, da beides nur dazu führen kann, nach den "Fehlern" in diesen Mentalitätssystemen zu suchen und ihre jeweilige Leistungsfähigkeit für die Realitätswahrnehmung und -verarbeitung der historischen Akteure zu unterschätzen. Konsequenzen hat dieser Punkt insbesondere im Hinblick auf unsere Thesenbildung bezüglich einiger möglicher Wirkungen von bestimmten kollektiven Einstellungen der Arbeitersportler. Wir sind bei der Aufstellung unserer Thesen eher vorsichtig vorgegangen und möchten unsere Annahmen auf keinen Fall als pauschal

verurteilende Kritik verstanden wissen. Andererseits erschien uns aber der völlige Verzicht auf Hinweise über einige der Grenzen und Blockierungen, die durch die Internalisierung und Reproduktion eines bestimmten Weltbildes ja immer gesetzt werden, nicht sinnvoll, entscheiden gerade sie doch oft über Erfolg und Mißerfolg von Gruppen und Bewegungen in gesellschaftlichen Auseinandersetzungen.

2.2 Die identitätsstiftende Funktion von Sprache und Sprachformen

Bei unserer Definition des Begriffs der Mentalitäten und der Darstellung der Probleme eines mentalitätsgeschichtlichen Ansatzes ist noch die Frage offen geblieben, wie und wodurch Mentalitäten konkret gebildet werden.
Wir weisen an dieser Stelle daraufhin, daß wir nicht der weitverbreiteten Auffassung gefolgt sind, mentale Dispositionen entstünden direkt im Umgang der Menschen untereinander und mit den Gegenständen der Welt und wären Produkt einer unmittelbaren Erfahrung, die die Menschen mit diesen Gegenständen machen. Vielmehr sind wir für unsere Untersuchung von der Prämisse ausgegangen, daß im Prozeß sozialer Identitäts- und Mentalitätsbildung der Rolle der Sprache eine herausragende Bedeutung zukommt. Die Sprache ist quasi die vermittelnde Instanz zwischen dem Menschen und seiner Umwelt, und Sprache und sprachliche Formen üben einen präformierenden Einfluß auf die Erfahrung aus.
Im Zuge der verstärkten Hinwendung zu kulturhistorischen Themenbereichen haben auch Sozialhistoriker in den letzten Jahren mehr und mehr die Relevanz sprachlicher Mechanismen im Zusammenhang mit der Bildung und Reproduktion von Wahrnehmungs- und Empfindungsweisen erkannt. So erwähnt etwa Jürgen Kocka das gesteigerte Interesse der Sozialgeschichte "für die Wahrnehmung, die Erfahrung, die Verarbeitung der Wirklichkeit durch die Zeitgenossen im Rahmen kultureller Deutungsmuster" sowie die "wachsende Sensibilität... für die symbolisch-expressive... Di-

mension des Handelns, der sozialen Beziehungen und der Institutionen" und weist in diesem Zusammenhang daraufhin, daß "in besonderer Weise die Sprache Deutungen der Wirklichkeit transportiert" und "ihre Untersuchung einen wichtigen Zugang zur Kulturgeschichte öffnen kann".[7]
Wir haben diese Feststellung Kocka's aufgegriffen, allerdings um einen entscheidenden Aspekt über die Funktion von Sprache ergänzt.
Linguisten, Soziologen, Psychologen und Anthropologen sind sich weitgehend darüber einig, daß sprachlich-symbolische Mechanismen nicht bloß zur Beschreibung sozialer Realität und zum Transport und zum Ausdruck von Informationen und Bedeutungen dienen, sondern auch in hohem Maße an der Konstruktion gesellschaftlicher Wirklichkeit beteiligt sind.
Der Sprachforscher Benjamin L. Whorf hat durch die Untersuchung der Sprachen verschiedener Völker aufgezeigt, wie eine bestimmte Sprache ein bestimmtes Weltbild prägt und inwieweit der Aufbau eines Denkhorizontes abhängig von den sprachlichen Begriffen, Regeln und Formen ist, die in einer Kultur verwendet werden.[8]
Der Sozialanthropologe George H. Mead hat die Auffassung vertreten, daß die Gegenstände der Welt, die Geschehnisse, Situationen und Probleme für den Menschen niemals außerhalb und unabhängig von seiner Sprache existieren, sondern von ihr miterzeugt sind. Nach Mead symbolisiert die "Sprache nicht einfach Situationen oder Objekte, die schon vorher gegeben sind", sondern "sie macht die Existenz oder das Auftreten dieser Situationen oder Objekte erst möglich, da sie Teil jenes Mechanismus ist, durch den diese Situationen oder Objekte geschaffen werden".[9]
In ähnlicher Weise hat schließlich der amerikanische Soziologe Murray Edelman in einer Untersuchung über die symbolischen Strukturen politischer Institutionen und politischen Handelns die Rolle von Sprache und Sprachformen definiert. Edelman be-

---
7 Kocka, 1986[2], 157f
7 Whorf, 1984, 7ff
8 Mead, 1973, 117

tont dabei gemäß seines Untersuchungsgegenstandes zum einen das kollektive Moment. Zum andern sieht er die sinnstiftende Funktion von Sprache aber vor allem auch in ihrer klassifizierenden und abstrahierenden Wirkung:
"Eine entscheidende Funktion bei der Stiftung gemeinsamer Bedeutungen, Wahrnehmungen und Gewißheiten in der Öffentlichkeit fällt Sprachformen zu... Die Sprache spiegelt nicht eine objektive 'Realität', sondern sie schafft sie, indem sie von einer komplizierten und verwirrenden Welt bestimmte Wahrnehmungen abstrahiert und sie zu einer Sinnstruktur organisiert."[10]

Auf dem Hintergrund dieser Prämisse gelangt Edelman dann zu einer forschungspraktischen Konsequenz, die auch für uns richtungsweisend gewesen ist: die Beschäftigung mit bestimmten Sprach- und Symbolformen wie etwa Mythen, Ritualen und Metaphern.
Ausgehend von einer allgemeinen Funktionsbestimmung, derzufolge Metaphern und Mythen dazu dienen, komplizierte, und damit Angst, Desorientierung und Unsicherheit erzeugende Phänomene auf einen einfachen und psychisch erträglichen Sinnzusammenhang zu reduzieren, der Orientierung ermöglicht, hebt Edelman zunächst den Aspekt hervor, "daß für die Formung politischer Werte, Einstellungen und Wahrnehmungen, ja mitunter sogar für die Persönlichkeitsbildung metaphorische und mythische Sichtweisen... zentral sind."[11] Konkret sieht er die Leistung von Mythen und metaphorischen Ausdrucksweisen für die Bildung von Identität aber insbesondere in deren regulierendem und selegierendem Einfluß auf die Wahrnehmungsweise:
"Das Denken ist metaphorisch, und Metaphern durchsetzen die Sprache; denn man erfaßt das Unbekannte, Neue, Unklare und Entfernte durch die Wahrnehmung von Identität mit bereits Vertrautem. Die Metapher legt also das Wahrnehmungsmuster fest, auf das die Menschen reagieren. Spricht man von Abschreckung und Schlagkraft, so bedeutet dies, daß der Krieg als Wettkampf wahrgenommen wird; spricht man von legalisiertem Mord, so be-

9 Edelman, 1976, 146f
10 Ebenda, 146

deutet dies, daß der Krieg als Menschenschlächterei wahrgenommen wird; spricht man von einem Kampf für die Demokratie, so bedeutet das, daß der Krieg als vage definiertes Mittel zur Erreichung eines erwünschten Zieles wahrgenommen wird. Jede dieser Metaphern intensiviert selektive Wahrnehmungen und ignoriert andere... Die Metapher ist daher ein Mittel zur Formung politischer Loyalitäten (und politischer Opposition), zur Formung der Prämissen, unter denen Entscheidungen gefällt werden."[12]

Der Kern der Edelmanschen Ausführungen läßt sich dahingehend zusammenfassen, daß mit sprachlichen Formen wie Metaphern, Analogien und bildhaften Redewendungen die Objekte der Welt klassifiziert, bewertet und in einen größeren Zusammenhang eingeordnet werden. Schon die Tatsache, daß die Sprache im allgemeinen für die gleichen Dinge und Ereignisse mehrere Wörter zur Verfügung stellt (Metaphorisierung), unterstützt die Edelmansche These, denn der jeweilige Begriff, der für die Bezeichnung eines Ereignisses oder einer Situation ausgewählt wird, ist in den allerwenigsten Fällen neutral, sondern fast immer mit einer negativen oder positiven sozialen Wertung und damit mit dem Einnehmen eines bestimmten Standpunktes oder einer ideologischen Perspektive verbunden. Auf diese Weise tragen sprachlich-metaphorische Redeweisen und Formulierungen zur Übernahme von Rollen durch die Individuen bei - bilden also Mentalitäten und Identitäten - und besitzen unmittelbar handlungspraktische Konsequenzen.

2.3 Die Konzeption einer Vermittlung von Begriffs- und Sozialgeschichte

Für die von uns intendierte Erforschung der in der Arbeitersportbewegung vorherrschenden kollektiven Mentalitäten folgte aus dem bisher Gesagten zunächst einmal, das Interesse insbesondere auf die in den Aussagen der Arbeitersportler vorkommen-

11 Ebenda, 148f

den stark wertbesetzten und affektiv aufgeladenen Begriffe, Metaphern, sprachlich-bildhaften Analogien und Stereotype sowie andere symbolische Ausdrucksformen wie z.B. Rituale zu richten. Damit entsprachen wir dem jüngst von Burke erhobenen Postulat, demzufolge die Mentalitätsgeschichte "der Beschäftigung mit mentalen bzw. perzeptiven Kategorien, mit Begriffschemen, Stereotypen oder Paradigmen einen größeren Raum"[13] geben sollte. In methodischer Hinsicht resultierte daraus des weiteren eine Verfahrensweise, die sich der Zuhilfenahme sprachanalytischer bzw. semiologischer Kategorien und Theoreme bediente und sich an dem Konzept einer Vermittlung von Begriffs- und Sozialgeschichte anlehnte, wie es in der bundesrepublikanischen Geschichtswissenschaft vor allem von Reinhart Koselleck begründet worden ist.
In einem programmatischen Aufsatz hat Koselleck die Relevanz und Notwendigkeit semantischer Analysen für sozialgeschichtliche Themen und Fragestellungen betont.[14] Dabei besteht der Vorzug der Koselleck'schen Vorgehensweise u.E. vor allem darin, daß hier die eigene Wirksamkeit z.B. bestimmter politischer Begriffe und Schlagwörter in einer historischen Epoche gegenüber den sozialen Ereignissen und Strukturen anerkannt, zugleich jedoch auch die Notwendigkeit eines ständigen Bezuges begriffsgeschichtlicher Analysen zu sozialhistorischen Daten und umgekehrt betont wird.
Koselleck vermeidet die Auffassung einer autonomen Rolle von Begriffen und Wörtern ebenso wie die Vorstellung, soziale und politische Ereignisse seien ohne eine entsprechende Reflexion über die mit ihnen verbundenen sprachlichen Benennungen für den Historiker ausreichend erfaßbar und interpretierbar. Folgerichtig plädiert er denn auch dafür, "daß eine historische Klärung der jeweils verwendeten Begriffe nicht nur auf die Sprachgeschichte, sondern ebenso auf sozialgeschichtliche Daten zurückgreifen muß...", ohne jedoch die aktive Rolle von Begriffen bei der Konstruktion gesellschaftlicher Realität und Erfahrung zu

---

12 Burke, 1988, 137f
13 Koselleck, 1984[2], 107 - 129

übersehen, die die Wahrung einer relativ eigenständigen, begriffsgeschichtlichen Methode erforderlich macht:
"Ein Begriff ist nicht nur Indikator der von ihm erfaßten Zusammenhänge, er ist auch deren Faktor. Mit jedem Begriff werden bestimmte Horizonte, aber auch Grenzen möglicher Erfahrung und denkbarer Theorie gesetzt. Deshalb kann die Geschichte von Begriffen Erkenntnisse vermitteln, die von der Sachanalyse her nicht in den Blick rücken. Die Begriffssprache ist ein in sich konsistentes Medium, Erfahrungsfähigkeit und Theoriehaltigkeit zu thematisieren. Das läßt sich zwar in sozialhistorischer Absicht tun, aber die begriffsgeschichtliche Methode muß dabei gewahrt bleiben."[15]

Wichtig sind ferner die historischen Beispiele, mit denen Koselleck die Leistungsfähigkeit seiner Methode demonstriert. An ihnen wir deutlich, daß semantische Analysen sowohl zum Problem der Entstehung und Verarbeitung gesellschaftlicher Konfliktlagen, als auch zur Frage nach der Legitimierung und der Stabilisierung und Destabilisierung von Machtverhältnissen klärend beitragen können. So zeigt Koselleck auf, welche Rolle etwa die Schöpfung neuer sprachlicher Bezeichnungen bzw. die Umdeutung traditioneller Begriffe bei der Ablösung "alter" Herrschaftsstrukturen und ihrer Ersetzung durch neue spielt und spricht in diesem Zusammenhang von einem "semantischen Kampf", der von konkurrierenden Gruppen geführt wird, "um politische oder soziale Positionen zu definieren und kraft der Definitionen aufrechtzuerhalten oder durchzusetzen..."[16]
In erster Linie ist dabei natürlich an politische Kampfbegriffe und deren emotional-appellative Wirkung zu denken, die - das zeigen z.B. empirisch-historische Untersuchungen wie die Walter Dieckmanns, in der die Struktur und Entwicklung der politischen Rhetorik in Deutschland seit der Französischen Revolution analysiert wird[17] - zumeist auf der Basis von explizit oder implizit vorhandenen Begriffsoppositionen entsteht. Politische

---

14 Ebenda, 114 u. 120
15 Ebenda, 113ff
17 Dieckmann 1964

Schlag- und Reizworte entfalten ihre mentalitätsstiftende Funktion demnach insbesondere dadurch, daß sie mit einer entweder positiven oder negativen Wertung belegt und mit einem entsprechend umgekehrt bewerteten Gegenbegriff verknüpft sind.
Für uns folgte daraus zum ersten, daß wir uns nicht mit der Untersuchung isolierter Begriffe und Metaphern begnügen konnten, sondern auch die jeweiligen Gegenbegriffe und Konnotationen, also die Begriffe, die bei expliziter Nennung eines bestimmten Wortes von den Arbeitersportlern assoziert wurden, zu rekonstruieren.
Damit glauben wir, dem systematischen Charakter mentaler Dispositionen, der sich weniger am Vorhandensein einzelner, wertbesetzter Kategorien, als vielmehr dadurch, daß mehrere Begriffe untereinander in einem Assoziationszusammenhang stehen und sich auf diese Weise ein semantisches Feld oder eine Begriffskette bildet, Rechnung getragen zu haben. In einer solchen Begriffskette fungieren die konnotierten Wörter jeweils als Synonyme oder als Gegenbegriffe. Es entsteht ein kategoriales Raster, mit dem die Wirklichkeit wahrgenommen und beurteilt wird.[18]
Zum zweiten stellte sich jedoch auch die Aufgabe, die herausgearbeiteten wertbesetzten Kategorien, Metaphern und sprachlichen Stereotypen unter dem Aspekt ihrer jeweiligen sozialen Funktion und Gebrauchsweise sowie in ihrem Zusammenhang mit bestimmten ökonomischen und politischen Entwicklungen zu untersuchen.

2.4 Alltag, Alltagswissen und Alltagssprache

Unser Versuch, die Struktur kollektiver Mentalitäten mittels des Verfahrens einer semantischen Analyse zu erfassen, erfordert allerdings noch eine weitere Präzisierung.
Obwohl wir uns einerseits an der Koselleck'schen Konzeption einer Vermittlung von Begriffs- und Sozialgeschichte orientierten, ist doch auf einen entscheidenden Unterschied bezüglich

18 Mit dieser Annahme nähern wir uns einer semiotischen Definition von "Ideologie", wie sie etwa von Umberto Eco vertreten wird. (Vgl. Eco, 1972, 108ff u. 168ff)

des Untersuchungsgegenstandes hinzuweisen: Während Koselleck sich hauptsächlich auf die elaborierten ideologischen Systeme und Weltbilder, wie sie etwa in Philosophie und Politik vorkommen, konzentriert und deshalb in der Auswahl seiner Quellen auf sog. Höhenkammzitate beschränkt bleibt, interessierten wir uns in erster Linie für die elementar-ideologischen Anschauungsformen des "Alltags" und dementsprechend mehr für alltägliche Gebrauchstexte, Aussagen und Redeweisen.

Da sich unser Projekt dadurch, wie schon eingangs erwähnt, in den größeren Rahmen einer "Geschichte des Alltags" und der "Alltagskultur" stellt, müssen wir an dieser Stelle zumindest kurz auf die Schwierigkeiten und Probleme eingehen, wie sie in der kontrovers geführten, wissenschaftlichen Diskussion über Sinn und Zweck dieses in der bundesrepublikanischen Historiographie relativ neuen Ansatzes immer wieder angesprochen werden.

So sehen Sozialhistoriker häufig zu Recht in der "Alltagsgeschichte" die Gefahr einer Neoromantisierung und eines Neohistorismus und Pseudorealismus gegeben. Hans Ulrich Wehler z.B. kritisiert in diesem Zusammenhang die in vielen Studien anzutreffende Tendenz, den "Alltag" gleichsam als eine autonome Sphäre zu behandeln und seine Verschränkung mit anderen gesellschaftlichen Bereichen zu negieren. Darüber hinaus scheint sich mit dem ja durchaus legitimen Anspruch, anstelle der Geschichte der Haupt- und Staatsaktionen und "hochgestellten Persönlichkeiten" nun die Erforschung von Lebenswelt und Erfahrungszusammenhang der sog. kleinen Leute vorantreiben zu wollen, eine Perspektive zu verbinden, die den "kleinen Mann" zum heroischen Subjekt der Geschichte hochstilisiert und den "Alltag" demgemäß als ursprünglichen und nicht-entfremdeten gesellschaftlichen Bereich begreift.[19]

Ähnlich kritisch argumentiert auch Detlev Peukert, dabei jedoch die Vorzüge stärker hervorhebend, die alltagsgeschichtliche Ansätze schon allein dadurch besitzen, daß sie den Blick auf von der Forschung bisher eher vernächlassigte, deshalb aber keineswegs weniger relevante Dimensionen sozialer Realität lenken. In

---

19 Wehler, 1983, 99ff

Auseinandersetzung mit dem umfangreichen Werk des DDR-Historikers Jürgen Kuczynski zur Alltagsgeschichte des deutschen Volkes merkt Peukert an, daß das zentrale Problem einer "Alltagsgeschichte", nämlich das Aufzeigen der Interdependenz zwischen Sozialökonmie, Politik und "Alltag", bislang ungelöst geblieben ist.[20]
Sowohl Peukert als auch Wehler heben in ihrer Kritik den Mangel an theoretischer Reflexion und insbesondere das Fehlen klarer und eindeutiger Vorstellungen und Definitionen darüber, was denn nun unter "Alltag" jeweils verstanden werden soll, hervor. Dabei geht Peukert jedoch davon aus, daß "Alltag" ohnehin nicht eindeutig bestimmbar ist und plädiert unter Andeutung eines extensionalen Definitionsversuchs, der Bereiche und Tätigkeiten wie Essen, Trinken, Arbeiten, Wohnen, Spielen, Lieben und Kindererziehen als zum "Alltag " gehörig begreift, dafür, den Begriff auch im Rahmen alltaggeschichtlicher Untersuchungen in seiner vagen umgangssprachlichen Bedeutung zu belassen.[21]
U.E. bleibt eine solche Entscheidung jedoch unbefriedigend, da ohne eine möglichst eindeutige Definition die ja auch von Peukert gewünschte und notwendige Vermittlung von "Alltag", Politik und Ökonomie bzw. das Aufzeigen entsprechender Zusammenhänge und Wechselwirkungen wohl kaum leistbar scheint.
Obwohl theoretisch-methodische Anleihen des Historikers aus den Sozialwissenschaften gerade unter diesem Aspekt, wie Norbert Elias in einem kritischen Aufsatz über den in verschiedenen soziologischen Schulen ebenfalls unreflektiert und äußerst vieldeutig verwendeten Terminus des Alltags gezeigt hat[22], nicht unproblematisch sind, haben wir uns in heuristischer Absicht an einen Alltagsbegriff angelehnt, wie er von der an Phänomenologie, Ethnomethodologie und symbolischem Interaktionismus orientierten Wissensoziologie entwickelt worden ist.
In einer Einführung zu einem Band, der die in dieser Beziehung wichtigsten, zumeist aus dem amerikanischen Raum stammenden Theorien vorstellt, hat eine Arbeitsgruppe Bielefelder Soziolo-

---

20 Peukert, 1982, 8f
21 Ebenda, 15
22 Elias, 1978, 21ff

gen "Alltagswissen" zunächst allgemein als "den Bestand an tagtäglichem Wissen, auf dessen Grundlage die gesellschaftliche Wirklichkeit erfahren wird", charakterisiert. Darüber hinaus wird dort "Alltagswissen" aber auch als "das, was sich die Gesellschaftsmitglieder gegenseitig als selbstverständlichen und sicheren Wissensbestand unterstellen müssen, um überhaupt interagieren zu können", definiert und eine Unterscheidung zwischen diesem eher unbewußten, bzw. nur halbbewußten Routinewissen und einem entsprechenden Spezialwissen getroffen.[23]
Dieser Unterscheidung liegt die Anerkennung der Tatsache zugrunde, daß die Gesellschaft durch Arbeitsteilung ständig in verschiedene Bereiche (z.B. Ökonomie, Politik, Religion, Wissenschaften, Sport, Militär etc.) aufgespalten wird, die fest institutionalisiert sind, je eigenen Regeln gehorchen und ein je besonderes Fachwissen erfordern.[24] Der Aufspaltung entgegen und damit sozial integrierend wirken nun allerdings all jene Formen von Wissen und Verhalten, die über die Grenzen der Arbeitsteilung hinweg einen hohen Grad an Allgemeingültigkeit besitzen und die wir im folgenden als zum "Alltag" gehörig auffassen wollen.
Die Wechselwirkung und Interdependenz zwischen einem so definierten Alltagsleben[25] und den anderen, speziellen Bereichen

---

23 Arbeitsgruppe Bielefelder Soziologen, 1981[5], 16 u. 20f

24 Die amerikanischen Wissenssoziologen Peter L. Berger und Thomas Luckmann haben in ihrer Studie zur "gesellschaftlichen Konstruktion der Wirklichkeit" durch die Abgrenzung des Wissens der Intellektuellen von dem Erfahrungsschatz sog. Normalverbraucher im Grunde eine ähnliche Unterscheidung getroffen und ihren Untersuchungsgegenstand folgendermaßen definiert: "Unsere Abhandlung soll eine soziologische Analyse der Alltagswirklichkeit vorstellen - präziser: eine Analyse jenes Wissens, welches das Verhalten in der Alltagswelt reguliert. Nur am Rande interessieren wir uns dafür, wie sich diese Wirklichkeit in theoretischen Perspektiven von Intellektuellen und für Intellektuelle spiegelt. Wir müssen also mit der Erklärung jener Wirklichkeit anfangen, die dem Verstand des gesellschaftlichen Normalverbrauchers zugänglich ist." (Berger/Luckmann, 1969, 21)

25 Wir machen darauf aufmerksam, daß unsere Trennung von "Alltag"/ "Alltagswissen" und Spezialwissen eine analytische ist, die zu definitorischen Zwecken erfolgt. Rein empirisch betrachtet wird man in jedem Spezialwissen und dem dazugehörigen Handeln Elemente des Alltagswissens und des

der Gesellschaft wird u.E. am ehesten durch sprachanalytische Untersuchungen deutlich.
So zeigen entsprechende Studien, die von einer Differenz zwischen Alltags- und Fachsprache ausgehen, daß bestimmte fachspezifische Termini in die Alltagssprache eingehen wie auch umgekehrt alltags- und umgangssprachliche Ausdrücke zu Elementen eines Fachjargons werden können. Gerade im ersteren Fall ist jedoch die Tendenz zu konstatieren, daß die Fachausdrücke ihren spezifischen Sinngehalt und ihre Komplexität verlieren und daß sie nur noch in einer sehr vagen, mehrdeutigen und ungefähren Bedeutung gebraucht werden.[26] Anders formuliert: Die Fachausdrücke verlieren mit dem Eingang in die Alltagssprache ihre kognitive und kritisch-rationale Funktion zugunsten einer normprägenden, d.h. emotiv-appellatorischen. Sie werden zu "kollektiven" und wertbesetzten Begriffen, sind also nicht mehr nur einer Gruppe von Spezialisten in einem streng differenzierten und eher instrumentellen Sinn geläufig und verfügbar, sondern großen Teilen der Gesellschaft, von denen sie allerdings metaphorisiert, d.h. in der Regel mehrdeutig und diffus, verwendet werden.
Unterstellt man einen untrennbaren Zusammenhang zwischen Sprach- und Wissensformen, so folgt daraus zum ersten, daß man über eine Analyse alltagssprachlicher Ausdrücke etwas über Struktur und Zusammensetzung des sog. Alltagsbewußtseins oder Alltagsverstandes erfahren kann.[27] Zum zweiten wird aber auch deutlich, daß der Zusammenhang zwischen den verschiedenen gesellschaftlichen Ebenen wie "Alltag", Politik, Ökonomie etc. vornehmlich über das Medium von Sprache und sprachlicher Symbolisation hergestellt wird.

Alltagsverhaltens und umgekehrt finden. So kann z.B. das Ereignis eines Festes, zumindest wenn man den Aspekt des Außergewöhnlichen hervorhebt, nicht unbedingt zum "Alltag" gerechnet werden, da es diesen eigentlich unterbricht. Dennoch enthalten Feste viele Elemente alltäglichen Wissens und alltäglich-ritualisierten Verhaltens.

26 Hannappel/Melenk, 1979, 156ff

27 Gerade darin würden wir einen der genuinen Bereiche von "Alltagsgeschichte" bzw. von einer "Geschichte kollektiver Mentalitäten" sehen.

2.5 Kultur und Hegemonie

Es ist nun noch kurz auf den Stellenwert des Alltagsbewußtseins im Hinblick auf soziale Machtstrukturen und -verhältnisse einzugehen. Dazu knüpfen wir an Ausführungen zum Alltagsverstand und zum Konzept kultureller Hegemonie an, wie es der italienische marxistische Theoretiker Antonio Gramsci entwickelt hat. Bekanntlich maß Gramsci für die Aufrechterhaltung und die Veränderung sozialer und politischer Machtverhältnisse dem weiten Feld der Kultur einen hohen Stellenwert bei. Für ihn stellte sich die Macht einer bestimmten Klasse, Schicht oder Gruppe nicht nur auf repressivem Wege und durch den Besitz der staatlichen Gewaltapparate wie Polizei und Armee her, sondern auch und gerade über ein System konsensbildender, d.h. die aktive Zustimmung der Massen erzeugender Werte, die in den verschiedenen kulturellen Praxisarten durchgesetzt werden und dort zirkulieren. Beide Aspekte gesellschaftlicher Macht bezeichnete er mit dem Begriff der Hegemonie.
Gramsci sah die Herausbildung einer "neuen Kultur" als wesentliche Bedingung eines jeden revolutionären Prozesses an und wandte sich gegen eine Eingrenzung des politischen Kampfes auf die Auseinandersetzung mit den elaborierten ideologischen Systemen und gegen eine Unterschätzung der Wirksamkeiten und Möglichkeiten massenkultureller Phänomene. In diesem Zusammenhang interessierten ihn auch alle Formen der "spontanen Philosophie des Volkes"[28], d.h. die mit dem alltäglichen Verhalten verbundenen und dieses Verhalten steuernden Denkformen. Der Alltagsverstand, den er einerseits als" engherzig, neuerungsfeindlich und konservativ"[29] beschrieb, in dem er andererseits aber auch positive Elemente wie eine "Dosis von Experimentalismus und... direkter Wirklichkeitsbeobachtung"[30] entdeckte, bildete für ihn einen wichtigen Ort im Kampf um gesellschaftliche Macht. So kann eine soziale Klasse, Schicht oder Gruppe ihm zufolge nur hegemonial werden bzw. ihre Hegemonie aufrecht erhalten, wenn

28 Gramsci, 1967, 207
29 Ebenda, 209
30 Ebenda, 150

es ihr gelingt, an den Alltagsverstand, der "im gesamten System von Glaubensäußerungen, Aberglauben, Meinungen, Anschauungs- und Handlungsweisen"[31] enthalten ist, und dessen Struktur anzuknüpfen und in ihrem Sinne zu transformieren. Die jeweils historisch spezifische Verfaßtheit des Alltagsverstandes stellte für Gramsci demnach einen entscheidenden Faktor bei sozialen Integrations- bzw. Desintegrationsprozessen dar.

31 Ebenda, 130

3. Zur Mitgliederentwicklung des Arbeitersports im Ruhrgebiet

3.1. Methodische Vorbemerkungen und Fragestellung

Zunächst sollen die Ergebnisse der empirischen Erhebung zur Entwicklung des Arbeitersports im Ruhrgebiet vorgestellt werden. Dem Projekt lagen dafür umfangreiche statistische Quellen vor. Im einzelnen wurden die Bundesgeschäftsberichte des ATB/ATSB von 1907-29, die Bundesgeschäftsberichte des ARB/ARKB Solidarität für die Jahre 1919/20, 1924/25, 1928/29, die Bundesgeschäftsberichte des Arbeiterschwimmerbundes von 1910 bis 1913 und 1919/20, die Adreßbücher der Städte Bochum, Dortmund, Herne, Hagen, Gelsenkirchen, Duisburg, Essen und Wanne-Eickel sowie das Reichsadressbuch für Leibesübungen, Jg. 1930 ausgewertet.
Mit Hilfe dieser Quellen sollte die regionale Bedeutung des Arbeitersports hinsichtlich der Anzahl der Vereine und Mitglieder ergründet, die Mitgliederentwicklung mit ihren regionalen Besonderheiten erfaßt, der Anteil von Frauen und Jugendlichen bestimmt und die Sozialstruktur der Funktionäre von Arbeitersportvereinen sowie die der Kreis-,Bezirks- und Kartellfunktionäre rekonstruiert werden.
Zunächst wurde die absolute Anzahl der Arbeitersportvereine differenziert nach verschiedenen Sparten rekonstruiert. So konnten die regionalen Schwerpunkte des Arbeitersports erfaßt werden.

Bild 1

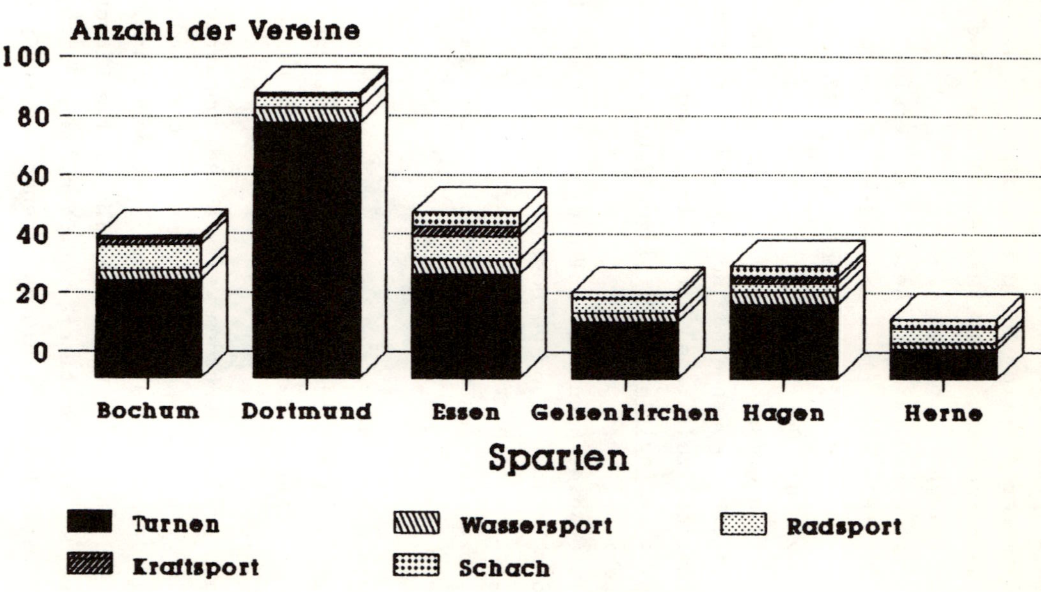
Arbeitersport im Ruhrgebiet
Zahl der Vereine in ausgewählten Städten
differenziert nach Sparten
Anzahl der Vereine
100
80
60
40
20
0
Bochum
Dortmund
Essen
Gelsenkirchen
Hagen
Herne
Sparten
Turnen
Kraftsport
Wassersport
Schach
Radsport
Quelle: eigene Berechnungen

Von einer differenzierteren Auswertung dieser Statistik nach dem Parameter "Verein" wurde allerdings im Laufe der Forschungsarbeiten abgesehen. Maßgebend für diese Entscheidung waren die folgenden Gründe:
1. besitzt der Parameter "Anzahl der Vereine" eine zu geringe Aussagekraft hinsichtlich der Stärke und Entwicklung des Arbeitersports "vor Ort", da Fusionierungen, Neugründungen, die Ausdifferenzierung der Vereine nach Abteilungen und stark schwankende Vereinsgrössen das Bild zu sehr verfälschen.
2. erschwert die mangelnde Kontinuität der Vereine eine Betrachtung der zeitlichen Entwicklung, sodaß es sinnvoller erschien, eine Analyse der Mitgliederzahlen in der ATSB-Statistik vorzunehmen.
Auf diese Weise konnte sowohl die Qualität der Daten hinsichtlich der Fragestellung verbessert werden, da die Datenstruktur erheblich verfeinert wurde, als auch ein Vergleich von städtischen, bzw. lokalen Entwicklungen im Hinblick auf die Erfassung von Gemeinsamkeiten und Differenzen sinnhaft durchgeführt werden.
Wir folgten mit dieser Vorgehensweise den Postulaten einer quantitativen Methode in der Geschichtswissenschaft hinsichtlich der Qualität der Daten, wie sie z.B. bei Jarausch[1] formuliert werden.
Jarausch erwähnt außerdem weitere Bedingungen wie Zuverlässigkeit im Sinne von wahrheitsgemäßer Datenerhebung und Vollständigkeit im Sinne von lückenloser Datenerhebung. Gerade jedoch hinsichtlich dieser Kriterien sind einige Einschränkungen der Analyse der ATSB-Statistik vonnöten, da es sich um zeitgenössische Daten handelt, die zu eigenen Zwecken produziert worden sind. Im einzelnen ist hierzu festzustellen:
1. ist die Angabe von Mitgliederzahlen an den Bundesverband zwar mit der Abgabe der Beitragsanteile rechnerisch verbunden gewesen, trotzdem bzw. gerade deswegen kann eine "geschönte", d.h. eine "nach oben" bzw. "nach unten" veränderte Angabe der Zahlen nicht gänzlich ausgeschlossen werden, weil einerseits für die Selbstdarstellung eines Vereins eine hohe Mitglieder-

---

1 Jarausch 1985

zahl eine positive Funktion besitzt und weil andererseits die Abgaben an den ATSB eine finanzielle Belastung waren, die durch die Meldung geringerer Mitgliederzahlen natürlich reduziert werden konnte.
2. ist aus der Zeitungsanalyse bekannt, daß der Bundesverband das Zurücksenden der statistischen Fragebögen oftmals einfordern mußte und gar Spielverbote wegen Nichtbeachtung der Fristen aussprach. So sind Vorbehalte hinsichtlich der Vollständigkeit der Daten angebracht.
3. erfolgte die Erhebung von weiblichen und insbesondere von jugendlichen Mitgliedern nicht regelmäßig bzw. gaben die Vereine die Daten nicht regelmäßig und konsequent an.
Bis zum Jahr 1914 werden in den Geschäftsberichten des ATB die Anzahl der jugendlichen Mitglieder im Alter von 14-17 Jahren aufgeführt. Im Geschäftsbericht des Jahres 1920 hingegen werden sowohl jugendliche Mitglieder, wie auch die Anzahl der Kinder unter 14 Jahren angegeben. In den folgenden Geschäftsberichten wird auf eine Angabe von jugendlichen Mitgliedern dann völlig verzichtet, nur noch die Anzahl der Kinder unter 14 Jahren wird getrennt ausgewiesen.
4. spiegeln die Daten nur die Entwicklung und die Verhältnisse im sozialdemokratisch orientierten Teil des Arbeitersports wider. Vergleichbare Daten über die kommunistische Rotsport-Bewegung konnten für die Recherche nicht erschlossen werden.
5. erfolgte die Erhebung der Daten durch den ATSB in Kreisen und Bezirken, die nicht mit den damals sich mehrfach verändernden Stadtgrenzen im Ruhrgebiet übereinstimmten. Um eine Vergleichbarkeit mit anderen Sozialdaten (Wirtschafts- bzw. Parteientwicklung) zu ermöglichen, wurden von uns deshalb die infolge der Gebietsreform von 1929 entstehenden Stadtgrenzen auch für zeitlich früher liegende Datenerhebungen herangezogen.
Unter diesen Einschränkungen waren für unsere empirische Untersuchung folgende Fragen von Bedeutung:
Wie hoch war die Mitgliederzahl der Arbeitersportvereine vor dem Ersten Weltkrieg, und wie war die Entwicklung in der Weimarer Republik? Welche regionalen Unterschiede sind dabei festzu-

stellen? Wie hoch war der entsprechende Anteil von Jugendlichen und Frauen? Welche Ursachen und Gründe gibt es für die festgestellten Entwicklungen?

3.2 Resultate der empirischen Analyse

Die in den Mitgliederstatistiken des ATSB der Jahre 1907-28 vorhandenen Daten wurden mit Hilfe der EDV ausgewertet und sind in den folgenden Graphiken dargestellt.

Bild 2

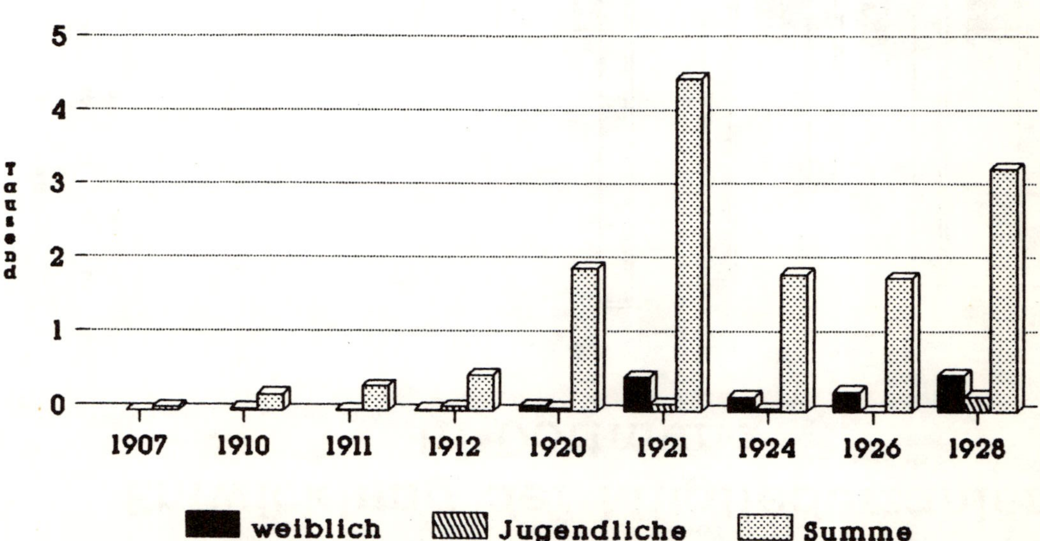
Arbeitersport im Ruhrgebiet
Entwicklung der Mitgliederzahlen
in Bochum
Tausend
0
1
2
3
4
5
1907
1910
1911
1912
1920
1921
1924
1926
1928
weiblich
Jugendliche
Summe

Bild 3

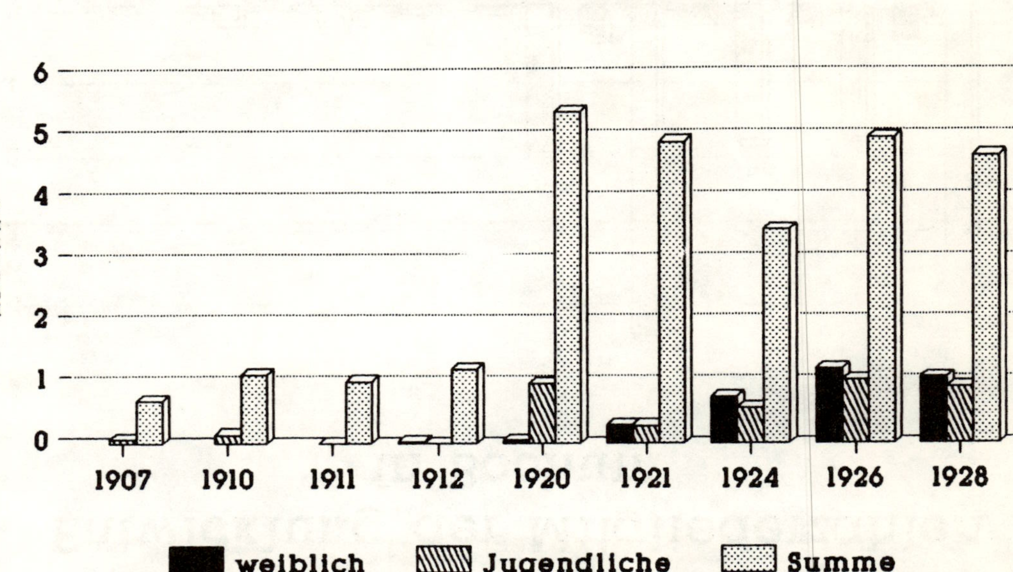
Entwicklung der Mitgliederzahlen
in Dortmund
Tausend
6
5
4
3
2
1
0
1907
1910
1911
1912
1920
1921
1924
1926
1928
weiblich
Jugendliche
Summe

Bild 4

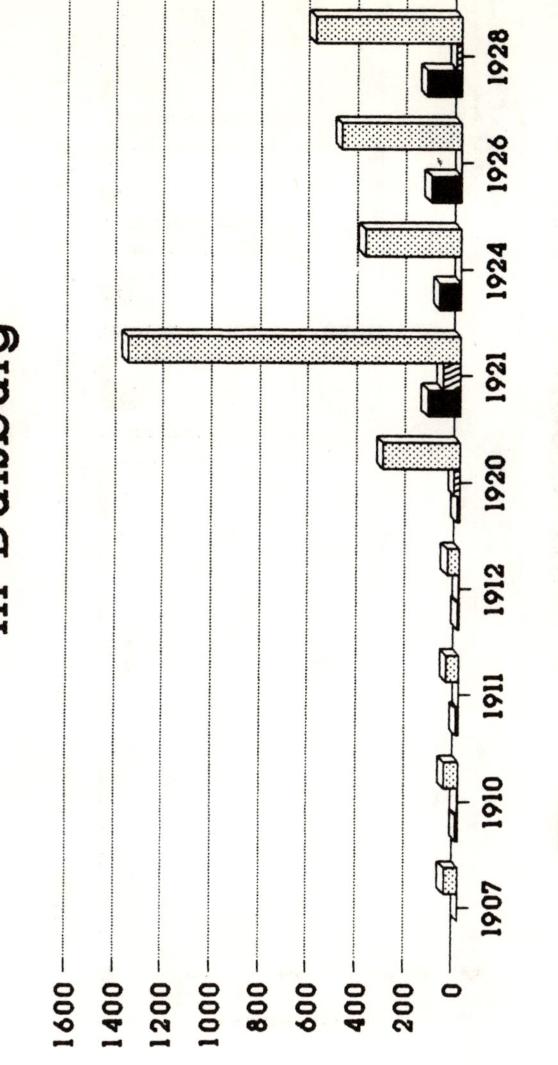
Entwicklung der Mitgliederzahlen
in Duisburg
1600
1400
1200
1000
800
600
400
200
0
1907
1910
1911
1912
1920
1921
1924
1926
1928
weiblich
Jugendliche
Summe

Bild 5

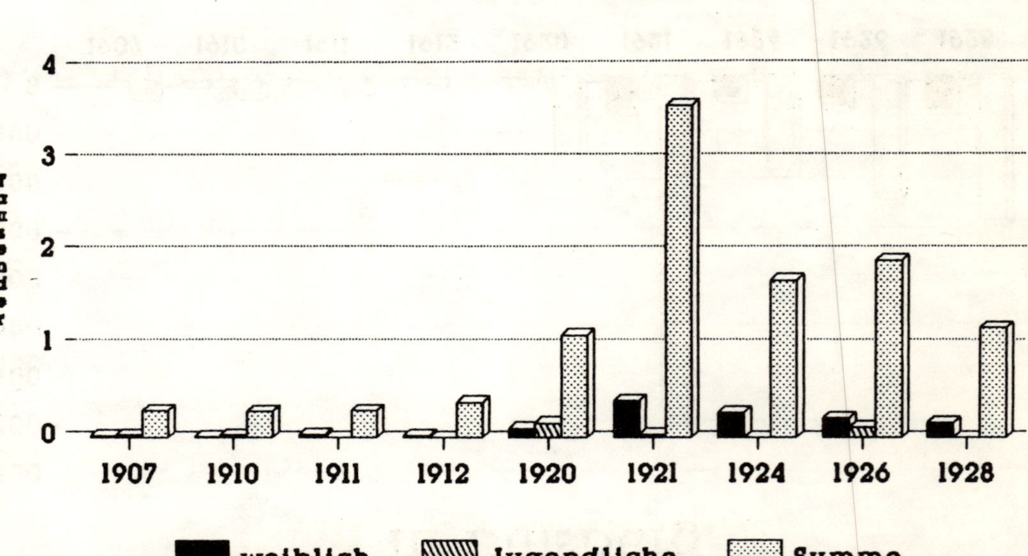
Entwicklung der Mitgliederzahlen
in Essen
Tausender
4
3
2
1
0
1907
1910
1911
1912
1920
1921
1924
1926
1928
weiblich
Jugendliche
Summe

Bild 6

Entwicklung der Mitgliederzahlen in Gelsenkirchen

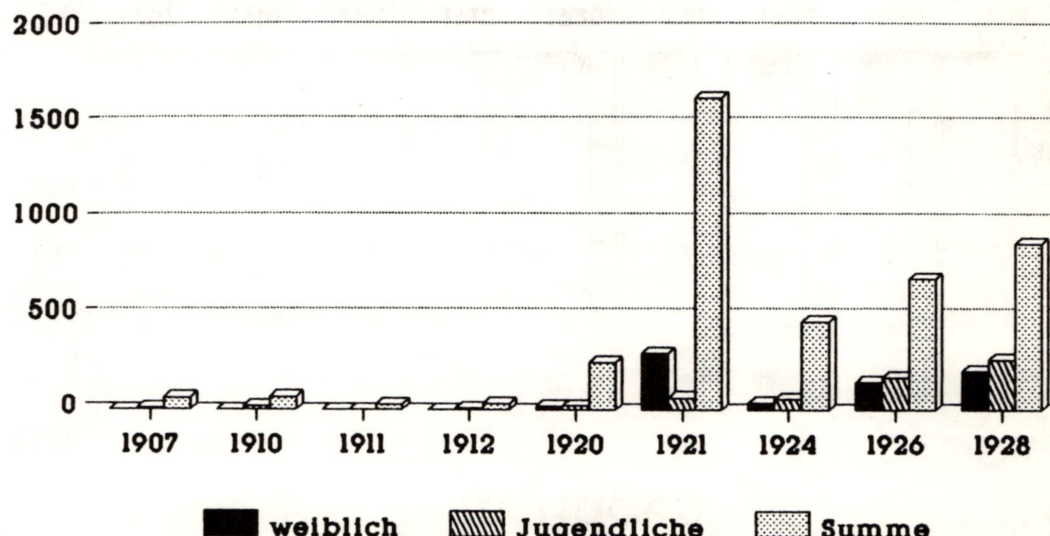

Bild 7

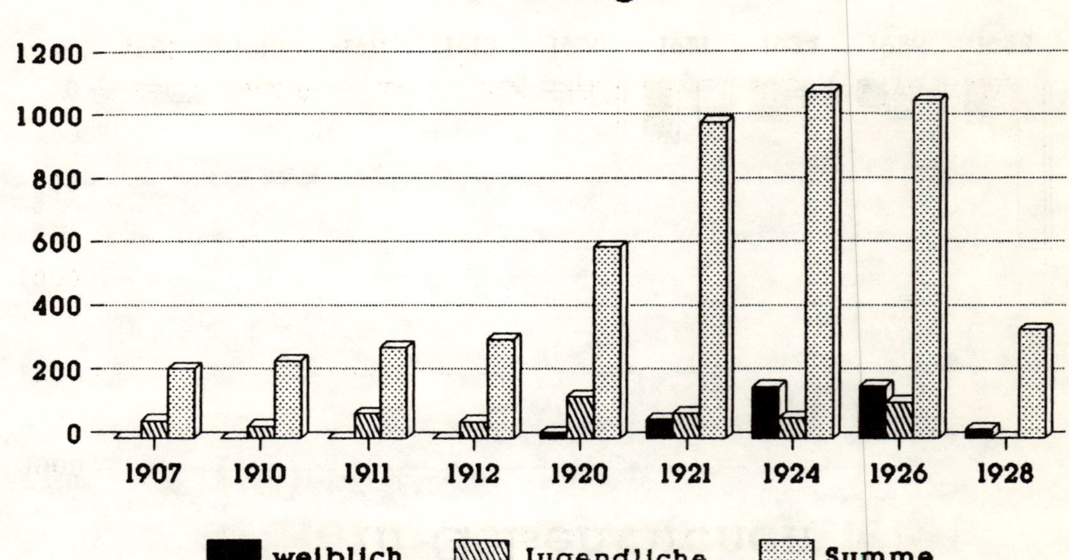
Entwicklung der Mitgliederzahlen
in Hagen
1200
1000
800
600
400
200
0
1907
1910
1911
1912
1920
1921
1924
1926
1928
weiblich
Jugendliche
Summe

Bild 8

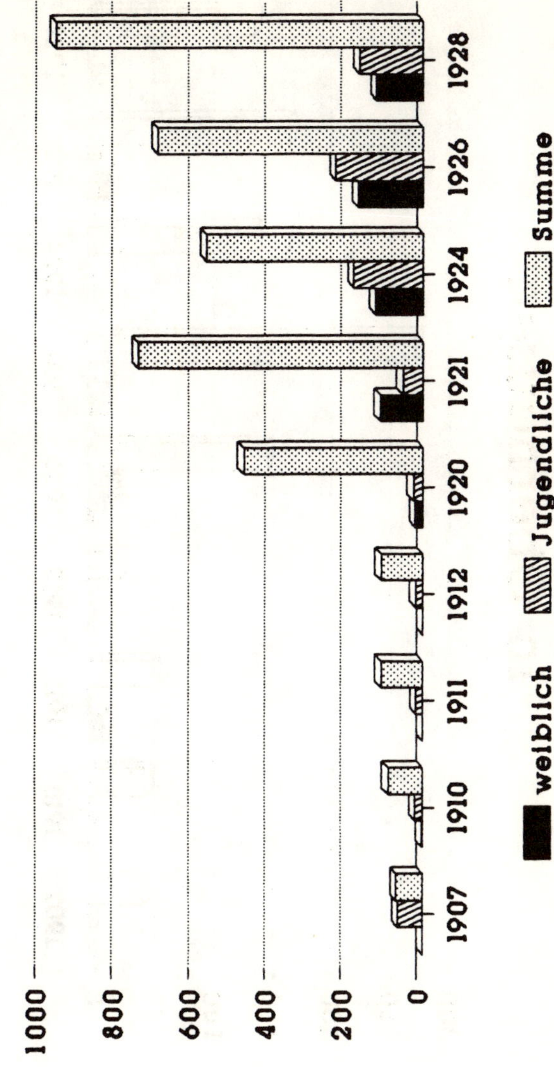
Entwicklung der Mitgliederzahlen
in Herne und Wanne-Eickel
1000
800
600
400
200
0
1907
1910
1911
1912
1920
1921
1924
1926
1928
weiblich
Jugendliche
Summe

Bild 9

Entwicklung der Mitgliederzahlen in Oberhausen

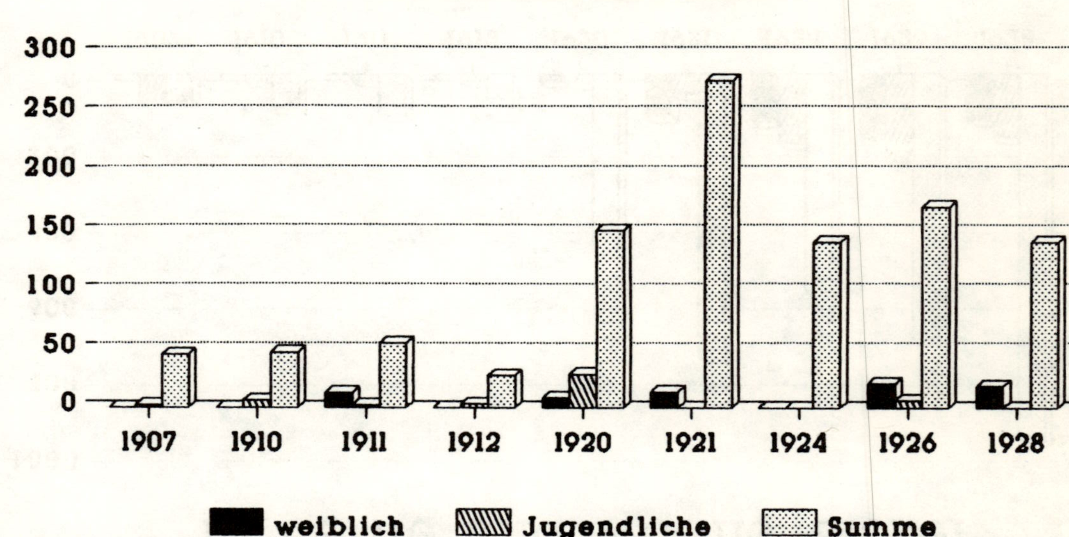

Quelle: eigene Berechnungen mit Hilfe der ATSB - Geschäftsberichte

3.2.1 Allgemeine Mitgliederentwicklung

Ein Vergleich aller städtischen Entwicklungen legt eine Aufteilung in drei Phasen nahe.
Die Phase vor 1914 zeichnet sich durch eine Stagnation der Migliederentwicklung des Arbeitersports in den untersuchten Revierstädten auf niedrigem Niveau aus. Es ist in keiner Stadt zu einem bemerkenswerten Auf- oder Abschwung gekommen. Deutliche Unterschiede zeigen sich allerdings, wenn man die Mitgliederzahl vor 1919 mit der Mitgliederzahl in der Weimarer Republik in der jeweiligen Stadt vergleicht. In der folgenden Tabelle wurde die jeweilig höchste Mitgliederzahl in der Weimarer Republik als 100% angesetzt und mit der Mitgliederzahl vor 1919 verglichen:

Mitgliederzahlen im Kaiserreich im Vergleich
zu Mitgliederzahlen in der Weimarer Republik in %

Bochum	12%
Dortmund	23%
Essen	13%
Gelsenkirchen	8%
Hagen	29%
Herne/ Wanne-Eickel	11%
Oberhausen	19%

Hier zeigt sich bereits ein differenziertes Bild. Während der Arbeitersport in Dortmund (23%) und Hagen (29%) schon vor 1920 in beträchtlichem Maße entwickelt ist, steckt die Entwicklung in den übrigen Städten des Ruhrgebiets noch in den Anfängen (7-19%). Insgesamt kann das Ruhrgebiet als "verspätete" Region des Arbeitersports bezeichnet werden. Die folgende Graphik zeigt den geringen Mitgliederstand des 6.Kreises (Rheinland-Westfalen) im Vergleich mit dem übrigen Reichsgebiet im Jahre 1898/1899.

Bild 10

Mitgliederzahlen des 6.Kreis
im Vergleich mit den anderen Kreisen des ATSB im Jahr 1898-1899

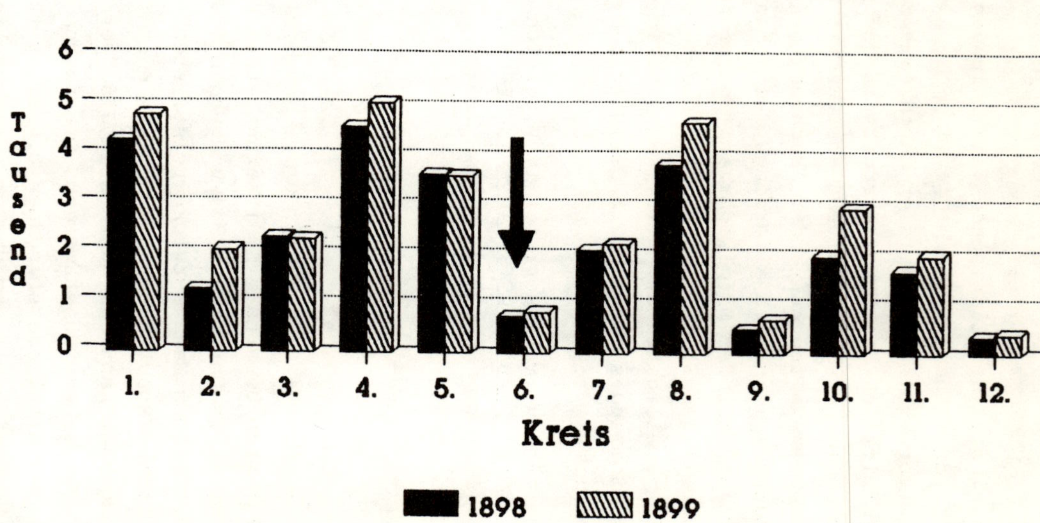

Quelle: eigene Berechnung mit Hilfe der ATSB-Statistik aus den Jahren 1898-1899

Auffällig für die Entwicklung des Arbeitersports ist die Kongruenz zur Situation der Sozialdemokratie im Ruhrgebiet.[2] Es sind die frühen sozialdemokratischen "Hochburgen" Dortmund und Hagen, in denen sich schon in der Kaiserzeit eine größere Anzahl von Arbeitersportvereinen gründet.
Dabei ist das Verhalten von Partei und Gewerkschaften gegenüber dem Arbeitersport durchaus ambivalent, wie etwa dem Bericht des Kreis-Turntages des 6.Kreises aus dem Jahr 1900 zu entnehmen ist:
"Während einige Redner üble Erfahrungen mit den Gewerkschaften gemacht haben und der Meinung sind, daß derjenige Turngenosse verlassen ist, welcher sich auf Gewerkschaften verläßt, betonen andere ausdrücklich, daß ihre Turnvereine ohne Eintreten und Hilfe seitens der Gewerkschaften nicht zu stande gekommen wären."[3]

Es finden sich Hinweise, daß gerade in den frühen sozialdemokratischen "Hochburgen" der Arbeitersport von Partei und Gewerkschaften unterstützt wird. Dennoch kann insgesamt u.E. eine aktive und kontinuierliche Förderung seitens Partei und Gewerkschaften bei der Gründung von Arbeitersportvereinen nicht in jeder Stadt belegt werden. Vielmehr muß im Zusammenhang mit dem Aufkommen von Arbeitersportvereinen die allmähliche Veränderung der politischen Kultur in einer Stadt gesehen werden. Erst ein durch sozialdemokratische Wahlerfolge und zunehmenden gewerkschaftlichen Einfluß innerhalb der Bergarbeiterschaft gestärktes Selbstbewußtsein ermuntert Arbeiterturner vermehrt zum öffentlichen Auftreten und zur Gründung von Arbeiterturnvereinen.
Die Gründe dafür, warum es nach der Bildung des ATB 1893 in Gera noch teilweise über 10 Jahre dauert, bis auch im Ruhrgebiet die ersten Arbeitersportvereine entstehen, gilt es im folgenden zu rekonstruieren.

---

2 Rohe, 1986, 43f
3 ATZ 5 (1900), 70

Noch 1911 stellt der Elberfelder Turngenosse Carl Kretzer, damals Schriftleiter des Mitteilungsblattes für den 6. Kreis des ATB, zu dem auch das Ruhrgebiet gehört, dazu fest:
"Ein Heer von Hunderttausenden von Arbeitern findet hier, wo die verschiedendsten Industrien vertreten sind, seine Beschäftigung. Hier müßte ein richtiger Mutterboden für die Arbeiterturn-Bewegung sein, wenn die Arbeiterschaft überall das nötige Klassenbewußtsein hätte. Aber für unsere Turnbewegung ist der Boden hier äußerst ungünstig und schwer zu beackern, was nur der begreiflich finden wird, der sich die Lage der Arbeiterschaft im Industriegebiet, ihre Organisations- und sonstigen Verhältnisse näher ansieht."[4]

Kretzer sieht also einen engen Zusammenhang zwischen der Situation des Arbeitersports und der allgemeinen Lage und den Rahmenbedingungen der gesamten Arbeiterbewegung im Ruhrgebiet. Obwohl im Jahr 1911 bereits spürbare Verbesserungen zugunsten der Sozialdemokratie und der freien Gewerkschaften eingetreten sind, wird in dem Artikel von Kretzer deutlich, daß die Arbeiterbewegung lange gebraucht hat, bis sie im Ruhrgebiet Fuß fassen konnte.
Unter rein wirtschaftlichen Aspekten mag das zunächst überraschen, entwickelt sich doch gerade das Ruhrgebiet ab Mitte des 19. Jahrhunderts kontinuierlich zu einer Industrielandschaft ersten Ranges, die durch den Kohlebergbau und die Eisenhüttenindustrie geprägt wird. Die Durchsetzung industrieller Produktionsformen, die einen wachsenden Bedarf an Arbeitskräften erzeugen, lassen die Bevölkerungszahlen sprunghaft ansteigen. Lebten noch 1871 703000 Menschen im Ruhrgebiet, so wächst diese Zahl bis zum Jahre 1905 auf 2,5 Mill. an. Sowohl dies, aber vor allem auch die strategische Bedeutung, die das Ruhrgebiet aufgrund der Steinkohleförderung und der Eisen-und Stahlerzeugung für die nationale Wirtschaft Deutschlands damals besitzt, stellen also eigentlich keine ungünstigen Bedingungen für den Aufbau einer starken Arbeiterbewegung dar. Daß es zunächst nicht dazu kommt und es vielmehr bei schwierigen Ver-

---

4 Wildung, 1911, 165f

hältnissen nicht nur für den Arbeitersport, sondern auch für die SPD und die freien Gewerkschaften blieb, hat im wesentlichen folgende Ursachen:

1. bereitet der Sozialdemokratie und den freien Gewerkschaften die stark religiös geprägte Mentalität der Arbeiter im konfessionell gespaltenen Ruhrgebiet große Schwierigkeiten. Neben der bewußt antikirchlichen Haltung des Allgemeinen Deutschen Arbeitervereins (ADAV) spielt in diesem Zusammenhang insbesondere das gut ausgebaute Vereinswesen der katholischen Kirche eine große Rolle, die sich nicht nur mittels direkter Propaganda auf den "sozialistischen Abwehrkampf" beschränkt.
Vielmehr werden hier, zumeist auf die Initiative junger Geistlicher hin, schon früh Aktivitäten entfaltet, die über die traditionellen, im Bildungs- und Familienbereich liegenden Kulturangebote der Kirche hinausreichen und vor allem jugendlichen Arbeitern, z.B. über sportliche Bewegungsformen wie Turnen und Fußball, Identifikationsmöglichkeiten bieten.[5]

2. ist das Verhalten der industriellen Unternehmer des Ruhrgebiets gegenüber den Arbeitern schon recht früh von einer Doppelstrategie gekennzeichnet.
Zum einen werden direkte Repressalien gegen Arbeiter angewendet, die sich politisch und kulturell in sozialistischen Vereinen und Verbänden engagieren und organisieren. Zum andern versuchen die Ruhrindustriellen aber auch durch die Schaffung eines Netzes sozialfürsorglicher Einrichtungen wie Versicherungs- und Krankenanstalten, den Bau billiger Werkswohnungen sowie Konsum- und Freizeitvereinen über den Produktionsbereich hinaus Einfluß auf den Freizeitbereich der Arbeiter zu gewinnen. Auf diese Weise wird eine Art "fürsorglicher Macht" auf die Arbeiter ausgeübt, die sie emotional an den Betrieb binden und von der Bildung bzw. dem Beitritt zu eigenen politischen und kulturellen Organisationen abhalten soll.

3. besteht ein wesentlicher Grund für die Schwierigkeiten gewerkschaftlicher und politischer Organisierung in der damaligen Fluktuation der Menschen sowohl am Arbeitsplatz als auch am Wohnort.

---

5 Assion, 1984, 190

Die große Fluktuation ist allerdings nicht nur auf das schlechte Klima und auf Reibungen am Arbeitsplatz oder die Hoffnung auf besseren Lohn zurückzuführen. Sie spiegelt häufig auch ein generelles Unmutsgefühl der Entwurzelung und sozialer Diskriminierung weiter Kreise der vor vollkommen neue Lebenszusammenhänge gestellten Zuwanderer wider.

4. wird im Unterschied etwa zu den rheinischen Gebieten, den angrenzenden Regionen des Märkischen Industriegebiets und des Bergischen Landes - in letzteres hatte Ferdinand Lassalle noch kurz vor seinem Tod eine erfolgreiche Agitationsreise unternommem - das Ruhrrevier als mögliches Agitationsfeld des ADAV lange Zeit vernachlässigt.

Selbst der "Vater der westfälischen Sozialdemokratie", Carl Wilhelm Tölcke, tritt noch bis in die Mitte der 1870er Jahre dafür ein, das Agitationszentrum des ADAV im Märkischen Industriegebiet zu belassen. Erst nach 1875 entschließt man sich, die Propagandatätigkeit mehr in die sich immer stärker entwikkelnde Region um die Ruhr zu verlagern, doch können nun erste Erfolge wegen des Sozialistengesetzes nicht weiter ausgebaut werden.[6]

5. schließlich treffen die SPD und die freien Gewerkschaften in bezug auf die in den Jahren nach 1890 verstärkt aus den preußischen Ostprovinzen und aus Polen zuwandernden Arbeiter auf Probleme, die nicht nur in den kulturellen und sprachlichen Unterschieden allein begründet sind.

Gerade die Polen schaffen ein eigenes Vereinsnetz im Ruhrgebiet, und der deutschen Arbeiterbewegung mangelt es offensichtlich an Verständnis sowie an geeigneten Konzepten, um diese Arbeitergruppe für sich zu gewinnen.[7] Für die freien Gewerkschaften bringt dann allerdings der Bergarbeiterstreik von 1905, der zusammen mit dem von 1889 und 1912 zu den Arbeitskämpfen gehört, die weit über das Ruhrgebiet hinaus Bedeutung erlangen, die ersten größeren Erfolge, und ungefähr ab diesem Zeitpunkt läßt sich auch ein nennenswerter Anstieg der Anzahl von Arbeitersportvereinen im Ruhrgebiet konstatieren.

---

6 Herzig, 1971, 144
7 Wehler, 1981, 437ff

In den ersten Jahren der Weimarer Republik, der Phase von 1919 bis 1921, erfährt die Arbeitersportbewegung allerorts einem dynamischen Aufschwung. Dies erklärt sich zum einem durch die anfänglich große Begeisterung, die die junge Republik insbesondere auf die Arbeiterjugend ausübt. Charakteristisch für diese Begeisterung ist die Verbindung von Politik und Alltag in den Wünschen und Hoffnungen der jugendlichen Arbeiter. Nicht nur die abstrakte Forderung nach mehr "Demokratie" und "Sozialismus" steht im Bewußtsein der Jugendlichen im Vordergrund, sondern auch der Wunsch nach einer gemeinsamen Ausgestaltung der Freizeit, etwa im Sinne der Vorwegnahme "des Sozialismus als lebendige Wirklichkeit".[8] Cornelius Schley beschreibt diese Stimmung so:
"Die in Reden, Kundgebungen, Spielen und Freizeitgestaltung allgegenwärtige optimistische Grundstimmung, zusammen mit dem geballten Erlebnis dessen, was die Jugendlichen offensichtlich auch praktisch unter dem "neuen Leben" verstanden, hat sicherlich dazu beigetragen, eine Einheit von Idee und erlebter Realität herzustellen."[9]

Zu dieser Zeit schafft nicht nur die Sozialdemokratie im Ruhrgebiet ihren Durchbruch, sondern auch die Arbeiterjugendverbände, und gerade auch die Arbeitersportvereine partizipieren an dieser gesellschaftlichen Aufbruchstimmung. Die Arbeitersportbewegung im Ruhrgebiet steigert aber auch deshalb ihre Mitgliederzahlen in besonderem Maße, weil sie die allgemeine Sportbegeisterung, die jetzt weit über das traditionelle Turnen hinausgeht, durch die Aufnahme neuer Sportarten nutzt.
Besonders die Disziplinen Fußball und Schwimmen, die mit der Steifheit des Turnens und seinen Disziplinierungsritualen brechen, erfreuen sich wachsender Beliebtheit. Beispielsweise steigt die Zahl der Fußballer in Dortmund innerhalb des Jahres 1921 von 480 auf 840 Spieler. Daneben gibt es 1921 schon weit über 400 Arbeiterschwimmer in Dortmund. Den steilsten Anstieg

8 Schley, 1987, 50
9 Ebenda

macht jedoch der erst 1920 gegründete Arbeiterschwimmverein Gelsenkirchen, der im Jahre 1921 insgesamt 1138 Mitglieder verzeichnet.[10]

Charakteristisch für die Phase zwischen 1921 und 1924 ist zunächst die Tatsache, daß die anfängliche Dynamik der Mitgliederentwicklung in den ersten Jahren der Weimarer Republik nicht fortgesetzt werden kann. Die folgende Tabelle verdeutlicht dies:

Entwicklung der Mitgliederzahlen von 1921 bis 1924 in %

Bochum	-59%
Dortmund	-29%
Duisburg	-71%
Essen	-53%
Gelsenkirchen	-71%
Hagen	-28%
Herne/ Wanne-Eickel	-24%
Oberhausen	-49%

Für diesen rückläufigen Trend ist zum einen die um sich greifende politische Ernüchterung und Entäuschung über die Entwicklung der Weimarer Republik und die Spaltung der Arbeiterbewegung verantwortlich zu machen. Zum anderen erwächst der Arbeitersportbewegung im Ruhrgebiet eine immer stärker werdende bürgerliche Konkurrenz, die vielfach attraktivere Angebote für Jugendliche bereitstellt.

Mit einer Vielzahl von Kampagnen haben die Arbeitersportverbände stets versucht, den Umstand ,daß sich der größere Teil der Arbeiterjugend in bürgerlichen Sportvereinen organisiert, zu ihren Gunsten zu verändern.

Darüber hinaus hat die Besetzung des Ruhrgebiets durch französische und belgische Truppen, und die damit verbundene materielle Verschlechterung der Arbeiterschaft, negative Konsequenzen für den Arbeitersport. Vielfach sind die Truppen in Turnhallen und Sälen untergebracht, sodaß in vielen Arbeitersportvereinen der Turnbetrieb fast vollständig zum Erliegen kommt.

---

10 ATSB-Geschäftsbericht für das Jahr 1920

In der Phase von 1924 bis 1928 folgt die Mitgliederentwicklung in den untersuchten Städten keinem einheitlichem Trend. Es kann sowohl ein Ansteigen der Mitgliederzahlen in Herne, Dortmund, Duisburg und Gelsenkirchen festgestellt werden, als auch ein Verlust von Mitgliedern in Essen und Hagen.
Dies läßt sich durch die unterschiedlichen Auswirkungen der Spaltung der Arbeitersportbewegung erklären. Während in Hagen und Essen der kommunistische Rot-Sport sehr erfolgreich ist, bleibt er in den anderen Städten relativ bedeutungslos. Vielmehr kommt es hier zu einem offensichtlich typischen Verhalten kommunistischer Sportler, auch nach erfolgter offizieller Spaltung in den sozialdemokratischen ATSB-Vereinen zu verbleiben. Trotzdem war die Arbeitersportbewegung augenscheinlich nicht in der Lage, Mitglieder außerhalb des sozialdemokratischen "Lagers", z.B.im katholischem Zentrum, zu organisieren. So werden lediglich in Herne, Bochum und Dortmund die Mitgliederzahlen der ersten Jahre der Weimarer Republik annähernd erreicht oder gar überschritten. In allen anderen Städten bleiben sie zum Teil beträchtlich darunter.

3.2.2 Die Entwicklung der weiblichen Mitgliederzahlen

Obwohl wir in Kapitel 6 noch genauer auf den Frauensport und auch auf die zahlenmäßige Entwicklung des Frauenanteils in den Arbeitersportvereinen des Ruhrgebiets eingehen, sollen an dieser Stelle dazu schon einige generelle Bemerkungen, die jedoch insgesamt eher deskriptiven Charakter haben, gemacht werden.
Im ATB nimmt die Entwicklung des Frauenturnens ihren Anfang 1895 mit der Gründung der ersten Damenturnabteilung im Turnverein "Fichte" Berlin.[11] Zwar gehen gerade vom 6.Kreis im Jahre 1911 entscheidende Impulse zur Formulierung der Frauenleitsätze auf dem Bundesturntag des ATB aus,[12] eine Betrachtung der Mitgliederentwicklung in den Städten des Ruhrgebiets zeigt aber, daß der Anteil von Frauen und Mädchen bis 1919 hier ins-

11 Frohn, 1974, 24
12 ATZ 10 (1911), 176

gesamt ziemlich gering ist. Die folgende Tabelle der Mitgliederzahlen im Jahre 1912 verdeutlicht dies:

	Männer	Frauen
Bochum	466	19
Dortmund	1182	30
Duisburg	44	9
Essen	360	22
Gelsenkirchen	35	0
Hagen	311	0
Herne/ Wanne-Eickel	109	0
Oberhausen	27	0

Die Gründe dafür sind vielschichtig und können an dieser Stelle nur angedeutet werden:
Die preußische Gesetzgebung verbietet Frauen die Mitgliedschaft in politischen Vereinen und bei Versammlungen bis zum Jahr 1908. In der Regel fallen auch die Arbeitersportvereine unter dieses Gesetz, sodaß eine Aufbauarbeit für das Frauenturnen sehr erschwert wird.[13]
Viele Turnvereine im Ruhrgebiet werden in (sozialdemokratischen) Wirtshäusern gegründet, und in der Regel findet hier auch der Turnbetrieb statt. Doch selbst in den typischen Wirtshäusern der Arbeiter ist der Besuch von Frauen nicht üblich, sodaß hier sich ein weiteres Hemmnis für das Frauenturnen in dieser Zeit auftut. Zudem ist die Wirtshauskultur der sinnfälligste Ausdruck für die Existenz patriarchalischer Mentalitäten auch im Proletariat, und folglich dominiert der "Männerbund" als Grundstruktur des Arbeiteralltags auch das Arbeiterturnen in der Kaiserzeit.[14] E. Kray stellt dazu im Geschäftsbericht des ATSB aus dem Jahre 1912 fest:
"Ich glaube annehmen zu dürfen, daß in manchen Vereinen das Verständnis für die Fortbildung der Turnerinnen fehlt. War ich doch in einem Verein zugegen, als die Teilnahme zu dieser Veranstaltung beraten wurde und wo es nur mit Mühe gelang, dieselbe zu beschicken. Gerade die Gegener waren Vorturner."[15]

---

13 Erst ab dem Jahr 1908 konnten Frauen nach dem Vereinsgesetz Mitglieder in den als "politisch" geltenden Arbeitersportvereinen werden. Hingegen blieben Jugendliche weiter ausgeschlossen. (Vgl. Kürbisch/Klucsarits, 1981, 31)
14 Soder, 1980, 53
15 ATSB, 1912, 32

Daneben haben sicherlich die Doppelbelastung der Arbeiterinnen durch Beruf und Familie,[16] weitaus mehr aber wohl noch die auch unter Arbeitern verbreitete Auffassung, der Platz der Frau sei bei Herd und den Kindern, eine stärkere Mitgliedschaft von Frauen und Mädchen im Arbeitersport verhindert.
In den Jahren bis 1926 steigt der Frauenanteil in nahezu allen Städten des Ruhrgebiets stetig an. In einigen Städten treten 1920 zum ersten Mal überhaupt Frauen in Arbeiterturn- und -sportvereine ein, und bilden eigene Frauenabteilungen. In Gelsenkirchen gründen Frauen sogar ihren eigenen Turnverein ohne männliche Mitglieder.
Damit nimmt die Entwicklung der Mitgliederzahlen der Frauen einen gegenteiligen Verlauf zur Entwicklung der Mitgliederzahlen der Männer, die nach 1921 stagnieren bzw. zurückgehen. Ganz offensichtlich fruchten hier die Anstrengungen des ATSB, gerade auch Frauen und Mädchen zu organisieren, wenn gleich die o.g. Hemmnisse für Frauen nur schwierig zu beseitigen sind.
Zum einen gibt es für Frauen und Mädchen nunmehr keinerlei staatliche Beschränkungen, was ihre sportliche Betätigung betrifft. Darüber hinaus nimmt der Arbeitersport neue, für Frauen attraktive Sportarten wie Ballspiele, Gymnastik und Schwimmen in sein Programm auf. U.E. hat gerade hierin ein wichtiger Grund für die Zunahme des Frauenanteils gelegen.[17] Die folgende Graphik zeigt den Anteil der Frauen im Arbeitersport im Jahre 1926.
Hier schwankt der durchschnittliche Anteil an Frauen im Arbeitersport zwischen 12% und 24%, wohingegen in den großen Arbeiterschwimmvereinen des Ruhrgebiets der Anteil an Frauen bis zu 40% beträgt.

---

16 Hier ist allerdings einschränkend auf die von uns für die Region des Ruhrgebiets hinsichtlich der Beschäftigungsstruktur von Frauen festgestellten Verhältnisse zu verweisen. (Vgl. dazu Kap. 6)

17 Ausführlicheres dazu in Kapitel 6

Bild 11

Arbeitersport im Ruhrgebiet

Verhältnis von Männer und Frauen in ausgewählten Städten im Jahr 1926

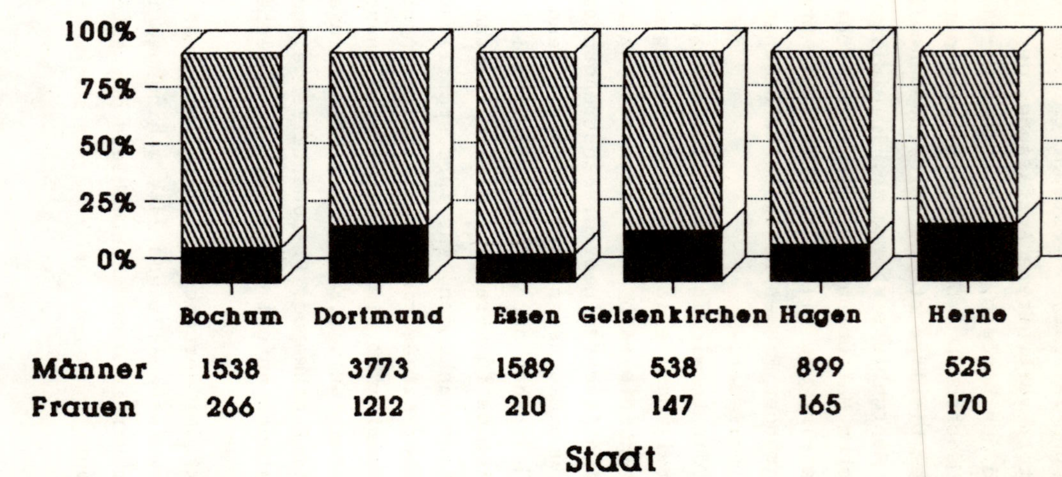

	Bochum	Dortmund	Essen	Gelsenkirchen	Hagen	Herne
Männer	1538	3773	1589	538	899	525
Frauen	266	1212	210	147	165	170

Quelle: eigene Berechnung mit Hilfe der ATSB-Statistik aus den Jahre 1926

Mit dem Aufkommen der ökonomischen Krise im Jahre 1928 nimmt der Frauenanteil in nahezu allen Städten des Ruhrgebiets gegenüber den Vorjahren deutlich ab. Offenbar sind den sportlichen Emanzipationsbestrebungen der Arbeiterinnen in sich verschärfenden Krisenzeiten zuerst finanzielle Gründe wie Mitgliedsbeiträge etc. im Weg. Daneben läßt die Aufmerksamkeit gegenüber der Förderung des Frauensports zugunsten einer zunehmenden Politisierung des Arbeitersports im Sinne eines Abwehrkampfes gegenüber dem Faschismus nach. Diese Politisierung hat überaus männliche bzw. militärische Formen und Verhaltensmuster, die die emanzipatorischen Sportbestrebungen der Frauen wieder in den Hintergrund drängen. Der Arbeitersport reiht sich in die Eiserne Front ein und organisiert fortan auch hier sportliche Aktivitäten. Frauen können hier allerdings kein Mitglied werden.

3.2.3 Kinder und Jugendliche

Im Rahmen unserer Auswertung fällt es aufgrund der geringen Datenmenge schwer, zu diesem Punkt zu entsprechenden Aussagen zu gelangen. Weder die Bundesleitung noch die Vereine vor Ort sahen einen Grund, die Anzahl der Kinder und Jugendlichen ebenso gründlich zu erfassen, wie die Zahl der erwachsenen Arbeitersportler. So können an dieser Stelle lediglich grobe Aussagen über den Anteil von Kindern und Jugendlichen gemacht werden.[18]

In der Zeit vor dem Ersten Weltkrieg verhindern die entsprechende Gesetzgebung sowie Gründe, die schon für das Frauenturnen galten, eine stärkere Mitgliedschaft von Kindern und Jugendlichen.

In der Weimarer Republik werden Kinder und Jugendliche verstärkt Mitglieder im Arbeitersport. Die zu Anfang der Weimarer Republik emporschnellenden Zahlen der sozialistischen Arbeiterjugend (SAJ) und der Reichsarbeitsgemeinschaft der Kinderfreunde werden allerdings vom Arbeitersport nicht erreicht. Da

---

18 Detailliertere Angaben dazu in Kapitel 7.

insbesondere die SAJ auch sportliche Aktivitäten in ihrem Programm hat, stellen diese Kinder- und Jugendverbände durchaus eine Konkurrenz für die Arbeitersportvereine dar. Nur dort, wo Vereine bzw. das Arbeitersportkartell die Einrichtung von Kinderabteilungen etc. fördert, wie z.B in Gelsenkirchen, Hagen und Herne, kommt es zu entsprechend hohen Mitgliedschaften von Kindern und Jugendlichen.
Entscheidenden Anteil am Zustandekommen von Kinderabteilungen in den Arbeitersportvereinen haben die Arbeitersportlerinnen. Wenn Frauen im Arbeitersport zu Vorturnerinnen ausgebildet werden, was selten genug geschieht, so oft mit dem Ziel, eine Aufgabe im Kinderturnen zu übernehmen. Organisatorisch werden die Ressorts "Frauen" und "Kinder" häufig in Form einer "Frauen- und Kinderturnwartin" zusammengelegt. Der Arbeitersport folgt damit bruchlos der herrschenden Rollenverteilung, in der die Kindererziehung Frauensache ist.

3.3 Soziale Zusammensetzung der Funktionäre und Mitglieder des Arbeitersports

Neben der Auswertung der Mitgliederstatistik des ATSB wurden mit Hilfe von Adressenverzeichnissen des 6.Kreises des ATSB für die Jg. 1927, 1928, 1929 und dem Reichsadreßbuch für Leibesübungen die Vereinsfunktionäre namentlich und anschriftlich ermittelt. Durch einen Vergleich mit den jeweiligen Adreßbüchern der Städte Bochum, Gelsenkirchen, Dortmund, Duisburg, Hagen und Herne wurde versucht, über die Angabe der Berufe die soziale Zusammensetzung der Vereinsfunktionäre zu rekonstruieren.
Die gefundenen Ergebnisse wurden mit den Resultaten der Berufszählung aus dem Jahr 1925[19] verglichen. Um regionale Disparitäten auszugleichen, wurde ein Untersuchungsraum gewählt, der sowohl typische Bergbaustädte wie Gelsenkirchen und Herne, als auch Städte mit einer gemischten Wirtschaftstruktur wie Bochum,

---

19 Vgl. Volks-, Berufs- und Betriebszählung vom 16.Juni 1925, herausgegeben vom Statistischen Reichsamt (Statistik des Deutschen Reiches, Band 404), Berlin 1928

Dortmund und Duisburg umfaßt. Zusätzlich wurde die Stadt Hagen, die ohne eine nennenswerte Anzahl von Beschäftigten im Bergbau ist, in die Untersuchung einbezogen.
Die gefundene soziale Zusammensetzung auf der Vereinsebene wurde mit der ebenfalls rekonstruierten sozialen Zusammensetzung der Funktionäre aus Bezirks-, Kartell- und Kreisvorständen verglichen.
Aufgrund der unzureichenden Quellenlage konnte die Sozialstruktur der Mitglieder in Arbeitersportvereinen nicht flächendeckend für eine hinreichend große Anzahl von Vereinen ermittelt werden. Um dennoch Aussagen zur Sozialstruktur der Mitglieder machen zu können, wurde eine Stichprobenanalyse in einem Stadtteil vorgenommen.

3.3.1 Sozialstruktur der Arbeitersportfunktionäre

Die Quellenlage erlaubte es, eine große Anzahl von Funktionären zu erfassen. Die spezielle Erforschung zweier Gruppen von Funktionären stand dabei im Vordergrund des Interesses. Auf der einen Seite wurden die jeweiligen Vereinsfunktionäre, also die Vorsitzenden, Kassierer, Schriftführer und verschiedenen Fachwarte der lokalen Arbeitersportvereine ermittelt. Auf der anderen Seite wurden die Funktionäre der jeweiligen Kartell-, Bezirks- und Kreisvorstände in den Jahren 1927-29 erfaßt.
Die Rekonstruktion der Berufe erfolgte über die Angaben in den lokalen Adreßbüchern. Auf eine Transformation der gefunden beruflichen Positionen auf ein sozialwissenschaftliches Schichtenmodell[20] wurde aus Gründen der mangelnden Übertragbarkeit und Eindeutigkeit beruflicher Positionen, bzw. Positionsangaben verzichtet. Der historische Untersuchungsgegenstand ließ eine dazu notwendige, detalliertere Analyse aufgrund der Quellenlage nicht zu. Dennoch messen sozialwissenschaftliche Schichtenmodelle dem Faktor "Beruf" eine entscheidende Bedeutung für den sozialen Status bei. Von daher ergaben sich folgende Fragestellungen für die Untersuchung:

---

20 Klönne 1977; Wiehn 1974, und Hartfiel 1978

1. Welche Unterschiede lassen sich zwischen der beruflichen Disposition der Vereinsfunktionäre und den regionalen Ergebnissen der Berufszählung von 1925 ausmachen?
2. Wie verhält sich dazu die berufliche Disposition der Kartell-, Bezirks- und Kreisfunktionäre?
Die gefundenen Ergebnisse sind in den folgenden Graphiken dargestellt:

Bild 12

Bezirksfunktionäre des Arbeitersports

Rekonstruktion der beruflichen Position

Untersuchungsraum: Bochum, Dortmund, Duisburg, Gelsenkirchen, Hagen und Herne

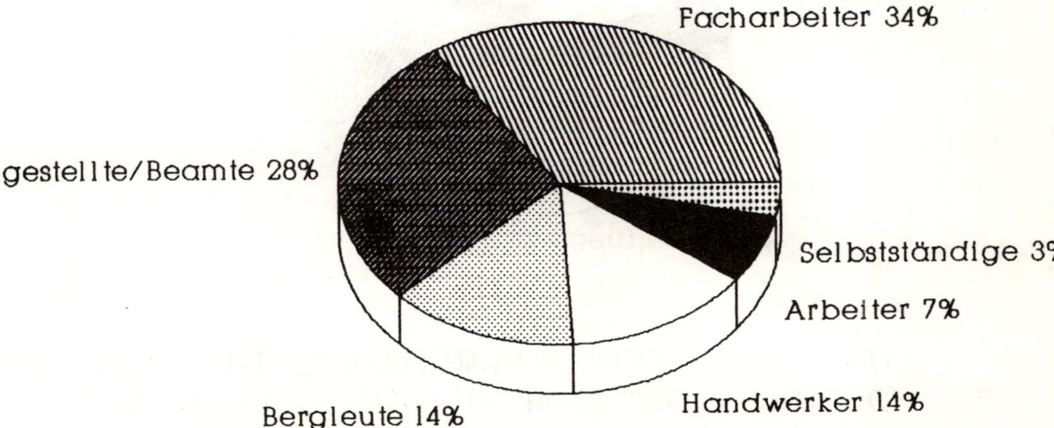

Quelle: eigene Berechnungen mit Hilfe der ATSB-Statistik und lokalen Adressbüchern (n= 29)

Bild 13

Vereinsfunktionäre des Arbeitersports

Rekonstruktion der beruflichen Position

Untersuchungsraum: Bochum, Dortmund, Duisburg, Gelsenkirchen, Hagen und Herne

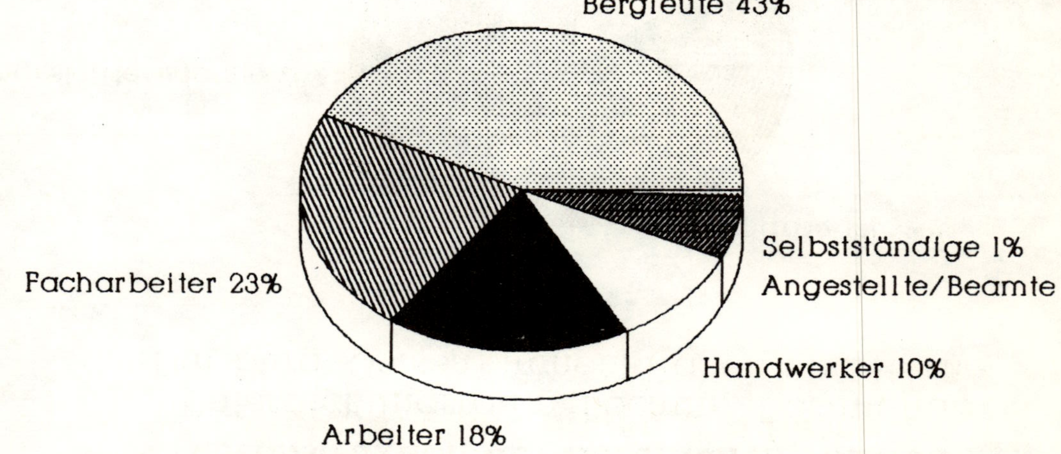

Quelle: eigene Berechnungen mit Hilfe der ATSB-Statistik und lokalen Adressbüchern (n= 435)

Bild 14

Ergebnisse der Berufszählung 1925
in den Städten Bochum Dortmund, Duisburg Gelsenkirchen, Hagen und Herne

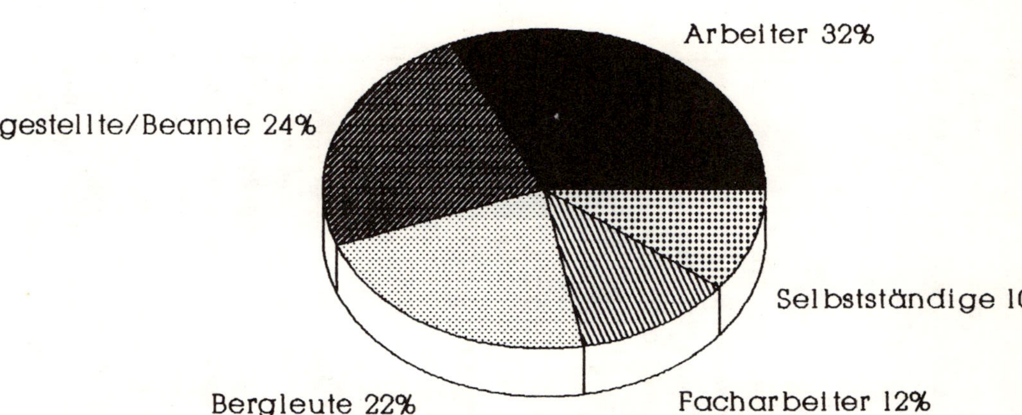

Quelle: eigene Berechnungen unter Verwendung der Volks,-Berufs,- und Betriebszählung (1925)

Zwei Tatsachen werden durch die Schaubilder deutlich:
1. gibt der Vergleich der Berufszählung aus dem Jahr 1925 mit der Verteilung der beruflichen Positionen der Vereinsfunktionäre Aufschluß über das soziale Milieu der Arbeitersportvereine. Folgende Punkte sind signifikant:
- Bergleute sind in den Arbeitersportvereinen (bzw. unter ihren Funktionären) deutlich gegenüber dem Anteil an der Bevölkerung überrepräsentiert.
- Die Gruppe der Arbeiter (incl. Facharbeiter/Handwerker) entspricht in etwa dem Anteil der entsprechende Gruppe an der Gesamtheit der berufstätigen Menschen in den ausgewählten Städten. Die interne Gruppe der qualifizierten Arbeiter (Facharbeiter/Handwerker) ist hingegegen gegenüber dem Anteil an der Geamtbevölkerung stärker repräsentiert.
- Die Gruppe der Angestellten und Beamten unter den Vereinsfunktionären des Arbeitersports ist deutlich unterrepräsentiert. Der gleiche Sachverhalt trifft für die Gruppe der Selbständigen zu.
Insofern läßt sich das Milieu des Arbeitersports im Ruhrgebiet grob kennzeichnen. Es besteht zu einem großen Teil aus Bergleuten, einer körperlich hart arbeitenden Gruppe mit entsprechend angesehenem Status. Daneben bilden die qualifizierten Facharbeiter einen weiteren Schwerpunkt.
Diese Ergebnisse geben allerdings keinen Aufschluß über die Dominanz des Arbeitersports in den entprechenden Milieus. Die naheliegende Hyphothese, daß sich der kommunistische Rot-Sport besonders aus den ungelernten Arbeitern und die bürgerlichen Sportvereine aus Angestellten und Beamten zusammensetzen, ist aus Gründen der Dominanz des bürgerlichen Sports in dieser Region[21] nicht aufrechtzuhalten. (Zu Klärung der Dominanz in den Milieus sei auf das folgende Kapitel verwiesen.)
Hingegen ist an dieser Stelle wiederum auf die Kongruenz zur Situation der Sozialdemokratie hinzuweisen.
Karl Rohe sieht in der Bergarbeiterschaft und in der Facharbeiterschaft das dominante (Wähler-)Potential im Ruhrgebiet, wenn-

21 Gehrmann 1988

gleich diese Milieuverankerung keineswegs so stark war, daß von einer sozialdemokratischen Dominanz gesprochen werden kann.[22] Wie sehr der Arbeitersport den inneren Strukturen der Sozialdemokratischen Partei entspricht, zeigt die Rekonstruktion der beruflichen Positionen der Bezirks-, Kartell-, und Kreisfunktionäre. Die beruflichen Positionen dieser Gruppe sind gegenüber denen der Vereinsfunktionäre deutlich zu höheren und qualifizierteren Positionen verschoben. Eine vorgenomme Analyse innerhalb dieser Gruppe ergab häufig anzutreffende Biographien wie Facharbeiter- bzw. Handwerkerausbildung (Schriftsetzer, Kunstschmied etc.) und eine spätere Karriere als hauptamtlicher Partei- oder Gewerkschaftfunktionär. Dies spricht für die Existenz entsprechender Führungsprobleme im Arbeitersport, wie sie für Partei und Gewerkschaften schon beschrieben worden sind.[23] Auch in diesem Punkt zeigt sich, wie sehr der (sozialdemokratisch orentierte) Arbeitersport mit der herrschenden politischen Kultur der Arbeiterbewegung verbunden gewesen ist, bzw. wie sehr er sich an den Organisationformen der SPD und den Gewerkschaften orientiert hat.

3.3.2 Sozialstruktur der Arbeitersportvereine im Vergleich zu bürgerlichen Sportvereinen

Als Raum für die vorgenomme vergleichende Stichprobe wurden aufgrund des dort vorgefundenen dichten Quellenmaterials die Städte Herne und Wanne-Eickel ausgewählt. An dieser Stelle sind allerdings einige Einschränkungen zur Rekonstruktion des historischen Datenmaterials zu machen:

1. konnte die Vollständigkeit der Daten nicht erreicht werden, da die Namen aller Vereinsmitglieder nicht in jedem Fall ermittelt werden konnten. Mit einer Zahl von n=48 Arbeitersport-

22 Rohe betont, daß die eklatante Schwäche der Ruhrgebietssozialdemokratie zur Zeit der Weimarer Republik, gerade auch im Vergleich zur KPD, in der unzureichenden milieuhaften Verankerung in der Region zu suchen ist.

23 Zur Führungsproblematik in der Arbeiterbewegung siehe Beier 1976 und Schröder 1976

funktionären und einer Zahl von n=113 bürgerlichen Sportfunktionären konnte jedoch eine aussagekräftige Anzahl ermittelt werden.
Aufgrund der mangelhaften Quellenlage bezüglich der Namen von ehemaligen Mitgliedern in Sportvereinen , wurde zur Rekonstruktion der Sozialstruktur der Mitglieder eine weitere Stichprobenanalyse vorgenommen. Aus Vereinsfestschriften und Zeitungsartikeln wurden dazu von jeweils 2 Vereinen des Arbeitersports und der Deutschen Jugendkraft, Mannschafts- und Riegenaufstellungen erfaßt und die Berufe mit Hilfe der lokalen Adreßbücher rekonstruiert. Zur Erhöhung der Validität wurde dieses Verfahren durch ein sekundäres Erhebungsmodell ergänzt.[24]
Aus der Überlegung heraus, daß jeder Verein ein bestimmmtes Rekrutierungsfeld (Stadtteil) besaß und die Mitgliedschaft in dem jeweiligen Verein zumindestens tendenziell die Sozialstruktur des Stadtteils widerspiegelte, wurden die Stichproben in Stadtteilen mit ähnlicher sozialer Zusammensetzung durchgeführt. Auf diese Weise wurden die beruflichen Positionen von n=45 Arbeiterportler/innnen mit denen von n=26 bürgerlichen Sportler/innen verglichen.
2. erfolgte die Erfassung der Berufe in den kommunalen Adreßbüchern in vielen Fällen für die Erstellung einer präzisen Schichtenanalyse zu undifferenziert. So wurde z.B. oftmals als Beruf "Bergmann" ohne die möglichen Abstufungen wie etwa "Hauer" oder "Steiger" angegeben. Dies macht nur einen Vergleich mit Gruppen innerhalb der angegebenen Städte möglich, ein Vergleich mit anderen Regionen ist aus Gründen der mangelhaften Übertragbarkeit der beruflicher Positionen zu problematisch.
Im Rahmen dieser Einschränkungen war eine Analyse unter folgenden Fragestellungen möglich:
Welche Berufe übten die Arbeitersportfunktionäre im Vergleich zu den bürgerlichen Sportfunktionären aus? Inwieweit repräsentierten die Vereinsfunktionäre die soziale Zusammensetzung nach

24 Dieses Verfahren wurde in der kürzlich erschienenen, sehr differenzierten Untersuchung der Fußballvereine im Ruhrgebiet angewendet. (Gehrmann, 1988, 201)

Berufen in ihren Vereinen? Wodurch unterschied sich die Sozialstruktur von Arbeitersportvereinen von der bürgerlicher Vereine?
Für die Stichproben wurden der ATSV "Einigkeit Herne 07" (Turner und Fußballer[25]), die Freie Turn- und Sportgemeinde Wanne (Leichtathletik[26]), die DJK Falkenhorst (Fußballer[27]) und die DJK Baukau (Fußballer[28]) ausgewählt.
Eine Rekonstruktion der Stadtteile ergibt folgendes Bild: Der ATSV "Einigkeit" 07, als Großverein mit zahlreichen Abteilungen, rekrutiert seine Mitglieder aus der Herner Innenstadt, mit einer gemischten sozialen Zusammensetzung von Arbeitern, Handwerkern, Angestellten, Beamten, Kaufleuten und vereinzelt Bergleuten,[29] und den Stadteilen mit zahlreichen Bergarbeitersiedlungen wie Baukau und Constantin. Das Einzugsgebiet der Freien Turn- und Sportgemeinde Wanne ist die Innenstadt Wanne-Eickels (Hindenburgstraße) sowie die Zechensiedlungen der Zeche Wilhelm.
Die DJK Baukau und die DJK Falkenhorst besitzen zusammen das Einzugsgebiet des ATSB "Einigkeit 07" . Die folgende Karte gibt weiteren Aufschluß über die Lage der Einzugsbereiche der vier ausgewählten Vereine. Die Ergebnisse der quantitativen Analyse sind in den anschließenden Graphiken dargestellt.

---

25 Festschrift 70 Jahre TuS Herne 07
26 Entnommen aus der Teilnehmerliste im technischen Programmheft des 1. Westdeutschen Turn- und Sportfestes des ATSB in Köln 1926
27 Festschrift 40 Jahre DJK Falkenhorst, Herne 1948
28 Festschrift 60 Jahre DJK Baukau, Herne 1966
29 Dorn/Zimmermann, 1987, 86

Bild 15

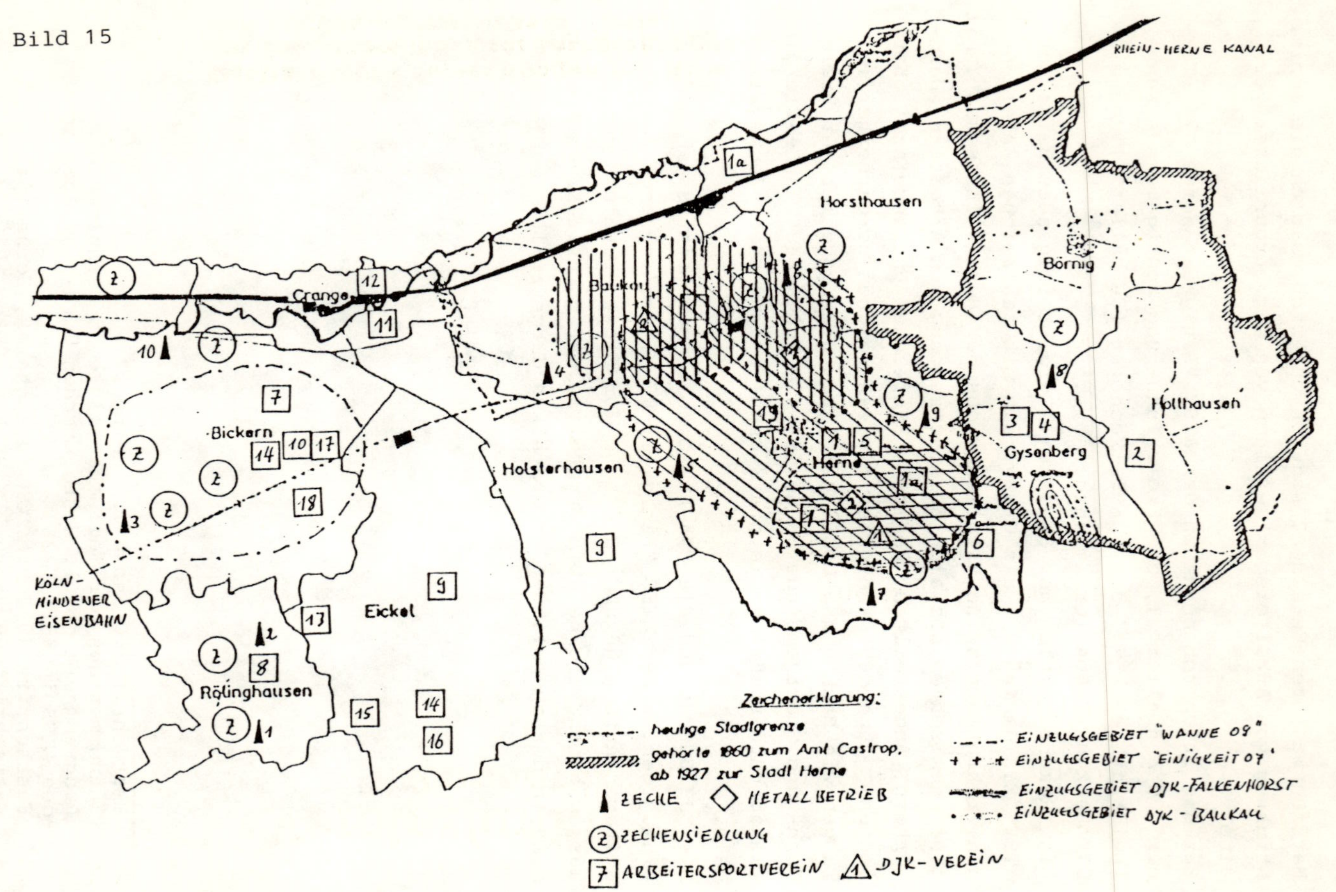
RHEIN-HERNE KANAL
Horsthausen
Börnig
Holthausen
Gysenberg
Baukau
Herne
Crange
Bickern
Holsterhausen
Eickel
Röhlinghausen
KÖLN-MINDENER EISENBAHN
Zeichenerklärung:
heutige Stadtgrenze
gehörte 1860 zum Amt Castrop, ab 1927 zur Stadt Herne
ZECHE
METALLBETRIEB
ZECHENSIEDLUNG
ARBEITERSPORTVEREIN
DJK-VEREIN
EINZUGSGEBIET "WANNE 09"
EINZUGSGEBIET "EINIGKEIT 07"
EINZUGSGEBIET DJK-FALKENHORST
EINZUGSGEBIET DJK-BAUKAU

Bild 16

Vereinsfunktionäre des bürgerl. Sports
Rekonstruktion der beruflichen Position

Untersuchungsraum Herne und Wanne-Eickel

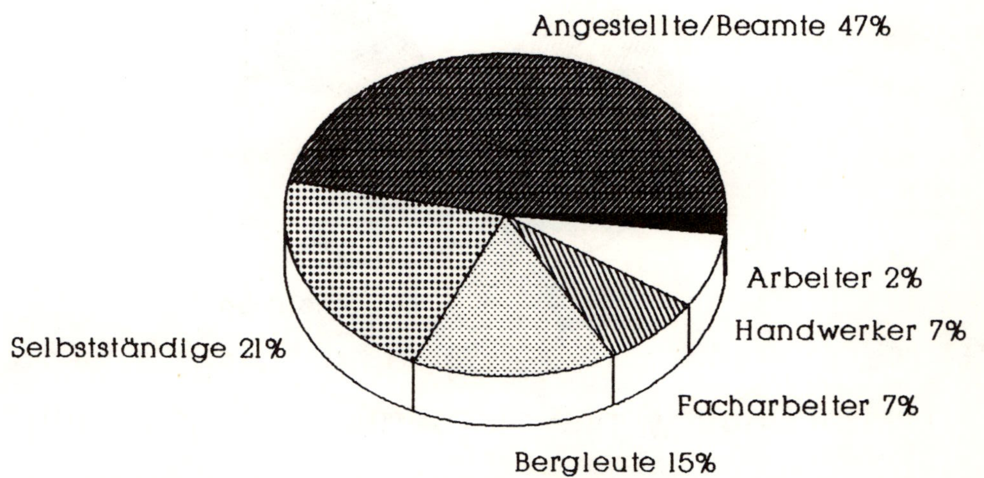

Quelle: eigene Berechnungen mit Hilfe des Reichsadreßbuch für Leibesübungen und lokalen Adressbüchern (n=113)

Bild 17

Vereinsfunktionäre des Arbeitersports

Rekonstruktion der beruflichen Position

Untersuchungsraum Herne und Wanne-Eickel

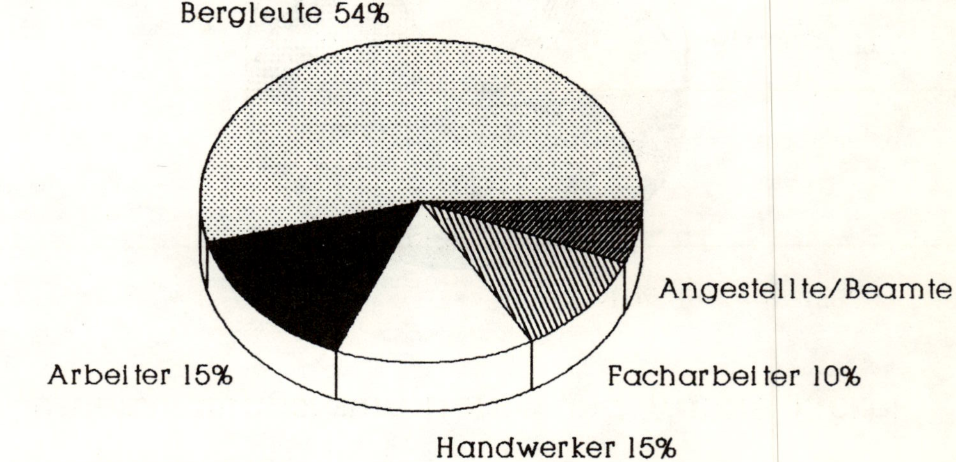

Quelle: eigene Berechnungen mit Hilfe der ATSB-Statistik und lokalen Adressbüchern (n= 48)

Bild 18

Mitglieder von Arbeitersportvereinen

Rekonstruktion der beruflichen Position

Untersuchungsraum Herne und Wanne-Eickel

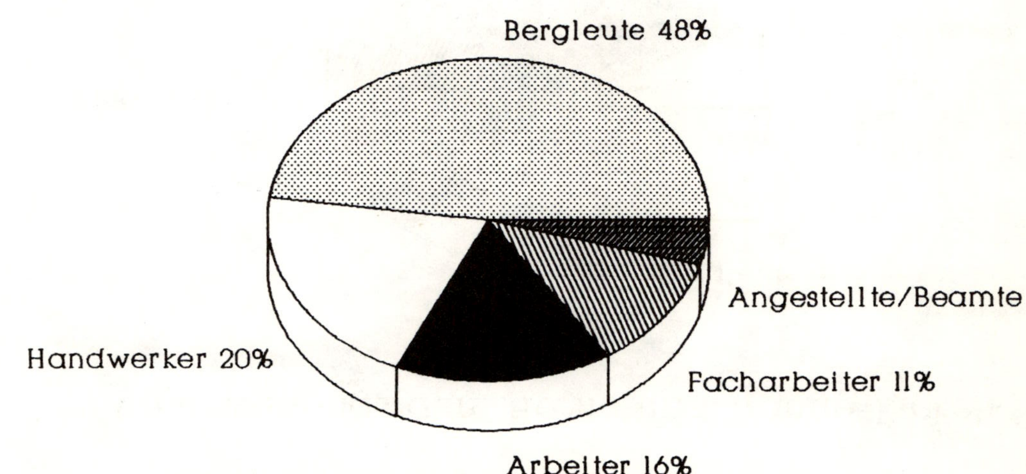

Quelle: eigene Berechnungen mit Hilfe lokaler Adreßbücher (n=45)

Bild 19

Mitglieder bürgerlicher Sportvereine
Rekonstruktion der beruflichen Position

Untersuchungsraum Herne und Wanne-Eickel

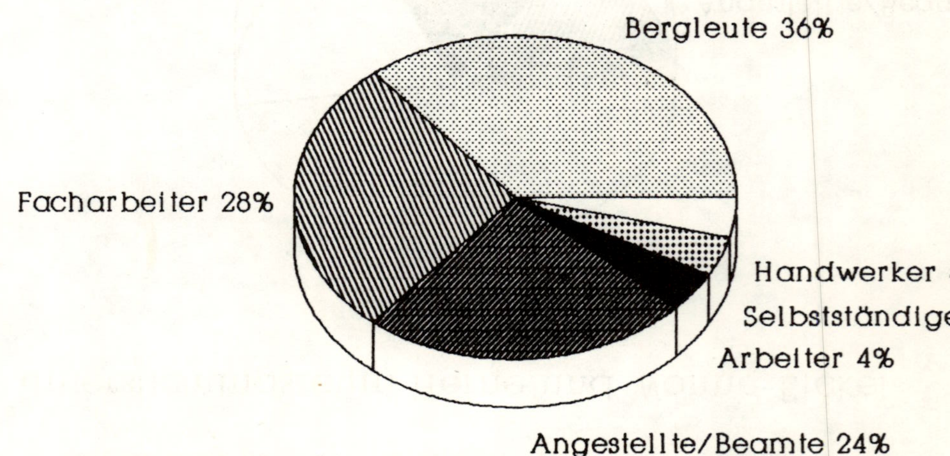

Quelle: eigene Berechnungen mit Hilfe lokaler Adreßbücher (n=26)

Zunächst fallen gravierende Unterschiede zwischen der sozialen Zusammensetzung der Arbeitersportfunktionäre und den Funktionären der bürgerlichen Sportvereine auf.
Während die Arbeitersportvereine nahezu exakt die soziale Zusammensetzung in den Städten Herne und Wanne-Eickel widerspiegeln,[30] - wenn man von der Unterrepräsentanz der Angestellten und Beamten und dem Fehlen der Gruppe der Selbstständigen absieht - so zeigt die soziale Zusammensetzung der bürgerlichen Sportfunktionäre eine deutliche Präferenz der Selbstständigen, Angestellten und Beamten. Der Anteil der Arbeiterschaft (Arbeiter, Facharbeiter, Bergleute und Handwerker) beträgt hier nur etwa 25%, gegenüber weit über 90% bei den Arbeitersportfunktionären.
Hier findet also die These von der Klassenteilung des Sports in der Weimarer Republik ihre Berechtigung. Offensichtlich ist es Arbeitern, sofern sie Mitglieder in bürgerlichen Sportvereinen sind, nahezu unmöglich, entscheidende Funktionen in den Sportvereinen zu übernehmen. Möglicherweise erklärt sich die noch näher zu erörternde Dominanz des bürgerlichen Sports auch durch die unterschiedlichen finanziellen Möglichkeiten von Arbeitersport- und bürgerlichen Vereinen (Mäzenatentum), die sich aus der sozialen Zusammensetzung der Vereinsfunktionäre ableiten lassen.
Diese "Klassenteilung" des Sports findet bei der sozialen Zusammensetzung der Mitglieder keine Fortsetzung. Die vorgenommene Stichprobe weist lediglich graduelle Unterschiede aus. Der Gesamtanteil der Arbeiterschaft ist nahezu gleich. Lediglich die interne Verteilung ist divergent. Während der Anteil der ungelernten Arbeiter gegenüber den Facharbeitern bei den Arbeitersportlern höher liegt, dominieren die Facharbeiter bei den DJK-Sportlern. Signifikant höher liegt der Anteil der Angestellten bei den DJK-Sportlern. Dagegen ist der Anteil der Bergleute bei den Arbeitersportlern signifikant höher.
Insgesamt erscheint die Aussage zulässig, daß die DJK-Vereine keineswegs lediglich bürgerliche Mitglieder organisierten, son-

30 Volks-, Berufs- und Betriebszählung vom 16.Juni 1925, 110-170

dern eingebettet waren in das katholische (Arbeiter-) Milieu. Somit galt für die DJK-Vereine, daß sie durchaus einen gewichtigen Teil der sich in der Weimarer Republik differenzierenden Arbeiterschaft repräsentierten.[31]
Die Stichprobe bestätigt damit die von Rohe schon für die Sozialdemokratie und ihre Entwicklungsdeterminanten aufgestellten Thesen. Der Arbeitersport im Ruhrgebiet war zwar fest in das Bergarbeitermilieu des Ruhrgebiets eingebettet, dominierte es aber keineswegs, sondern hatte stets mit einer starken Konkurrenz aus kirchlichen und bürgerlichen Sportvereinen in diesem Milieu zu kämpfen.

31 Fromm 1983

4. Der lokale Organisationstyp des Arbeitersport- und des Arbeiterkulturkartells

Im Laufe der Projektarbeiten stellte es sich als sinnvoll heraus, einen Schwerpunkt auf die Beschäftigung mit dem Organisationstyp des Arbeitersport- und des Arbeiterkulturkartells zu legen. Über die Funktionen, Leistungen und Aktivitäten der Arbeitersport- und -kulturkartelle ist bislang noch wenig bekannt.

So beschränken sich etwa Wilfried van der Will und Rob Burns in ihrer zweibändigen Studie zur Arbeiterkulturbewegung in der Weimarer Republik lediglich auf eine Dokumentation der Texte und Aussagen zeitgenössischer sozialistischer Kulturtheoretiker und -funktionäre, in denen die Aufgaben und Ziele dieser Institution programmatisch umrissen und ihre Schaffung bzw. ihr weiterer Ausbau gefordert werden.[1]

Wesentlich informativer in dieser Hinsicht ist die Untersuchung Rainer Stüblings über das Kulturkartell in Frankfurt a.M., das aufgrund der Erfahrungen gemeinsamer Arbeit aller Frankfurter Arbeitersport- und Arbeiterkulturvereine anläßlich der 1. Arbeiterolympiade 1925 entstand.[2]

Stüblings Arbeit vermittelt einen detaillierten Einblick in die Entstehungsgeschichte und stellt die verschiedenartigen kulturellen Veranstaltungen der Frankfurter Arbeiterbewegung sowie die Aktivitäten der Arbeiterkulturfunktionäre dar. Darüber hinaus erfährt man jedoch mit Ausnahme des Hinweises einer generellen Intensivierung der Kulturarbeit und Kulturpolitik in der Arbeiterbewegung nach 1918 und der Aussage, daß "das Kulturkartell alle kulturellen Bestrebungen der Arbeiterbewegung zusammenfaßte und sie auf bestimmte Hauptaufgaben konzentrierte"[3] nichts, bzw. nur wenig über die allgemeinen Hintergründe, Motive und Traditionen, die dazu führten, daß die spezifische Or-

1 Will/Burns, 1982, 78ff
2 Stübling 1983
3 Ebenda, 26

ganisationsform "Kartell" von der Arbeiterkulturbewegung aufgegriffen und vor allem in der Phase der Weimarer Republik so favorisiert wurde.
Gerade in diesem Fall können aber regionalhistorisch angelegte Analysen neue und weiterführende Erkenntnisse erbringen, da es sich bei den Arbeitersport- und -kulturkartellen um eine spezifisch lokale Organisationsform handelt. Uns interessierte deshalb vor allem die Frage nach den allgemeinen und übergeordneten Hintergründen für die Entstehung dieser Organisationsform sowie ihrer Verbreitung und ihren Funktionen in der Arbeitersportbewegung des Ruhrgebiets im besonderen. Neben der organisationsgeschichtlichen Darstellung der Arbeitersport- und -kulturkartelle erschien es uns dazu wichtig, eine semantische Analyse der zentralen, im Zusammenhang mit der Kartellbildung immer wieder auftauchenden Begriffe vorzunehmen, um so auch etwas über die Struktur der hier zugrundeliegenden kollektiven mentalen Dispositionen zu erfahren.

4.1 Zur Kartellbildung in der Arbeitersportbewegung

Eingang in den Arbeitersport findet die Organisationsform des Kartells bereits vor dem Ersten Weltkrieg. Verstanden wird darunter der organisatorische Zusammenschluß mehrerer benachbarter Vereine an einem Ort oder in einem kleineren Bezirk. Die Arbeitersportbewegung erhofft sich davon insbesondere eine wirksamere Interessenvertretung gegenüber den kommunalen Behörden und privaten Institutionen. Darüber hinaus sollen Kartelle aber auch Konkurrenzprobleme, wie sie unter benachbarten Arbeitersportvereinen z.B. anläßlich der Durchführung verschiedener Veranstaltungen wie Turn- und Stiftungsfesten oder bei der gemeinsamen Nutzung von Räumlichkeiten offensichtlich immer wieder auftreten, vermeiden helfen. Die einzelnen, einem Kartell angeschlossenen Vereine, bzw. deren Vertreter sollen in regelmäßig durchzuführenden Sitzungen hierzu Pläne und Regelungen erarbeiten.

Die ATZ wirbt bereits ab der Jahrhundertwende in zahlreichen Artikeln für die Bildung dieser lokalen Organisationsform. Kurz gesagt können Arbeitersportkartelle als eine Kompromißlösung begriffen werden, die aus zwei gegensätzlichen Positionen im Arbeitersport resultiert: der Befürwortung einer Fusionierung mehrerer kleinerer Vereine zu einem großen und dem autonomen Weiterbestehen einzelner, auch kleiner Vereine.
Da der Fusionsgedanke aber zumeist auf zu großen Widerstand seitens der Vereine mit nur geringer Mitgliederzahl stößt, soll mit den Kartellen eine gelockerte, satzungsmäßig geregelte Form des organisatorischen Zusammenschlusses erreicht werden, bei der eine weitgehende Autonomie und Selbstverwaltung erhalten bleiben soll. Gleichwohl sind die Kartelle zumindest in der Frühphase des Arbeitersports nicht unumstritten. Nicht selten lehnen Vereine eine Gründung dieser Einrichtung, bzw. einen Beitritt zu bereits bestehenden Kartellen mit dem Argument ab, daß damit ein Verlust der Selbständigkeit verbunden ist.[4]

4.2 Realisierungsversuche im Ruhrgebiet

4.2.1 Die Sportkartelle

Für das Ruhrgebiet bleibt zunächst einmal festzustellen, daß hier im Vergleich zu anderen Regionen des Deutschen Reiches Arbeitersportkartelle zeitlich später entstehen. Diese Verzögerung ist auf die schon erwähnte, zunächst nur bescheidene Vereinsbildung zurückzuführen.
Eines der ersten Kartelle in Deutschland überhaupt entsteht jedoch im 6. Kreis des ATB, und zwar im Bergischen Elberfeld. Dies kann als ein weiterer Beleg für die These von der Dominanz

---

4 Wir weisen bereits an dieser Stelle daraufhin, daß die Entstehung von Arbeitersportkartellen in der Favorisierung des "Zentralisationsprinzips" bzw. der Schaffung einer zentralisierten Organisationsstruktur begründet ist, wie sie als besonders typisch gerade für die gesamte deutsche Arbeiterbewegung, d.h. vor allem für die parteipolitischen und gewerkschaftlichen Institutionen, angesehen werden muß. Im Anschluß an diesen eher organisationsgeschichtliche Aspekte behandelnden Abschnitt werden wir darauf noch genauer eingehen.

und Initiativfunktion der Arbeitersportler dieser Region gelten, durch die schließlich auch die Entwicklung im Ruhrrevier eingeleitet und in der Folgezeit bestimmt wurde.
Die diesbezüglich vorliegenden Quellen, die allerdings für die Periode des Kaiserreichs äußerst lückenhaft sind, lassen außerdem erkennen, daß etwa gegen Ende des ersten Jahrzehnts dieses Jahrhunderts verstärkt von den Arbeitersportfunktionären aus den rheinischen Gebieten und dem Bergischen Land für eine Durchführung des Zentralisationsprinzips auch in anderen Gebieten und Bezirken des 6. Kreises geworben, die Gründung von örtlichen Kartellen empfohlen und dabei die Elberfelder Institution als Modell vorgestellt wird.
In erster Linie ist dies eine direkte Folge der entsprechenden Bundestage des Arbeitersports, auf denen sich in dieser Zeit intensiv mit der Thematik beschäftigt wird.
Während sich jedoch das Elberfelder Kartell noch aus reinen Arbeiterturnvereinen zusammensetzt und sich deshalb zunächst auch "Turnerkartell" nennt, bestehen die sehr viel später erfolgten Zusammenschlüsse in den Ruhrgebietsstädten bereits aus den jeweils ansässigen Arbeiterturn-, Arbeiterradfahr-, Arbeiterathleten- und Arbeiterschwimmvereinen und den Ortsgruppen der Naturfreunde und bezeichnen sich deshalb auch als "Arbeitersportkartelle". Dies hat sich zu diesem Zeitpunkt im ganzen Deutschen Reich für gleichartige Verbindungen bereits durchgesetzt.
In allen von uns untersuchten Revierstädten ist die Existenz von Arbeitersportkartellen nachzuweisen. Dabei entsteht das erste Kartell 1913 in Essen, alle übrigen werden erst zu Beginn der 20er Jahre gegründet. Soweit das Quellenmaterial hier verläßlich ist, bilden sich in Hagen und Dortmund 1920, in Bochum, Herne, Gelsenkirchen und Duisburg jeweils ein Jahr später diese Einrichtungen.
Eine verstärkte Tendenz zur Bildung und zum Ausbau dieses Organisationstyps setzt also im Ruhrgebiet erst nach dem Ersten Weltkrieg ein, und auch die Konstituierung des Provinzial-Arbeiter-Sportkartells Rheinland-Westfalen in Essen fällt in das Jahr 1921.

Diese Einrichtung faßt die lokalen Kartelle auf einer höheren Organisationsstufe zusammen, und für die der Gründung vorausgehenden Konferenz erscheint eigens der Geschäftsführer der Zentralkommission für Arbeitersport und Körperpflege, Fritz Wildung, um den anwesenden Ortsfunktionären in einem Referat die Zweckmäßigkeit der Kartellbildung darzulegen.[5] Das scheint darauf hin zu deuten, daß die Kartellbildung im Arbeitersport im wesentlichen von der Organisationsspitze eingeleitet und gefördert wurde - eine Annahme, die auch durch zahlreiche andere Hinweise gestützt wird.

4.2.2 Die Konzeption des Kulturkartells

Einzugehen ist in diesem Zusammenhang auch auf die sogenannten Kulturkartelle, die von den Sportkartellen zu unterscheiden sind und erst ungefähr ab Mitte der 20er Jahre entstehen. Dieser Organisationstyp geht zwar unmittelbar aus den Arbeitersportkartellen hervor, versucht aber über die reinen Sportvereine hinaus auch alle anderen Vereine, Verbände und Ortsgruppen der Arbeiterkultur wie Arbeitergesangs-, Arbeitertheater-, Arbeiterjugend-, Arbeiteresperanto-, proletarische Freidenkervereine etc. in entsprechender Weise, d.h. wiederum unter Wahrung einer gewissen Autonomie und Selbstverwaltung, zusammenzufassen.

Die Arbeiterkulturkartelle sollen von ihrer Intention her ein Gegengewicht gegen die Folgen der Differenzierung im Arbeiterkulturbereich schaffen, die von den Funktionären offensichtlich als nachteilig angesehen und immer wieder beklagt werden.

So definiert etwa das Mitglied des Hauptvorstandes der Arbeiterjugendvereine Richard Weimann 1926 in der Zeitschrift "Arbeiterbildung":

"Welche Aufgaben sollen die Kulturkartelle erfüllen? Zunächst eine sehr wichtige: Sie müssen einen gewissen Ausgleich zwischen den kulturellen Veranstaltungen der einzelnen Organisationen herbeiführen. Es darf nicht vorkommen, daß an einem Tag

---

5 Bochumer Volksblatt v. 19.2.21

gleichzeitig Veranstaltungen von verschiedenen Organisationen stattfinden, die dann alle schwach besucht sind, während bei einer einzigen Veranstaltung am gleichen Tage der Besuch sehr viel stärker sein würde. Besonders für kleinere und mittlere Orte, in denen es sich bei allen Arbeiterveranstaltungen fast immer um das gleiche Publikum handelt, ist eine solche Verständigung über die zeitliche Verteilung der Veranstaltungen unerläßlich. Oder muß man es nicht als beschämend empfinden, wenn z.B. der örtliche Bildungsausschuß einen Kursus über die Geschichte der Arbeiterbewegung veranstaltet und am gleichen Tage Mitgliederversammlungen der Gewerkschaften oder Sportvereine stattfinden?"[6]

Prinzipiell werden also mit den Kulturkartellen die gleichen Absichten (effektivere Interessenvertretung, Vermeidung von Konkurrenz der Arbeitervereine untereinander) wie mit den reinen Sportkartellen verfolgt, nur sollen sie eben nicht nur integrative Funktion für die verschiedenen sportlichen Aktivitäten und Bereiche, sondern für die Arbeitsteilung innerhalb der gesamten Arbeiterkultur übernehmen. Allgemein muß ihre Schaffung vor allem im Zusammenhang mit drei Faktoren gesehen werden:

1. greift die durch die parteipolitische Spaltung bedingte Konkurrenz innerhalb der Arbeiterbewegung schließlich auch auf den Arbeiterkulturbereich über und motiviert ein verstärktes Interesse der politischen und gewerkschaftlichen Arbeiterorganisationen an den bis dahin von ihnen eher vernachlässigten Arbeiterkulturvereinen.
2. bildet sich in dieser Phase der Weimarer Republik eine bürgerliche Massenkultur heraus, die auch auf Arbeiter einen großen Einfluß und eine hohe Faszinationskraft ausübt. Die Kulturkartelle sollen dazu ein Gegengewicht bilden.
3. macht sich in diesem Zusammenhang der Einfluß von Ideen und Vorstellungen einer Strömung innerhalb der Arbeiterbewegung geltend, die man grob als "Weimarer Kultursozialismus" bezeichnen kann.

6 Zit. nach: Will/Burns, 1982, 79

Diese Richtung kritisiert vor allem das Konzept der traditionellen Arbeiterbildung, das sich auf eine Schulung des Verstandes und der rationalen Aufklärung der Arbeiter konzentriert und sich von ihr entsprechende Prozesse sozialer Umgestaltung erhofft. Der "Weimarer Kultursozialismus" stellt dem das Projekt einer gefühlsmäßigen Bindung der Arbeiter an die Arbeiterbewegung und den Sozialismus gegenüber. Beeinflußt von austromarxistischen Kulturtheoretikern versucht man dies über die Herausbildung einer Fest- und Feierkultur in der Arbeiterbewegung zu erreichen, deren Träger die überall schon seit dem Kaiserreich vorhandenen Arbeitersport- und Arbeiterkulturvereine sein sollen.[7] Deshalb entwirft die Gruppe von Intellektuellen um den "Weimarer Kultursozialismus" in verschiedenen Schriften und Artikeln programmatische Konzepte und gibt Empfehlungen für die praktische Ausgestaltung der Kulturarbeit, die von den "vor Ort" tätigen Funktionären der Arbeiterkultur umgesetzt werden sollen.

Auch im Ruhrgebiet ist etwa gegen Ende der 20er Jahre ein Bemühen innerhalb der Arbeiterkultur- und Arbeitersportbewegung erkennbar, Elemente und Leitlinien solcher Konzepte aufzunehmen und zu realisieren, dennoch bleibt nach unserer Untersuchung insgesamt festzustellen, daß hier die Umsetzung der mit den Kulturkartellen verbundenen Ideen und Konzepte nur mit erheblichen Einschränkungen gelingt.

Während nämlich z.B. die ursprüngliche Vorstellung des Kulturkartells keine Dominanz irgendeiner der in ihm zusammengeschlossenen Arbeiterkulturorganisationen vorsieht, sondern sich eher an einem paritätischen Modell orientiert, das jedem Mitgliedsverein gleiche Rechte und Pflichten sowie gleichen Einfluß einräumt, kann für die im Ruhrgebiet existierenden Kartelle dieses Typs, die hier ohnehin nicht sehr zahlreich sind, faktisch von einer eindeutigen Dominanz des Arbeitersports gesprochen werden.

Zunächst geht das schon aus der Bezeichnung dieser Institution selbst hervor.

7 In Kapitel 10 gehen wir noch einmal näher darauf ein.

Während sie nämlich z. B. in Frankfurt a.M. "Kulturkartell" lautet, nennen sich die entsprechenden Einrichtungen im Ruhrgebiet "Arbeitersport- und -kulturkartell". Einzige Ausnahme in dieser Hinsicht ist Essen. Hier findet schon recht früh, nämlich im Jahre 1924, eine konstituierende Versammlung für ein "Kulturkartell" statt, das kurz nach seiner Gründung auch eine proletarische Morgenfeier veranstaltet.[8]
Leider konnten weitere Aktivitäten dieses Kulturkartells im Fortgang der Forschungsarbeiten ebensowenig nachgewiesen werden, wie explizite Hinweise auf eine mögliche Auflösung der Einrichtung. Für eine nur kurze Existenz und damit ein Scheitern dieses frühen Versuchs einer Umsetzung der Konzeption des Kulturkartells spricht aber immerhin der folgende Umstand: Aufgrund der Spaltung des Arbeitersports in einen kommunistischen und einen sozialdemokratischen Flügel löst sich das Essener Arbeitersportkartell 1929 auf. Die noch im gleichen Jahr erfolgende Neukonstituierung durch die sogenannten bundestreuen, d.h. SPD-nahen Vereine, nennt sich dann "Freies Arbeitersport- und Kulturkartell Groß-Essen", weil hier auch einige andere Vereine der Arbeiterkultur angegliedert werden. Damit wird die zusätzliche Existenz eines reinen Kulturkartells zu diesem Zeitpunkt aber unwahrscheinlich.
Wir glauben deshalb feststellen zu können, daß sich in den Ruhrgebietsstädten - sofern sie überhaupt über die Organisationsstufe des Sportkartells hinausgelangen - das ursprüngliche Modell eines reinen Kulturkartells letztlich nicht durchsetzt. Praktisch realisiert wird dagegen eine Mischform aus dem reinen Kultur- und dem reinen Sportkartell, wobei jedoch der Sport eine dominierende Rolle einnimmt. Dies ist auf die zahlenmäßige Überlegenheit der Arbeitersportvereine gegenüber den anderen Arbeiterkulturvereinen zurückzuführen, aber zum andern auch auf das Selbstverständnis des Arbeitersports, der oft eine Vorreiterrolle innerhalb der Arbeiterkulturbewegung für sich beanspruchte.

---

8 Essener Volkswacht v. 16.9.1924 und v. 15.10.1924

Zudem spricht die Zusammensetzung der Vorstände in den Arbeitersport- und Kulturkartellen für eine dominante Funktion in dieser Hinsicht. In der Regel werden sie nämlich von Personen geleitet, die neben Ämtern in den lokalen Institutionen von Partei und/oder Gewerkschaften Funktionärspositionen im Arbeitersport innehaben.[9]
Insgesamt läßt diese Situation darauf schließen, daß sportliche Interessen und Belange sowohl auf der Ebene der alltäglichen Routinearbeit wie auf der der öffentlichkeitswirksamen Selbstdarstellung (Feste und Feiern), die eine Hauptaufgabe der Kartelle bildete, im Arbeitersport des Ruhrgebiets eine gewisse Priorität besaßen.

4.2.3 Aufgaben und Aktivitäten

Das größte und zugleich auch aktivste Arbeitersport- und Kulturkartell des Ruhrgebiets ist das Dortmunder. Neben den natürlich auch von anderen Kartellen arrangierten, periodisch wiederkehrenden Festen der Arbeiterbewegung wie Maifeiern, Revolutions- und Märzgefallenenfeiern, Reichsarbeitersporttagen und Stiftungsfesten, arrangiert es 1926 eine eigenständige, d.h. ohne Teilnahme der bürgerlichen und konfessionellen Sportverbände stattfindende Einweihungsfeier für das neu erbaute Sta-

---

9 Damit scheint im Ruhrgebiet eine Intention, die von den Organisationsspitzen der Arbeiter-und Arbeiterkulturbewegung bezüglich der Vorstandsbesetzung der Kartelle verfolgt wurde, erfüllt worden zu sein: die Sicherung eines gewissen Einflusses von Partei- und Gewerkschaftsfunktionären, die auf seiten der SPD und den freien Gewerkschaften nicht zuletzt auf der Befürchtung gründete, daß die Kartelle und damit die Sport-und Kulturvereine unter die Führung der KPD geraten könnten. Dementsprechend hatte denn auch Weimann in dem schon zitierten Text gefordert, daß " wie bisher in den Bildungsausschüssen, auch in den Kulturkartellen der entscheidende Einfluß von Partei und Gewerkschaften gesichert sein" und die "Führung in den Händen von Genossen liegen muß, die sich bewährt haben und die sich der Verantwortung der Arbeiterbewegung gegenüber bewußt sind." (Zit. nach: Will/Burns, 1982, 80f)

dion "Rote Erde" und veranstaltet 1930 das 2. Westdeutsche Arbeiterturn- und Sportfest.
Zu den von den Sport -und Kulturkartellen regelmäßig durchgeführten Arbeiten gehört es, Anträge auf materielle und finanzielle Unterstützung der Vereine durch die Kommune zu stellen. Alle Arbeitersportkartelle des Reviers sind deswegen in den während der zwanziger Jahre entstehenden Stadtämtern bzw. Stadtausschüssen für Leibesübungen sowie in den Jugendpflegeausschüssen vertreten.[10] Hier kommt es jedoch, wie Vorgänge in Bochum, Essen und Hagen zeigen, immer wieder zu Konflikten und Auseinandersetzungen, und die Arbeitersportler kritisieren z.B. in Fragen der Sportplatz- und Turnhallennutzung sowie der Mittelvergabe ihre Benachteiligung bzw. die Bevorzugung bürgerlicher Vereine. Daß bei entsprechenden Antragsablehnungen durch die Stadtverwaltungen auch politische Motive eine Rolle spielten, geht z.B. aus einem Schreiben des Stadtamtes für Leibesübungen in Hagen an den Oberbürgermeister aus dem Jahre 1928 hervor, in dem die Verweigerung eines Zuschusses zum Bau der ATSB-Bundesschule in Leipzig folgendermaßen begründet wird:
"Ich erlaube mir ferner darauf aufmerksam zu machen, daß die Arbeiter-Turn- und Sportbewegung bis zum Jahre 1926 als Zuschuß zum Neubau der Bundesschule in Leipzig einen Betrag von 250.-

---

10 Die Frage, inwieweit die Sportkartelle auch Mitglieder in den kurz nach Ende des Ersten Weltkrieges entstehenden Stadtverbänden für Leibesübungen waren, die als private Institutionen die Sportvereine eines Ortes zusammenzuschließen suchten, um sportlichen Interessen ein gemeinsames Forum der Vertretung gegenüber den städtischen Behörden zu schaffen, konnte aufgrund der Quellenlage nicht definitiv beantwortet werden. Immerhin untersagte das 1914 erschienene und explizit als Anweisung gedachte "Nachschlagebuch für die Leitungen der örtlichen Sportkartelle" der Zentralkommision für Sport und Körperpflege" eine Zugehörigkeit der Sportkartelle zu privaten Institutionen, in denen auch bürgerliche Vereine Mitglieder waren, räumte jedoch die Möglichkeit zu einer temporären Zusammenarbeit zwecks Erreichung allgemein sportlicher Ziele ein. (Zentralkommission für Sport und Körperpflege, (1914), 51) In Bochum z.B. war das Arbeitersportkartell in der Frühphase der Weimarer Republik offiziell Mitglied im Stadtverband für Leibesübungen geworden, trat jedoch 1927 aus Protest gegen das Verhalten der bürgerlichen und konfessionellen Sportvereine wieder aus.

M. erhielt. Sie hat diesen Antrag auch in diesem Jahre wieder gestellt, er wurde aber abgelehnt, weil auf dem 15. Bundestag in Hamburg im Juli 1926 der Antrag angenommen wurde, die Arbeiter-Turn- und Sportbewegung sei entstanden, 'um dem nationalistischen Treiben der bürgerlichen Sportverbände entgegen zu wirken und die eigene Erziehungsarbeit auf dem Gebiete der Leibesübungen im sozialistischen Sinne zu betreiben.' Die Ablehnung erfolgte also, weil der Arbeiter-Turn- und Sportbund die Leibesübungen in ausgesprochenen Dienst der sozialistischen Idee und Politik stellte... Aufgrund dieser Einstellung lehnte die Stadtverwaltung die Zahlung von Jahresbeiträgen ab."[11]

Probleme und Schwierigkeiten entstehen für die Arbeitersportkartelle des Ruhrgebiets insbesondere gegen Ende der 20er Jahre. Zum einen führen die Auswirkungen der wirtschaftlichen Krise zu einem drastischen Anstieg der Arbeitslosigkeit auch in den Revierstädten und zu erheblichen finanziellen Belastungen der Kommunen, sodaß ab 1929/30 Unterstützungen der Kartelle durch die Stadtämter für Leibesübungen eingeschränkt bzw. nicht mehr gewährt werden.[12]
Zum andern macht sich die parteipolitische Spaltung nun auch zunehmend im Bereich der Arbeiterkultur und des Arbeitersports bemerkbar. Dies geschieht jedoch in den von uns untersuchten Revierstädten in sehr unterschiedlichem Ausmaß.
In Essen beispielsweise lassen sich Hinweise auf diesbezügliche Konflikte bereits ab 1924 aus den Quellen entnehmen. Hier entsteht auch nach 1929, als die Spaltung des organisierten Arbeitersports auf Bundesebene bereits vollzogen worden ist, eine recht starke Rotsportbewegung. Eine der Folgen ist die schon erwähnte Auflösung des Arbeitersportkartells im Jahre 1929 durch die Zentralkommission für Arbeitersport und Körperpflege.

---

11 Schreiben des Stadtamtes für Leibesübungen Hagen an den Oberbürgermeister v. 22.2.1928

12 Exemplarisch verfolgen läßt sich das in den entsprechenden Verwaltungsberichten der Stadt Duisburg. Die vom dortigen Stadtamt für Leibesübungen dem Arbeitersportkartell regelmäßig zur Verfügung gestellte Geldsumme bleibt bis 1928 stabil, wird ab 1929 gekürzt und 1932 schließlich gar nicht mehr gewährt.

Konkreter Anlaß ist der Umstand, daß der Kartellvorstand inzwischen mit kommunistischen Arbeiterfunktionären besetzt ist, die nach Meinung der sozialdemokratischen Presse öffentlich einseitige politische Aufrufe und Stellungnahmen des Kartells zugunsten der KPD abgeben.[13]
In Hagen verläuft die Entwicklung in ähnlicher Weise. Hier wird das Kartell auf Beschluß der Zentralkommission für Arbeitersport und Körperpflege in Berlin im August 1929 aufgelöst, und es kommt am 21.8. 1929 zu einer Neukonstituierung durch die "bundestreuen" Arbeitersportler.[14] Ab diesem Zeitpunkt weisen die Tätigkeitsberichte des Stadtamtes für Leibesübungen regelmäßig die Bezeichnung "Arbeitersportkartell (Bundestreu)" und "Opposition des Kartells" aus, und aus den Tagesordnungen der Sitzungen läßt sich entnehmen, daß die Vertreter des Arbeitersports unter diesen Bezeichnungen jeweils eigene Anträge stellen.[15]
Schwierigkeiten gibt es darüber hinaus bei der Sportstättenvergabe. Aus den Verwaltungsberichten geht hierzu hervor, daß es zwischen dem sozialdemokratisch und dem kommunistisch orientierten Teil der Arbeitersportbewegung während des Jahres 1929 zu ständigen Auseinandersetzungen um das Belegungsrecht der Hagener Turnhallen und Sportplätze kommt, die aber schließlich durch einen Vorschlag seitens des Sportamtes, die dem Arbeitersportkartell bisher zur Verfügung stehenden Hallen und Plätze

---

13 Die Auseinandersetzungen ziehen sich in Essen mehrere Jahre hin und beginnen hier schon recht früh. (Vgl. exempl. die Artikel "Ist das Kartell für Arbeitersport und Körperpflege kommunistisch" und "Was geht im Kartell für Arbeitersport und Körperpflege vor?" in der "Essener Volkswacht v. 1.3.1927 und v. 25.5.1929)

14 Hagener Neue Freie Presse v. 9.8.1929 und v. 29.8.1929. Die Spaltung in Hagen traf den größten dort ansässigen Arbeitersportverein, den Freien Turn- und Spielverein Hagen 1896, am schwersten und erfaßte, wie die ständigen Berichte in der "Neuen Freien Presse" in dieser Zeit belegen, insbesondere die Gruppe der Arbeiterfußballer, deren Kreisfunktionär Tillmanns ab 1928 verstärkt für die KPD agitierte. (Vgl. dazu u.a.: Hagener Neue Freie Presse v. 8.4.1929 und v. 16.7.1929)

15 Vgl. exempl. die Tätigkeitsberichte des Stadtamtes für Leibesübungen Hagen v. 28.4.1930 und v. 12.2.1930

je zur Hälfte an die "bundestreuen" und an die Vereine der "Opposition" zu vergeben, beigelegt werden können.[16]

4.3 Das kollektive Sinnmuster von Konzentration und Zersplitterung

Die Geschichte des lokalen Organisationstyps des Kartells wäre u.E. unvollständig, wenn nicht auch die kollektiven mentalen Strukturen einer Analyse unterzogen würden, die wesentlich zu einer Förderung und zum Ausbau dieser besonderen institutionellen Form in der Arbeiter- und Arbeiterkulturbewegung beigetragen haben.
Erforderlich war deshalb eine Untersuchung des Kartellbegriffs selbst, darüber hinaus aber auch eine eingehendere Beschäftigung mit den wichtigsten, in seinem unmittelbaren Kontext immer wieder auftauchenden Termini. Im Vordergrund stand dabei die Frage nach der Bedeutung und ihren möglichen Transformationen sowie den Funktionen und den sozialen Gebrauchsweisen.

4.3.1 Ökonomische und politische Konnotationen des Kartellbegriffs

Auffällig ist, daß der Begriff des Kartells in Deutschland während der Phase des "Organisierten Kapitalismus" zunächst in einer ökonomischen Bedeutung in Gebrauch gerät. Ohne an dieser Stelle dazu detaillierte Ausführungen und unter wirtschaftsgeschichtlicher Perspektive notwendige Differenzierungen vornehmen zu können, kann zum Begriff "Organisierter Kapitalismus" zumindest das folgende gesagt werden: In analytischer Absicht wird er zuerst von dem sozialdemokratischen Wirtschaftstheoretiker Rudolf Hilferding verwendet.[17] Er rekurriert auf den in Deutschland ungefähr im letzten Drittel des 19. Jahrhunderts verstärkt einsetzenden Konzentrations- und Zentralisationspro-

---

16 Tätigkeitsbericht des Stadtamtes für Leibesübungen Hagen v. 12.9.1929 und v. 19.12.1929

17 Winkler, 1974, 9

zeß des Kapitals bzw. der Unternehmen und Betriebe, d.h. die Verschmelzung mehrerer kleiner Kapitale zu wenigen großen. Dieser Konzentrationsprozeß, der von Sozialhistorikern immer wieder als eine der bedeutendsten Erscheinungen der deutschen Wirtschaftsgeschichte charakterisiert wird,[18] manifestiert sich vor allem in organisatorischen Zusammenschlüssen einzelner Unternehmen und Betriebe zu größeren Einheiten. Rechtliche Formen solcher Zusammenschlüsse sind z.B. Konzerne, Aktiengesellschaften, Trusts und Syndikate. Im Vergleich zur Entwicklung in anderen europäischen Ländern oder etwa den Vereinigten Staaten setzt sich im Deutschen Reich aber das sogenannte Kartell durch.

Auf den vorwiegend juristischen Unterschied zu den anderen Formen wirtschaftlicher Zusammenschlüsse muß hier nicht eingegangen werden. Entscheidend ist für unseren Zusammenhang, daß der Begriff "Kartell" zunächst einen organisatorischen Zusammenschluß der Unternehmer bezeichnet. Ein Kartell stellt eine besondere Form der Marktregulierung dar. Mit dem Begriff werden Zusammenschlüsse rechtlich und wirtschaftlich weitgehend selbständig bleibender Unternehmen eines Produktionszweiges zur Beeinflussung bzw. zur monopolistischen Beherrschung des Marktes erfaßt. In einem Kartell werden z.B. Preise sowie Fördermengen und Absatzquoten zwischen einzelnen Betrieben geregelt.

Die wirtschaftlichen Kartelle und ihr Ausbau in Deutschland sind die Folge eines Sinneswandels der Unternehmer, die insbesondere durch die Erfahrungen der "Großen Depression" nach 1873 Zweifel an dem bis dahin dominierenden Ideal des marktwirtschaftlichen Prinzips der freien und ungehinderten Konkurrenz, wie es sich in der Weltanschauung des "Manchesterkapitalismus" widerspiegelt, bekommen. Die Kartelle sollen in diesem Zusammenhang eine Lösung für die Probleme sein, die für einzelne Unternehmen aus den negativen Folgen freier Konkurrenz untereinander entstehen und diese einschränken bzw. vermeiden, um insgesamt die Realisierung größtmöglicher Profite für das Kapital

---

18 Petzina, 1977; 60; Abelshauser/Faust/Petzina, 1985, 19f

zu sichern. Kartelle bedeuten insofern auch einen Schritt hin zu einer kollektiven Interessenvertretung und Organisation des Kapitals - und zwar sowohl gegenüber dem Staat als auch der Arbeiterklasse.
Es bleibt also festzuhalten, daß der Begriff "Kartell" ebenso wie die in seinem unmittelbaren Kontext immer wieder auftauchenden Termini "Konzentration" und "Zentralisation", zu denen im folgenden noch nähere Ausführungen gemacht werden sollen, zunächst aus dem ökonomischen Bereich stammen und sich auf wirtschaftliche Erscheinungen und Vorgänge beziehen.
Dabei bleibt es jedoch nicht. Bereits die Tatsache, daß sich das parlamentarische Bündnis aus Deutschkonservativen, Freikonservativen und Nationalliberalen im Deutschen Reichstag von 1887 als "Kartell" bezeichnet, ist ein Indikator dafür, daß der Begriff sehr schnell eine politische Konnotation bekommt und schon damals im Alltagsbewußtsein der deutschen Öffentlichkeit einfach auch als Synonym für "politische und soziale Macht durch organisatorischen Zusammenschluß" fungiert.
Darüber hinaus zeigen Ausführungen des liberalen Politikers Friedrich Naumann in dessen "Neudeutscher Wirtschaftspolitik", wie aus dem ökonomischen Terminus ein politisches Schlagwort wird und sich eine metaphorische Gebrauchsweise durchzusetzen beginnt.
Nachdem Naumann zunächst die wirtschaftlichen Funktionen eines Kartells erläutert hat, konstruiert er eine Analogie zur politisch-historischen Entwicklung Deutschlands und bezeichnet das 1871 entstandene Deutsche Reich als "politisches Kartell". Naumanns Absicht, die er rhetorisch noch durch weitere wertbesetzte Metaphern, wie etwa "politischer Zwergbetrieb" für "feudales Fürstentum" bzw. "Kleinstaaterei" für die "Existenz vieler kleinerer wirtschaftlicher Einzelbetriebe", unterstützt, ist unschwer zu erkennen: Er versucht von der Notwendigkeit der Kartellbildung im wirtschaftlichen Bereich und damit vom Prinzip des "Organisierten Kapitalismus" zu überzeugen:
"Rein geschäftstechnisch gesehen sind die Kartelle der Sieg des Kaufmannsgeistes über den einzelnen Kaufmann. Mit ihrer Entstehung beginnt eine Belebung der kaufmännischen Phantasie in ei-

ner früher nicht vorhandenen Richtung. Früher war der Inhalt der Phantasie: Was läßt sich aus diesen oder jenen Einzelunternehmen machen? Heute ist der Inhalt der Phantasie ein anderer: Was läßt sich aus diesen oder jenen Gewerbezweigen im ganzen machen? Ist aber die Phantasie einmal darauf eingerichtet, sich derartige Fragen zu stellen, so erscheint ihr im Grunde aller Einzelbetrieb als eine Art Rückständigkeit und Kleinstaaterei. Wir brauchen mit Absicht das Wort Kleinstaaterei, denn der Vorgang, um den es sich hier handelt, ist der Überwindung der Kleinstaaterei im politischen Leben durchaus verwandt und läßt sich als Wiederholung dieses politischen Vorganges auf wirtschaftlichem Gebiete bezeichnen. Im 17. und 18. Jahrhundert hielt es in Deutschland kaum jemand für unnatürlich, daß es eine Unmenge politischer Zwergbetriebe gab. Erst gegen Ende des 18. Jahrhunderts beginnt die Überzeugung allgemein zu werden, daß die Kleinstaaterei ein Übel ist. Sie wird als politisch unproduktiv empfunden, und es dauert nicht lange, so werden zahllose politische Einzelbetriebe ausgeschaltet und diejenigen, welche übrig bleiben, werden durch das politische Kartell, das wir Deutsches Reich nennen (Hervorheb. von uns, d.Vf.), unter die Führung der Vormacht Preußens gebracht. Der Eintritt in das politische Kartell Deutsches Reich bedeutete für die eintretenden Kleinstaaten gleichzeitig eine Verminderung ihrer Souveränität und eine Garantie ihrer weiteren Existenz. Ihnen wird der Tod durch direkte Konkurrenz erspart, indem sie sich der stärksten Macht freiwillig angliedern."[19]

4.3.2 Besetzung und Umfunktionierung der Begriffe "Kartell", "Konzentration" und Zentralisation" durch die Arbeiterbewegung

Es läßt sich nun feststellen, daß die Arbeiterbewegung bereits recht früh die ursprünglich ökonomischen Begriffe "Kartell" so-

19 Naumann, 1906, 304f

wie die damit in einem Assoziationszusammenhang stehenden Termini "Konzentration" und "Zentralisation" für sich besetzt und umfunktioniert hat.
Hintergrund dafür ist zunächst die Beunruhigung, die der zunehmende Konzentrations- und Zentralisationsprozeß des Kapitals vor allem in der sich nach dem Sozialistengesetz reorganisierenden Gewerkschaftsbewegung auslöst. Die Kartellierung der deutschen Wirtschaft führt den Machtzuwachs der Unternehmer gleichsam permanent vor Augen und trägt zu einem Nachdenken über die eigene Organisationsstruktur und deren Effektivität bei, die bis dahin noch durch das Prinzip der Berufsständigkeit und der Existenz vieler kleinerer Fachverbände und Einzelgewerkschaften geprägt ist.
Wie bekannt, entwickeln sich die Gewerkschaften ab dieser Zeit aber dann mehr und mehr zu großen Industrieverbänden, d.h. das Prinzip der berufsständischen Organisationsform wird allmählich, jedoch nicht ohne Widerstände, aufgegeben. Diese Umstrukturierung wird schon von den Zeitgenossen mit den Begriffen "Zentralisation" und "Konzentration" bezeichnet. Die wirtschaftlichen Termini werden also wiederum metaphorisiert, indem sie jetzt für Vorgänge übernommen und verwendet werden, die sich innerhalb der Arbeiterorganisationen selbst vollziehen und dort vor allem die Organisationsstruktur betreffen.[20]
Durch die zum Teil heftig geführten Auseinandersetzungen zwischen Befürwortern und Gegnern der neuen Organisationsstruktur werden sie rasch zu Elementen einer "politischen Rhetorik", zu politischen Reiz- und Schlagwörtern oder Ideologemen, die sich - so unsere These - immer mehr im kollektiven Bewußtsein der Arbeiterbewegung verankern und dort sinn- und mentalitätsstiftende Funktionen erfüllen.

---

20 Auf dem Gewerkschaftskongreß in Halberstadt 1892 entschied man sich für das zentralistische Organisationsprinzip und nahm damit zum ersten Mal öffentlich gegen die sogenannten Lokalisten in den Gewerkschaften Stellung, die am berufsständischen Prinzip der Interessenvertretung durch Fachvereine festhielten. (Die Motive und Hintergründe der Auseinandersetzungen zwischen "Zentralisten" und "Lokalisten" werden u.a. dargestellt bei Schönhoven, 1987, 61ff)

Bezeichnend ist in diesem Zusammenhang, daß die Befürworter einer zentralisierten Organisationsstruktur in den Gewerkschaften ihre Position mit einer Analogie zum ökonomischen Konzentrationsprozeß begründen. Stereotyp wird das Argument vorgetragen, die Entwicklung im wirtschaftlichen Bereich erfordere als Antwort eine entsprechende "Konzentration" und "Zentralisation" auf seiten der Gewerkschaften, und das Verhalten der Unternehmer wird unter diesem Aspekt den Arbeitern als Vorbild präsentiert.

Daraus resultiert eine positive soziale Wertung der Begriffe "Konzentration" und "Zentralisation" in bezug auf die eigene Bewegung. Doch reicht das allein nicht aus, um ihre sinn- und identitätsbildende Wirkung zu entfalten. Hinzu treten negativ besetzte Gegenbegriffe, die - das ergab die Analyse - in diesem Fall vor allem "Zersplitterung" und später auch "Dezentralisation" lauten.

Wir meinen das entscheidende Ereignis, das diesem Argumentations- und Denkmuster in der Arbeiterbewegung zum endgültigen Durchbruch verhilft, in einer der Reden des sozialdemokratischen Reichtagsabgeordneten Georg von Vollmar zu sehen, die in der Sekundärliteratur als Dokument für den Reformismus in der Sozialdemokratie berühmt geworden sind.

Von Vollmar stellt hier - es handelt sich um eine Rede auf einem Gewerkschaftsfest in Bremen 1890 - vor einer größeren Menge von Arbeitern in agitatorischer Absicht die Grundzüge der von ihm verfolgten "Reformismus-Taktik" dar und betont - nachdem er die bisherigen Leistungen der Arbeiterbewegung relativiert hat - die Notwendigkeit des weiteren Aufbaus und Ausbaus der Gewerkschaftsbewegung auf folgende Weise:

"Festgenossen! Glauben Sie nicht, daß ich die Bedeutung dessen, was bis jetzt geschehen ist, überschätze... wir dürfen uns nicht dem Glauben hingeben, als ob wir schon etwas einigermaßen Mustergültiges, Ausreichendes geleistet hätten. Im Gegenteil, es muß ausgesprochen werden - denn wir, die wir von Ihnen selbst gewählt sind, sind nicht dazu da, um Ihnen zu schmeicheln, wir sind dazu da, um Ihnen die Wahrheit zu sagen, auch da, wo sie rauh klingt - es muß gesagt werden: Unsere in vielen

Teilen gute Fachvereinsorganisation steht nicht auf der Höhe der Zeit. Nirgends muß mehr Eifer, Fleiß, Tatkraft entfaltet werden, als auf diesem Gebiete... Die günstigen Verhältnisse, die wir gehabt haben, sind nicht entfernt ausgenutzt, wie es hätte sein sollen. Woher kommt das? Die Arbeitgeber, die Großindustriellen haben die Verhältnisse begriffen. Namentlich in Rücksicht auf das Aufhören des Sozialistengesetzes haben sie einen Bund zur Selbsthilfe geschlossen. Sie stehen uns gegenüber, ein zentralisierter Körper, der von einem einheitlichen und feindseligen Willen gegen uns beseelt ist. Und wir sind nicht zentralisiert, wir sind zersplittert wie früher, ein Gewerbe kümmert sich nicht um das andere, ein Ort nicht um den andern... Hier müssen wir das Beispiel nehmen von unseren Gegnern selbst. Das, was sie getan haben und wodurch sie uns schaden wollen, soll ihr Schaden werden... wir müssen uns von Fach zu Fach über ganz Deutschland zusammenschließen, müssen eine neue großartige Zentralverwaltung schaffen... Damit aber nicht genug. Internationale Verbindungen müssen geschaffen werden... Wie unsere Gegner es getan haben, müssen wir uns zentralisieren, national und international."[21] (alle Hervorheb. von uns, d.Vf.)

Die zitierte Stelle verdeutlicht, daß keiner der bisher angeführten Begriffe isoliert betrachtet werden kann. Alle Termini stehen vielmehr in einem kollektiven Assoziationszusammenhang, d.h. wird einer der Begriffe explizit genannt, sind seine Synonyme und Gegenbegriffe konnotiert, und im Zuge der Tendenz zu großen organisatorischen Verbindungen wird sich innerhalb der Arbeiterbewegung immer mehr eine Wertstruktur durchsetzen, in der die als positiv angesehenen Substantive "Konzentration" und "Zentralisation" (bzw. die entsprechenden Adjektive) der negativen "Zersplitterung" und "Dezentralisation" gegenübergestellt werden.
Auf diese Weise entsteht in der Arbeiterbewegung das, was wir im folgenden als kollektives Sinnmuster von Konzentration und Zersplitterung bezeichnen wollen. Es hat u.E. in entscheidender

21 Vollmar, 1977, 132f

Weise das Weltbild der deutschen Arbeiterbewegung mitbestimmt. Dieses Sinnmuster steuerte die kollektive Sicht- und Wahrnehmungsweise dadurch, daß die verschiedensten Fakten, Tatbestände, Situationen und Ereignisse, die in irgendeinem Zusammenhang mit Organisationsfragen und -strukturen standen, mit ihm einer Klassifizierung und Wertung unterzogen wurden, was wiederum das praktische Verhalten unmittelbar regulierte.
Interessant ist für unseren Zusammenhang vor allem - das zeigen die Auswertungen der Quellen zur Arbeitersportbewegung des Ruhrgebiets - die Existenz und Verbreitung des Sinnmusters nicht nur in den politischen Institutionen und Diskursen der Arbeiterbewegung, sondern eben auch im Bereich der Arbeiterkultur.
Bevor darauf eingegangen wird, ist aber noch einmal genauer der Kartellbegriff und seine Umfunktionierung und soziale Gebrauchsweise durch die Arbeiterbewegung zu untersuchen.
Das sich in den Gewerkschaften durchsetzende Prinzip der Zentralisation bedingt nämlich schon vor der Jahrhundertwende organisatorische Zusammenschlüsse verschiedener, an einem Ort oder in einem kleineren Bezirk ansässiger Berufs- und Fachverbände, die sich Gewerkschafts<u>kartelle</u> nennen. Dieser Umstand - eine Institution der Arbeiterbewegung wird "Kartell" genannt - spricht noch einmal für den schon festgestellten Reizwortcharakter. Daneben ist jedoch auch darauf zu verweisen, daß einflußreiche Theoretiker in der Sozialdemokratie und den freien Gewerkschaften den Kartellierungsprozeß in der deutschen Wirtschaft nicht nur negativ betrachten.
Zwar räumen sie seine nachteiligen Folgen für die Arbeiterklasse durchaus ein, erblicken aber gleichzeitig in der wirtschaftlichen Konzentration auch eine wichtige Vorstufe für die gesellschaftlich geplante und organisierte Produktion und begreifen sie als einen Schritt in Richtung Sozialismus. Dabei kommt es sogar, wie der folgende Auszug aus einer Schrift des Gewerkschaftsführers Adolf Braun beweist, zu einer Vorstellung, nach der die Entwicklung des Kapitalismus in die Entstehung eines einzigen, universellen Kartells einmünden wird:

"Mit der steigenden Macht der Kartelle..., wird die Politik des Unternehmerthums an Klarheit, Zielbewußtheit und Zweckmäßigkeit kaum noch etwas zu wünschen übrig lassen... So schwer diese Zeiten auch für die Arbeiter sein werden, sie sind nicht aus der Welt zu schaffen, sie müssen als nothwendiges Glied des Ueberganges aus unserer Wirtschaftsordnung in die gemeinwirtschaftliche betrachtet werden, sie bieten uns die Gewähr für einen baldigen Sieg der Arbeiterklasse... Der Kapitalismus wird jeden gesellschaftlichen Rückhalt verloren haben, leicht wird es sein die Expropriateure zu expropriieren, an Stelle des Kapitalismus mit seinen Kartellen, wird das Kartell der Kartelle, die einheitlich organisierte, im Interesse der Gesammtheit wirkende, gemeinwirthschaftliche Ordnung treten."[22]

In der Argumentation ähnlich, diesmal nur mit den Begriffen "Konzentration" und "Zersplitterung" operierend, verfährt auch eine 1894 auf dem Frankfurter Parteitag der SPD angenommene Resolution, in der es heißt:
"Jeder Fortschritt der Kapitalskonzentration löst fortgesetzt größere Massen ehemals Besitzender von den Interessen des Besitzes los und lehrt die unwiderstehliche Überlegenheit der national und international organisierten, einheitlich geleiteten Produktion über die zersplitterte Produktion der freien Konkurrenz immer eindringlicher und unwiderstehlicher. Diese Entwicklung ist ein Schritt zur Verwirklichung des Sozialismus."

Die Struktur und die Konsequenzen dieser mechanistischen Denkweise sind jüngst in einer Studie ausführlich beschrieben worden.[23] Der Einfluß dieser Vorstellungen ermöglicht die Übernahme und Umfunktionierung der Begriffe "Kartell", "Konzentration" und "Zentralisation", mit denen sich nun sogar die Konnotation "sozialistisch" verbindet, durch die Arbeiterbewegung ebenso wie die Schlußfolgerung, die Arbeiterbewegung müsse auf die Konzentration des Kapitals mit ihrer eigenen Konzentration reagieren.

---

22 Braun, 1892, 47f
23 Bechtold, 1987, insbes. 35ff

Wichtig ist zudem noch daraufhinzuweisen, daß sich eine wesentliche Voraussetzung für diese Vorstellungen und die darauf basierende Umfunktionierung von Begriffen, die eigentlich dem Klassengegner vorbehalten sind, schon bei Karl Marx und seinen Ausführungen über die Gesetzmäßigkeiten der kapitalistischen Produktionsweise, wie sie im "Kapital" dargelegt worden sind, findet.

Ohne natürlich hier den Anspruch erheben zu wollen, die komplexe Marxsche Gesellschaftstheorie darzustellen, kann für unseren Zusammenhang dazu in aller Kürze und sehr schematisierend folgendes gesagt werden: Im "Kapital" stellt Marx sich die Aufgabe, die "Gesetze" aufzustellen, aufgrund derer sich das System aus sich selbst heraus verändert und schließlich die Bedingungen für seine Überwindung durch den Sozialismus schafft. Zwei Faktoren sind dabei von grundlegender Bedeutung: zum einen eine beginnende "Sozialisierung" der Kräfteverhältnisse auf dem Markt, wie sie sich besonders in der Entstehung und Ausbreitung von Aktiengesellschaften manifestiert, zum andern die wachsende Klassenpolarisierung zwischen Kapital und Lohnarbeit.

Beide Faktoren hängen miteinander zusammen, da sich beide aus der inneren Logik des Entwicklungsverlaufs des Systems ergeben. Der erste Faktor scheint aber grundlegenderer Art zu sein, da er letztendlich eine Umkehrung genau der Gesetze bedeutet, auf denen der Kapitalismus beruht. Gründet sich der Kapitalismus vor allem auf individualistischem Profitstreben auf dem freien Markt und ist "anarchisch" in dem Sinne, daß es keine soziale Vermittlungsinstanz zwischen Produktion und Konsumtion gibt, ist die Produktion in der feudalen Gesellschaft wie in jeder traditionellen Wirtschaft im Gegensatz dazu auf die bekannten Bedürfnisse der Gemeinde abgestimmt. Dieses Prinzip wird jedoch durch die Ausdehnung und Verbreitung des komplexeren Systems des Warenaustausches, das den kapitalistischen Markt konstituiert, zerstört. Marx zufolge ist in dem Widerspruch zwischen Produktion und Konsumtion die Ursache für die periodisch wiederkehrenden und sich tendenziell verschärfenden Krisen des Kapitalismus zu sehen. Überproduktion ist zum ersten Mal in der Geschichte der menschlichen Gesellschaften in einem größeren

Ausmaß möglich. Die dadurch hervorgerufenen Krisen sind nun ein entscheidender Motor für den Konzentrations- und Zentralisationsprozeß des Kapitals, wie er sich einmal im finanzbedingten Ruin kleinerer Betriebe zugunsten des Wachstums größerer Produktionseinheiten sowie zum andern in der Entstehung von Trust, Syndikaten, Aktiengesellschaften und Kartellen artikuliert. Nach Marx zeigt die Aktiengesellschaft, daß die moderne Industrie auch ohne die direkte Kontrolle des Privateigentums funktionieren kann. Sie ist das "Resultat der höchsten Entwicklung der kapitalistischen Produktion", die "zur Aufhebung der kapitalistischen Produktionsweise innerhalb der kapitalistischen Produktionsweise selbst" führt.[24]

Die Aktiengesellschaften selbst sind für Marx nun aber bei weitem nicht die Verwirklichung des Sozialismus, denn sie bewegen sich ja immer noch im Rahmen des allgemeinen kapitalistischen Marktes. Dennoch repräsentieren sie in gewisser Weise die Entstehung eines komplexen, von der ursprünglichen Struktur des Kapitalismus sehr verschiedenen Produktionsverhältnisses.

Offensichtlich ist nun in der Marx-Rezeption der deutschen Arbeiterbewegung aber genau dieser Aspekt unter Absehung der von Marx hier selbst gemachten Einschränkungen überbetont worden und hat, nicht zuletzt über bestimmte, nachträgliche Erläuterungen von Engels, zu der von uns beschriebenen, mit der Kartellbildung verbundenen Auffassung geführt. Mit ihr konnte man sich eben - das erscheint wichtig - auf Marx stützen und damit entsprechende Schlußfolgerungen für das Verhalten der Arbeiterbewegung legitimieren.[25]

---

24 Marx, 1977, 453f (Vgl. in diesem Zusammenhang auch die von Friedrich Engels an dieser Stelle des "Kapitals" eingefügten Bemerkungen über die Rolle der Kartelle")

25 Darüber hinaus ist auf das 24. Kapitel im VII. Abschnitt des "Kapitals" über den "Akkumulationsprozeß des Kapitals" zu verweisen, in dem Marx die Begriffe "Konzentration", "Zentralisation" und "Zersplitterung" in einem analytischen Sinne gebraucht. Dadurch, daß in diesem Text aber auch die berühmte "Verelendungsthese" mit den entsprechenden Schlußfolgerungen bezüglich des Untergangs der kapitalistischen Gesellschaft und des Sieges der Arbeiterklasse vorgetragen wird, ließen sich die Begriffe offenbar in der Arbeiterbewegung wieder leicht zu politischen Schlagwörtern umfunktionieren. (Marx, 1976, 653f und 790f)

Anzunehmen ist ferner, daß vor allem auch die Rezeption von Passagen und Formulierungen aus dem "Kommunistischen Manifest" für die entsprechende Verankerung und Wertbesetzung der Attribute "konzentriert", "zentralisiert" und "zersplittert" wirksam gewesen ist.
In diesem, insgesamt ja appellativen Text verwenden Marx und Engels nämlich die Begriffe "Konzentration", "Zentralisation" und "Zersplitterung" in einem eindeutig politischen Sinne. Ähnlich wie später Naumann metaphorisieren sie die ökonomischen Termini, betonen mit ihnen die auch für das Proletariat fortschrittliche Rolle der Bourgeosie und beurteilen die Erfolgsaussichten der Arbeiterklasse anhand der Konstruktion zweier gegensätzlicher Entwicklungsstufen: eine ineffektive der "zersplitterten Masse" und eine als wirksam erachtete "zentralisierte Form des Klassenkampfes":
"Die Bourgeosie hebt mehr und mehr die Zersplitterung der Produktionsmittel, des Besitzes und der Bevölkerung auf. Sie hat die Bevölkerung agglomeriert, die Produktionsmittel zentralisiert und das Eigentum in wenigen Händen konzentriert. Die notwendige Folge war die politische Zentralisation. Unabhängige... Provinzen mit verschiedenen Interessen... wurden zusammengedrängt in eine Nation... Das Proletariat macht verschiedene Entwicklungsstufen durch. Sein Kampf gegen die Bourgeoisie beginnt mit seiner Existenz. Im Anfang kämpfen die einzelnen Arbeiter, dann die Arbeiter einer Fabrik, dann die Arbeiter eines Arbeitszweiges an einem Ort gegen den einzelnen Bourgeois, der sie direkt ausbeutet... Auf dieser Stufe bilden die Arbeiter eine über das ganze Land zerstreute und durch die Konkurrenz zersplitterte Masse... Es bedarf aber bloß der Verbindung, um die vielen Lokalkämpfe von überall gleichem Charakter zu einem Klassenkampf zu zentralisieren."[26]

---

26 Marx/Engels, 1983, 466ff

4.3.3 Transferierung in den Bereich der Arbeiterkultur

Wichtig erscheint nun der Umstand, daß das kollektive Sinnmuster von "Konzentration und Zersplitterung" unter Orientierung an den Gewerkschaften Eingang in die Arbeitersport- und Arbeiterkulturbewegung gefunden hat und dort - so unsere These - die Bildung der lokalen Institution des Arbeitersport- bzw. später des Arbeiterkulturkartells gefördert hat.
Schon vor der Jahrhundertwende finden sich in der ATZ entsprechende Artikel, die den lokalen Arbeitersportvereinen eine "Zentralisation", d.h. die Verschmelzung mehrerer kleiner Vereine zu einem großen und die Schaffung von Kartellen empfehlen und dabei explizit auf das Vorbild der Gewerkschaften verweisen. So heißt es z.B.in einer Ausgabe der ATZ von 1894 unter der Überschrift "Die Notwendigkeit der lokalen Zentralisation der Turnvereine":
"In beinahe allen Organisationen wird Klage über die Zersplitterung des Vereinslebens laut und dies auch mit Recht, denn in allen Orten, ja selbst in den kleinsten gründen sich Vereine oder `Vereinchen'. Diese an sich erfreuliche Tatsache entspringt dem Bedürfnis nach Bildung, Geselligkeit, Körperpflege und dergleichen mehr. Die Berücksichtigung dieses Bedürfnisses... ist aber zu verurteilen, wenn es dem Egoismus Einzelner entspringt, und es ist dies überall da der Fall, wo sich neben bestehenden Vereinen gleichartige Konkurrenzvereine bilden... Es muß deshalb die lokale Zentralisation aller Turnvereine als eine Notwendigkeit empfohlen werden: Unter lokaler Zentralisation ist der Zusammenschluß aller Turnvereine eines Ortes, welche gleiche Interessen verfechten, zu einem großen Verein zu verstehen. Die Gewerkschaften z.B. haben diese Notwendigkeit lange erkannt... und sich zu großen Kartellen vereinigt."[27]

Und in dem bereits erwähnten "Nachschlagebuch" der Zentralkommission heißt es, daß "überall, wo an Orten mehrere Sportver-

---

27 ATZ Nr. 1 v. 15.7.1894, 1f

eine bestehen,... diese zu einem Kartellverhältnis zu erziehen und gleich den Gewerkschaftskartellen Sportkartelle zu schaffen..." sind.[28]

4.3.4 Regionale Besonderheiten

Gerade für die Situation im Ruhrgebiet ergeben sich im Zusammenhang mit Verbreitung, Gebrauch und Wirkung des Sinnmusters zusätzlich noch einige Besonderheiten, die eine regionalgeschichtliche Analyse, die diese Thematik berührt, mitreflektieren muß.
So haben Sozial- und Wirtschaftshistoriker immer wieder darauf aufmerksam gemacht, daß der ökonomische Konzentrationsprozeß im Deutschen Reich im Bergbau und in der Hüttenindustrie beginnt, also in einem Wirtschaftsbereich, der für das Ruhrgebiet prägend gewesen ist. Karl Erich Born beispielsweise erwähnt in diesem Zusammenhang die folgenden Bildungen großer Kapitalgesellschaften bzw. die Umgründung von Unternehmen in Aktiengesellschaften ab Mitte des 19. Jahrhunderts, die im Revier stattfinden:
- Harpener Bergbau AG (1856)
- Zeche Hibernia (1856)
- Zeche Rheinpreußen (1856)

28 Zentralkommission für Sport und Körperpflege, (1914), 45. Bezeichnend ist auch, daß der sozialistische Kulturtheoretiker Paul Franken in seiner 1930 erscheinenden Schrift "Vom Werden einer neuen Kultur. Aufgaben der Arbeiterkultur- und -sportorganisationen" in einem Kapitel, das die Überschrift "Konzentration" trägt, für die Schaffung von Kulturkartellen plädiert und dabei das gleiche Argumentationsmuster anwendet, das vierzig Jahre vor ihm schon von Vollmar gebraucht hatte: "In der kapitalistischen Wirtschaft ist im wachsenden Maße an die Stelle des willkürlichen, freien Spiels der Kräfte eine überlegte und planmäßige Konzentration getreten... Die herrschende Klasse wandte das Gesetz der Konzentration an, um eine bedrohliche Lage zu überwinden und ihre erschütterte Macht wieder zu festigen... Leider kann man im allgemeinen von der Arbeiterschaft nicht sagen, daß sie immer rechtzeitig dieses Gesetz der Konzentration begriffen und zur Anwendung gebracht hat. Sie humpelt immer noch im weiten Abstand hinter dem Gegner her." (Franken, 1979, 61f)

- Gelsenkirchener Bergwerks-AG (1873)
- Eisenwerke Hoesch in Dortmund (1873)
- Gutehoffnungshütte in Oberhausen (1873)[29]

Diese erste Phase der Konzentration setzt sich dann nach 1880 mit der Bildung wirtschaftlicher Kartelle auf einer neuen Stufe fort. Dabei wird vor allem der Gründung des Rheinisch-Westfälischen Kohlensyndikats in Essen eine Art Modellfunktion zu gesprochen.[30] Zudem ereignet sich der gemeinhin spektakulärste und großes öffentliches Aufsehen erregende Fall ökonomischer Konzentration während der Weimarer Republik ebenfalls im Revier: 1920 vereinigt der Ruhrindustrielle Hugo Stinnes die Deutsch-Luxemburgische Bergwerks- und Hütten-Aktiengesellschaft, die Gelsenkirchener Bergwerks-Aktien-Gesellschaft und den Siemens-Schuckert-Konzern zur Siemens-Rheinelbe-Schuckert-Union.

All das führt insbesondere der Arbeiterbewegung des Ruhrgebiets ständig den mit der Konzentration verbundenen Machtzuwachs der Unternehmer vor Augen und hat - das darf angenommen werden - sicher gerade in dieser Region erheblich zur Reproduktion und Stabilisierung der Reizworte "Kartell", "Konzentration" und "Zentralisation" einschließlich ihrer immer mitassoziierten Gegenbegriffe beigetragen.

Daneben sorgen besondere Strukturmerkmale in der Zusammensetzung der Arbeiterklasse des Ruhrgebiets, die sich den zeitgenössischen Funktionären bei ihren parteipolitischen bzw. gewerkschaftlichen Organisationsbemühungen immer wieder als Hindernisse darstellen, für eine Verankerung des Sinnmusters.

Der Bergarbeiterführer Otto Hue z.B. beklagt in seiner zweibändigen Geschichte "Die Bergarbeiter" mehrfach die "Zersplitterung" unter den Bergleuten. Hue, der sich um die Schaffung eines Einheitsverbandes der Bergarbeiterschaft nach englischem Vorbild bemüht, faßt darunter insbesondere die Existenz der "gelben" Werkvereine, die Gründung der Polnischen Berufsvereinigung für Berg- und Hüttenarbeiter, das im Zuge der Massenein-

---

29 Born, 1985, 43

30 Ebenda, 44; Ritter/Kocka, 19823, 15

wanderungen von Fremdarbeitern im Ruhrgebiet sich bildende, ethnisch differenzierte Vereinswesen sowie die konfessionell motivierten Verbandsgründungen der Bergleute.[31]
Ähnlich wird auch in der 1907 von der Buchdruckerei der Arbeiterzeitung Dortmund (Filiale Essen) herausgegebenen Broschüre "Die Arbeiterbewegung im Ruhrgebiet" verfahren und die im Vergleich zu anderen Regionen des Deutschen Reiches schlechte Lage der Sozialdemokratie auf die "Zersplitterung" der Arbeiterschaft zurückgeführt, die im Revier offensichtlich als besonders massiv empfunden wird.[32]
Die Begriffe sind also hier entscheidende Elemente zur Konstruktion politisch-historischer Mythen, mit deren Hilfe sich die Arbeiterbewegung ihre eigene Geschichte erzählt und entsprechende Mißerfolge zu erklären sucht.

4.3.5 Gebrauch und Funktionen des Sinnmusters im Arbeitersport des Ruhrgebiets

Bei einer Untersuchung der Verbreitung des kollektiven Sinnmusters in der Arbeitersportbewegung des Ruhrgebiets kann zunächst festgestellt werden, daß die Reiz- und Schlagwörter "Konzentration", "Zentralisation", "Zersplitterung" und "Dezentralisation", wie im Falle von Partei und Gewerkschaften auch, immer im Kontext mit Fragen und Problemen gebraucht werden, die im weitesten Sinne die Organisation und ihre Struktur betreffen. Sie sind konstitutiver Bestandteil eines Diskurses über das eigene Vereinswesen, dessen Zustand und Verhältnisse und tauchen in entsprechenden Zeitschriftenartikeln sowie in Berichten über Vereinsversammlungen oder Bezirks- und Kreisturntagen auf. Dominant ist eine Gebrauchsweise mit einem explizit appellatorischen Charakter, d.h. hier werden direkte Aufforderungen für ein bestimmtes Verhalten der Arbeitersportler gegeben.

---

31 Hue, 1913, 313ff und 550ff
32 Wehner, 1981, 6 und 22

Während jedoch in der Zeit des Kaiserreichs aus den schon genannten Gründen das Thema "Zentralisation" im Schriftum des Arbeitersports des Ruhrgebiets kaum eine Rolle spielt und allenfalls, wie z.B. im "Mitteilungsblatt" des 6. Kreises, eher vorsichtig und zurückhaltend darauf hingewiesen wird, daß sich in Anbetracht der diesbezüglichen Debatten auf den Bundesturntagen "auch unsere Vereine mit der Materie vertraut machen und untersuchen sollen, ob und in welcher Weise hier im Westen die Zentralisation von Nutzen für die Gesamtbewegung sein könne"[33], setzt sich während der Weimarer Republik eine polemische Verwendung der Begriffe im Vereinsalltag durch, wobei das Schlagwort "Zersplitterung" eine äußerst diffamierende Funktion bekommt und in einen Assoziationszusammenhang zum ebenfalls pejorativen Begriff der Vereinsmeierei gerät, bzw. als dessen Synonym fungiert.
So wird im Arbeitersport die Existenz vieler kleiner Vereine und unterschiedlicher Sportabteilungen an einem Ort von den Funktionären immer wieder als "Zersplitterung" verurteilt und dem die Forderung gegenübergestellt, sich endlich zu "zentralisieren" und zu "konzentrieren", also aus vielen kleinen Vereinen wenige große zu bilden und sich in Kartellen zusammenschließen.
Nach unsereren Recherchen übernehmen dabei die Arbeiterturner eine wortführende Rolle. Sie sind offensichtlich die entschiedendsten Verfechter des Konzentrations- und Zentralisationsprinzips und begreifen sich selbst als diejenigen, die auf der lokalen Ebene das von der Organisationsspitze des Arbeitersports favorisierte Prinzip zur Realisierung bringen sollen. So schreibt etwa der Arbeitersportfunktionär Max Roethlich aus Düsseldorf im "Volkssport" 1922:
"Schon seit Jahren sind in der Arbeitersportbewegung Bestrebungen im Gange, die einzelnen Sportverbände zu einer großen gewaltigen Organisation, dem 'Volksbund', zu gestalten. Als Übergang dazu entstanden die örtlichen Sportkartelle, die sich wieder zu Landeskartellen vereinigten... So lange aber die einzel-

---

33 Mitteilungsblatt des 6. Kreises des ATB Nr. 3 v. Nov. 1910, 2

nen Vereine und Vereinchen die Notwendigkeit des Zusammenschlußes noch nicht begriffen haben oder nicht begreifen wollen, wird es wohl mit dem 'Volksbund' noch eine gute Weile haben... In manchen Städten hat die Vereinsmeierei und Eigenbrödelei einen derartigen Umfang angenommen, daß es im Interesse der Arbeitersportbewegung dringend nötig ist, mit dem Abbau zu beginnen. Auch in Düssseldorf ist eine ans Unerträgliche grenzende Zersplitterung zu beobachten... bei den Sportlern und Athleten ist eine große, zu nichts führende Zersplitterung vorhanden, die eine erfolglose Kraftverschwendung zur Folge haben muß..."[34]

Noch deutlicher wird die Diffamierungsabsicht in einem anderen Artikel aus dem gleichen Jahr, in dem ein älterer Dortmunder Arbeiterturner die Bestrebungen der Arbeiterfußballer, sich in eigenen Arbeiterfußballvereinen zu organisieren, als "Vereinsmeierei" kritisiert und schon durch die Artikelüberschrift "Zentralisation oder Dezentralisation" die Adressaten seines Textes vor eine bestimmte Alternative stellt und für sich einzunehmen sucht.[35]
Inwieweit die Begriffe die Konflikte zwischen den Arbeiterturnern und den Angehörigen der übrigen Arbeitersportorganisationen in ihrer emotiven und damit mentalitätsprägenden Funktion bestimmen und insbesondere dazu dienen, innerhalb der Arbeitersportbewegung die Macht und den Einfluß der Arbeiterturner zu erhalten, zeigt schließlich auch eine Aussage des Dortmunder Arbeiterschwimmers Walter Dittmann.
Dittmann erinnert sich hier an einen Zwischenfall, der sich auf einem Arbeiterschwimmfest im Zusammenhang mit der symbolisch-rituellen Grußformel der Arbeiterschwimmer, "Frei Naß", ereignet. "Frei Naß" stellt eine Abwandlung des Arbeiterturnergrußes "Frei Heil" dar, den diese um die Jahrhundertwende aus Gründen kultureller Dinstinktion zum "Gut Heil" der DT eingeführt und für verbindlich erklärt hatten.

34 Volkssport 5 (1922), 42
35 Volkssport 18 (1922), 165

Um einerseits die Verbundenheit zur Arbeitersportbewegung zu demonstrieren, andererseits aber auch dem Bedürfnis nach Ausdruck einer eigenen, von den Turnern unterschiedenen Identität im Vereinsalltag Geltung zu verschaffen, hatten die Arbeiterschwimmer, wie andere Arbeitersportverbände übrigens auch, das "Frei Heil" variiert. Die zitierte Stelle aus dem Interview mit Dittmann zeigt, daß darauf die Turner offensichtlich nicht selten aggressiv reagiert haben. Interessant ist aber vor allem der semantische Normverstoß, den Dittmann bei seiner Schilderung begeht: Er bezeichnet die von den Turnern geforderte Ersetzung von "Frei Naß" durch "Frei Heil" mit dem Begriff der Zentralisation. Dieser Verstoß gegen die Regeln der Semantik - ein Gruß kann nicht "zentralisiert" werden - kann nur erklärt werden durch den damaligen Reiz- und Schlagwortcharakter des Begriffs und seine kollektive Verbreitung in der Arbeitersportbewegung:
"Wir sagten als Arbeiterschwimmer immer `Frei Naß'. Dann wurde das zentralisiert für alle (Hervorheb. v. uns, d.Vf.) zu `Frei Heil'... Da war der Neugebauer (Turner und langjähriger Arbeitersportfunktionär in Dortmund, d.Vf.) bei einem Schwimmfest im Südbad und der sagte: Wenn ich einen erwische, der `Frei Naß'sagt, den schmeiß ich raus!"[36]

Einen Höhepunkt scheint die Verwendung der Begriffe "Konzentration" und "Zersplitterung einschließlich ihrer Konnotationen in der Endphase der Weimarer Republik zu erreichen. Nun erscheinen zunehmend Texte, die für das Prinzip der Zentralisation im Arbeitersport werben, indem sie es als "Notwendigkeit" darstellen, über erfolgte Zusammenschlüsse und Fusionierungen von Vereinen berichten und diese als positive und nachahmenswerte Beispiele präsentieren.[37]

---

36 Interview m. Walter Dittmann v. 7.8.1986

37 Die diesbezüglichen Texte sind prinzipiell nach dem folgenden Muster aufgebaut: "Die Zentralisation in Hagen marschiert! Auf der gestern stattgefundenen Generalversammlung der Freien Turnerschaft Hagen-Selbecke erkannte man die Notwendigkeit eines Zusammenschlusses zu einem großen Verein. Es wurde beschlossen, dem Verein Hagen 1896 beizutreten. Mit den Vorarbeiten für den

Ein Hintergrund für die gehäufte Verwendungsweise in dieser Zeit ist die Spaltung des Arbeitersports in einen sozialdemokratischen und einen kommunistischen Flügel.
Auch auf seiten der Rot-Sportbewegung werden die Elemente der Begriffskette gebraucht. Sie dienen hier ebenfalls dazu, den Zentralisationsgedanken zu legitimieren und entsprechende Verhaltenskonsequenzen zu fordern.[38] Darüber hinaus diffamieren sich kommunistische und sozialdemokratische Arbeitersportler gegenseitig, in dem sie dem jeweils anderen eine "Zersplitterung" der Arbeitersportbewegung vorwerfen. Damit einher geht die Nutzung der positiv besetzten Termini "Zentralisation" und "Konzentration" für die Selbstbestätigung der eigenen Stärke und Leistungsfähigkeit. So schreibt das kommunistische "Ruhr-Echo" anläßlich der beabsichtigten Gründung des "Zentralsportvereins Groß-Essen" im Jahre 1931:
"Am Samstagabend fand in Essen, im Lokal Kuhlbrock, eine sehr gut besuchte Vereinsvertretersitzung der roten Arbeitersportvereine statt, um endgültig Stellung zu nehmen zur Schaffung eines großen Zentralvereins für das Stadtgebiet Essen... Zweifellos wird auch die Schlagkraft der roten Arbeitersportler durch die Zentralisierung wachsen und der Kampf gegen die re-

---

Zusammenschluß wurde der Vorstand betraut. Hoffentlich erkennen auch die übrigen Vereine in Hagen diese unbedingte Notwendigkeit." (Volkssport Nr. 26 v. 27.6.1928, 44)

38 Hintergrund ist hier natürlich in erster Linie das von der Bundesleitung der KPD in dieser Phase befürwortete und nun an der "Basis" wirksam werdende, zentralistische Führungsprinzip. Selbst bei den kommunalpolitischen Aktivitäten der KPD des Ruhrgebiets scheint das damit verknüpfte Sinnmuster insofern eine eine Rolle gespielt zu haben, als kommunistische Politiker in den Debatten der Stadtparlamente zu einer Gebietsreform des Reviers die Zusammenfassungen von Gemeinden damit begründeten, daß so "eine Zersplitterung der Versorgung mit Gas, Wasser und Strom sowie das uneinheitliche Verkehrswesen beseitigt würden" und in diesem Zusammenhang wiederholt den Vorschlag zur Bildung einer einzigen, riesigen Ruhrgebietsstadt machten. (Herlemann, 1977, 128 und 132)

formistischen und bürgerlichen Sportverbände und auch gegen die reaktionäre Stadtverwaltung noch besser wie bisher geführt werden können."[39]

Und prinzipiell ähnlich wird in einem Bericht der sozialdemokratisch ausgerichteten Westfälischen Allgemeinen Volkszeitung über das 2. Westdeutsche Arbeiterturn- und Sportfest 1930 in Dortmund verfahren, wobei das Ideologem der Konzentration offenbar dazu dient, die "gute Verfassung der Organisation" in einer Zeit zu bestätigen, in der die Auswirkungen der Wirtschaftskrise die gesamte Arbeiterbewegung in zunehmendem Maße treffen. Dabei liegt in diesem Fall zudem die Vermutung nahe, daß sich die Formulierung "solche Massen zu konzentrieren" vor allem auf die bei den Arbeitersportfesten üblichen Aufmarschrituale bezieht und die Arbeitersportler gewissermaßen über ihre physische Präsenz im Stadion das Ideal der "konzentrierten und nicht-zersplitterten Arbeitermasse" symbolisieren[40]:
"Das 2. Westdeutsche in Dortmund ist ein Ruhmesblatt, ein Tag stolzer Erinnerung in der Geschichte der Arbeitersportbewegung Westdeutschlands. Mit stolzem Bewußtsein muß die Tatsache er-

---

39 Ruhr-Echo v. 25.8.1931. Den Hintergrund für die Bemerkung über die "reaktionäre Stadtverwaltung" bildete die Tatsache, daß den kommunistischen Arbeitersportlern in Essen im gleichen Jahr die Erlaubnis zur Benutzung der Sportanlagen entzogen worden war. Als Protest gegen diese Maßnahme kam es dann, wie einem Polizeibericht zu entnehmen ist, zu Demonstrationen, die mit Ausschreitungen und Sachbeschädigungen verbunden waren. (Bericht an die Nachrichtensammelstelle des Polizeipräsidenten Bochum v. 3.7.1931, Politische Akten der Regierung Düsseldorf 17207)

40 Wenn diese Hypothese richtig ist, hätten bestimmte Körperrituale der Arbeitersportler quasi auch eine kompensatorische Funktion besessen: Während die Arbeiterbewegung sich selbst durch die Existenz der konkurrierenden Arbeiterparteien und vieler kleiner Organisationen und Sekten zunehmend als "zersplittert" erfuhr, entsprachen die Rituale des geschlossenen Aufmarsches der Arbeitersportler dem gewünschten "Bild des ungespaltenen Ganzen" und wirkten symbolisch der Enttäuschung entgegen.

füllen, wenn es einer Organisation gelingt, in schwerster Zeit solche Massen zu konzentrieren, ein solches Großfest zu veranstalten, dann muß es um eine Organisation gut stehen."[41]

Es scheint nicht übertrieben zu behaupten, daß komplementär zu dieser Wertschätzung des Konzentrationsbegriffs dann das Reizwort der Zersplitterung geradezu eine traumatische Wirkung für Arbeitersportler bekommt und im Zusammenhang mit der Spaltung des Arbeitersports sogar zu einem Tabuwort für die lokalen Funktionäre wird.
Wenn man annimmt, daß gerade auf ihnen in dieser Zeit die von der Bundesleitung delegierte Verantwortung lastet, Spaltungstendenzen an der Basis möglichst frühzeitig entgegenzuwirken und daß dementsprechend ihre Arbeit danach bewertet wird, inwieweit es ihnen in ihrem verantwortlichen Bezirk gelingt, Bildungen von Rot-Sportvereinen und die Spaltung bestehender Vereine zu verhindern, dann erklärt sich z.B. auch die folgende Aussage des Bezirksjugendfunktionärs für den Fußballsport, Karl Scharmann aus Dortmund.
Obwohl über die Auswirkungen der Spaltung des Arbeitersports in Dortmund sprechend, sieht Scharmann sich noch in seiner Erinnerung genötigt, diese Vorgänge nicht unter den tabuisierten Begriff der Zersplitterung zu subsumieren und sich in einer negativen Wendung so davon abzugrenzen, als stünde er noch heute unter einem gewissen Legitimationsdruck:
"Es haben sich bei uns wohl Rotsportvereine gebildet, aber nicht durch Zersplitterung. Da war ein Verein, die hatten dann gebeten des Spielbetriebs wegen bei uns aufgenommen zu werden. Und da hat Bernard Döring, unser Bezirksleiter, uns dann gefragt, und da haben wir gesagt: Soll uns doch nur recht sein. Wir haben hier keine Spaltung mitgemacht, und wenn die keine Spielmöglichkeiten haben und wollen bei uns spielen, die können ja nichts kaputtmachen."[42]

---

41 Westf. Allg. Volkszeitung v. 4.8.1930
42 Interview mit Karl Scharmann v. 31.7.1986

4.3.6 Mythen der "Organisation"

Es wurde schon mehrfach angedeutet, daß sich die wertbesetzte Begriffskette "Konzentration", "Zentralisation, und "Kartell" sowie die jeweils mitkonnotierten Antonyme "Zersplitterung", "Dezentralisation" und "Vereinsmeierei" in der Arbeiterbewegung vornehmlich auf organisatorische Vorgänge bezogen. U.E. können sie in dieser Gebrauchsweise als eine Form jener mythischen Sinngebungsprozesse von Organisationen über sich selbst betrachtet werden, wie sie z.B. von dem amerikanischen Sozialpsychologen Karl Weick untersucht worden sind. Weick begreift die ständige Arbeit an der Schaffung von Mythen und Legenden als typisch für Organisationen, Verbände und Gruppen und sieht eine ihrer zentralen Funktionen in der Herstellung eines Selbstbildes "nach außen" und einer loyalitätssichernden Identität für die Mitglieder "nach innen", die nötig sind für den Erhalt der Organisation.[43]

Am Beispiel der Kartellbildung im Arbeitersport konnte nun deutlich gemacht werden, in welchem Maße hier Selbstdefinition, Realitätswahrnehmung und -verarbeitung durch Begriffe geprägt wurden, die aus dem ökonomischen Bereich stammten und die die Arbeiterbewegung über einen Prozeß der Aneignung und Umfunktionierung zunächst in ihre politischen und später schließlich auch in ihre kulturellen Diskurse integrierte.

Der Transfer dieser ursprünglich ökonomischen Termini in den Bereich der Arbeiterkultur und des Arbeitersports war verbunden mit einem Bedeutungs- und Funktionswandel: Während diese Begriffe zunächst beschreibend für wirtschaftliche Prozeße oder, wie im Falle der Marxschen Theorie über die Akkumulation des Kapitals, sogar analytisch gebraucht wurden und somit Bestandteile eines Spezialwissens über die Ökonomie waren, wurden sie nun zu Schlagwörtern und zu Elementen von Mythen über die eigene Organisation, bei denen die kritisch-rationale Funktion zugunsten einer emotional-appellativen in den Hintergrund trat. Allerdings war mit der Übertragung in die Arbeiterkultur- und Arbeitersportbewegung nicht das völlige Verschwinden der ökono-

---

43 Weick, 1985, insbes. 237ff

mischen Bedeutung verbunden. Im Gegenteil, die Arbeitersportfunktionäre stellten in ihrer Rolle als Vermittler zwischen Organisationsspitze und Basis immer wieder eine semantische Analogie zu dem ökonomischen Konzentrationsprozeß her, um für eine entsprechende Organisationsstruktur zu werben. Typisch dafür ist ein 1930 in mehreren Arbeiterzeitungen des Ruhrgebiets verbreiteter Artikel des damaligen Sekretärs beim Parteivorstand der SPD, Fritz Heine aus Berlin, der sich unter der Überschrift "Konzentration oder Zersplitterung" mit der Situation der Arbeitersportbewegung im 6. Kreis befaßt und in dem die vermeintlich hohe Anzahl von Arbeitersportvereinen in den Städten des Ruhrgebiets kritisierte wird. Die Weigerung mancher Arbeitersportvereine zu fusionieren, wird dort als "das Weiterbestehen einer leeren Vereinsform, die überholt ist in der heutigen Zeit der Vertrustung und Kartellierung der Welt" bezeichnet.[44]
Die Begriffe, die nun zu prägenden und mentalitätsbildenden Elementen des Alltagswissens und des Alltagsverstandes geworden waren, bestimmten die Debatten über das Vereinswesen im Arbeitersport und führten auf der Handlungsebene nicht nur zur Fusionierung von Vereinen bzw. zur praktischen Umsetzung des Kartellierungsprinzips, sondern in ihrer diffamierenden Funktion auch zur Verschärfung der Widersprüche zwischen Turnern und Sportlern sowie zwischen kommunistisch und sozialdemokratisch orientierten Mitgliedern im Arbeitersport.
Es kann hier nicht der Ort sein zu beurteilen, inwieweit die Aneignung der Begriffe "Konzentration" und "Zersplitterung" sowie ihrer Konnotationen zu einem bestimmten Zeitpunkt im politischen und gewerkschaftlichen Bereich der Arbeiterbewegung sinnvoll war. U.E. scheinen aber die Wirkungen des über die Begriffe gebildeten Sinnmusters innerhalb der Arbeiterkultur letztlich darin bestanden zu haben, bestimmte Sachverhalte erst zu einem Problem werden zu lassen. Denn was, so kann immerhin

---

44 Essener Volkswacht v. 22.9.1930. (Vgl. ferner in diesem Zusammenhang auch die Definition von Kulturkartellen "als Kinder unseres Industriezeitalters", die der Vorsitzende des Essener Freidenkerverbandes 1924 auf einer Versammlung den anwesenden Arbeitern gab sowie den Artikel "Reichsbanner oder Arbeitersport" im Gelsenkirchener "Volkswille" v. 9.8.1930)

gefragt werden, war an der Existenz vieler kleiner Sportvereine oder an dem Umstand, daß sich Schwimmer oder Ballspieler in eigenen Vereinen organisieren und mit eigenen Symbolen artikulieren wollten, eigentlich so problematisch? Insofern kommen wir nicht an der Einschätzung vorbei, daß das von uns analysierte Sinnmuster, für dessen Reproduktion es in der Arbeiterbewegung freilich, wie wir gezeigt haben, eine Reihe von Gründen gab, im Hinblick auf die mit der Ausdifferenzierung der Arbeiterkultur verbundenen Umstände und Begleiterscheinungen eher unproduktive Funktionen besessen hat.
Immerhin sollte in diesem Zusammenhang nicht übersehen werden, daß es zumindest im Ruhrgebiet Anzeichen dafür gibt, daß das Prinzip von Zentralisation und Kartellierung auch einfach umgesetzt wurde, um dem "von oben" favorisierten Organisationsideal - unabhängig von den jeweils "vor Ort" gegebenen Bedingungen - in jedem Fall zu entsprechen. Erklären läßt sich damit etwa die Struktur des Herner Arbeitersportkartells, das zeitweise nur aus einem Arbeitersportverein bestand oder die der Duisburger Einrichtung, die ausschließlich von Sportvereinen getragen und nur durch die Angliederung einer SAJ-Ortsgruppe zum "Arbeitersport- und-kulturkartell" gemacht wurde. Damit blieb die Realisierung der Kartellkonzeption aber auf einer rein formalen Ebene und besaß allenfalls die symbolische Funktion, die "Fähigkeit des Arbeitersportes zur Konzentration" innerhalb der Arbeiterbewegung zu demonstieren.[45]

---

45 Für diese Annahme würde auch sprechen, daß sich die Arbeitersportbewegung von seiten der Partei und Gewerkschaften schon in ihrer Frühphase mit dem Vorwurf der "Zersplitterung" und der "Vereinsmeierei" konfrontiert sah. 1906 schrieb z.B. der langjährige Bundesvorsitzende des ATB, Karl Frey, über das Verhältnis der SPD zum eigenständigen Arbeitersport: "Die Arbeiterturnvereine wurden gar nicht beachtet, als Vereinsmeierei, als Schädigung der Arbeiter-Organisationen, als Zersplitterung der Kräfte wurde die Gründung von Arbeiterturnvereinen angesehen, und auch heute ist eine größere Anzahl Gewerkschafter und Parteipolitiker von diesem Gedanken noch nicht befreit." (Frey, 1906, 39) Der Logik des Sinnmusters zufolge konnte diesem Vorwurf innerhalb der Arbeiterbewegung dann nur noch über den "praktischen Beweis" einer erfolgreich durchgeführten "Konzentration" begegnet werden.

5. Zum Verhältnis von Arbeitersportbewegung und "wilden" Vereinen

Zu Recht wird in der Forschungsliteratur bei der Beantwortung der Frage nach den Zielen und Idealen der Arbeitersportbewegung immer wieder auf die DT eingegangen, die in ihrer Rolle als bürgerliche Gegenorganisation im Bereich des Sports den Arbeitersport zu Konfrontationen und Abgrenzungsversuchen provozierte und darüber hinaus auch durch den Umstand, daß Arbeiter vielfach in den ihr angeschlossenen Vereinen turnten, bevor sie eigene Sportvereine gründeten, einen prägenden Einfluß auf deren Identität ausübte.
Der Einfluß der DT ist aber nicht immer nur in der direkten Auseinandersetzung wirksam gewesen. Vielmehr hat er sich oft durch die verschiedensten Faktoren vermittelt. Gerade regionalhistorische Studien können zur Entdeckung solcher Faktoren beitragen und weitere Aufschlusse über die Bildung und Struktur des kollektiven Bewußtseins von Arbeitersportlern geben.
Während der Projektarbeiten wurde die Aufmerksamkeit auf die Rolle gelenkt, die die sogenannten wilden Turn- und Sportvereine in dieser Hinsicht gespielt haben. Thema des folgenden Kapitels wird deshalb das Verhältnis der Arbeitersportler des Ruhrgebiets zu diesen Vereinen sein.
Unser Erkenntnisinteresse richtete sich sowohl auf die Struktur dieses Verhältnisses als auch auf seine möglichen Auswirkungen und Funktionen, wobei die Beantwortung folgender Fragen im Vordergrund stand: Wie sah das Verhältnis der Arbeitersportler zu den "wilden" Vereinen aus und wodurch konstituierte es sich? Wie nahmen die Arbeitersportler die "wilden" Vereine wahr, und welche Art von kollektiver Selbstdefinierung lag dem zugrunde? Wie ging die Arbeitersportbewegung mit den "wilden" Vereinen und ihren Mitgliedern um, und welche Folgen und praktischen Konsequenzen resultierten hieraus? Und schließlich: Wie reagierten die "wilden" Vereine darauf, und auf welche übergeordneten gesellschaftlichen Zusammenhänge verweist ihre Existenz sowie die damit verknüpfte, besondere Identitätsbildung des organisierten Arbeitersports eigentlich?

Gemäß unserem theoretisch-methodologischen Ansatzes konzentrierte sich unsere Untersuchung schwerpunktmäßig auf die von den Arbeitersportlern im Zusammenhang mit den "wilden" Vereinen gebrauchten Schlag- und Reizwörter, Begriffe, Metaphern, sprachlich- bildhaften Vergleiche, Analogien und Symbole. Dadurch erschien es möglich, etwas über die Art des sozialen Verhältnisses, das die Arbeitersportlern zu den "wilden" Vereinen unterhielten und über deren damit verbundene Mentalitätsbildung bzw. kollektive Selbstdefinierung zu erfahren.
Konkret ging es also um die Struktur, Funktion und die sozialen Gebrauchsweisen bestimmter sprachlicher Klischees und Stereotype, die in den Aussagen und Berichten der Arbeitersportler des Ruhrgebiets über die "wilden" Vereine und ihr Verhalten immer wieder auftauchten. Diese Aussagen sind, das sei hier ausdrücklich hervorgehoben, für uns weniger unter ihrem möglichen Wahrheitsgehalt interessant gewesen, - sie sind ohnehin allesamt übertrieben und polemisch - als vielmehr im Hinblick auf ihre besondere semantische Struktur, die Rückschlüsse auf die Identität und ihre Formierung zuläßt.
Neben zeitgenössischen Lexika und Fachwörterbüchern sowie schriftlich und mündlich fixierten Lebenserinnerungen von Zeitgenossen wurden als wichtigste Quellen für die Analyse vor allem Artikel aus der Deutschen Turnzeitung, der Arbeiterturnzeitung, dem Volkssport und dem Freien Deutschen Turner herangezogen.

5.1 Allgemeine und besondere semantische und soziokulturelle Rahmenbedingungen

5.1.1 Alltagsweltliche und politische Konnotationen von "wild"

Um den allgemeinen gesellschaftlichen Kontext und den Einfluß der kulturellen Tradition zu bestimmen, von dem ja auch die Arbeiter- und Arbeitersportbewegung trotz Entwicklung eigener Kulturformen niemals völlig unabhängig war, und um beurteilen zu können, auf welche der tradierten Bedeutungen von "wild" die

Arbeitersportler besonders häufig zurückgriffen, war es zunächst erforderlich, die Geschichte des Begriffes "wild" unter dem Aspekt seiner verschiedenen Bedeutungsgehalte und Gebrauchsweisen zu skizzieren. Die dafür durchgeführte Analyse einiger einschlägiger zeitgenössischer Lexika und Wörterbücher[1] ergab folgende Bedeutungen des Adjektivs "wild", die für die Zeit zwischen dem ausgehenden 17. und dem ersten Drittel des 20. Jahrhunderts dominant sind: regellos, ohne Ordnung, roh, unbeherrscht, nicht von Menschen gepflegt oder veredelt, sittenlos, fremd, unzivilisiert und ohne Kultur, ziel- und planlos, unberechenbar, unvernünftig, rechtlos, außerhalb menschlicher Gemeinschaft und Zucht stehend.

Das von Sütterlin u.a. bearbeitete "Deutsche Wörterbuch von Jakob und Wilhelm Grimm" unterscheidet für "wild" z.B. die Grundbedeutungen "ungezähmt" und "unkultiviert", und zwar bezogen auf verschiedene Objektbereiche wie Tiere, Pflanzen, Menschen und sonstige Naturerzeugnisse. "Wild" meint in diesem Zusammenhang "alles im Naturzustand Befindliche" und steht in Opposition zu dem, was "von der menschlichen Kultur erzeugt und berührt" ist.[2]

Ähnlich verfährt auch das von Joachim Heinrich Campe 1830 herausgegebene "Wörterbuch der deutschen Sprache", daß z.B. einen wilden Wald als einen definiert, "welcher sich ganz selbst überlassen ist" und den Gegensatz zum Forst darstellt, "welcher regelmäßig bewirthschaftet wird" oder "wilde Thiere, welche in der natürlichen Freiheit leben", von solchen unterscheidet, "welche der Mensch gezähmt hat, zu seinem Nutzen zieht und erhält".[3]

---

1 Ausgewertet wurden folgende Lexika und Wörterbücher: Sütterlin u.a. (Bearb.): Deutsches Wörterbuch von Jakob und Wilhelm Grimm, Bd. 30, München 1984; Campe, Joachim Heinrich (Hg.): Wörterbuch der deutschen Sprache, 5. und letzter Theil, Braunschweig 1811; Kluge, Friedrich: Deutsche Studentensprache, Straßburg 1895; Herre, Paul (Hg.): Politisches Handwörterbuch, Leipzig 1923

2 Sütterlin, a.a.O., 7ff

3 Campe, a.a.O., 718

Referiert "wild" auf den Menschen, wird es seit dem 17. Jahrhundert in zunehmendem Maße abschätzig für fremde Völker und deren Sitten gebraucht. Für die sich mit der Entdeckung Amerikas in Europa allmählich durchsetzende ethnozentristische Sichtweise, die die Entwicklung der Menschheit in verschiedene Kulturstufen einteilt und dabei für sich selbst den obersten Rang beansprucht, ist ein "Wilder" der Angehörige eines in fernen Ländern lebenden, entweder völlig kulturlosen und unzivilisierten oder doch auf der niedrigsten Kultur- und Zivilisationsstufe stehenden Volksstammes.
Gerade dieser Bedeutungsaspekt zeigt, daß das semantische Element "wild", sei es nun als Adjektiv oder als Substantiv gebraucht, nicht einfach die Funktion einer relativ neutralen Art der Realitätsbeschreibung besitzt. Fast alle seine Haupt- und Nebenbedeutungen sind mit einer mehr oder weniger starken, negativen sozialen Wertung versehen. Zusammen mit der Tatsache, daß es implizit oder explizit immer mit einem entsprechend positiv besetzten Gegenbegriff verbunden ist, trägt es damit zur Bildung sozialer Identität bei: Klassifiziert man etwa die anderen als die Wilden, so grenzt man sich von diesen anderen ab. Man stigmatisiert sie und versetzt sich selbst in die positive Rolle des Kultivierten und Zivilisierten.
Auch der seit dem 18. Jahrhundert geläufig werdende Ausdruck "wilde Ehe" verdeutlicht diese Funktion und zeigt darüber hinaus an, welche Relevanz das semantische Merkmal "wild" im Alltagsleben besitzt: Mit ihm wird nicht nur das gesetzlich nicht legitimierte Zusammenleben von Mann und Frau beschrieben, sondern zugleich auch moralisch verurteilt.
Kaum zu unterschätzende Wirkungen im Hinblick auf die Bildung kollektiver Mentalitäten haben schließlich verschiedene Sprichwörter und Redensarten, die gegen Ende des 19. bzw. zu Beginn des 20. Jahrhunderts in Deutschland entstehen.
So wird etwa um 1885, provoziert und gefördert durch die deutschen Kolonialberichte und durch die Hagenbeck'schen Tier- und Völkerschauen, in denen die auf den Durchschnittseuropäer fremdartig wirkenden Tanzriten und kultischen Zeremonien afrikanischer Eingeborener einem breiten Publikum präsentiert wer-

den, der Satz "Toben wie die Wilden" geläufig. Als metaphorische Umschreibung für "sinnlose Zerstörung" und "Anrichten eines heillosen Durcheinanders" geht zur gleichen Zeit der Spruch "Hausen wie die Wilden" in den Alltagsverstand und die Alltagsmoral ein.[4]

Wichtig für unseren Kontext sind aber noch einige andere, besondere Bedeutungsaspekte von "wild".

Da ist zunächst der politische Gehalt, den das Wort in der Zeit des Vormärz und danach bekommt. Im Jargon der politisierten Studentenschaft setzt sich um 1810 der stigmatisierende Terminus "Wilder" für den keiner Verbindung oder Korporation angehörenden Studenten durch.[5]

Im Zusammenhang mit der Herausbildung der politischen Vereine und Parteien in Deutschland nach 1848 und insbesondere mit dem Enstehen von Fraktionen im ersten deutschen Parlament, der Frankfurter Nationalversammlung, gerät der Begriff schließlich für die Gruppe aller partei- bzw. fraktionslosen Abgeordneten in negativer Wertung in Gebrauch.

Der Literat Heinrich Laube beschreibt in seiner dreibändigen Geschichte der Frankfurter Nationalversammlung ausführlich die personelle Zusammensetzung und den Einfluß der verschiedenen politischen Gruppierungen. Seine Schilderung über das Zentrum endet mit einer Reflexion über die Stimmenverhältnisse, wobei er auch auf die zu keiner Partei gehörenden Parlamentsmitglieder zu sprechen kommt und durch seine Wortwahl an seiner Geringschätzung für sie keinen Zweifel läßt:

"Eine gewisse Anzahl sogenannter... "Wilder" ferner, die zu keiner bestimmten Partei gehörten, war trotz all den Fraktionen übrig geblieben. Frei geblieben, wie sie selbst poetisch zu sagen pflegten, ... Diese Eklektiker stimmten durchschnittlich mit dem Zentrum."[6]

---

4 Knüpper, 1984, 3093
5 Kluge, a.a.O., 134
6 Laube, 1909, 34

Das Eindringen von "wild" in den politischen Diskurs verweist auf den tiefgreifenden Strukturwandel, den der politische Praxisbereich an der Schwelle vom Übergang der feudal-ständischen Sozialordnung zur bürgerlich-demokratischen Gesellschaft erfährt.

Die soziale und politische Hegemonie des Bürgertums entsteht u.a. über die Etablierung politischer Vereine und Parteien und anderen besonderen Formen repräsentativer Demokratie, von denen eine der wesentlichsten der Parlamentarismus ist.

Die parlamentaristische Praxis benötigt und erzeugt neuartige politische Identitäten und Rollen, die dem "Ancien Regime" in dieser Form und Verbreitung unbekannt sind. Im Parlament werden die Individuen den verschiedenen politischen Parteien, Fraktionen und Lagern zugeordnet. Sie werden vor allem mittels der Sprache symbolisch-politisch taxonomiert, d.h. in bestimmte Schemata gepreßt.

Auf der Basis solcher politischer Taxonomien, deren bekannteste bis heute die in Deutschland erstmals während des Vormärz auftauchende von "Links", "Mitte" und "Rechts ist, ergeben sich die verschiedenen Möglichkeiten für politische Bündnisse und Koalitionen, die natürlich nötig sind für die Herstellung eines mehrheitlich abgesicherten Konsenses und die Regierbarkeit von Staat und Gesellschaft. Die politische Praxis wird gemäß dem bürgerlichen Verständnis von Rationalität erst dann planbar und kalkulierbar, wenn die Individuen politischen Lagern zugeteilt sind und diesen ständig weiter zugeordnet werden können. Dementsprechend muß der für dieses Politikverständnis funktionale Diskurs all diejenigen ausgrenzen, die nicht eingeordnet werden können, weil sie sich - aus welchen Gründen auch immer - gegen diese Schematisierungen wehren. Sie erscheinen allen anderen aufgrund ihrer Nichtzugehörigkeit zu einer bestimmten politischen Fraktion oder Partei in einer ambivalenten Position. Genau für diese Gruppe wird sich in der Folgezeit der negative Terminus "Wilde" durchsetzen und bis in die Weimarer Republik hinein üblich bleiben.[7]

---

7 Herre, a.a.O., 590

Zusammenfassend läßt sich also sagen, daß für die politische Sprache ein Gebrauch von "wild" dominierend ist, der die Stellung der Individuen zwischen den fest definierten politischen Lagern akzentuiert, wobei - das zeigt das Beispiel der politischen Biographie des Dichters und Mitgliedes der Frankfurter Nationalversammlung Ludwig Uhland durch den konservativen Historiker Heinrich von Treitschke - neben Konnotationen wie "unberechenbar" sogar die historisch ältere Bedeutung des "Fremden" weiterhin erhalten bleibt und mitassoziiert wird. So charakterisiert Treitschke Uhland mit folgenden Worten:
"Ich glaube nicht als ein Parteimann zu reden, wenn ich sage, Uhlands Verhalten in der Paulskirche hinterlasse den Eindruck, als sei er dort nicht an seiner Stelle gewesen. Er stand als ein 'Wilder' zwischen den Parteien und blieb doch in einer moralischen Verbindung mit der Linken; schon diese seltsame Mittelstellung läßt ihn wie einen Halbfremden in der Versammlung erscheinen."[8]

5.1.2 "Organisation" als abstrakter Wert

Mit dem Eingang von "wild" in die politisch-soziale Sprache setzt sich allmählich auch die neue Konnotation "organisationslos" bzw. der in der Folgezeit immer wichtiger werdende, positiv besetzte Gegenbegriff "organisiert" durch. Es entsteht die identitätsbildende Begriffsopposition "wild" vs "organisiert", und diese Bedeutungstransformation hängt unmittelbar mit bestimmten soziostrukturellen Erscheinungen und Veränderungen zusammen, die in Deutschland im letzten Drittel des 19. Jahrhunderts einsetzen und sich in der Folgezeit verstärken. Gemeint ist die Tendenz, sich auf ökonomischer, politischer und kultureller Ebene in möglichst großen und zentralisierten Verbänden und Organisationen zusammenzuschließen, wobei - darauf haben wir bereits in dem Kapitel über Konzentration und Kartellbildung im Arbeitsport hingewiesen - dem wirtschaftlichen Praxisbereich eine initiative Funktion zukommt.

---

8 Treitschke, 1886, 301f

Der liberale Wirtschaftspolitiker Friedrich Naumann wird in seiner "Neudeutschen Wirtschaftspolitik" diese Tendenz zur Organisation und die Erkenntnis, daß nur durch den organisatorischen Zusammenschluß vieler Einzelner entsprechende Ziele und Interessen wirksam verfolgt werden können, als das hervorstechende Merkmal einer Epoche um 1900 charakterisieren:
"Alle Verhältnisse werden vom Gedanken der Organisation, das ist die Regelung der Menge, durchdrungen. Es wird ein Stolz des Menschen in großen Betrieben zu stehen, in weite Verbindungen hineingezogen zu werden... Alle fühlen, daß sie gemeinsam ihre Geschäfte machen müssen, daß auf Vereinzelung wirtschaftliche Todesstrafe gesetzt ist... Es verbreitet sich ein Geist der Gebundenheit an ein dunkles Ganzes, das uns alle umfängt. Nicht als ob sich nicht besondere Talente der Bindung entziehen könnten, aber für den Durchschnittsmenschen sind die Existenzbedingungen festgelegt. Er kann sie als Glied seiner Gruppe zu verbessern suchen, aber nicht als persönliches Ich. Deshalb zahlt er Beiträge für seine Gruppenvertretung."[9]

Die sich hier andeutende Hochstilisierung von "Organisation" zu einem abstrakten Wert an sich, bleibt selbstverständlich auch nicht ohne Einfluß auf die Arbeiterbewegung und ihr Kollektivbewußtsein.
Exemplarisch dafür ist der Gewerkschaftsführer Adolf Braun, der unter der Überschrift "Alles organisiert sich!" in seinem 1914 erscheinenden Buch "Die Gewerkschaften, ihre Entwicklung und Kämpfe" die gesellschaftliche Situation ähnlich wie Naumann beschreiben wird, mit dem Ziel allerdings, die Arbeiter von der Notwendigkeit und Richtigkeit organisatorischer Zusammenschlüsse und insbesondere von dem sich in dieser Phase in den Gewerkschaften durchsetzenden Zentralisationsprinzip zu überzeugen. Dabei hält Braun den Arbeitern das Organisationsverhalten der Unternehmer als Beispiel vor und benutzt sogar den Begriff der "wilden Konkurrenz", um die vergangene Epoche des wirtschaftlichen Liberalismus negativ zu kennzeichnen:

---

9 Zit. nach: Ritter/Kocka, 1982, 32f

"... wir wollen bloß zeigen, daß die Vereinzelung der Menschen heute nicht mehr von ernsten Leuten als Weg zum Erfolg betrachtet wird, daß sich nun alles organisiert, daß sich niemand stark genug fühlt, allein in der wirtschaftlichen und politischen Welt zu stehen, daß sich jedermann einzugliedern sucht einer Gemeinschaft gleich strebender, das gleiche wollender, das nämliche bekämpfender Menschen... Heute organisieren sich alle.
Aus einem Zeitalter der Einzelpersönlichkeit... sind wir hinausgewachsen in ein Zeitalter der Gemeinschaften (Hervorheb. i. Orig.) oder Kollektivitäten.
Alles organisiert sich. Jeder Blick in ein Vereinsverzeichnis gibt uns da reiche Auskunft über die Organisation... Die Vereinigungen der Unternehmer, die sich früher in wilder Konkurrenz (Hervorheb. v. uns) bekämpften, kennzeichnen besonders kräftig das Vereinigungsbedürfnis zu wirtschaftlichen Zwecken."[10]

5.1.3 Die Rolle der Deutschen Turnerschaft als ideologische Definitionsmacht im sportlichen Praxisbereich

Die hier angedeutete gesamtgesellschaftliche Tendenz zur Organisation in großen Interessenverbänden ist eine der entscheidenden Bedingungen dafür, daß das semantische Merkmal "wild" in seiner Konnotation des Unorganisierten schließlich auch in den sportlichen Praxisbereich übertragen wird und der Begriff "wilder Verein" entsteht.
Mit ihm werden seitens der eine übergeordnete und zentralisierte Organisationstruktur aufweisenden Turn- und Sportverbände polemisch die in einigen Regionen Deutschlands (wie etwa dem Ruhrgebiet) besonders zahlreich vorhandenen Turn- und Sportvereine bezeichnet, die sich nicht oder nur in sehr lokkerer Form zusammenschließen, diese Zusammenschlüsse oftmals wieder lösen bzw. eine Eingliederung in eine Verbandsstruktur überhaupt ablehnen.

10 Braun, 1914, 177ff

Als eine entscheidende Definitionsmacht für den sportlichen Bereich erweist sich in dieser Hinsicht natürlich die Deutsche Turnerschaft einschließlich ihrer Unterverbände.
Sie beginnt mit der Verabschiedung ihres Grundgesetzes von 1875 damit, eine neue, stärker zentralisierte Organisationstruktur anzustreben und trifft bei ihren Bemühungen in den einzelnen Regionen Deutschlands auf mehr oder weniger heftige Widerstände.
Nachdem z.B. im Kreis VIII (Rheinland-Westfalen) der DT zunächst noch versucht wird, die Turnvereine zu einem freiwilligen Anschluß an die dort vorhandenen und im Entstehen begriffenen Gaue zu bewegen, dies jedoch relativ erfolglos bleibt, wird im Jahre 1884 die sogenannte Gaupflicht[11] eingeführt, die die Zugehörigkeit zu einem Gau zur Bedingung für jeden Verein macht, der dem DT-Kreis angehört und weiterhin auch angehören will.
Damit hat das Verhältnis der DT zu den keinem Gau angehörenden Vereinen eine neue Qualität gewonnen. Das zuvor noch relativ freundliche Werben um diese Vereine weicht nun einer zunehmend dogmatischen und verurteilenden Sichtweise.
Die Motive für die Einführung der Gaupflicht sind vielschichtig und sollen hier nicht im einzelnen aufgeführt werden. Für unseren Zusammenhang scheinen vor allem zwei von besonderer Bedeutung.
Erstens erhofft sich die DT auf diese Weise eine Einschränkung des Festwesens vor allem im lokalen Bereich. Schon gegen Ende der 1860er bzw. zu Beginn der 1870er Jahre wird in der Deutschen Turnzeitung (DTZ), dem Verbandsorgan der DT, über die Vielzahl und die ständige Zunahme der kleineren Vereinsfeste geklagt, und dies wird sich schließlich weiter verstärken. Daneben richtet sich die Kritik aber auch gegen bestimmte Erscheinungen im Verhalten der Turner während der Feste wie Alkohol- und Nikotingenuß, Maskenbälle, Tanzvergnügen und andere volkstümliche, zum Teil karnevaleske Lustbarkeiten. Diese kul-

---

11 Vgl. Ueberhorst, 1983, S. 46f, der außerdem herausgearbeitet hat, daß die Gaustrukturierung von der DT auch als ein Kampfmittel gegen die "wilden" Vereine gedacht war.

turellen Praktiken und Rituale entsprechen offensichtlich nicht dem schlichten und bescheidenen Charaktertyp, den der Turner nach Meinung derjenigen, die in dieser Phase die Machtpositionen innerhalb der DT einnehmen, repräsentieren soll. In einer Zeit, in der die Turner als eine eigenständige soziale Gruppe noch wenig anerkannt sind und um ihre gesellschaftliche Legitimation kämpfen müssen, schädigen diese Rahmenelemente der Turnfeste - so der Tenor der Argumentation - das öffentliche Ansehen der gesamten DT und behindern eine positive Selbstdarstellung.

Das zweite wichtige Motiv für die Einführung der "Gaupflicht" hängt mit dem sog. Preisturnen zusammen, das zunächst durchaus einen anerkannten Platz in der DT hat und zusammen mit dem Schauturnen sogar als Mittel öffentlicher Selbstdarstellung eingesetzt wird.

Aber auch das Preisturnen bzw. bestimmte, mit ihm verbundene Erscheinungsformen werden schließlich zunehmend fragwürdiger. Neben der Förderung eines "Spezialisten- und Kanonentums", das in Widerspruch zum volkstümlichen Leibesübungsideal steht, macht sich die Kritik hier am Zur-Schau-Stellen der gewonnenen Preise und an den Preisen selbst fest. Diese bestehen nicht bloß aus einfachen Kränzen und Diplomen, sondern es gibt offensichtlich im Vereinsalltag - und in einigen Regionen Deutschlands besonders ausgeprägt - das Bedürfnis eines Turnens um Medaillen, Denkmünzen, Lebens- und Genußmittel und Wert- und Gebrauchsgegenstände wie Taschenuhren, Bierhumpen, Möbelstücke u.ä., was wiederum als unvereinbar mit dem angestrebten Charakterideal des Turners angesehen wird.

In den Jahres- und Versammlungsberichten des VIII. Kreises der DT wird vom Kreisvertreter Friedrich Schloer immer wieder auf diese Art des Preisturnens und ihre starke Verbreitung hingewiesen und sie als Manie verurteilt:

"Die Manie einzelner Vereine, goldene und silberne Medaillen oder sonstige Werthgegenstände als <u>Preise</u> (Hervorheb. i. Orig., d. Vf.) auszusetzen, hat leider immer wieder getadelt werden müssen und ist auch heute noch nicht erloschen. Sahen wir doch vor kurzem noch eine solche Einladung eines kleinen Bergischen

Turnvereins, der als Preise beim Wetturnen vier Bierpokale (Hervorheb. i. Orig., d. Vf.) ausgesetzt hatte, während ein ebensolcher Verein aus dem Hellweg-Märkischen Gaugebiet außer Bierhumpen sogar noch Cigarrenetuis und geschmackvolle lange Pfeifen (warum keine Schlafröcke?) den Siegern als Lohn verheißt. Solche Anziehungsmittel sind und bleiben verwerflich, da ein einfacher Kranz (und höchstens eine Ehrenurkunde dazu) dem gesunden Sinn des Turners genügen muß."[12]

Da alle diese Mahnungen jedoch nicht den gewünschten Erfolg zeigen, beschließt die Kreisausschußsitzung des VIII. Kreises der DT 1888 ein Verbot des Turnens um Medaillen, Denkmünzen und andere Wertgegenstände. Von nun an werden bei Zuwiderhandlungen keine Verwarnungen mehr ausgesprochen, sondern die entsprechenden Vereine, wie etwa das Beispiel des Turnerbundes Bochum ein Jahr später zeigt, sofort aus Kreis und Gau ausgeschlossen.[13]

Durch diese Praxis vermehrt sich natürlich in Rheinland-Westfalen in der Folgezeit die Zahl der außerhalb einer zentralisierten Verbandsstruktur stehenden Vereine. Interessanterweise werden diese aber zunächst noch nicht als "wilde", sondern weiterhin als "lose Vereine" bezeichnet. Allerdings verschiebt sich ab diesem Zeitpunkt die Attributierung "lose" bereits deutlich ins Pejorative.

Die ersten Belege für eine Ersetzung des Attributs "lose" durch "wild" lassen sich in den Quellen der DT erst um die Jahrhundertwende finden.

Nach einer recht kurzen Phase der terminologischen Schwankung, in der beide Begriffe sowohl synonym als auch insofern differenzierend verwendet werden, als daß mit den "losen Vereinen" oft nur die Nichtzugehörigkeit zum Gau und nicht unbedingt das Merkmal des Preisturnens um Wertgegenstände assoziiert ist, während die Definition des "wilden Vereins" durch die DT immer das Vorhandensein beider Eigenschaften voraussetzt, setzt sich schließlich "wild" durch, und das ist u.E. kein Zufall.

---

12 DTZ Nr. 43 v. 23.10.1884, 552
13 DTZ Nr. 29 v. 18.7.1889, 535

Unsere These ist, daß die Ersetzung von "lose" durch "wilde Vereine" als eine rhetorische Strategie der DT zu interpretieren ist, mit der zu diesem Zeitpunkt weitaus effektiver in der Öffentlichkeit gegen die verbandsfreien und das Preisturnen pflegenden Vereine agitiert werden kann.
Wie eingangs bereits erwähnt, wird ja gerade gegen Ende des 19. bzw. zu Beginn des 20. Jahrhunderts die ethnozentristische Konnotation des "Wilden" in weiten Bevölkerungsteilen verbreitet und zu einem wichtigen Element des Alltagsbewußtseins der deutschen Gesellschaft. An diese Bedingung anknüpfend versucht die DT also eine öffentlichkeitswirksame Diffamierung derjenigen Vereine zu erreichen, die sich ihrer Macht und ihrer Ideologie sowie der damit verbundenen Organisationsvorstellung widersetzen.
Typisch dafür ist ein längerer Artikel, der 1902 in der DTZ erscheint und die "wilden" Turner und ihr Verhalten beschreibt. Der Stil des Artikels ist durchweg polemisch-ironisch, und nicht nur die Überschrift "Wilde Turner. Naturgeschichtliches aus dem Turnerleben" erinnert an die damals populären Kolonialberichte und Reiseerzählungen aus fremden Ländern und über fremde Völker und deren Sitten. Wie schon in diesen Berichten und Erzählungen üblich, werden jetzt auch hier durch entsprechende Formulierungen die Assoziationen des Unkultivierten und Unzivilisierten wachgerufen und die Angehörigen der verbandsfreien Vereine sogar in die Nähe von ungezähmten, also wilden Tieren gerückt.
Da ist z.B. davon die Rede, daß es "wilde Menschen ( ) heutzutage in unserem Vaterlande nicht mehr (gibt), wilde Turner dagegen (noch) häufig vor(kommen), besonders in der reichgesegneten Rheinprovinz, die sich sonst gerade nicht durch Mangel an Zivilisation auszeichnet." Da heißt es weiter, daß dieser Turner "seiner Wildheit freien Zügel läßt", daß er sich "in Scharen von 10 bis 15 gleichgesinnten Exemplaren zusammenrottet" und daß er "nicht zähmbar" ist.[14]

---

14 DTZ Nr. 47 v. 20.11.1902, 1035f

5.1.4 Preußen's Wilder Westen

Eine regionalhistorisch angelegte Studie hat neben den übergeordnet geltenden Bedeutungen von "wild" auch nach möglicherweise vorhandenen Konnotationen zu fragen, die für das jeweils untersuchte geographisch abgegrenzte Gebiet eine spezifische Relevanz besitzen. Gerade sie tragen ja in hohem Maße zu dem bei, was man eine "regionale Mentalität", also die Einstellungen und Verhaltensweisen von Leuten, die in einem kleineren Landesteil leben, nennen könnte.
Für das Ruhrgebiet ist in diesem Zusammenhang deshalb unbedingt an eine weitere kollektive Gebrauchsweise von "wild" zu erinnern, die die rhetorische Strategie der DT in ihrer Wirksamkeit unterstützt und dazu beiträgt, daß sich der Begriff "wilder Verein" in stigmatisierender Funktion reproduzieren kann und keine vorübergehende Einzelerscheinung bleibt.
Mit der Entwicklung der Region um die Ruhr zu einer Industrielandschaft, deren Bedeutung schließlich weit über Deutschland hinausreichen wird, sind eine Reihe einschneidender Veränderungen verbunden.
Gegen Ende des 19. Jahrhunderts erhält das zuvor agrarisch geprägte Gebiet durch die Gründung einer Vielzahl von Zechen und eisenverarbeitenden Betrieben, die Urbanisierung, den Zuzug großer Menschenmassen in äußerst kurzer Zeit eine völlig andere Struktur. Dieser Wandel bedeutet in vielerlei Hinsicht eine Sinn- und Orientierungskrise nicht nur für die einheimische Bevölkerung. Die traditionellen Muster der Realitätswahrnehmung und -verarbeitung geraten durch die verschiedendsten, im Zuge der Industrialisierung massenhaft und auf einer alltäglichen Ebene auftretenden Erscheinungen und Ereignisse ins Wanken.
Um den massiven Wandel einigermaßen erfassen und begreifen zu können, wird während dieser Phase von Zeitgenossen die Metapher "Preußen's Wilder Westen" für das Ruhrgebiet geprägt. Die sich rasch kollektiv verankernde, bildhafte Bezeichnung bezieht sich in erster Linie auf das als "rasant" empfundene Tempo, mit dem die strukturellen Veränderungen erfolgen.[15] Sie stellt zugleich

15 Brüggemeier, 1984, 28

eine Analogiebeziehung her zu jenem gleichnamigen Gebiet in Nordamerika, das im Rahmen der Expansion nach Westen die Übergangsregion von organisiertem und administriertem Siedlungsraum der Einwanderer zu den von Indianern bewohntem Land bildet. Assoziiert werden damit natürlich die Konnotationen des Unorganisierten, des Unzivilisierten, und die Vorstellung eines ordnungs- und rechtlosen bzw. durch die primitiv- archaische Stufe des Faustrechts dominierten Zustandes.
Daß auch Arbeiter die Situation aus dieser Perspektive wahrnahmen und beurteilten, beweisen z.B. die Lebenserinnerungen des späteren Gründers des Steigerverbandes Georg Werner, der 1899 von Breslau nach Gelsenkirchen übersiedelt und auf mehreren Zechen des Ruhrgebiets beschäftigt ist. Seine Schilderung über die Verhältnisse der Zechenanlage Neumühl bei Hamborn zeigen, welch wichtige Rolle das semantische Merkmal "wild" und die Metapher "Wilder Westen" für seine eigene Identitätsbildung spielt. Werner bezeichnet zunächst das Ansteigen der Einwohner- sowie der Beschäftigtenzahl auf den Zechen als eine "wilde" bzw. "amerikanische Entwicklung":
"Die Familie Haniel errichtete von 1893 an die Schachtanlage Neumühl. Diese Bauten zogen riesige Arbeitermengen heran. Im Jahre 1900 war die Einwohnerzahl bereits auf 33000 gestiegen, dann aber nahm sie jedes Jahr um zirka 10000 zu, bis mit der Erreichung der 150000 diese wilde Entwicklung abschloß.
Ein Muster dieser amerikanischen Entwicklung war die Zeche Neumühl... Die Zeche hatte 1895 69... und 1904 schon 4895 Mann Belegschaft. ... die Belegschaft zeigte deutlich den Stempel der hypertrophischen Entwicklung."[16]

Er fährt schließlich mit einer detaillierten Aufzählung der sich aus verschiedenen Nationalitäten zusammensetzenden Zechenbelegschaft fort, schließt auf die "Geisteshaltung" bzw. die Charakterstruktur der Beschäftigten und faßt alles das unter den Sammelbegriff "Wild-West". Es ist deutlich erkennbar,

16 Werner, 1948, 90f

daß er sich dadurch in eine soziale Abgrenzungsposition von anderen Arbeitergruppen begibt, die zudem teilweise noch kriminalisiert werden:
"Als im Jahre 1904 an einem Tage die Zusammensetzung der Belegschaft festgestellt wurde, setzte sie sich aus 3108 Deutschen, von denen 1340 aus den östlichen Provinzen stammten und polnisch als Muttersprache redeten, ferner aus 1095 Österreichern aus Krain und Steiermark..., aus 240 Holländern, 156 Italienern, 53 Russen, 33 Belgiern und 4 sonstigen Ausländern zusammen. Aber diese Zahlen sind noch nicht das Entscheidende für die Beurteilung des Geistes der Belegschaft. Wenn solche Menschenmengen in kurzer Zeit zusammenkommen, drängen sich auch alle jene nach dieser Stelle hin, die aus irgendeinem Grunde untertauchen wollen, und Neumühl gab jedem Arbeit. So beschäftigte die Zeche mehr ehemalige Zuchthäusler, als in einem großen Zuchthause untergebracht sind.
Der Schnapsausschank in der an der Zeche gelegenen Wirtschaft Ostrop betrug monatlich zirka 300 Hektoliter. Neumühl war 'Wild-West'. Allmonatlich wurde mindestens ein Mensch totgeschlagen. Die Steiger hatten jeder einen Waffenschein und trugen Revolver bei sich."[17]

5.2 Elemente kollektiver Selbstdefinierung von Arbeitern und Arbeitersportlern

Die durch die genannten Faktoren begünstigte Rolle der DT als ideologische Definitionsmacht, die im sportlichen Bereich die Sicht- und Wahrnehmungsweise der Zeitgenossen kollektiv prägen kann, hat auch Auswirkungen auf die eigenständigen Arbeitersportvereine, die im Ruhrgebiet aus den bereits genannten Gründen in nennenswertem Umfang erst nach der Jahrhundertwende und später als die "wilden" Vereine entstehen.
Die Arbeitersportler übernehmen zunächst die polemische Definition von der DT und benutzen auch dieselbe Metaphorik in bezug auf die "wilden" Vereine.

---
17 Ebenda, 91

In zahlreichen Artikeln in den Regionalspalten der Arbeiter-Turnzeitung (ATZ), in den Mitteilungsblättern für den 6. Kreis (Rheinland-Westfalen) des ATB, im ab 1921 erscheinenden Regionalorgan, dem "Volkssport", und in Berichten über Kreis- und Bezirksturntage wird immer wieder die hohe Anzahl der "Wilden" im Ruhrgebiet und der rheinischen und bergischen Region beklagt, die vergleichsweise schlechte Entwicklung der Arbeitersportbewegung u.a. auf sie zurückgeführt und gegen sie agitiert.
Die Häufigkeit, mit der das geschieht, erweckt den Eindruck, daß der Kampf der Arbeiterturner hier weniger den konfessionellen Sportvereinen und der DT als vielmehr den nicht in einem übergeordneten Dachverband zusammengeschlossenen Turnern und Sportlern gilt. Zeitlich eingrenzen läßt sich die Agitation auf die Periode des Kaiserreichs und die ersten Nachkriegsjahre. Ab Mitte der 20er Jahre spielt dann das Phänomen der "wilden Vereine" im Schrifttum des Arbeitersports kaum noch eine bzw. gar keine Rolle mehr, was u.a. damit zusammenhängt, daß nun Probleme wie die Spaltung des Arbeitersports in einen sozialdemokratisch und einen kommunistisch orientierten Flügel sowie schließlich das Aufkommen des Faschismus in den Vordergrund rücken.
Unbedingt zu berücksichtigen ist bei einer Analyse des Verhältnisses zwischen der Arbeitersportbewegung und den "wilden" Vereinen die Tatsache, daß diese zumindest im Ruhrgebiet von ihrer sozialen Zusammensetzung her Arbeitervereine sind.
So ergaben von uns durchgeführte stichprobenartige Untersuchungen im Bereich Bochum und umliegenden Gemeinden, daß diese Vereine besonders in der Nähe von Zechen und Arbeiterkolonien zu finden waren, wie etwa in Hamme und Hofstede, zwei Ortsteile, die durch die Zeche Präsident gegen Ende der 1890er Jahre eine äußerst intensive Industrialisierung und Urbanisierung erfuhren, oder in Weitmar-Mark - ein Gemeindeteil, der bis in die 20er Jahre hinein seinen ausgesprochenen Arbeitersiedlungscharakter bewahrte - und in Linden, Hordel und Werne.
Die These von der engen Verbundenheit zum Arbeitermilieu findet außerdem durch einen Blick auf die berufliche Struktur der Ver-

einsvorstände ihre Bestätigung. Die Funktionäre der "wilden" Vereine sind ausnahmslos Bergleute, Arbeiter und Facharbeiter, wobei die erste Berufsgruppe die Mehrheit darstellt.
Die "wilden" Vereine stellen also unter diesem Aspekt aus der Sicht der Arbeitersportbewegung auch ein potentielles Mitgliederreservoir für die eigene Organisation dar, um das sie sich - wie Beispiele zeigen - teilweise auch erfolgreich bemüht. Allerdings - so lautet unsere im folgenden zu erläuternde These - steht den Arbeitersportlern des Ruhrgebiets bei ihren Integrationsbemühungen ständig die von der DT übernommene, stigmatisierende Metaphorik im Wege. Sie bestimmt in letzter Konsequenz das Verhältnis zu den "wilden" Vereinen und sorgt darüber hinaus für eine besondere kollektive Selbstdefinierung der Arbeitersportler.

5.2.1 Metaphern der Ausgrenzung und Diffamierung

Auffällig an den Texten der Arbeitersportler über die "wilden" Vereine ist zunächst einmal die permanente Verurteilung des Preis- und Wetturnens, das zu den festen Ritualen der verbandsfreien Turner gehört. Dazu knüpfen die Arbeitersportler an die ethnozentristische Konnotation von "wild" an. So heißt es z.B. im "Mitteilungsblatt" des 6. Kreises des ATB von 1910: "Unsere Bewegung marschiert!... doch gibt es für uns kein Halt, wir müssen weiter! Es gilt einen entscheidenden Vorstoß zu tun, um vor allen Dingen erst mal die 'wilden' Vereine zu beseitigen. Gerade die 'wilden'Vereine, die sich zum großen Teil aus Arbeitern rekrutieren, sind es, die durch die Preisturnerei unsere Jugend vergiften... Jeder Turngenosse muß zum Agitator werden! Jeder Turngenosse muß unseren Brüdern, die durch ihre Zugehörigkeit zu den wilden Vereinen den <u>Fortschritt der Kultur hemmen</u> (Hervorheb. v. uns), zurufen, daß sie nicht in jene Vereine gehören, daß für sie nur die Arbeiterturnvereine in Frage kommen."[18]

18 Mitteilungsblatt des 6. Kreises des ATB Nr. 3 v. Nov. 1910, 3

Ähnlich verfährt noch 1922 der "Volkssport", als er unter der Überschrift "Vandalen" von einem Wetturnfest der "wilden" Vereine in einer Duisburger Schule berichtet:
"Nachdem am nächsten Morgen die Schulräume betreten wurden, mußte festgestellt werden, daß die wilden Turner wie die Vandalen gehaust hatten... An den Kleiderständen waren die Haken abgerissen, die Tafeln waren beschmiert und beschmutzt, die ganzen Schulzimmer lagen voll Zigarren- und Zigarrettenreste... Es handelt sich hier um die wilden Turner, die sich hier als freie deutsche Turner bezeichnen und bei dem gastgebenden Turnverein 'Germania'sich eingefunden hatten. Diese sogenannten 'Freien Deutschen', oder Wilde geheißen, haben ihrem Namen alle Ehre gemacht, indem sie sich auch wie die 'Wilden'dort gezeigt haben... Trotz der Betonung ihres Deutschtums, Wilde im wahrsten Sinne des Wortes."[19]

Zu den stereotypen Elementen der Berichte und Artikel gehört auch die Beschreibung von Schlägereien und Gewalttätigkeiten auf den Preisturnfesten der "wilden" Vereine durch die Arbeitersportler.
"Die Wilden. Man sagte immer, wo die hinkamen, da gab es immer Prügelei... wegen den Preisen haben sie sich immer gekloppt. Da hatten wir nichts mit zu tun, nein..."[20]

assoziierte z.B. Paul Triebeck, Jg. 1907 und Mitglied des Arbeiterturnvereins "Jahn" Wattenscheid, als er in einem Interview von uns nach der Existenz von verbandsfreien Vereinen gefragt wurde, und die Vehemenz, mit der er sich von diesen Vereinen abgrenzt, verdeutlicht die identitätsstiftende und bewußtseinsprägende Funktion solcher Klischees für Arbeitersportler.
Die Schilderungen von Gewalttätigkeiten, zu denen auch Handgreiflichkeiten gegen Schiedsrichter und Ordnungskräfte sowie der Einsatz von Waffen gehören, verbinden sich fast immer - und

19 Volkssport Nr. 33 v. 16.8.1922, 299
20 Interview m. Paul Triebeck v. 20.7. 1986

dafür ist auch das Synonym "Rauf- und Saufvereine" ein prägnanter Beleg - mit Hinweisen auf einen hohen Alkoholkonsum der "wilden" Turner.

Ähnlich wie in dem Zitat aus den Erzählungen Georg Werner's, in dem ja die hohe Schnapsausschankrate sowie die Beschäftigung von Straffälligen erwähnt wird, erscheint dadurch das Vereinsleben der "Wilden" über das Stigma des Kulturlosen hinaus als ein recht- und gesetzloser Raum bzw. als eine Sphäre, in der die bestehende Rechtsordnung ständig durchbrochen wird. Zur Aktualisierung dieser wichtigen, bereits erwähnten Konnotation von "wild" tragen denn auch Artikelüberschriften wie "Aus Wild-West"[21] ebenso bei, wie die Präsentation von Ereignissen, bei denen die staatliche Ordnungsmacht angegriffen wird und die gerichtliche Konsequenzen nach sich ziehen, als mahnende Beispiele.

Typisch dafür sind zwei Artikel im Regionalteil der ATZ aus dem Dortmunder Raum, in denen es u.a. heißt, daß "im vorigen Jahr auf einem Turnfest dieser Vereine, ... ein Gendarm durch Messerstiche lebensgefährlich verletzt" wurde oder unter der Überschrift "Die höchste Blüte des Wetturnens" folgendes mitgeteilt wird:

"Die Dortmunder Zeitung brachte in Nr. 25 über eine Gerichtsverhandlung nette Bilder über die im Rheinlande herrschende Preisjägerwut. Die Vorfälle hatten sich beim Stiftungsfest des Turnvereins Deutsche Eiche zugetragen und begannen damit, daß Mitglieder des Turnvereins Westerfilde erkärten: Wenn wir nicht den ersten Preis bekommen, schlagen wir alles kaputt. Diesem Verein fiel aber nur der dritte Preis zu und sofort ging eine Keilerei mit Knüppeln usw. in Szene. Ein Beteiligter, welcher mittels Teschings (kleine Handfeuerwaffe, d.Vf.) einen anderen in den Oberschenkel schoß, erhielt 1 1/2 Jahre Gefängnis. Das alles um nichts. Vereine der Deutschen Turnerschaft sollen dies allerdings nicht sein, sondern sogenannte Wilde."[22]

---

21 ATZ Nr. 3 v. 1.2.1913, 36f

22 ATZ Nr. 5 v. 1.5.1899, 69f; ATZ Nr. 5 v. 15.11. 1896, 55

Rekurrent sind ferner zum Teil minutiös zu nennende Hinweise darauf, wofür welche Art von Preisen auf den Veranstaltungen der "wilden" Vereine vergeben werden.
"Die Preise sind gewöhnlich Kränze, Diplome oder Medaillen, die Ehrenpreise Geld, Wertgegenstände oder verschiedene Flaschen Likör, Wein oder Fusel, genannt Doppelkorn..."[23]

heißt es z.B. in der ATZ, und der langjährige Schriftleiter des 6.Kreises des ATB, Carl Kretzer, schreibt in seinem Bericht aus dem Jahre 1911 über die Lage in Rheinland-Westfalen:
"Bei dem Preisturnen findet nicht etwa ein Frei- oder Sechskampf statt, sondern es kann an jedem Gerät ein Preis und Ehrenpreis errungen werden. Es gibt Preise am Barren, Pferd, Reck, für Reckspringen, Hinken, Stemmen, Reigenaufführungen usw. Außerdem gibt es Preise für die beste Haltung im Festzug, den die Teilnehmer im Stechschritt durch den Festort machen, für die weiteste Herkunft, den strammsten Turnwart. Für die blödsinnigsten Dinge werden Preise verteilt."[24]

Durch derartige Aufzählungen und Schilderungen wird sowohl die Assoziation verstärkt, es handele sich bei den Mitgliedern dieser Vereine ausnahmslos um dem Alkohol verfallene Individuen, als auch die Vorstellung einer natürlich negativ bewerteten, absolut materialistischen Ausrichtung der "wilden" Turner verbreitet.

5.2.2 Die Analogie zum Lumpenproletariat und das Gefühl sozialer Höherwertigkeit

Diese Beispiele mögen genügen, um die Funktion der Polemik und der dazugehörenden sprachlichen Stereotypen erkennen zu lassen: Über den Gebrauch absolut negativer, affektiv beladener Metaphern, zu denen neben den bereits genannten z.B. noch solche wie "Krebsschaden für unsere Turnsache", "Fäulnis am Volkskör-

---

23 ATZ Nr. 12 v. 15.6.1911, 217
24 Wildung, 1911, 166f

per", "Schmarotzerpflanzen im Vereinsleben", "Sumpfblüten der Turnerei" oder "Maitresse der DT" - verwendet als Bezeichnung für eine der regionalen Organisationen der "wilden" Vereine, der Freien Deutschen Turnerschaft - gehören, produziert sich ein Feindbild, das zur Ab- und Ausgrenzung dient und Konsequenzen für das Verhalten besitzt: Die "wilden" Vereine erscheinen als Orte der Verbreitung von Krankheit und Unmoral, die es unverzüglich zu beseitigen gilt.

Man kann in dem sich hier konstituierenden Ausgrenzungsverhältnis durchaus Analogien zu der Art und Weise erkennen, wie das sogenannnte Lumpenproletariat von der politisch und gewerkschaftlich organisierten Arbeiterbewegung wahrgenommen wurde.[25]

Der Sozialhistoriker Ritter hat bereits in einer seiner frühen Arbeiten daraufhingewiesen, daß die "Lumpenproletarier" von der Arbeiterbewegung "zwar als zwangsläufige Begleiterscheinung der bestehenden Verhältnisse angesehen, aber doch im einzelnen tief verachtet" wurden und dies sowohl auf die Internalisierung bürgerlicher Moral- und Anstandsbegriffe als auch auf die begründete Furcht zurückgeführt, Parteien und Gewerkschaften könnten für alle möglichen Ausschreitungen von Arbeitern und unteren Schichten verantwortlich gemacht werden.[26]

U.E. wäre diese Erklärung durch einen sozialpsychologischen Aspekt zu erweitern, der auch für den organisierten Arbeitersport eine Rolle spielt. Es scheint nämlich so, als habe die insbesondere im Kaiserreich auf allen Ebenen spürbare soziale Diskriminierung von Arbeitern und ihren Institutionen das Be-

---

25 Daß das Adjektiv "wild" in der Arbeiterbewegung negativ mit "Lumpenproletariat" assoziiert wurde und daß dies wiederum in Opposition zum "organisierten Arbeiter" stand (zum identitätstiftenden Gegensatz "wild/organisiert" s. die Ausführungen weiter unten), wird auch noch im Zusammenhang mit einem anderen Phänomen bestätigt. Die vor allem während der Weimarer Republik zahlreich vorhandenen und bewußt keiner der großen konkurrierenden Arbeiterparteien und ihren Unter- und Umfeldorganisationen angeschlossenen Arbeiterjugendgruppen der "Wilden Cliquen", wurden etwa von SAJ und KJVD auch verächtlich als "Lumpenproletarier" bezeichnet. (Vgl. Lessing/Liebel, 1981, 41)

26 Ritter, 1959, 221f

dürfnis miterzeugt, innerhalb der gesellschaftlichen Rangfolge noch jemanden "unter sich" zu wissen. Für den Arbeitersport haben dann offensichtlich die "wilden" Vereine diese Funktion und damit den "Paria-Status" bekommen, der der Arbeiterbewegung insgesamt durch die hegemonialen Klassen und Schichten zugewiesen wurde.

Für diese These spricht eigentlich schon die Verwendung der Metapher "Sumpfblüten der Turnerei"[27]. Mit ihr wird ja nicht nur die Konnotation des unkultivierten, unberührt von Menschenhand wuchernden Gewächses aktualisiert, sondern eben auch die Assoziation eines "schmutzbeladenen, krankheitserregenden, ganz unten angesiedelten Bereiches"[28].

Die Arbeitersportler versetzen sich also schon durch die Wahl solcher sprachlichen Bilder in eine superiore Rolle und weisen den Angehörigen der "wilden" Vereine quasi komplementär dazu die inferiore Position zu.

---

27 ATZ Nr. 19 v. 21.9.1921, 210

28 Diese Assoziation muß wiederum auf folgendem besonderen Hintergrund gesehen werden: Aufgrund des Einflusses religiöser Mythen ist es in der abendländischen Kultur seit langem üblich, die Welt symbolisch als einen Raum zu kodieren, der in ein "positives Oben" und ein "negatives Unten" geteilt ist, dem weitere entsprechende Metaphern zugeordnet werden können. Diese Symbolik wurde auch auf die Gesellschaft übertragen und war (und ist noch) auch für Arbeiter in fundamentaler Weise sinn- und identitätsstiftend. So ist in der organisierten Arbeiterbewegung etwa der Wunsch nach dem "Aufstieg aus dunkler Tiefe" zu "heller Höhe" oft und auf vielfältige Weise artikuliert worden.
Politische Bedeutung von kollektiver Tragweite bekam die ursprünglich religiöse Metaphorik mit der Französischen Revolution. Im Nationalkonvent von 1792 nannte sich eine Gruppe wegen der ihnen zustehenden erhöhten Sitzreihen im Parlamentssaal die "Montagnards" oder "Bergpartei", während die in der niederen Saalmitte sitzende Mehrheit als "Ebene" bzw. "Sumpf" bezeichnet wurde. Außerdem erhielt der Terminus "Sumpf" dadurch, daß die Abgeordneten dieser Gruppe im allgemeinen wechselnd abstimmten, schon damals im politischen Bereich die negative Nebenbedeutung von "politisch unentschieden". Interessant ist das deshalb, weil der Arbeitersport, wie wir im folgenden Abschnitt noch genauer belegen, an den "wilden" Vereinen ständig deren politische Ambivalenz und Uneindeutigkeit kritisierte, sodaß angenommen werden kann, daß das Stigma "Sumpfblüten" für den Arbeitersport auch diese, aus der Zeit der Französischen Revolution stammende Konnotation beinhaltete.

Praktische Auswirkungen zeitigt die so strukturierte, hierarchische Beziehung vor allem im Umgang mit dem Faktum, daß sich gerade im Ruhrgebiet die "wilden" Vereine, wie schon erwähnt, in hohem Maße aus Arbeitern rekrutieren.
U.a. bedingt das, daß die Arbeitersportler ein konsequentes Ausgrenzungsverhältnis gar nicht aufrecht erhalten und sich stattdessen eine spezifische Ambivalenz einstellt. Zwar sollen einerseits sowohl die Institution "wilder" Verein" als auch die dazugehörenden Rituale wie insbesondere das Preisturnen verschwinden, die Mitglieder der Verbandslosen sollen andererseits jedoch zum Übertritt in die eigene Organisation bewegt werden. In dieser widersprüchlichen Situation bewirkt vor allem die Gebrauchsweise von "wild" als Synonym für "unzivilisiert" eine kollektive Selbstdefinition der Arbeitersportler, in der sie gleichsam die Rolle eines Missionars übernehmen, der - analog zu dem Verhalten, fremde Völker bekehren zu wollen - einen zivilisatorisch-erzieherischen und kulturstiftenden Auftrag zu erfüllen hat.
Die gerade in der Konstituierungsperiode des Arbeitersports im Ruhrgebiet häufig vorkommenden Übertritte "wilder" Vereine und ihrer Mitglieder zum ATB werden dementsprechend als pädagogisch-beispielhafte und aufklärerische Maßnahme sowie als zu Triumph Anlaß gebende Rettungstat inszeniert, wobei das Gefühl sozialer Überlegenheit deutlich zutage tritt. Exemplarisch dafür ist die folgende Schilderung Dortmunder Arbeitersportler im Regionalteil der ATZ:
"Im Dezember v.J. erblickten wir ein Inserat in der Rheinisch-Westfälischen Arbeiterzeitung, welches in Groß-Barop zu einer Versammlung einlud, um den dortigen Turnverein Frohsinn (vor 1900 ein "wilder" Verein, d.Vf.) aufzulösen. Wir entschlossen uns sofort, der Versammlung beizuwohnen, um Propaganda für unseren Arbeiter-Turnerbund zu machen und den Verein für unsere Bestrebungen und Ideale zu gewinnen. Dort angekommen, wurde uns bald bekannt, daß der ganze Verein nur noch sieben Mitglieder zählte, und die Geräte, welche noch vorhanden waren, wollte ein Lieferant mit Beschlag belegen, um sein Geld zu retten. Wir setzten den dortigen Turngenossen in ausführlicher Weise den

Nutzen und Zweck der volkstümlichen Turnerei auseinander, und als wir dies gethan, wurde der Übertritt zum Arbeiter-Turnerbund einstimmig beschlossen. Nachdem dieser Beschluß gefaßt worden war, erklärten noch mehrere Arbeiter, welche anwesend waren, den Verein nunmehr nach besten Kräften zu unterstützen und ließen sich sofort aufnehmen, so kam es, daß in wenigen Wochen der Verein 40 Mitglieder zählte. Nachdem wir noch versprochen hatten, dem Verein mit Rat und That zur Seite zu stehen, konnten wir... froh und vergnügt die Heimreise antreten, mit dem Bewußtsein für diesmal unser Ziel erreicht zu haben. Den organisierten Arbeitern ist es zu verdanken, daß dieser Turnverein wieder emporgekommen ist, mögen sich die Arbeiter Westfalens hieran ein Beispiel nehmen."[29]

Das durch die beschriebene Metaphorik produzierte Bewußtsein sozialer Höherwertigkeit führt ferner dazu, daß die Arbeitersportler bei ihren Integrationsbemühungen ein recht autoritäres und kompromißloses Verhalten gegenüber den übergetretenen Mitgliedern der "wilden" Vereine und ihren Ritualen zeigen, die von diesen natürlich nicht immer sofort aufgeben werden.
"Bei Festlichkeiten muß in erster Linie die Kleidung eine geordnetere sein; das Überbleibsel der wilden Turnerei muß ganz entschieden verschwinden, sobald sich ein Verein... dem Arbeiter-Turnerbund angeschlossen hat."[30]

lautet etwa eine 1911 auf dem Bezirksturntag des 5. Bezirks im 6. Kreis mit Nachdruck erhobene Forderung, und auch die im Vergleich zu anderen Regionen in Deutschland sehr radikale und zu keinerlei Kompromissen bereite Haltung der Arbeitersportler Rheinland-Westfalens in der Frage des Wett- und Wertungsturnens, die vor dem Ersten Weltkrieg zu den zentralen ideologischen Auseinandersetzungen in der gesamten Arbeitersportbewegung gehört[31], findet hier zu einem großen Teil ihre Erklärung.

29 ATZ Nr. 2 v. 1.2.1900, 15
30 ATZ Nr. 6 v. 15.3.1911, 99
31 Ueberhorst, 1973, 49f

Die superiore Position, in der sich die Arbeitersportler wähnen, legt es nahe, sich gar nicht erst um rationale, d.h. durch Erklärungen gekennzeichnete und damit eine gewisse Gleichberechtigung des Gegenübers voraussetzende Formen der Auseinandersetzung und Integration zu bemühen. Da der Terminus des "Wilden" ohnehin die "Nichtzugänglichkeit für Vernunft" und die "Unberechenbarkeit eines natürlichen, rein instinkt- und triebgesteuerten Verhaltens" impliziert, halten die Arbeitersportler des 6. Kreises in der Wetturnfrage an einer rigiden, mögliche Alternativen ausschließenden Verbotspraxis fest. Sie wenden sich strikt gegen die Zulassung eines eingeschränkten Wett- und Wertungsturnens[32], das zwar nicht die Prämiierung einzelner, jedoch die von Turnergruppen ermöglicht und wie es schließlich auch der Bundestag des ATB von 1905 erlauben wird, da sie die Gefahr eines sich quasi "naturhaft vollziehenden Auswachsens" zum von ihnen verpönten Preisturnen um Medaillen, Alkohol, Geld und sonstige Wertgegenstände bzw. die erneute Aktivierung des Wunsches dazu bei den ehemaligen Mitgliedern der verbandslosen Vereine fürchten. Hinzu kommt, daß sie der DT öffentlich vorhalten, durch die Einführung eines Wetturnens auf ihren größeren Festen, bei dem die Sieger mit einem Eichenkranz geschmückt werden, das Verhalten der "wilden" Vereine provoziert und den Wunsch nach immer mehr und allen möglichen Preisen erst erzeugt zu haben.[33] Auch dadurch wird der Weg zu einem kompromißbereiten Verhalten blockiert, denn andernfalls wäre der gegen die DT erhobene Vorwurf der Arbeitersportler ja auf sie selbst zurückgefallen.

---

32 Vgl. exempl. die Resolution der Bezirksvertreterkonferenz des 6. Kreises in ATZ Nr. 11 v. 1.6.1905, 170

33 ATZ Nr. 12 v. 15.6.1911, 271

5.2.3 Die politische Ambivalenz der "wilden" Vereine

Auch die allgemein übliche Konnotation, die "wild" mit "unorganisiert" gleichsetzt, findet in der Arbeitersportbewegung des Ruhrgebiets als wichtiges, identitätsstiftendes Element Eingang.

Die Arbeitersportler bilden ihr Gruppenbewußtsein, indem sie sich selbst das positiv besetzte Merkmal "organisiert" und den "wilden" Vereinen die negative Attributierung "unorganisiert" und "bindungs- oder verbandslos" zuweisen:

"Der Ausdruck `wilde'stammt wohl daher, daß diese Vereine sich keinem Verband angeschlossen haben, jeder Verein ist also auf sich selbst angewiesen."[34]

heißt es in einem Artikel der ATZ, der sich an die jüngeren Arbeiterturner wendet und diese über die "wilden" Turner aufklären will, und der Bundesvorsitzende des ATB Karl Frey definiert die "wilden" Vereine als solche, die sich "vollständig organisationslos halten".[35]

Die immer wieder aktualisierte Konnotation des Unorganisierten beinhaltet einen zentralen Vorwurf: Die Ablehnung und die Vorbehalte der "wilden" Vereine gegenüber einer Eingliederung in einen übergeordneten, zentralisierten Verband, ist für die Arbeitersportler identisch mit der Verweigerung einer klaren und eindeutigen Stellungnahme auch im politischen Bereich. Damit knüpft die Arbeitersportbewegung an die seit dem Vormärz allmählich gebräuchlich werdende, übergeordnete politische Bedeutung von "wild" an. Die Bezeichnung "weder Fisch noch Fleisch"[36] für die "wilden" Turner und ihre Vereine durch das Kreisratsmitglied des ATSB, Paul Lammich aus Elberfeld, verdeutlicht, daß sie den Arbeitersportlern ähnlich ambivalent und politisch-ideologisch nicht taxonomisierbar erscheinen wie vor-

34 Ebenda
35 Frey, 19262, 244f
36 Volkssport Nr. 37 v. 13.9.1922, 329

mals schon die fraktionslosen Abgeordneten der Frankfurter Paulskirche, die immerhin ein Drittel des Plenums ausmachten[37], den parteigebundenen politischen Vertretern.

5.2.4 Wilder Streik

Zu erinnern ist in diesem Zusammenhang noch an einen anderen Begriff, der seine Reiz- und Schlagwortfunktion auf der Basis des Gegensatzes von "wild" und "organisiert" erhält und der in dieser Zeit für die kollektive Identitätsbildung der Arbeiterbewegung eine hohe Bedeutung bekommt und von daher verstärkend wirkt.
Gemeint ist der Terminus "wilder Streik", der als negative Begriffsopposition zum "organisierten und geplanten, unter gewerkschaftlicher Zentralleitung stehenden Arbeitsausstand" fungiert.
Leider war es uns bei unseren Recherchen nicht möglich zu eroieren, wann genau der Begriff "wilder Streik" erstmalig in den Diskurs der deutschen Arbeiterbewegung Eingang findet.[38]
Nach unserem derzeitigen Erkenntnisstand ist "wilder Streik" - ähnlich wie der Ausdruck "Streik" selbst - zunächst einmal die deutsche Übersetzung des englischen "wildcat-strike". Allgemein erhält der Begriff seine pejorative Bedeutung natürlich auf dem Hintergrund einer bereits vor der Jahrhundertwende einsetzenden und sich in der Folgezeit verstärkenden Tendenz zu einer "Rationalisierung" der Konfliktregelung zwischen Arbeit und Kapi-

---

37 Siemann, 1985, 129

38 Sozialhistoriker haben es bisher offensichtlich versäumt, die Geschichte dieses Begriffes eingehender zu rekonstruieren. Stattdessen scheint in der diesbezüglichen Sekundärliteratur die Tendenz zu bestehen, den Terminus als eine deskriptive bzw. sogar analytische Kategorie zu verwenden. Die sich damit manifestierende, fehlende Trennung von zu analysierender Objekt- und wissenschaftlicher Metasprache birgt natürlich die Gefahr in sich, die subjektivwertende Sichtweise der historischen Akteure mehr oder weniger distanzlos nachzuvollziehen.

tal, zu deren zentralen Elementen Planbarkeit, Kalkül und Verhandlungsbereitschaft zählen und die deswegen spontane und willkürliche Aktionen als störend begreifen muß.[39]
Darüber hinaus glauben wir das entscheidende Ereignis, durch das der Begriff in negativer Wertung in das Kollektivbewußtsein der Arbeiterbewegung gelangt, in dem Ausstand Hamburger Werftarbeiter im Jahre 1913 zu sehen, der gegen den Willen und ohne die Führung der Gewerkschaftsleitung durchgeführt wird. Diese Arbeitsniederlegung ist schließlich der Anlaß zu einer außerordentlichen Generalversammlung des Deutschen Metallarbeiter-Verbandes, in dem die Werftarbeiter damals organisiert sind. Der Verlauf dieser Versammlung gleicht, wie das Protokoll zeigt, einem gegen diese Arbeiter inszenierten Tribunal, auf dem der an den Begriff "wilder Streik" gekoppelte Vorwurf von Unordnung und Disziplinlosigkeit die Schlüsselrolle spielt.[40]
Gerade für das rheinisch-westfälische Industriegebiet ist in dieser Hinsicht auf die ebenfalls nicht von den Gewerkschaften initiierten und kontrollierten Ausstände zwischen November 1918 und April bzw. Mai 1919 hinzuweisen, auf deren Höhepunkt immerhin 307000 Arbeiter oder 73% aller Zechenbelegschaften des Ruhrgebiets die Arbeit verweigern.[41]
Der Verlauf und die Ziele dieser Streiks können hier nicht im einzelnen beschrieben werden. Stattdessen sei auf die Darstellung von Erhard Lucas und das entsprechende Kapitel in Heinrich August Winklers dreibändiger Geschichte über Arbeiter und Arbeiterbewegung in der Weimarer Republik verwiesen.[42]
Wichtig für unseren Kontext ist, daß diese mit einem Ausstand auf der Zeche Gewerkschaft Deutscher Kaiser in Hamborn eingeleiteten Streiks z.B. von den mehrheitssozialdemokratisch orientierten Führern des sog. "Alten Verbandes" - so die übliche Bezeichnung für den Verband deutscher Bergarbeiter - verurteilt und bekämpft werden. Sie verfolgen in dieser Phase einen Kurs

---

39 Vgl. dazu Tenfelde, 1984, 25ff sowie Brüggemeier, a.a.O., 186ff

40 Vgl. Protokoll der außerordentlichen Generalversammlung des Deutschen Metallarbeiterverbandes. Abgehalten am 8. und 9. August 1913 in Berlin, Stuttgart 1913

41 Winkler, Berlin/Bonn 1985, 173

42 Ebenda; Lucas 1976

eines äußerst bereitwilligen Entgegenkommens gegenüber den Unternehmern und eine Disziplinierungsstrategie gegenüber den streikenden und streikbereiten Arbeitern, der ihnen einen erheblichen Vertrauensverlust und der bis dahin eher unbedeutenden, syndikalistischen "Freien Vereinigung deutscher Gewerkschaften" einen enormen Zuspruch einbringt.
Im Kampf gegen diese Ausstände wird durch den "Alten Verband" und anderen Gewerkschaften in vielen Aufrufen und Appellen der Begriff "wilder Streik" appliziert, was natürlich zu einer Verfestigung und weiteren kollektiven Verbreitung des identitätsstiftenden Gegensatzes "wild" versus "organisiert" beiträgt und schließlich sogar dazu führt, daß die ebenfalls mehrheitssozialdemokratisch ausgerichtete Essener Arbeiterzeitung auf die sich im Verlauf der Ausstände herausbildenden besonderen und spontanen Aktions- und Protestformen der Arbeiter mit einer Umfunktionierung der kollektiven Metapher von "Preußen's Wildem Westen" reagiert und die Lage im Revier als "spartakistisch verseuchten Wild-West"[43] umschreiben wird, um die gesamte Bewegung zu diskriminieren.

5.2.5 Die Ideologie des Lagers

U.E. gehört der semantische Gegensatz von "wild" versus "organisiert", mit dem in der gesamten Arbeiterbewegung die verschiedensten Ereignisse wahrgenommen, eingeordnet und bewertet wurden, als konstitutiver Bestandteil zu dem, was man im Anschluß an die Untersuchungen von Oskar Negt und Alexander Kluge über die Organisationsformen proletarischer Öffentlichkeit eine "Ideologie des Lagers" oder auch "Lagermentalität"[44] nennen kann.

---

43 Lucas, 1976, 172 u. 308
44 Negt/Kluge, 1972, 65 u. 341ff

Diese Lagermentalität entstand innerhalb der deutschen Arbeiterbewegung unter den besonderen Verhältnissen während des Kaiserreiches, bestimmte aber auch noch darüber hinaus den politischen Diskurs der Arbeiterorganisationen und übertrug sich ebenso in den Bereich der Arbeiterkultur.

Ein Indiz dafür ist im Falle der Arbeitersportbewegung des Ruhrgebiets bereits die von ihr immer wiederholte Klage über die Mitgliedschaft vieler freigewerkschaftlich oder sozialdemokratisch organisierter Arbeiter nicht nur in der DT, sondern auch und gerade in den "wilden" Vereinen. Dieser Umstand muß auf der Wahrnehmungsfolie eines Lagerdenkens als völlig widersprüchlich und unbegreiflich erscheinen, an den in fundamentaler Weise der Begriff der Organisation gekoppelt und damit zu einem abstrakten Wert hochstilisiert ist.

Nach dieser insbesondere in Konstituierungsperioden von Arbeiterbewegungen nicht untypischen und für die Entwicklung und den Aufbau einer eigenen Identität in gewisser Hinsicht sogar notwendigen Mentalität mit ihren relativ klaren Feindbildern und eindeutigen Abgrenzungen nach außen, besteht die politische Ebene der Gesellschaft prinzipiell aus zwei sich feindlich gegenüberstehenden Lagern. Dabei bedingt die zum Organisationsfetischismus tendierende Wertschätzung des Organisationsbegriffs, daß diese Lager jeweils als durch die eigenen Institutionen und die des Bürgertums repräsentiert gesehen werden, wodurch immer auch eine Aufspaltung zwischen Parteimitgliedern und Nichtmitgliedern, Gewerkschaftsangehörigen und Nicht-Gewerkschaftern, zwischen politisch Organisierten und Nichtorganisierten entsteht. Partei, Gewerkschaften und nicht zuletzt die Arbeiterkulturorganisationen tendieren dann dahin, sich selbst als die einzig mögliche und definitive Form proletarischer Öffentlichkeit zu betrachten.[45]

Für die Arbeitersportler des Ruhrgebiets resultiert hieraus der monopolistische Anspruch, alle sporttreibenden Arbeiter in ihren Vereinen zu organisieren. Wir meinen deshalb die These vertreten zu können, daß ein Konkurrenzverhältnis zu den "wilden" Vereinen nicht schon allein durch deren bloße Existenz ent-

---

45 Ebenda, 344

steht, sondern daß vielmehr die durch den Mechanismus des Lagerdenkens formierte kollektive Sichtweise dieses Verhältnis erst produziert und eine Tolerierung der "wilden" Vereine oder die Möglichkeit einer friedlichen Koexistenz mit der Arbeitersportbewegung ausschließt.
Auch von den Arbeitersportlern im Zusammenhang mit den "wilden" Vereinen gemachte Aussagen wie
"Die Organisation ist heute eine allgemeine Pflicht. Wer sich ihr entzieht, ist ein Aussenseiter, der im Trüben zu fischen sucht, zum Nachteil der Allgemeinheit"[46]

belegen, wie stark diese Vorstellung und vor allem der damit verknüpfte Organisationsfetischismus verbreitet ist. Zu welchen Konsequenzen das dann führen kann, erhellt u.a. daraus, daß der bereits zitierte Elberfelder Arbeitersportfunktionär Paul Lammich in einem Leitartikel im "Volkssport" die "wilden" Vereine bzw. ihren Regionalverband, die Freie Deutsche Turnerschaft, abschätzig als "Zwitterorganisation" bezeichnet, "deren Leiter und Führer sich schämen, daß sie Arbeiter sind und so inmitten der beiden maßgebendsten Sportorganisationen herumschwimmen" und von der Freien Deutschen Turnerschaft und ihren angeschlossenen Vereinen schließlich sogar fordert, "sich entweder der 'Deutschen Turnerschaft' oder dem 'Arbeiter-Turn-und Sportbund' an(zu)schließen."[47]
Diese Forderung entspricht völlig der binären Logik des Lagerdenkens, derzufolge das Weltbild nur stimmig ist, wenn die Menschen sich eindeutig für eines der beiden feindlichen Lager und

46 ATZ Nr. 18 v. 27.8.1919, 136f
47 Volkssport Nr. 37 v. 13.9.1922, 329

deren jeweiligen Organisationen und damit automatisch gegen das andere entscheiden.[48] Das Einnehmen einer Zwitterstellung, d.h. einer Position zwischen den Lagern, wirkt da nur irritierend und fordert aggressive und autoritäre Verhaltensweisen heraus.

5.3 Reaktionen und Umfunktionierungsversuche der "wilden" Vereine

Ein Indikator für den kollektiven Wirkungs- und Verbreitungsgrad der von uns beschriebenen Klischees und sprachlichen Stereotypen, die sich um das Attribut "wild" gruppieren, sind die Reaktionen der "wilden" und verbandsfreien Vereine selbst. Denn wenn die Konnotationen von "wild" bzw. die damit verbundenen Vorwürfe den hohen und öffentlichkeitswirksamen Diffamierungscharakter besaßen, wie er von uns bisher unterstellt wurde, konnte das diesen Vereinen nicht gleichgültig sein. Nachzugehen war deshalb von uns der Frage, wie diese damit umgingen, bzw. ob, und wenn ja, wie sie sich möglicherweise dagegen zur Wehr zu setzen versuchten.
Bevor dazu die Ergebnisse skizziert werden, ist jedoch eine einschränkende Bemerkung angebracht.
Da von den bis 1933 völlig verbandslos bleibenden Vereinen kaum Quellenmaterial existiert, ist eine Beantwortung der aufgeworfenen Fragen lediglich für den 1920 im Ruhrgebiet erfolgten und schließlich auch stabil bleibenden, organisatorischen Zusammenschluß der "wilden Vereine" in der sog. Freien Deutschen Turnerschaft erlaubt.[49] Das von diesem regionalen Verband

---

48 Am Rande sei hier nur angemerkt, daß das Ritual des lebenden Schachspiels zwischen Kapital und Arbeit, das Arbeitersportler anläßlich der Einweihung des Dortmunder Stadions "Rote Erde" im Jahre 1926 öffentlich aufführten, auch auf der Vorstellung zweier voneinander klar abgegrenzter, feindlicher Lager basiert, wobei in diesem Fall der Körper in seiner symbolischen Gebrauchsweise zur Reproduktion der Denkstruktur beiträgt.

49 Ein wesentlicher Grund für diesen Zusammenschluß ist in der effektiveren Interessenvertretung gegenüber den städtischen Behörden zu sehen. Offenbar war die kommunale Vergabepraxis von Sportstätten und finanziellen wie materiellen Unterstützungen nicht ganz unabhängig davon,

herausgegebene und von uns analysierte Organ "Der Freie Deutsche Turner" - später umbenannt in "Allgemeine Deutsche Turnzeitung"[50] - kann also nicht im eigentlichen Sinne als eine Zeitschrift der "wilden" Vereine angesehen werden, da sie ja erst in dem Moment erscheint, als diese Vereine sich nicht mehr im Stadium völliger Verbandslosigkeit befinden.
Dennoch scheint es im Hinblick auf die Fragestellung gerechtfertigt, dieses Verbandsorgan einer Analyse zu unterziehen, da die in der "Freien Deutschen Turnerschaft" bzw. später im "Allgemeinen Deutschen Turnerbund" organisierten Vereine von der DT wie dem ATSB nach wie vor als "wilde Vereine" bezeichnet und dadurch öffentlich mit den in diesem Begriff enthaltenen Vorwürfen und Verurteilungen konfrontiert wurden.

5.3.1 Der Kampf gegen die Preisturnrituale

Eine Auswertung entsprechender Artikel im "Freien Deutschen Turner" läßt erkennen, daß die in der FDT zusammengeschlossenen Vereine gegenüber den Angriffen und Vorurteilen nicht gleichgültig bleiben, sondern sich bemühen, diese zu widerlegen bzw. ihrerseits Vorwürfe gegen die DT und den ATSB zu erheben.
Eine erste Reaktion scheint darin zu bestehen, daß die FDT bereits kurz nach ihrer Gründung den Kampf gegen einige, in der Öffentlichkeit immer als besonders negativ angesehenen Rituale der "wilden" Vereine aufnimmt. So ist es für sie jetzt das Ziel, das Bauen von Turnerpyramiden einzuschränken, die Zahl

---

ob die antragstellenden Turn- und Sportvereine "organisiert" und damit u.a. auch in der Lage waren, ihre Vertreter in die Stadtämter für Leibesübungen zu senden. Dies läßt natürlich den Schluß zu, daß auch für die staatlichen Behörden der kollektive Gegensatz "wild"/organisiert" eine emblematische Funktion besaß, der die Entscheidung über Anträge auf Unterstützung u.a. beeinflußte.

50 Hintergrund dafür war der Anschluß der FDT-Vereine an den 1922 in Köln-Mühlheim gegründeten "Allgemeinen Deutschen Turnerbund". (Wachholz/Voß, 1988, 50ff)

der Preis- und Wetturnfeste zu verringern, sowie bestimmte Preise wie etwa Alkohol oder Luxusartikel abzuschaffen. Darüber hinaus wird auch die "Preisjägerei" kritisiert.[51]
Auf der sprachlichen Ebene entspricht dem die Tendenz, die Bezeichnung "wild" nicht anzuerkennen, sondern sich von ihr zu distanzieren. Dies ist insofern aufschlußreich, als daß ja eine mögliche Reaktion der FDT-Vereine durchaus in einer provokativen und Selbstbewußtsein demonstrierenden Umfunktionierung dieser Attributierung hätte bestehen können, d.h. sie hätten für sich selbst den Begriff "wilde Vereine" übernehmen und damit positiv umwerten können.[52]
Daß es nicht dazu kommt, hängt u.E. damit zusammen, daß zumindest im Ruhrgebiet Bergleute in den "wilden" Vereinen dominieren. So kennt der Fachjargon der Bergarbeiter, der ja nicht nur rein instrumentelle, sondern immer auch identitätsstiftende und gruppenbewußtseinsbildende Funktionen besitzt, seit langem die Begriffe "wildes Gas", "wildes Wasser" und "wildes Gestein" bzw. sogar die Bezeichnung "Wilde" für eine besondere Kategorie von Arbeitern, die nicht bei der jeweiligen Zeche angestellt sind, sondern von Unternehmern, zumeist für die Verrichtung von Gelegenheitsarbeiten, beschäftigt werden.[53] Im beruflichen Alltag des Bergmanns ist also das Attribut "wild" bereits eindeutig negativ belegt, signalisiert es doch Gefahr und Minderwertigkeit, was eine mögliche Umwertung des Begriffs ins Positive auch im sportlich-kulturellen Bereich unwahrscheinlich, wenn nicht völlig unmöglich macht.

---

51 Ebenda; Vgl. außerdem den Artikel "Bergfest in Esborn", und die Rubrik "Sprechsaal" in "Der freie Deutsche Turner", Nr. 12 v. 15.6.1921 sowie "Der Zweck des Zusammenschlusses unseres Turnens" in "Der freie Deutsche Turner, Nr. 5 v. 15.3.1921

52 Genau dieses Mittel verwendeten die schon erwähnten "Wilden Cliquen", wie z.B. ihre Art der Namensgebung beweist: So nannten sich einige dieser Jugendgruppen "Wildsau", "Wildwest", "Tarzan" und "Apachenblut", was die Assoziation des Unkultivierten und Unzivilisierten impliziert, oder stellten ihren jeweiligen Namen die Abkürzung "W.C." für "Wilde Clique" voran. (Vgl. dazu: Lessing/Liebel, 1981, 79 u. 89)

53 Sütterlin, 1984, 36; Werner, 1948, 96

Dementsprechend heißt es denn auch in einem damals von den "wilden" Turnern gedichteten und an die Adresse der großen Turn- und Sportorganisationen gerichteten Lied:
"Wenn ihr uns auch die Wilden nennt, weil wir nicht sind im Gau, ein jeder von uns Ordnung kennt, das merket euch genau"[54]

Zwar wird hier die Bezeichnung "wild" selbst noch nicht direkt in Frage gestellt, erkennbar ist aber der Versuch, die mit ihr verknüpfte Konnotation der Unordnung zurückzuweisen.
Deutlicher noch beweist der folgende Auszug aus einer Rede des damaligen Vorsitzenden der FDT, Hermann Pöppe aus Bochum, daß das Erreichen eines organisatorischen Status der ehemals verbandslosen Vereine offenbar mit einer Integration des Begriffes in seiner hegemonialen negativen Wertung in ihren Diskurs einhergeht. Analog zu DT und ATSB nutzen die Funktionäre der FDT den Terminus nun selbst, um für die Notwendigkeit eines Anschlusses an ihren Verband zu agitieren und sich auch in der Öffentlichkeit von all denjenigen abzugrenzen, die nach wie vor jegliche Eingliederung in eine Organisation ablehnen.
"Leider sind noch viele Vereine der Ansicht, es ginge ohne Organisation. Aber die Zeit lehrt es, daß sie auf dem Irrwege sind. Heute, wo in fast allen Städten und Gemeinden sich die am Orte befindlichen Vereine zusammenschließen, ist es Pflicht für die freie deutsche Turnerschaft, sich zu betätigen, damit auch wir in die Stadtämter unsere Vertreter entsenden und nicht an die Wand gedrückt werden. Aber dieses wird uns nur gelingen auf Grund einer festen Organisation, denn von den sogenannten wilden Vereinen ist heute niemand mehr erbaut... Alle Turngenossen, die das Turnen als Ideal betrachten, können das 'wilde Wesen' nicht mehr mitmachen." [55]
Dem entspricht es schließlich, daß sich nun im "Freien Deutschen Turner" zunehmend Texte finden lassen, die wie der folgende strukturell identisch sind mit dem Diskurs von DT und ATSB, da in ihnen gegen die Verbandslosigkeit polemisiert, in

54 Stadt Recklinghausen, 1981, 110f
55 Der freie Deutsche Turner, Nr. 10 v. 15.5.1921

den Preisturnritualen ein zu verurteilender "Materialismus" erblickt und dabei der Begriff "wilde Turnerei" im negativen Sinn des Regellosen gebraucht wird:
"Das Turnen nimmt auf dem Gebiete des Sports in volksgesundheitlicher Hinsicht die erste Stelle ein... Die größten gesundheitlichen Vorteile erhält immer noch das volkstümliche Turnen... Aber leider gibt es noch heute eine große Anzahl Vereine, welche den kulturellen Wert des volkstümlichen Turnens außer Acht lassen und unter Verkennung der hohen Werte ihr Ideal in der regellosen wilden Turnerei suchen. Daß es diesen im wirklichen Sinne nicht um die soziale Volksgesundung zu tun ist, sondern sie sich nur materielle Vorteile zu sichern suchen, konnte an den Pfingstagen auf dem ringlosen (damals geläufiges Synonym für "verbandslos", d.VF.) Turnerwettstreit des Turnerbundes Werne beobachtet werden. Von der Beschaffenheit der Preise ganz zu schweigen, bestanden dieselben aus sogenannten verzinkten Drahtgeflechten mit Glaseinsatz in Größe eines Senfnäpfchens."[56]

5.3.2 Die Substituierung von "wild" durch "frei"

Aber nicht allein in dieser eher defensiv zu nennenden Strategie zeigt sich das Bestreben der FDT, in der Öffentlichkeit nicht mehr mit der Tradition der "wilden" Vereine identifiziert werden zu wollen. Eine offensivere Vorgehensweise wird an dem Bemühen deutlich, das Reizwort "wild" durch das weitaus positiver klingende "frei" zu ersetzen. Die "wilden" Turner bezeichnen sich selbst als "freie Turner" und geben ihrer Organisation den Namen "Freie Deutsche Turnerschaft".
Dabei stehen vor allem zwei Bedeutungen von "frei" im Vordergrund. Zunächst ist damit ganz allgemein die "Freiheit von jeglicher Verbandshierarchie" gemeint:

56 Der freie Deutsche Turner, Nr. 12 v. 15.6.1921

"Und das Wichtigste: Wir waren stolz, daß wir freie Turner waren. Der Deutschen Turnerschaft haben wir uns nicht angeschlossen. Wir wollten uns von keiner Verbandsspitze hereinreden lassen."[57]

beschreibt deswegen der schon zitierte Bergmann aus dem Recklinghäuser Turnverein Hochlarmark den Unterschied zwischen FDT- und DT-Vereinen.
Daneben besitzt das Attribut "frei" aber vor allem die Konnotation, sich auf keinen konfesionellen, weltanschaulichen oder politisch-ideologischen Standpunkt festlegen zu wollen:
"Einsichtige Turngenossen haben sich zusammengetan... Sie haben die freie deutsche Turnerschaft organisiert zu einer feststehenden Organisation unter dem Namen `Freie Deutsche Turnerschaft, Sitz Essen'. Die Organisation der freien deutschen Turner verurteilt jedes politische und konfessionelle Turnen, darum auch der Name `freie'."[58]

definiert z.B. Hermann Pöppe die ideologische Orientierung der Organisation auf einem Werbetag in Witten.
Diese Substitution von "wild" durch "frei" kennzeichnet einen Umwertungsversuch der FDT-Vereine. Während der Arbeitersport gerade das Bekenntnis zur politischen Abstinenz an der FDT kritisiert, kehrt die FDT dies um und reklamiert es für sich als ein positives Merkmal. Sprachlich wird das durch das Attribut "frei" zum Ausdruck gebracht. Damit steht die FDT in der begrifflichen Tradition derjenigen Abgeordneten der Frankfurter Paulskirche, die sich, wie bereits oben dargestellt, aus Gründen der Erhaltung ihrer Unabhängigkeit keiner Partei anschließen wollten.[59] Wie das angeführte Laube-Zitat zeigt, ge-

57 Stadt Recklinghausen, 1981, 111
58 Der Freie Deutsche Turner Nr. 12 v.15.5.1921
59 Wachholz/Voß erwähnen in ihrer Organisationsgeschichte das in Essen entstandene Motto der FDT-Vereine, das "Frei durch, nicht links, nicht rechts" lautete. Damit zeigt sich ein weiterer Umdefinierungsversuch: Die FDT-Vereine bilden ihre kollektive Identität, indem sie bewußt eine "Position zwischen den Lagern" beziehen. (Wachholz/Voß, 1988, 12)

hörte es ja auch zu deren rhetorischer Strategie sich gegen die Bezeichnung "Wilde" (im Sinne von fraktions- und parteilosen Abgeordneten) zu wehren, in dem sie sich selbst "freie" Abgeordnete nannten.

5.4 Objekte und Mittel bürgerlicher Sozialdisziplinierung

Wir haben durch die Skizzierung der politischen Konnotationen von "wild" bereits illustriert, daß an der Geschichte der sozialen Gebrauchsweise dieses Begriffes nicht nur Aufschlußreiches über die Strukturen sozialer Sinnstiftung im Praxisbereich des Sports und des Arbeitersports zu erfahren ist, sondern daß an ihr größere, d.h. über den Sport hinausreichende, gesellschaftspolitische Aspekte und soziale Interdependenzen aufgezeigt werden können.
Unsere Analyse wäre jedoch unvollständig, wenn wir nicht abschließend noch auf einen weiteren solchen Aspekt eingingen. Ausgangspunkt unserer Überlegungen ist dabei die Tatsache, daß der Umfunktionierungsversuch der FDT, bei dem "wild" durch "frei" ersetzt wird, noch einen weiteren historischen Vorläufer hat, der jedoch nicht auf die Institution des bürgerlichen Parlaments, sondern auf die Arbeiterklasse selbst bezogen ist und im ideologischen Kampf von Arbeitern und hegemonialem Bürgertum begründet ist.

5.4.1 Der Typus des nomadisierenden Arbeiters

So hat Franz-Josef Brüggemeier in Anlehnung an die Studie Hartmut Zwahrs[60] vor kurzem daran erinnert, daß bereits in der Mitte des 19. Jahrhunderts in Leipzig eine besondere Wohngegend existierte, die von der Öffentlichkeit als "wildes Viertel" bezeichnet wurde. Die Einwohner setzten sich dagegen jedoch zur Wehr, indem sie dieses Viertel "die Schweiz" und sich selbst "freie Schweizer" nannten.

---

60 Zwahr, 1981, 80; Brüggemeier, 1988, 242

Diese Einwohner waren Arbeiter und Angehöriger der Unterschichten. Sie waren zugleich aber auch Teil einer besonderen Gruppe, deren Aufmerksamkeit der Aufsatz Brüggemeiers gilt. Brüggemeier untersucht nämlich die Lebensbedingungen und Verhaltensmuster der sog. unständigen Arbeiter, die im Zuge der heute kaum mehr vorstellbaren Mobilität in der Phase der Industrialisierung zeitweise ein Massenphänomen waren.
Diese hohe Mobilität, d.h. vor allem der häufige Arbeitsplatz- und Wohnungswechsel von Arbeitern, galt damals vielen Zeitgenossen als ein bedrohliches Problem und wurde schon früh zu einem Gegenstand der Politik bürgerlicher Sozialreformer, was nicht zuletzt mit der besonderen Gruppenidentität der mobilen Arbeiter sowie deren Verhaltensmuster zusammenhing, zu denen u.a. ein augenblicksbezogener und durch eine gewisse Genußsucht geprägter Lebensstil, die Ablehnung von Autoritäten sowie das Fehlen längerfristiger privater Bindungen zählte.
Die von Brüggemeier zitierten exemplarischen Aussagen bürgerlicher Zeitgenossen zu diesem Phänomen zeigen zunächst, daß es üblich war, zu seiner Beschreibung Begriffe zu gebrauchen, die zum Assoziationsfeld von "wild" gehörten. So wurde die soziale Situation hoher Mobilität und ihre Begleiterscheinungen mit einem "Zustand vor aller Seßhaftigkeit und Kultur" gleichgesetzt und der mobile Arbeiter sprachlich als "Vagabund" und "Nomade" kodifiziert.[61]
Andere Untersuchungen wie etwa die ausgezeichnete Studie von Hubert Treiber und Heinz Steinert, die am Beispiel analoger Verhaltensmuster in Kloster und Fabrik einige sozialpsychologische Voraussetzungen für die Durchsetzung des industriellen kapitalistischen Systems sichtbar gemacht hat, bestätigen darüber hinaus, daß gerade auch die sozialfürsorgerische Praxis von Unternehmern, zu deren zentralen Elementen u.a. der Werkswohnungsbau oder die Schaffung diverser Unterstützungs-, Konsum- oder Kulturvereine gehörte, eine ihrer zentralen Legiti-

---

61 Brüggemeier, 1988, 225 u. 230

mationen daraus zog, daß die Arbeiter gleichsam als "zivilisationslose Wesen" phantasiert wurden, deren "nomadenhafter Wandertrieb auszumerzen" sei.[62]
U.E. wird hieran eine umfassende Sozialdisziplinierungsstrategie des Bürgertums erkennbar. Ihr Objekt ist der Typus des mobilen Arbeiters und die für ihn charakteristische Lebensform der Nichtseßhaftigkeit, bzw. die aus einer hohen Fluktuation zumindest für einige Branchen entstehenden Produktionsnachteile. Ihr Mittel ist die semantische Belegung dieses Arbeitertyps mit dem Stigma des Kulturlosen und des Wilden, dem die auf die bürgerliche Gesellschaftsordnung funktional bezogenen Tugenden und Werte wie Zuverlässigkeit, Beständigkeit und ein am Ideal der Kleinfamilie orientiertem Leben, für das natürlich u.a. ein fester Wohnsitz und gesicherter Arbeitsplatz unverzichtbare Voraussetzungen sind, als positive Postulate entgegengesetzt werden[63] sowie in praktischer Hinsicht die bekannten sozialfürsorgerischen Maßnahmen, wie etwa der Bau von Werkswohnungen, Arbeitersiedlungen, die Einrichtung diverser Unterstützungskassen und die Schaffung von Konsum- und Kulturvereinen.[64]

---

62 Treiber/Steinert, 1980, S. 17. Für das Ruhrgebiet ist hier natürlich auf die Aktivitäten Krupp's zu verweisen. Interessanterweise forderte Alfred Krupp schon 1865 in einem Brief an die Firma den Bau von "Familienwohnungen" für Arbeiter und stellte dabei den positiv besetzten Begriff "Familie", der das Merkmal der festen Bindung assoziiert, den "nomadisierenden einzelnen Leuten" gegenüber. (Führ/Stemmrich, 1985, 317)

63 Brüggemeier, 1988, S. 225

64 Damit wollen wir natürlich die Schaffung solcher Institutionen nicht pauschal denunzieren. Sie haben zweifellos unter den damaligen gesellschaftlichen Bedingungen eine Reihe von Vorteilen gerade auch für die Arbeiter besessen. Wie Treiber/Steinert jedoch richtig bemerken, wäre es ebenso verkürzt nur diese Tatsache zu sehen und dabei aus den Augen zu verlieren, daß jegliche Fürsorgepolitik und jegliches "organisierte Helfen immer auch die Chance der sozialen Kontrolle über die zu Unterstützenden eröffnet..., daß also organisiertes Helfen leicht zur `sanften Kontrolle' genutzt werden kann." (Treiber/Steinert, 1980, 23)

5.4.2 Der Konsumismus der Unterschichten

Offensichtlich wurde das Schreckensbild des Arbeitervagabunden während des Kaiserreichs und auch noch zur Zeit der Weimarer Republik weit verbreitet. Unsere These ist nun, daß dieses Bild im sportlichen Praxisbereich im Zusammenhang mit den "wilden" Vereinen seine Entsprechung findet. Wie wir dargestellt haben, dominiert ja auch hier die Vorstellung des Kultur- und Zivilisationslosen, wobei die Konnotation des Vagabundenhaften u.a. durch die Beschreibung des "wilden" Turners als einer, der allwöchentlich von Ort zu Ort bzw. von Preisturnfest zu Preisturnfest zieht, hervorgerufen wird. Selbst die Warnung vor einer Bedrohung des Familienlebens fehlt nicht:

"Die allertraurigste Seite des wilden Turnwesens offenbart sich bekanntlich in dem Niedergang der von demselben betroffenen Familien."[65]

heißt es etwa in der DTZ, und das verbindet sich schließlich mit dem Vorwurf der Unfähigkeit zur Sparsamkeit, zu einer geordneten Lebensführung sowie zum Eingehen fester organisatorischer Bindungen.

Wir haben bereits geschildert, daß auch der Arbeitersport die Kritik und die Vorurteile gegen die "wilden" Vereine mit der DT pauschal geteilt hat. In diesem Zusammenhang ist es nun nicht uninteressant, daran zu erinnern, daß Sozialhistoriker wie Hans Medick im Anschluß an das analytische Konzept einer "moralischen plebejischen Ökonomie" von Edward P. Thompson[66] auf folgendes aufmerksam gemacht haben: Der häufig zu beobachtende, spezifische "Konsumismus" der Unterschichten, der sich z.B. in der Art, Feste zu feiern oder im durchaus exzessiv zu nennenden Genuß von Rauschmitteln wie Alkohol und Nikotin artikuliert,

---

65 DTZ Nr. 21 v. 19.5.1904, 487

66 Thompson 1980

ist trotz seiner deutlich eskapistischen und kompensatorischen Funktion niemals völlig ohne ein gewisses Widerstandspotential gegen die hegemonialen Klassen und Schichten und ihre Normvorstellungen.[67]

U.E. können die von der DT wie dem ATSB gleichermaßen heftig verurteilten Preisturnrituale der "wilden" Vereine als eine spezielle Form dieses Konsumismus interpretiert werden.

Die Attraktivität des Preisturnens für Arbeiter und untere Schichten, die sich indirekt schon daran zeigt, daß sich sowohl DT als auch ATB ständig genötigt sahen, ihre Mitglieder zu ermahnen, die Veranstaltungen der "wilden" Vereine nicht zu besuchen, liegt unserer Meinung nach vor allem in zwei Faktoren begründet:

1. bedeuten die Prämiierungen wie etwa Medaillen o.ä. für auf allen sozialen Ebenen Diskriminierte ein Stück "symbolischen Kapitals" und tragen zur Bildung eines Selbstbewußtseins bei.

2. sollte nicht übersehen werden, daß Preise wie z.B. Möbelstücke und Nahrungs- und Genußmittel, zu denen übrigens auch lebende Tiere gehören konnten, einen unmittelbaren Gebrauchswert besitzen, der in diesem Fall umso bedeutsamer ist, als für Unterschichtenangehörige aufgrund ihrer materiellen Lage der Erwerb solcher Güter damals kaum bzw. nur sehr eingeschränkt möglich war.

Das Widerstandspotential dieser rituellen Praxisformen liegt aber vor allem in ihren Begleiterscheinungen. Das Bedürfnis des Feierns von Festen, verbunden mit hohem Alkoholkonsum und mit Verhaltensweisen, die von den hegemonialen Schichten gern als "Über-die-Stränge-Schlagen" gebrandmarkt werden, steht natürlich im Widerspruch zu den vielzitierten bürgerlichen Sekundärtugenden, zu denen eine besondere Art der Ordnungsliebe und eine rationale Lebensführung mit den Elementen Fleiß, Sparsamkeit und Pünktlichkeit gehören und die - das muß nicht besonders betont werden - funktional notwendig sind für die Etablierung und Reproduktion des industriell-kapitalistischen Wirtschaftssystems.

---

67 Medick, 1982, 162ff

Es ist in diesem Zusammenhang aufschlußreich, daß die Phase, in der die DT den Kampf gegen die kleinen und lokalen Turnfeste und gegen das Turnen um Medaillen und Wertgegenstände aufnimmt, zeitlich zusammenfällt mit dem Moment, in dem sie beginnt, den in der Sekundärliteratur so vielzitierten "Kurs von Nationalismus und Hurra-Patriotismus" zu steuern, und das heißt nichts anderes, als daß sie sich hier zu einer hegemonialen Institution der Zivilgesellschaft im Sinne Gramscis entwickelt, deren soziale Funktion es u.a. ist, die auf die kapitalistische Ökonomie bezogenen Werte im kulturellen Bereich und im Alltagsbewußtsein verbreiten und reproduzieren zu helfen.
Die Arbeitersportbewegung nun hat das im Verhalten der "wilden" Vereine angelegte Widerstandspotential nicht erkannt und sich deshalb die Frage nach einer möglichen Nutzbarmachung oder Umfunktionierung in ihrem Sinne nicht gestellt. Die Übernahme des Begriffes "wild" in seiner hegemonialen Bedeutung sowie die damit verknüpften Konnotationen formierten eine Sichtweise und eine Mentalität, die diese Frage nicht zuließ, bzw. ein Nachdenken darüber offensichtlich blockierte. Ja, die Agitation des Arbeitersports scheint in dieser Hinsicht sogar an den Einstellungen und Bedürfnissen eines nicht unerheblichen Teils von Arbeitern vorbeigegangen zu sein, während das Bürgertum offensichtlich dadurch, daß es mit dem Begriff des Wilden Arbeiter und untere Schichten stigmatisierte und sich dabei auf das Alltagsbewußtsein stützen konnte, eine Sozialdisziplinierungsstrategie rechtfertigte und zur Stabilisierung seiner Hegemonie beitrug.
Gerade im Ruhrgebiet scheinen, wie Brüggemeier an anderer Stelle herausgearbeitet hat,[68] insbesondere die unter der Bergarbeiterschaft vorherrschenden, an Konsum orientierten Bedürfnisse und Kulturtraditionen, die sich z.B. in der Institution der Schnapskasinos, der Kirmessen und bestimmten, exzessiven Formen des Festverhaltens artikulierten, eine Zielscheibe dieser Strategie gewesen zu sein. Vergleicht man die Klagen des Bürgertums gegenüber diesem besonderen kulturellen Verhalten

68 Vgl. hierzu wie für das folgende: Brüggemeier, 1984, 142 - 161

der Bergarbeiterschaft, so finden sich in Wortwahl und Ausdrucksweise frappierende Parallelen zu den geschilderten Stereotypen, die die Arbeitersportbewegung den "wilden" Vereinen gegenüber benutzte. Auch hier wurde von einer "Schande für unsere fortgeschrittene Kultur", von einem "Zurücksinken auf das Niveau von Barbarei und Bestialität, der Rohheit und des Rowdytums" und in bezug auf die Wohnverhältnisse von Arbeitern von einem "flüchtigen Nomadenleben" gesprochen, woraus die Handlungsmaxime einer "Zivilisierung der Bergleute" abgeleitet und - auch das bestätigen die Ausführungen Brüggemeiers - die Durchführung sozialer Reformen als "Mission" verstanden wurde. Die Vermutung liegt nahe, daß man innerhalb der Arbeitersportbewegung den negativen Konnotationen, die sich mit dem Attribut "wild" verbanden und die ja die Arbeiterschaft in ihrer Gesamtheit trafen, etwas Positives entgegensetzen wollte und daß man deshalb alles, was im Zusammenhang mit Arbeitern als "wild" charakterisiert werden konnte, bekämpfte. Das bedeutete aber, daß man die Vorwürfe des Bürgertums akzeptierte, und es bedeutete gleichzeitig offensichtlich einen Verlust an Sensibilität für mögliche produktive Anknüpfungen an bestimmte volks- und alltagskulturelle Elemente und Verhaltensmuster, die entsprechende Traditionen in der Ruhrarbeiterschaft besaßen und für den Ausbau und den Erfolg der eigenständigen Arbeitersport- und Arbeiterkulturorganisationen wohl nötig gewesen wären.

6. Strukturen und Funktionen des Frauensports und der Frauenagitation in der Arbeitersportbewegung

In der bisherigen Literatur über den Arbeitersport im allgemeinen und in den entsprechenden Arbeiten, die speziell auf den Frauensport im ATSB eingehen,[1] werden schwerpunktmäßig ideologische Aspekte dieses Teilbereichs behandelt. Vor allem die emanzipatorischen Aspekte des Themenkomplexes "Frauensport", wie etwa die grundsätzliche Gleichberechtigung von Mann und Frau, der Kampf gegen die soziale, wirtschaftliche und auch physische Unterdrückung der Arbeiterinnen, die Absage an traditionelle Moralvorstellungen, die Versachlichung der Diskussion um die Rolle der Frau in der Gesellschaft oder um die Sexualität, werden gewürdigt. Dabei wird sowohl auf Interviews mit noch lebenden Arbeiterturnerinnen oder -sportlerinnen, als auch auf Fotos zumeist lachender, lebensfroher Sportlerinnen und Schwimmerinnen als ikonographische Belege für eine damals mehr und mehr um sich greifende "neue, emanzipatorische Mentalität" zurückgegriffen.[2]

Tendenziell vermißt man in diesen Arbeiten, die sich insgesamt eher an den selbst formulierten Anspruch des Frauensports in der Arbeiterbewegung als an seine Wirklichkeit halten und in denen sich hagiographischer Eifer und engagierte Begeisterung vermischen, einen kritischen Ansatz: Es scheint, als arbeiten Autorinnen und Autoren eher an einer Art Mythos der Frauen im Arbeitersport, und die Bereitschaft ist groß, besonders fortschrittliche Kräfte in einem Bezirk oder Kreis des ATSB sowie zahlenmäßige Erfolge in einer bestimmten Stadt zu verallgemeinern und als repräsentativ für die gesamte Arbeitersportbewegung darzustellen.

---

1 Block 1987; Schulz 1987

2 Eine Ausnahme bildet hier der kurze Beitrag von Gertrud Pfister über den Frauensport im ATSB in der "Illustrierten Geschichte des Arbeitersports". Die Autorin geht von dem weniger idealistischen Eingangspostulat aus, daß der Frauensport von den Männern bestimmt wurde und daß die Ziele des Frauenturnens sich grundsätzlich am Frauenbild der Arbeiterturner zu orientieren hatten.

Die Tatsache, daß die Mehrheit dieser Studien das Problem aus der ausschließlichen und subjektiv gefärbten Sicht der Arbeitersportler betrachtet und das Thema weder in seiner realen sozialen Einbettung "vor Ort" noch im Konflikt mit den hegemonialen Sportverbänden untersuchen, führt nicht nur zu einer Einengung des "Blickfeldes", sondern ebenfalls zu einer Fehleinschätzung der Rolle der Frauenarbeit im ATSB.[3]
Ziel dieses Kapitels des Forschungsberichts ist es daher, mit Hilfe der Auswertung von statistischem Material zur Beschäftigungs- und Berufsstruktur, zum gewerkschaftlichen Engagement sowie zum Freizeitverhalten von Frauen im Ruhrgebiet und durch einen Vergleich mit den konkurrierenden bürgerlichen Sportvereinen, Erfolg und Durchsetzungsvermögen der Frauenabteilungen der Arbeitersportvereine in den einzelnen Städten unseres Untersuchungsgebietes einzuschätzen, um eine weniger euphorische Beschreibung der Möglichkeiten und Grenzen dieser Bewegung während der Zeit ihres Bestehens zu ermöglichen. Letztendlich geht es angesichts des - wie dokumentiert wird - teilweise beschränkten Erfolgs des Frauensports im ATSB im Ruhrgebiet um eine Infragestellung seiner Analyse der frauenspezifischen Sozialstruktur des Reviers und der Brauchbarkeit seines frauenagitatorischen Diskurses. Es gilt hier aufzuzeigen, wie die Wahrnehmungsweise der sozialen Realität die Werbeaktionen der Arbeitersportbewegung und deren Erfolgschancen von vornherein bestimmt hat.

6.1 Aussagewert des statistischen Materials

Bei den Recherchen für diese Bestandsaufnahme des Frauensports im ATSB wurden zunächst Daten aus drei verschiedenen Bereichen

3 Solche Tendenzen zur Verallgemeinerung werden in besonderer Weise bei Urteilen über die vermutliche Bedeutung des Arbeiterfrauensports in einzelnen ausgewählten Regionen, darunter das Ruhrgebiet, erkennbar, wo man aus ideologischen Gründen gerne "Berliner" oder "sächsische Verhältnisse" sehen würde.

(Wirtschaft, Politik, Kultur) gesammelt, um sie dann in einem zweiten Schritt zu vergleichen und zu interpretieren.
Bei den wirtschaftlichen Daten handelt es sich um Zahlenmaterial zur Frauenarbeit im Revier, wobei dieser Begriff so aufgefaßt wurde, daß nicht nur die klassische Beschäftigungs- und Berufsstatistik berücksichtigt wurde, sondern ebenfalls Felder wie Ausbildung und Berufswahl, Erwerbstätigkeit und Familienleben, Arbeitsmarktsituation und Lebensunterhaltsstrategien in Betracht gezogen wurden.
Im Bereich der Politik wurde nach statistischen Belegen für das aktive Eingreifen der Frauen in das öffentliche Leben, und hier ganz besonders für ihre Mitarbeit in den Gewerkschaften, gesucht. Da die Quellenlage es erlaubte, wurden die Recherchen auf die Regionalebene konzentriert.
Im Kulturbereich galt das Interesse dem Freizeitverhalten der Frauen und Mädchen, insbesondere ihrer Mitgliedschaft in Sport- und Freizeitorganisationen auf Reichs- und auf Lokalebene.
Dem überwiegend komparatistischen Ansatz dieser Kapitels entsprechend wurden sowohl die Arbeitersport- wie die bürgerlichen Sportverbände untersucht. Das Ergebnis dieser Materialsammlung ist ein vielschichtiges, differenziertes Bild der sporttreibenden Frau im Ruhrgebiet in den Jahren 1900-1933, zu dem jedoch relativierende Bemerkungen bezüglich der Quellen bzw. des erschlossenen Zahlenmaterials nötig sind.
Gerade im Hinblick auf das Ziel der Einschätzung der Stellung des Arbeiterfrauensports im gesamten Sportleben des Reviers von der Jahrhundertwende bis zum Nationalsozialismus ist eine vorsichtige Annäherung an die Quellen notwendig: Zwar legt ein Vergleich der Quellen untereinander eine gewisse Stimmigkeit der Daten nahe, in Anbetracht der unterschiedlichen Sorgfalt, mit der Daten für die Jahrbücher der Verbände zusammengetragen wurden und der propagandistischen Absicht mancher dieser Publikationen, ist jedoch der Hinweis gerechtfertigt, daß die Schlußfolgerungen, die aus der Analyse gezogen wurden, hypothetischer Art und ergänzungsbedürftig sind.

Bei der Zusammenfassung der arbeitsstatistischen Daten wurde fast ausschließlich die Volks-, Berufs- und Betriebszählung vom 16.6 1925 benutzt.[4]

Diese großangelegte Erhebung, die vom Statistischen Reichsamt 1928 herausgegeben wurde, gehört zu den grundlegenden Publikationen dieser Art im Deutschen Reich. Sie enthält unter anderem ein dichtes Netz an Daten, die einen genauen Einblick in die Wirtschaftsstruktur der einzelnen Großstädte im Revier ermöglichen. Der Stand und die wesentlichen Merkmale der Frauenarbeit im Ruhrgebiet konnten anhand eines Vergleichs einer Reihe von Teilergebnissen dieser Zählung untereinander ermittelt werden. Die wichtigsten Parameter waren dabei die Zahl der erwerbstätigen Frauen und deren Anteil an der Gesamtzahl der aktiven Bevölkerung, der Familienstand der erwerbstätigen Frauen, die altersklassenmäßige Verteilung der berufstätigen Frauen, die Verteilung der berufstätigen Frauen nach Wirtschaftssektoren sowie die von den Frauen ausgeübten Tätigkeiten.

Für Zusatzinformationen, bzw. zur Bestätigung der aus der Auswertung des statistischen Materials hervorgegangenen Tendenzen der Frauenarbeit im Ruhrgebiet wurden die Verwaltungsberichte der untersuchten Städte herangezogen. Berücksichtigt wurde ebenfalls der jeweilige Stand der Eingemeindungen in den einzelnen Städten.[5]

Zur Messung des politischen Engagements der Frauen wurden in erster Linie die Jahrbücher des ADGB verwendet.[6]

Für den sportstatistischen Teil wurden drei verschiedene Arten von Quellen ausgewertet, die sich gegenseitig ergänzen bzw korrigieren. Herangezogen wurden hier die Jahrbücher des ATB/ATSB[7]

---

4 Statistisches Reichsamt (Hg): Volks-, Berufs- und Betriebszählung vom 16.Juni 1925. Berufszählung: Die berufliche und soziale Gliederung der Bevölkerung in den deutschen Großstädten, Berlin 1929. (Statistik des Deutschen Reiches, Bd.406)

5 1925 in Essen, 1926 in Bochum, 1929 in Bochum, Essen, Dortmund, Hagen, Duisburg und Oberhausen.

6 Jahrbücher des Allgemeinen Deutschen Gewerkschaftsbundes für die Jahre 1924 bis 1931

7 Geschäftsberichte des Arbeiter-Turner-Bundes für die Jahre 1907/1909, 1910, 1911, 1912; Geschäftsberichte des Arbeiterturn- und Sportbundes über die Jahre 1924/1925 und 1928/1929. Ebenfalls verwendet wurden die Geschäftsbe-

und die des ARB/ARKB "Solidarität"[8]. Sie geben alle zwei Jahre genaue Informationen über die Entwicklung der Mitgliedschaft in den einzelnen Vereinen der Bezirke und Kreise. Parallel dazu wurden die Vereinslisten aus den Adreßbüchern der untersuchten Ruhrstädte ausgewertet, die teilweise ebenfalls Angaben zur Stärke der Frauensparten in den Vereinen beinhalten.
Für den Vergleich zwischen dem Arbeiter- und dem bürgerlichen Sport wurde als dritte Quelle das Reichsadreßbuch für Leibesübungen herangezogen.
Dieses Werk, das sich speziell an die Sportfunktionäre aller Verbände wandte, gibt den vollständigsten Überblick über die turnerischen und sportlichen Aktivitäten im gesamten Reich am Ende der 20er Jahre. Da seine Initiatoren besonderen Wert auf den sportpolitischen Auftrag der Kommunen legten, ist das Adreßbuch kommunal geordnet und bietet deshalb eine gute Ausgangsbasis für Vergleiche auf Lokalebene.
Neben allgemeinen Angaben über die Infrastrukturen des Sports (Sportämter, Einrichtungen, Zahl der Sporttreibenden, Spiel- und Sportfläche pro Einwohner) in den einzelnen Gemeinden, wird das Vereinswesen, ebenfalls auf Gemeindebene, eingehend dokumentiert: Die Listen der Turn- und Sportvereine (nach Schwerpunkt der Aktivitäten geordnet)[9] sowie der Jugendpflegevereine geben Auskunft über Name und Adresse des Vereinsvorsitzenden, des Vereinslokals und der Übungsplätze sowie über die Zahl der Mitglieder. Trotz der stellenweise vermutlich stark beschöni-

---

richte für die Jahre 1910/1911, 1912/1913 des Arbeiter-Schwimmer-Bundes bzw. der Geschäftsbericht für die Jahre 1919/1920 des Arbeiter-Wassersportbundes, der bis 1922 als selbständige Organisation bestand.

8 Fischer 1908; Bundesjahrbücher des ARB/ARKB "Solidarität" für die Jahre 1919/1920 und 1924/1925; Geschäftsbericht für die Jahre 1928/1929, Bundesjahrbücher für die Jahre 1930/1931 und 1931/1932

9 Diese Schwerpunkte sind in der Reihenfolge der Auflistung der Vereine: Turnen, Leichtathleitk, Schwerathletik/Boxen, Schwimmen, Spiele, Wandern/Wintersport, Rudern/Kanufahren, Rad- Motorradsport.

genden Angaben erweist sich dieses Jahrbuch als eine wertvolle Quelle, um den Platz des Frauensports des ATSB innerhalb der gesamten Frauensportbewegung einschätzen zu können.

6.2 Beschäftigungsstruktur von Arbeiterfrauen im Ruhrgebiet und deren Auswirkung auf die Mitgliedschaft im Arbeitersport

Die Auswertung des Zahlenmaterials läßt eine Reihe von Konstanten erkennen, die Elemente für eine kritische Analyse des hauptsächlich auf die "Arbeiterinnen" bezogenen agitatorischen Diskurses des ATSB im Revier liefern. Anhand der vorgefundenen Zahlen entsteht zweifellos ein anderes Bild der weiblichen Arbeitnehmerschaft in dieser Region während der Weimarer Republik als das, welches die Arbeitersportler für ihre Appelle "an die Frauen und Mädchen" unterstellen. Zu diesen Konstanten gehören:
1. der niedrige Anteil der Frauen an der Gesamtzahl der Erwerbstätigen bzw. Beschäftigten;
2. der niedrige Anteil der erwerbstätigen bzw. beschäftigten Frauen an der Gesamtzahl der weiblichen Bevölkerung;
3. der hohe Anteil der ledigen Frauen an der Gesamtzahl der erwerbstätigen Frauen;
4. die rapide Abnahme des Frauenanteils an der Gesamtzahl der Erwerbstätigen bei zunehmendem Alter der Frauen;
5. der unerwartet hohe Anteil der Hausangestellten bei der Verteilung der beschäftigten Frauen nach Wirtschaftszweigen;
6. der vergleichsweise niedrige Anteil der Arbeiterinnen an der Gesamtzahl der beschäftigten Frauen;
7. die hohe Zahl der Angestellten überhaupt.

Die zum Teil erheblichen Schwankungen zwischen den einzelnen Städten machen zwar eine subregionale Differenzierung sichtbar, bewegen sich jedoch innerhalb der hier aufgezeichneten Trends. Die folgende Tabelle zum Anteil der Frauen an der Gesamtzahl der Erwerbstätigen gibt Auskunft über den Grad der Einbeziehung der Frauen in die Arbeitswelt, über den Grad ihrer direkten Sozialisierung durch ihre unmittelbare, aktive Teilnahme am Wirtschaftsprozeß und, bezogen auf die Organisationen der Arbeiterklasse (Parteien, Gewerkschaften, Kulturorganisationen) über den Grad ihrer Erreichbarkeit für die politische, soziale und kulturelle Agitation im Umfeld der Betriebe.

ANTEIL DER FRAUEN AN DER GESAMTZAHL DER ERWERBSTÄTIGEN (in%)		ANTEIL VON HANDWERK UND INDUSTRIE AN DER GESAMTZAHL DER ERWERBTÄTIGEN (in%)	
DO	25,10	DO	47,08
E	24,14	E	55,81
BO	22,32	DU	57,04
DU	22,15	BO	60,20
GE	20,40	OB	62,02
OB	20,12	GE	64,79
HAMB	15,80	HAMB	73,48

In keiner der untersuchten Städte[10] (mit Ausnahme von Dortmund) erreicht die Zahl der erwerbstätigen Frauen 25% der Gesamtzahl der aktiven Bevölkerung (höchster Wert Dortmund, 25,15% - niedrigster Wert Hamborn, 15,80% - Schere: 9,35%).
Aus dem Vergleich mit der Wirtschaftsstruktur der einzelnen Städte wird ersichtlich, daß der Anteil der Frauen an der Gesamtzahl der Beschäftigten dort am größten ist, wo Schwerindustrie und Großbetriebe eine weniger prägende Rolle im gesamtwirtschaftlichen Gefüge einer Stadt spielen. Gleiches gilt auch, wie die nachstehende Tabelle zeigt, für den Anteil der erwerbstätigen Frauen an der Gesamtzahl der weiblichen Bevölkerung.

10 Aufgrund der Quellenlage und der Möglichkeit eines aufschlußreichen Vergleichs wurde - abweichend vom sonstigen Vorgehen - die Stadt Hamborn in die Analyse miteinbezogen.

ANTEIL DER ERWERBSTÄTIGEN FRAUEN AN DER GESAMTZAHL DER WEIBLICHEN BEVÖLKERUNG (in%)		ANTEIL DER ERWERBSTÄTIGEN MÄNNER AN DER GESAMTZAHL DER MÄNNLICHEN BEVÖLKERUNG (in%)	
DO	24,54	DO	72,50
E	22,68	E	70,10
DU	21,65	DU	73,00
BO	21,11	BO	70,41
GE	18,13	GE	68,28
OB	18,13	OB	67,92
HAMB	14,47	HAMB	68,48

In keiner der untersuchten Städte liegt die Zahl der erwerbstätigen Frauen höher als 25% der Gesamtzahl der weiblichen Bevölkerung (höchster Wert Dortmund, 24,5%; niedrigster Wert Hamborn, 14,47% - Schere: 10,03%).
Bezogen auf die beschäftigten Frauen, d.h. ohne die Rentnerinnen, die eine nicht zu unterschätzende Rolle spielen, sind diese Zahlen noch bescheidener: Dortmund, 19,40%, Hamborn, 11,86%. Der Vergleich mit dem Anteil der Männer in den jeweiligen Städten verdeutlicht diese ungleiche Integration der beiden Geschlechter in den Wirtschaftsprozeß. In Duisburg sind z.B. 73% der Männer erwerbstätig, in Oberhausen "nur" 67,96, wobei hier zu vermerken ist, daß die Schere nicht so breit ist, wie bei den Frauen, nämlich 5,08 gegenüber 10,03% beträgt.
Bei der Analyse der Verteilung der erwerbstätigen Frauen nach dem Familienstand fallen einerseits der hohe Anteil der ledigen (zwischen 70,56% in Bochum und 64,96% in Hamborn) und anderseits die niedrige Zahl der verheirateten erwerbstätigen Frauen (zwischen 13,66% in Hamborn und 9,7% in Dortmund) auf.

	ANTEIL DER LEDIGEN	ANTEIL DER VERHEIRATETEN	ANTEIL DER WITWEN U. GESCHIEDENEN
	AN DER GESAMTZAHL DER ERWERBSTÄTIGEN FRAUEN (in %)		
BO	70,56	9,88	19,56
DU	70,50	11,23	18,27
DO	70,15	9,74	20,11
E	69,41	11,08	19,51
OB	66,41	13,41	19,98
GE	66,38	11,22	22,40
HAMB	64,96	13,66	21,38

Noch niedriger ist die Zahl der erwerbstätigen Frauen im Verhältnis zur Gesamtzahl der Ehefrauen. In diesem Fall ist die sonst relativ breite Schere sehr eng und liegt zwischen 5,97% in Essen und 4,83% in Hamborn.

ANTEIL DER ERWERBSTÄTIGEN FRAUEN (in %)
AN DER GESAMTZAHL DER EHEFRAUEN

E	5,97	BO	5,24
OB	5,88	GE	4,96
DU	5,84	HAMB	4,83
DO	5,75		

Die begrenzte Einbindung der Frauen in den Arbeitsprozeß tritt hier noch deutlicher in Erscheinung. Sie hängt vom Familienstand ab: Solange die jungen Mädchen noch ledig sind, wird diese offenbar gewährleistet. Mit dem Eintritt in den Ehestand kommt es zu einer Verlagerung des Wirkungsbereichs der Frauen auf die Familie.[11] Das Ende des Arbeitsverhältnisses birgt die

11 Der Rückzug aus dem Arbeitsleben geschah nicht immer aufgrund eines Druckes durch den Ehemann. Auch unerwartete Ereignisse führten zum Aufgeben der Arbeitsstelle durch das junge Mädchen. Ein bezeichnendes Beispiel dazu liefert ein Interview mit zwei ehemaligen Arbeitersportlern, Hans und Martha Schwerdtner aus Essen. Martha Schwerdtner, Jg. 1910, hatte eine 3 1/2 Jahre lange Lehre als Schneiderin

Gefahr eines endgültigen Rückzugs der Frau aus dem öffentlichen Leben in sich. Die Schlußfolgerung liegt nahe, daß von nun an das soziale Engagement der Frau und ihre Wahrnehmung des Freizeitangebots des ATSB vom Wohlwollen, bzw. von der negativen oder positiven Einstellung des Ehemannes zur freien Betätigung der Ehefrau im politischen, sozialen oder kulturellen Bereich abhängen.

Eine vierte Konstante dokumentiert die schnelle Verdrängung der Frauen aus dem Arbeitsprozeß. Im allgemeinen reduziert sich ihr Anteil an diesem Prozeß um mehr als die Hälfte zwischen dem 20. und dem 30. Lebensjahr.

ANTEIL DER FRAUEN
AN DER GESAMTZAHL DER ERWERBSTÄTIGEN FRAUEN
JE ALTERSSTUFE (in %)

	18-20	20-25	30-40
E	39,11	32,71	14,53
DO	38,23	35,07	17,07
BO	37,84	28,66	15,57
DU	36,49	28,48	13,35
GE	34,23	24,83	14,04
OB	33,15	24,24	11,35
HAMB	30,91	17,04	9,28

Diese zu unterschiedlichen Zeitpunkten (manchmal sehr früh: in Bochum, Oberhausen und Hamborn schon ab dem 18. Lebensjahr) einsetzende Bewegung verläuft dort schneller, wo Schwerindustrie und Großbetriebe einen hohen Stellenwert im örtlichen Wirtschaftsgefüge einnehmen.

---

gemacht. 1931 nahm sie mit ihrem Verlobten an einer Verlosung der Wohnungsbaugenossenschaft teil und gewann eine Wohnung: "Wir... mußten ziemlich schnell heiraten. Innerhalb von 6 Wochen mußte man die Wohnung einrichten, Möbel kaufen. Man nahm sie, oder man nahm sie nicht". Obwohl sie noch nicht heiraten wollte, hat Martha Schwerdtner geheiratet und ihre Arbeitsstelle aufgegeben: "Meinen Beruf konnte ich auch nebenbei ausüben". (Interview mit Hans und Martha Schwerdtner vom 23.7.1986)

In Essen und vor allem in Dortmund kann die prozentuale Abwärtsentwicklung durch die deutlichere Diversifizierung der Wirtschaft aufgefangen werden. In Dortmund ist dieser Verlust um mehr als die Hälfte der erwerbstätigen Frauen innerhalb von 10 Jahren erst bei den Frauen, die das 40. Lebensjahr erreicht haben, bemerkbar.
Die gemachten Beobachtungen entsprechen auch der Schere auf dem Index der Zugänglichkeit der Berufe für die Frauen, den man auch als einen "Index der Chancengleichheit" bewerten kann.
In Essen und Dortmund werden 40 bzw. 39% der in der Statistik aufgeführten Berufe von Männern und Frauen ausgeübt. In Hamborn oder Oberhausen dagegen sind es nur 30 oder 31%.
Anhand dieser Zahlen wird ersichtlich, wie eng die Arbeitsmöglichkeiten für Frauen und Mädchen sind, denn diese Berechnung berücksichtigt nicht die zahlenmäßige Durchdringung der einzelnen Berufe und betrachtet als gleichwertige Einheiten Berufe, in denen ausnahmsweise eine Frau tätig ist (Zahnärztin) und solche, die fast ausschließlich von Frauen ausgeübt werden (Näherinnen). Folgende Tabelle dokumentiert das Gefälle zwischen den einzelnen Beschäftigungssektoren.

ANTEIL DER WEIBLICHEN BESCHÄFTIGTEN
NACH BESCHÄFTIGUNGSSEKTOR (in %)

	Industrie/Handwerk	Handel/Verkehr	Häusliche Dienste
HAMB	3,09	39,67	84,43
GE	5,58	37,38	76,45
OB	5,18	30,21	91,25
BO	6,43	35,41	87,33
DU	7,28	27,53	87,28
E	8,23	34,41	85,44
DO	8,66	30,12	80,61

Das Ausbildungssystem unterstützt die ungleiche Verteilung der beruflichen Chancen. In Bochum z.B. ist im Jahr 1928, zu einer Zeit des wirtschaftlichen Aufschwungs also, die Auswahl der für männliche Jugendliche erlernbaren Berufe neunmal größer als die für weibliche Jugendliche (82 bzw.9 Berufe!). Die von der Mädchenberufsfachschule und von der Haushalts- und Gewerbeschule durchgeführten Kurse beziehen sich nur auf sogenannte frauentypische Berufe, die sehr wenig bis wenig Aufsstiegschancen bieten und sich alle durch autoritäre Arbeitsstrukturen auszeichnen.[12]

Der relative hohe Anteil der Hausangestellten an der Gesamtzahl der beschäftigten Frauen (teilweise über 30%) erhärtet diese These einer Einengung der sozialen und politischen Bewegungsfreiheit der Frauen durch starke Abhängigkeitsverhältnisse in Beruf und Privatleben. Ingrid Wittmann stellt dazu fest: "Eine Frau..., die als Hausgehilfin tätig ist, befindet sich in einer Sphäre extremer Abhängigkeit, und ihr Tätigkeitsfeld beschränkt sich auf das, was von den Frauen gemeinhin als Domäne ihrer Weiblichkeit verkauft werden soll, die Hausarbeit."[13]

ANTEIL DER

	HAUSANGESTELLTEN	ARBEITERINNEN	ANGESTELLTEN (in %)
HAMB	32,31	20,92	29,10
OB	31,03	20,35	29,60
DU	29,02	22,04	32,21
BO	28,50	22,19	33,42
DO	27,50	24,71	34,28
GE	26,03	25,32	30,91
E	25,81	22,54	35,10

12 So werden 60% der Schülerinnen (1990 von 3400) zu "Haustöchtern" ausgebildet, die anderen zu Verkäuferinnen (25%), Schneiderinnen und Weißnäherinnen (9%), Kontoristinnen (4%), Schürzenmacherinnen und Haarpflegerinnen (je 1,5%), Putzmacherinnen und Stickerinnen (je 1,40%). (Verwaltungsbericht der Stadt Bochum 1927/28).

13 Wittmann, 1981, 15

Der Umstand, daß 2/3 der Hausangestellten im Haus ihrer Dienstherren wohnen müssen, läßt den breiten Umfang dieser Form der sozialen Kontrolle erkennen. Diese wird erleichtert durch die Unerfahrenheit der jungen Mädchen, die als "Haustöchter" dienen (70% davon sind zwischen 16 und 25 Jahre alt) und durch die strengen Anforderungen, die von den "Herrschaften" an sie gestellt werden.

Wie aus zahlreichen Zeitungsannoncen, die z.B. im evangelischen "Märkischen Sprecher" oder in der katholischen "Westdeutschen Volkszeitung" fast täglich erscheinen, zu entnehmen ist, sind solche Mädchen gesucht, die den bürgerlichen Idealen von Sauberkeit und Ordnung, Gehorsam und Bescheidenheit, Fleiß und Frömmigkeit am nächsten stehen.[14]

Die niedrige Zahl der als "Arbeiterinnen" bezeichneten Beschäftigten erklärt sich durch die wirtschaftliche Dominanz von Bergbau und Schwerindustrie im Revier. Auf Zechen und Stahlwerken werden fast ausschließlich männliche Arbeitskräfte gebraucht, und da eine auf Frauenarbeit beruhende Textilindustrie in den untersuchten Städten nicht vorhanden ist, kann ein Ausgleich zur männerarbeitorientierten Montanindustrie nicht geschaffen werden.[15]

---

14 Welche Eigenschaften von den Mädchen erwartet wurden, dokumentiert der Wortlaut folgender Anzeigen: "Kräftiges, ordentliches Mädchen, welches alle Hausarbeiten versteht, gegen guten Lohn für kleinen Wirtschaftshaushalt gesucht." (Westf.Volkszeitung v. 11.1.1928); "Junges, braves, kinderliebes, katholisches Mädchen, welches alle Hausarbeiten übernimmt, per sofort gesucht" (Westf.Volkszeitung, 9.1.1928). Innerhalb des Berufes gibt es eine Hierarchie, die nicht nur durch die Funktion im Haushalt, sondern ebenfalls durch die soziale Zugehörigeit der Dienstherren bestimmt wird. Neben "Alleinmädchen" oder "Morgenmädchen" werden auch "bessere Mädchen" gesucht, d.h. solche, die in "gut bürgerlichen Haushalten" gearbeitet haben. So sucht z.B. Frau Bergschuldirektor Heise 1928 "per sofort" "ein zuverlässiges, erfahrenes "Erstmädchen", das schon in besseren Häusern gedient hat und Zeugnisse besitzt". (Märkischer Sprecher v. 29.2.1928)

15 Die Zahl der in den dem ADGB angeschlossenen Gewerkschaften organisierten Frauen ist ebenfalls niedrig. Der Frauenanteil in den Ortsvereinen dieser Organisationen schwankt im Jahre 1925, im Jahr der Volks-, Berufs- und Betriebszählung des Statistischen Reichsamtes also, zwi-

ANTEIL DER ARBEITERINNEN (in %)
AN DER GESAMTZAHL DER AKTIVEN
BEVÖLKERUNG

DO	4,90	BO	3,94
E	4,40	OB	3,23
DU	4,03	HAMB	2,68
GE	3,39		

Bei den in der Statistik als "Arbeiterinnen" aufgeführten beschäftigten Frauen handelt es sich zum größten Teil um Schneiderinnen, Näherinnen, Putzmacherinnen und Stickerinnen, die in großen Handwerksbetrieben oder in Heimarbeit ihren Lebensunterhalt verdienen. Keine der Ruhrgebietsstädte weist mehr als 25% Arbeiterinnen unter den beschäftigten Frauen, d.h., je nach Stadt zwischen 2,68 und 4,90% der aktiven Bevölkerung, auf. Dort, wo die Montanindustrie den Arbeitsmarkt beherrscht, wie in Bochum, Gelsenkirchen, Hamborn und Oberhausen, kommt es zu einer Angleichung der Zahl der Hausangestellten an die der in Handel und Verkehr beschäftigten Frauen, d.h. die Strategie der Arbeitssuche führt nicht etwa zu einer Verstärkung der Bereiche des "klassischen" Industrieproletariats und damit der Zielgruppe des ATSB und des ARKB, sie führt vielmehr in Bereiche, die für Arbeiterorganisationen schwer zugänglich und die eher Betätigungsfeld der konfessionellen Verbände sind. In Hamborn etwa, wo der tertiäre Sektor am schwächsten entwickelt ist, übersteigt die Zahl der Hausangestellten die der Kontoristinnen und Verkäuferinnen.
Den höchsten Anteil der beschäftigten Frauen stellen die Angestellten dar, die hauptsächlich in den Bereichen Handel/Verkehr/Verwaltung tätig sind, wobei ein Gefälle zwischen den Städten des östlichen (Duisburg, Gelsenkirchen, Hamborn und Oberhausen) und denen des westlichen Ruhrgebiets (Bochum, Dortmund und Essen) mit ihrer entwickelten zentralörtlichen Funk-

---

schen 1,47% in Oberhausen und 6,14% in Dortmund. Zahlenmäßig sind die Frauen am stärksten in Essen (964) und Dortmund (1168) vertreten.

tion (Sitz von Arbeitgeberorganisationen, von Einrichtungen der Gesundheitsversorgung im Bergbau, von Wirtschaftsvereinigungen) zu beobachten ist.
Mehrere Faktoren dürfen hier die agitatorische Arbeit von ATSB und ARKB erschwert haben.
Zum ersten ist die Vielfalt der unter der Bezeichnung "Angestellten" erfaßten Berufe zu erwähnen: Zwischen der einfachen Verkäuferin in einer Vorstadt-Bäckerei, der "Telefon-Mamsell" aus dem Fernmeldeamt und der Sekretärin in einem Arbeitgeberverband gibt es erhebliche Unterschiede in bezug auf die Art der Tätigkeit, den Status innerhalb der betrieblichen Hierarchie, kurzum das ganze Arbeitsmilieu betreffend.
Die Unkenntnis dieser Milieus ist ein denkbarer zweiter Grund für die fehlende Durchsetzungskraft des ATSB bei den arbeitstätigen Frauen. An großbetriebliche Strukturen gewohnt, diese Strukturen als Maßstab nehmend, fehlt es den Arbeitersportlern, die zum größten Teil aus der Gewerkschaftsbewegung kommen, an Erfahrungen mit Arbeitsmilieus, die ihnen nicht nur wenig bekannt sind, sondern denen sie, weil außerhalb der klassischen Industriearbeit liegend, teilweise mißtrauisch gegenüber stehen.
Ein zweiter Faktor ist ohne Zweifel die aufkommende "Angestellten-Mentalität": Als Verkäuferin oder Stenotypistin zu arbeiten, wird als ein Zeichen sozialen Aufstiegs bewertet, woran auch die Tatsache nichts ändert, daß die Arbeitsbedingungen in manchen Büros und Kanzleien durchaus "proletarisch" sind. Die des öfteren beobachtete Loyalität der Angestellten zu ihren Arbeitgebern führt im politischen Bereich zu einer bewußten Distanzierung von den Organisationen der Arbeiterklasse, zu der "man nicht gehören wollte".[16]

---

16 Alice Salomon beobachtet eine ähnliche Entwicklung für die Zeit vor 1914 und stellt fest: "Die Mädchen aus kleinen Beamten- und Handwerkerskreisen scheuen sich aus politischen und sozialen Gründen, Berufsverbänden anzugehören, die ihnen nach Zweck und Zusammensetzung der Mitglieder nicht standesgemäß erscheinen." (Salomon, 1982, 116)

6.3 Das Bild der "werktätigen Frau"

Für die Organisationen der Arbeiterbewegung und ganz besonders für die Arbeitersportler hätten die hier aufgezeichneten Prozesse, wären sie richtig erkannt worden, eine Verlagerung ihrer Aktionen auf Bereiche, die außerhalb ihres gewohnten Tätigfeldes lagen, bedeuten müssen.
Das Bild der werktätigen Frau im Ruhrgebiet, das durch die Statistik ermittelt wird, entspricht jedoch keineswegs dem, das ATSB oder ARKB in ihren Broschüren vermitteln und unterstellen. Die Mehrheit stellen nicht etwa die einer Doppelbelastung als Arbeiterin und Mutter ausgesetzten Ehefrauen, sondern die jungen ledigen Mädchen dar, die nach ihrer Heirat ihre Arbeitsstelle aufgeben. Durch den frühen Rückzug aus dem Arbeitsleben wird die Kontinuität im Vereinssport (oder im gewerkschaftlichen Engagement) beeinträchtigt. Dementsprechend dürfte die folgende Aussage der Essener Arbeiterschwimmerin Fanny Rothensee verallgemeinerbar sein:
" Ja, als ich dann geheiratet habe, 1928, da bin ich aus allen Vereinen raus. Das ging ja dann nicht mehr, weil ja auch das Kind da war."[17]

Die von den Arbeitersportlern selbst formulierten Beobachtungen, derzufolge viele Frauen abseits der Arbeitersportbewegung stehen und gewonnen werden müssen und daß viele Frauen abseits vom öffentlichen Leben gehalten werden, finden durch die o.g. Zahlen ihre Bestätigung. Allerdings sind die Ursachen andere als die, die vom ATSB oder vom ARKB in der verbalen Agitation immer wieder hervorgehoben werden.
Sie liegen nicht in erster Linie in den etwaigen "Machenschaften der bürgerlichen Vereine", um die Arbeiterinnen an sich zu binden, oder in der lähmenden dreifachen Belastung als Berufstätige, Gattinnen und Mütter, sondern in der Tatsache, daß - anders als in den übrigen Teilen des Reiches - berufstätige

17 Interview mit Fanny Rothensee v. 23.7.1986

Frauen im Ruhrgebiet eine Minderheit darstellen,[18] daß nur ein verschwindend kleiner Teil der verheirateten Frauen (5%) berufstätig ist und daß dadurch der größere Teil der Gefahr ausgesetzt ist, patriarchalisch-autoritären Strukturen unterworfen zu sein.

Die "statistische Plauderei" des sozialdemokratischen Bochumer "Volksblattes" z.B. über die Zahl der Eheschließungen in Bochum im Jahre 1925 und die von den neuvermählten Frauen ausgeübten Berufe ist einleuchtend genug, um diese These zu unterstützen. Für den Redakteur dieser Zeitung ist es nicht verwunderlich, wenn die meisten der berufstätigen, erst kurz verheirateten Frauen Hausangestellte sind, denn "ein fesches Dienstmädel findet immer noch ihren Mann", und außerdem sei die Ehe für den Mann der "Stand der geflickten Hose".[19]

Der aus dem reichhaltigen Zahlenmaterial abgeleitete Stand der Entwicklung der Frauenarbeit im Ruhrgebiet für die Jahre 1925-1928 weist Merkmale auf, die in deutlichem Widerspruch zum Diskurs der Arbeitersportler stehen. Die Ergebnisse dieser Untersuchung zeigen das Auseinanderklaffen zwischen Anspruch und Wirklichkeit, die mangelnde Anpassung der vom ATSB verwendeten Sprache und Argumente an die regionalen Verhältnisse und lie-

---

18 Dies ist keine Beobachtung neueren Datums. In einer Region, die sich zunächst durch die prekären Lebensweisen einer noch im Entstehen begriffenen Industrielandschaft auszeichnet, die dann Ziel großer durch die forcierte Industrialisierung und Urbanisierung verursachter Binnenwanderungen wird, um sich schließlich zu einem der wichtigsten europäischen Industrieballungsgebiete zu entwickeln, ändern sich auch die beruflichen Anforderungen, die an die Frauen gestellt werden. Untersuchungen auf Lokalebene lassen dies genau erkennen. Während der Periode der arbeitskraftintensiven Industrialisierung zu Beginn der 1890er Jahre weist Bochum z.B einen hohen Beschäftigungsgrad an Frauen auch im Bergbau und in den Gießereien - 35% der Beschäftigten in dieser Branche (Crew, 1980, 22) - auf. In einem vom Londoner Board of Trade dreißig Jahre später, 1908, veröffentlichten Bericht wird dagegen auf die nur kleine Zahl von Frauen und Mädchen, die in der Bochumer Schwerindustrie beschäftigt sind, hingewiesen. Wörtlich heißt es: "Frauenarbeit spielt hier generell keine wichtige Rolle." (Board of Trade 1908, Accounts and Papers, Bd.108. Cost of Living in German towns, London 1908, zit. nach Crew, 1980, 63)

19 Bochumer Volksblatt v. 16.2.1926

fern eine stichhaltige Erklärung für das Scheitern der Frauenagitation der Arbeitersportbewegung im Revier.
Die fälschliche Annahme, Industrie-Arbeiterinnen würden die Mehrheit der arbeitstätigen Frauen im Kohlenbezirk ausmachen, führt zur Verbreitung des Bildes einer "idealtypischen Industrieproletarierin" durch die Arbeitersportverbände, das der sozialen Realität "vor Ort" nur im begrenzten Maße entspricht. Diese Fehlinterpretation der lokalen Beschäftigungsstruktur deutet auf die grundsätzliche Schwierigkeit der Arbeitersportler - und darüber hinaus des größten Teils der Arbeiterbewegung - hin, eine Situation zu bewältigen, die den durch die Ideologie festgesetzten Analysekriterien nicht entspricht und die ein den örtlichen Bedingungen angepaßtes Vorgehen in Bereichen außerhalb des gewohnten Wirkungsterrains der Arbeiterbewegung erfordert hätte.
Auch wenn in den Sportseiten der Zeitungen der Arbeiterpresse und in den Broschüren der Arbeitersportverbände auf die arbeitsplatzbedingten gesundheitlichen Probleme der Frauen in Kontor und Büro eingegangen, ihre Zugehörigkeit zu den "arbeitenden Menschen" immer wieder betont wird und sie zur Mitarbeit im ATSB aufgerufen werden, so geschieht dies oft mehr im Geiste einer simplifizierenden Gesinnungsethik als aufgrund einer auf genauen Beobachtungen beruhenden Einschätzung ihrer Lage. Unberücksichtigt bleiben die politischen Verhaltensweisen dieser neuen Arbeitnehmerschicht, die einer Gleichsetzung mit den "Arbeitern" eher ablehnend gegenüber steht.
Als weiterer Bereich des versäumten Engagements der Arbeitersportler sind die Klein- und Mittelbetriebe zu nennen, in denen die "Hausmacht der Arbeitgeber" noch weitgehend ungebrochen ist, in denen die Gewerkschaften wenig Einfluß besitzen und die daher als eventuelle Multiplikatoren kaum dienen können.
Was die Hausangestellten anbetrifft, so bildet ihr Arbeitsmilieu einen vollkommenen Gegensatz zur Welt der großen Fabriken und Zechen. Hier ist eine innerbetriebliche Agitation unmöglich. Das Interesse für die Arbeitersportbewegung kann nicht über die an den Großbetrieben angepaßten Formen der Propaganda (Flugblätter, Gespräche am Fabrikstor und in den Arbeitspausen)

geweckt werden. Die Agitation verlangt hier eine flexible Vorgehensweise, die allerdings in den an die Masse appellierenden Diskurs von ATSB und ARKB nicht hinein paßt. Außerdem gelten in Gewerkschaftskreisen die Hausangestellten - zumindest bis zum Beginn des Ersten Weltkrieges - als ein schwieriges Milieu: Die Mehrheit der weiblichen Dienstboten sieht nämlich ihre Stellung als eine vorübergehende an, so daß dadurch das Bewußtsein, dauernd in Lohnarbeit zu stehen, wenig ausgeprägt ist.[20]

6.4 Frauen in den Vereinen des Arbeitersports

6.4.1 Mitgliederentwicklung

Die Interpretation des nur bedingt verläßlichen, vorhandenen statistischen Materials läßt - dies wurde schon in Kapitel 3 angedeutet - zunächst zeitliche Verschiebungen bei den Anfängen der Einbeziehung der Frauen in die Aktivitäten des ATSB erscheinen: Während in Duisburg, Essen und Oberhausen eine - wenngleich auch nur geringfügige - Beteiligung von Frauen[21] am Arbeiterturnen schon vor dem Ersten Weltkrieg nachzuweisen ist, setzt sie in anderen Städten wie Dortmund, Bochum, Gelsenkirchen, Hagen, Herne erst nach 1918 ein.
Die Zahlen für die Jahre 1918-1933 erlauben eine differenziertere Analyse der Entwicklung der Mitarbeit und der Partizipation der Frauen.
Die Tatsache, daß 1920 in allen untersuchten Städten Frauen im Arbeitersport aktiv waren, illustriert die grundsätzliche Bereitschaft des Arbeitersports, seine Vereine zu öffnen und zu demokratisieren. Die erst 1921/1923 feststellbaren größeren Zahlen von Arbeiterturnerinnen und -sportlerinnen (über 300 in

---

20 Protokoll des 6. Gewerkschaftskongresses vom 22.bis 27.Juni 1908 in Hamburg, zit. nach Losseff-Tillmans, 1982, 220f

21 Auch wenn der prozentuale Anteil der Turnerinnen in den ATB-Vereinen vor 1914 relativ hoch erscheint (24,52% in Duisburg, 23,03% in Oberhausen), sind die realen Zahlen bescheiden: 13 Frauen im ersten Beispiel, 12 im zweiten. Nur in Essen war die Bildung mehrerer Riegen möglich (34 Turnerinnen = 10,24% der ATB-Mitglieder im Jahre 1911)

Gelsenkirchen, 275 in Essen, 230 in Bochum) deuten auf die Erfolge der Agitation in diesen Städten sowie auf die Folgen im Freizeitbereich der durch die Ereignisse von 1918 ausgelösten emanzipatorischen Dynamik in der Gesellschaft hin.
Bis jetzt noch ungeklärt ist die Ursache für die besonders hohe Beteiligung der Frauen in den drei letztgenannten Städten.[22]
Die Annahme, daß die große Zahl der noch selbständigen Industriegemeinden im östlichen Ruhrgebiet eine unmittelbare Zunahme der Agitationszentren des Arbeitersports und damit eine flächendeckendere Propagada begünstigt hätte, erscheint aufgrund der gegensätzlichen Entwicklung in Gelsenkirchen einerseits und Dortmund anderseits nicht stichhaltig.
Der Raum Gelsenkirchen ist in nur zwei Verwaltungseinheiten, den Städten Gelsenkirchen und Buer, untergliedert, und die Frauen sind hier zahlreicher vertreten (306 von 1960 Mitgliedern) als im Dortmunder Raum mit über 30 Gemeinden, wo Frauenabteilungen nur ansatzweise vorhanden sind (140 Frauen unter den 3800 Arbeitersportlern).
Eine entscheidende Wende erfolgt dann in den Jahren der Wirtschaftskrise 1923-1925. Während in Bochum, Gelsenkirchen und Essen die Zahl der weiblichen Mitglieder rückläufig ist oder zumindest stagniert, nimmt sie in Dortmund sprunghaft zu: über 600 Frauen werden hier im Jahre 1925 als Mitglieder verzeichnet.
Der mögliche Grund für diese positive Entwicklung scheint nochmals in dem niedrigeren Anteil der Montanindustrie im Wirtschaftsgefüge der Stadt zu liegen. Nähere Untersuchungen wären hier jedoch notwendig, denn der Dortmunder Raum hat keine homogene Struktur. Ein Vergleich der Zahl der Austritte männlicher und weiblicher Mitglieder läßt erkennen, daß die Inflationszeit die Freizeitaktivitäten der Frauen im Ruhrgebiet weniger beeinträchtigt hat als die der Männer, da diese in den meisten Fäl-

22 Schon vor dem Ersten Weltkrieg ist Essen mit 10,5% weiblichen Mitgliedern in der Deutschen Turnerschaft (375 von 3580) eine frühe "Hochburg" des Frauenturnens in der bürgerlichen Turnbewegung gewesen. Dies mag ein möglicher Ansporn zu verstärkten Ativitäten bei den Arbeiterturnerinnen gewesen sein. (DTZ Nr.33 v.15.8.1912)

len die einzigen oder die Hauptverdiener in der Familie sind. Sie sind oft gezwungen, in den umliegenden Städten und Regionen nach Arbeit zu suchen und können deshalb an einem regelmäßigen Turn- oder Sportbetrieb nicht mehr teilnehmen.
Der niedrigere Anteil der Frauen an der Zahl der Austritte scheint auch ihre zahlenmäßige Stärke in den Vereinen gefestigt zu haben. Nach dem bedeutenden Einschnitt der Wirtschaftskrise in der Entwicklung der Arbeitersportbewegung, der für diese auf Reichs- wie auf Regionalebene einen schweren Rückschlag bedeutete, von dem sie sich nie richtig erholte, bestätigen die folgenden vier Jahre relativer wirtschaftlicher Stabilität und bescheidenen Wohlstands die hier aufgezeichnete Tendenz.
In diesen Jahren beteiligen sich immer mehr Frauen an den Aktivitäten des ATSB. Vor allem die Vereine der "Freien Schwimmer" entwickeln sich zu echten Massenvereinen mit großen Frauen- und Kinderabteilungen.
Besonders sichtbar sind diese Erfolge des ATSB in Dortmund, wo über 1100 Frauen im Arbeitersport organisiert sind. In den Städten, in denen die Montanindustrie dominiert (Herne, Duisburg, Gelsenkirchen, Bochum) ist eine ähnliche Tendenz bemerkbar, allerdings in einem viel kleinerem Umfang (zwischen 150 Frauen in Herne und 280 in Bochum). Nur in Oberhausen, wo der ATSB nie richtig Fuß fassen konnte, bleibt die Zahl der weiblichen Mitglieder in den Arbeitersportvereinen fast unbedeutend (1923: 13; 1924/25: keine; 1925/26: 20).
Ein weiteres Indiz für den Grad der Einbeziehung der Frauen in die Aktivitäten des Arbeitersports im Ruhrgebiet ist das Verhältnis zwischen der Zahl der Vereine mit Frauenabteilung und der Gesamtzahl der dem ATSB angeschlossenen Vereine. In den untersuchten Städten liegt dieses Verhältnis Anfang der 20er Jahre bei 20 bis 30%, 10 Jahre später bei 45 bis 60%. Diese eindeutige Öffnung der Vereine läuft keineswegs linear und ist den erheblichen Schwankungen unterworfen, die die Entwicklung zahlreicher Vereine auszeichnen:
1) können sich die Verhältnisse innerhalb eines Vereins sprunghaft ändern, sodaß ein mit einer relativ starken Frauenabtei-

lung auftretender Turnverein sich binnen zwei oder drei Jahren zu einem reinen Fußballverein mit ausschließlich männlichen Mitgliedern entwickeln kann und umgekehrt.
2) liefern die oben angegebenen Werte keinerlei Auskunft über die reale Stärke der einzelnen Frauenabteilungen, die ebenfalls von Verein zu Verein variiert. So weisen manche reinen Fußball- oder Turnvereine nur 2 oder 3 Frauen auf, während andere, die eine reichhaltige Palette an Disziplinen anbieten, über starke und aktive Frauensparten verfügen. Eine besondere Anziehungskraft üben die Wassersportvereine aus, in den manchmal die Frauen gegenüber den Männern in der Überzahl sind (wie z.B. 1928 in Dortmund mit 51% der Mitglieder).
3) bezieht sich das eingangs ermittelte Verhältnis aufgrund der unter 1) erwähnten möglichen Veränderungen innerhalb der Vereine, die gegebenfalls zur Auflösung oder zur Neugründung einer Frauenabteilung führen können, auf eine ständig fluktuierende Liste von Vereinen, da manche unter ihnen nur einige Jahre lang eine Frauensparte haben.
Die Gründe für diese Umwälzungen müssen zum größten Teil ungeklärt bleiben und waren auch über den Umweg einer kritischen Auswertung der Verbands- und Tagespresse sowie der Interviews ehemaliger Arbeitersportler nicht zu ermitteln. Vermutet werden kann aber, daß dabei nicht nur wirtschaftliche Momente eine Rolle gespielt haben. Vielmehr ist anzunehmen, daß der Konflikt zwischen Turnern und Sportlern die Geschichte der einzelnen Vereine auch in dieser Hinsicht stark geprägt hat.

6.4.2 Sportartenpräferenzen der Frauen

Die hier festgestellte unterschiedliche Stärke der Frauenabteilungen, bzw. das Vorhandensein oder Nichtvorhandensein einer solchen Abteilung in einem Verein je nach dessen Charakter läßt nicht nur eine quantitative Bewertung der Vereinsarbeit zu, sondern gibt auch wichtige Hinweise über die von den Frauen bevorzugten körperlichen Aktivitäten. Eine andere Statistik, die der Verteilung der ATSB-Mitgliederinnen auf die verschiedenen Disziplinen in den einzelnen Städten, verfeinert die hier grob aufgezeichnete Bestandsaufnahme.

ANTEIL DER EINZELNEN DISZIPLINEN AN DEM GESAMTEN ANGEBOT DER FRAUENSPARTEN DER ARBEITERSPORTVEREINE IN DEN EINZELNEN STÄDTEN[23]

STADT	Frauen	TU	LA	SA	WS	RS	WA	RAD
BO	590	27,1	29,7	-	28,6	-	13,1	1,5
DO	1287	56,1	1,2	-	34,2	0,2	4,2	4,1
DU	297	10,8	-	5,1	64,6	-	9,8	9,8
E	844	14,2	12,2	-	26,1	2,5	19,7	25,4
GE	430	25,8	-	-	42,1	-	25,6	6,5
HA	745	68,2	-	-	28,6	-	2,3	0,9
HER	149	24,8	59,1	-	-	-	-	16,1
OB	49	28,6	34,7	-	-	-	-	36,7
Summe	4391	1704	399	15	1415	23	453	382
Anteile%		38,8	9,1	0,3	32,2	0,5	10,3	8,7

Lassen diese Zahlen auf den ersten Blick das Turnen als die von den Frauen insgesamt bevorzugte Disziplin erscheinen, so muß dieses Ergebnis jedoch relativiert werden: In nur 2 der 8 untersuchten Städte (Dortmund und Hagen) hat es eindeutig den Vorrang, und da es sich dabei um Hochburgen des Arbeitersports handelt, hat diese Vorrangstellung unmittelbaren Einfluß auf die Gesamtstatistik.

In drei Städten - Duisburg, Essen, Gelsenkirchen - wird dagegen dem Wassersport (Schwimmen und Rudern) der Vorzug gegeben, so-

23 Anteile in %; Abkürzungen: GZ Frauen: Gesamtzahl der weiblichen Mitglieder im Arbeitersport in den einzelnen Städten; TU:Turnen; LA:Leichtathletik; SA:Schwerathletik; WS:Wassersport; RS:Rasensport; WA:Wandern;, RAD:Radsport

daß insgesamt die Zahl der Wassersportlerinnen in unserem Untersuchungsgebiet fast genau so hoch ist, wie die der Turnerinnen (1704:1415).
Bezeichnend ist ebenfalls , daß wenn, wie in Bochum und Essen, die Aktivitäten der Arbeitersportlerinnen auf die verschiedenen Sportarten regelmäßig verteilt sind, das Turnen den 3. bzw 4. Platz in der Beliebtheitsskala einnimmt. Die vermutete Präferenz der Frauen für das Turnen ist somit statistisch nicht nachzuweisen. Die Zahlenreihe beweist zudem, daß die Haltung eines Teils der männlichen Funktionäre und Mitglieder des Arbeitersports, die eine Betätigung der Frauen im Bereich der Leibesübungen auf das Turnen und die Gymnastik mit ihren "anmutigen Bewegungen" begrenzt sehen wollten, bei den Frauen nur einen Teilerfolg gehabt hat. Die im Vergleich zum Wandern oder zur Leichtathletik hohe Zahl der Radsportlerinnen dokumentiert z.B. das Interesse der Frauen für Sportarten, die eine echte Emanzipation vom gängigen Klischee der Frau als Keulenschwingerin oder Tamburinballspielerin bedeuten.
Folgende Tabelle zum Anteil der Frauen in den einzelnen Disziplinen läßt klare Unterschiede in der mehr oder weniger ausgeprägten Männerorientierung der verschiedenen Sportarten erscheinen.

ANTEIL DER FRAUEN IN DEN EINZELNEN SPARTEN DER ARBEITERSPORTVEREINE

Sportart	GZ	Frauen	Anteil der Frauen
Turnen	8704	1704	19,57
Leichtathletik	2995	399	13,32
Schwerathletik	881	15	1,70
Wassersport	3540	1415	39,97
Rasenspiele	1780	23	1,29
Wandern	684	201	29,38
Radsport	1587	382	24,07
	20171	4139	∅ = 20,51

Als am wenigsten männerorientiert erscheint der Schwimmsport, der fast 40% weibliche Mitglieder zählt. Betrachtet man die Zahl von 20,51% als Durchschnittswert für den Anteil der Frauen an der Gesamtzahl der in ATSB und ARKB organisierten Sportler, so können der Schwimmsport, das Wandern und der Radsport als die von den Frauen bevorzugten Sportarten gelten.

6.4.3 Psychologische Motive für die Wahl bestimmter Sportarten

Die Beliebtheitsskala der einzelnen Disziplinen richtet sich ebenfalls nach den unterschiedlichen, subjektiven Aufassungen vom "richtigen" Sport- oder Turnbetrieb und vom "richtigen" Vereinsleben, die in den verschiedenen Vereinen herrschen. Nur-Turn-, Nur-Leichtathletik oder Nur-Fußballvereine, die oft nicht einmal eine Jugendabteilung unterhalten, können als Vertreter eines auschließlich männerorientierten Sports betrachtet werden: Besonders Turnen und Fußball sind auch im Arbeitersport "reine Männerangelegenheiten" mit den entsprechenden symbolischen Vorstellungen von Ordnung, Disziplin und des "Unter-sich-sein-wollens" in einer männerbundähnlichen Gemeinschaft, die wenig oder gar keinen Platz für Frauen zuläßt.
In den Vereinen, die eine Vielfalt der körperlichen Ausdrucksweisen pflegen, haben Frauen und Mädchen Gelegenheit, nicht nur am Vereinsleben teilzunehmen, sondern es mitzugestalten. Auch wenn in diesen Vereinen die grundsätzliche Forderung des Arbeitersports nach Gleichberechtigung und Gleichstellung von Mann und Frau in der Gesellschaft nicht realisiert wird, was sich u.a. an der Tatsache zeigt, daß weibliche Funktionäre selten sind, und auch wenn der Vereinsbetrieb noch viele autoritäre Merkmale enthält (Befehlston, männliche Vorturner oder Turnwarte, die "ihre" Frauenriege oder Frauenabteilung buchstäblich "beaufsichtigen"), bieten sie doch Frauen und Mädchen die Mög-

lichkeit, einen Teil ihrer Bedürfnisse nach freier Bewegung und Geselligkeit zu verwirklichen, Anerkennung für die geleistete Arbeit zu finden und am öffentlichen Leben teilzunehmen.[24] Sich nach der Arbeit auf dem Sportplatz frei bewegen zu können, gehört zur Emanzipation der Arbeiterfrau. Der folgende Auszug aus einem Interview mit einer ehemaligen Arbeitersportlerin aus Hagen zeigt, daß der Begriff der Emanzipation im weitesten Sinne zu verstehen ist, denn oft gab es schon innerhalb der Familie Widerstände gegen eine Teilnahme an sportlichen Aktivitäten, die überwunden werden mußten:
"Ich mußte mir mein Lehrgeld selbst verdienen, 20 Mark im Monat... Abends nach der Schule nähen. Meine Mutter verlangte, daß ich die Stücke fertig machte, daß sie rechtzeitig fertig wurden. Deshalb konnte ich nicht aktiv teilnehmen. Aber die Teilnahme an den Übungsstunden habe ich mir nie nehmen lassen... Schon der Geselligkeit halber. Es war doch so schön. Da hab ich lieber nachts gearbeitet".[25]

Die große Anziehungskraft des Schwimmens auf die jungen Mädchen und Frauen liegt zweifelsohne in dem weniger disziplinierenden Charakter der Sportart und des Übungsbetriebs in den Vereinen. Als eine weniger an normative Vorstellungen und mehr das spielerische Element betonende Disziplin entwickelt sich das Schwimmen zu einer Art Gegenpol zu den Zwängen des Berufs- und

---

24 Die aus einem Beitrag in der ATZ entnommene Beschreibung der notwendigen Eigenschaften für einen guten Vorturner, bzw. der empfohlenen Verhaltensnormen bei der Leitung einer Frauenturnabteilung gibt einen einprägsamen Einblick in den Ton und die Geisteshaltung, die in zahlreichen Turnvereinen des ATSB bis zum Ende der Weimarer Republik herrschten: "Am besten eignet sich zum Vorturner und Abteilungsleiter ein älterer, erfahrener Vorturner, der die Jugendeseleien hinter sich hat, Lust und Liebe zur Sache besitzt und über einen festen unbeugsamen und energischen Charakter verfügt, ohne jedoch bärbeißig und grob zu sein. .. Doch soll der Leiter oder Vorturner lieber auf eine Turnerin, die sich nicht fügen will, verzichten, eher er seine Autorität auch nur ein Tüpfelchen vergibt".(ATZ 17, 1903, 182)

25 Schulz, 1987, 93f; Interview mit Elfiede Patze vom 12.10.1987

Familienlebens und bietet von daher eine echte Alternative zu dem noch sehr starren Turnen. In dieser Perspektive bedeutet Schwimmen für die Frauen:

1. einen Bereich "freierer Bewegungen" und steht in Gegensatz zu den reglementierten, bzw. eingeschränkten Bewegungsmöglichkeiten während der Arbeit im Büro, im Laden oder in der Fabrik;
2. eine Form freiwillig ausgeführter Bewegungen anstelle fremd- und zweckbestimmter Bewegungen im Rahmen des Familienlebens;
3. Erfahrungen von der Sinnlichkeit und Körperlichkeit als Gegenpol zu dem noch von Strenge und Prüderie geprägten Verhaltenskodex im Alltag;
4. kameradschaftliche Beziehungen zu anderen Frauen und zu Männern in der gemeinsamen Ausübung einer Sportart als Kontrast zu den autoritätsbestimmten Beziehungen im Berufs- und Familienleben, bei dem die Frauen lediglich eine ausführende oder dienende Funktion innehaben.

6.4.4 Vergleich mit den anderen Sportverbänden

Um die Bedeutung des Arbeitersports innerhalb der gesamten Frauen-Turn- und Sportbewegung im Ruhrgebiet am Ende der zwanziger Jahre einschätzen zu können, muß ein statistischer Vergleich mit den anderen Verbänden vorgenommen werden.

ZAHL DER WEIBLICHEN MITGLIEDER IN DEN EINZELNEN VERBÄNDEN UND DURCHSCHNITTLICHER FRAUENANTEIL JE VERBAND

		in %
DT	8013	21,18
AS	4391	21,84
Bürg.	4217	20,33
WSV	3103	6,41
ADT	443	9,13

Wie aus der ersten Spalte der Tabelle[26] zu entnehmen ist, verzeichnet die DT die höchste absolute Zahl an weiblichen Mitgliedern. Der Arbeitersport verzeichnet demgegenüber den zweithöchsten Frauenanteil. Hiermit wäre die vom ATSB so oft beklagte Zahlenüberlegenheit der DT dokumentiert. Spalte 2 zeigt allerdings, daß diese Zahlen einem ungefähr gleich großen Anteil an weiblichen Mitglieder entsprechen.

ANTEIL DER WEIBLICHEN MITGLIEDER IN DER DT UND IM ARBEITERSPORT IN DEN EINZELNEN STÄDTEN

	DT	AS	(in %)
BO	22,75	17,17	
DO	20,70	19,65	
DU	26,64	15,98	
E	27,14	23,88	
GE	26,01	20,68	
HA	21,11	29,95	
HER	17,23	25,68	
OB	7,91	21,77	

Aussagerelevanter sind jedoch die Zahlen, die sich auf genau vergleichbare Bereiche des Sports, wie z.B. das Schwimmen oder den Radsport beziehen. Trotz der hier ebenfalls auftretenden Schwankungen wird eine klare Tendenz erkennbar:

26 DT: Deutsche Turnerschaft; AS: Arbeitersport; Bürg.: bürgerliche Sportverbände; WSV: Westdeutscher Spielverband; ADT: Allgemeiner Deutscher Turnerbund

ANTEIL DER FRAUEN IN DEN VEREINEN DES ARKB UND DES BÜRGERLICHEN RADSPORTVERBANDS (BDR)

	ARKB	BDR (in %)
BO	9,78	3,56
DO	18,33	6,57
DU	25,74	11,83
E	32,67	14,25
GE	22,07	-
HA	6,19	12,12
HER	26,66	5,60
OB	28,57	7,40
im Durchschnitt	21,35	7,66
absolut	382	101

Der Radfahrerbund "Solidarität" zieht mehr Frauen an als die bürgerlichen Vereine. In Essen vor allem, wo fast ein Drittel der Mitglieder seiner Stadtteilvereine Frauen sind, ist es den Arbeiterradfahrern offenbar gelungen, erfolgreich zu agitieren. Gründe für diesen allgemeinen Erfolg des ARKB können zum einen darin vermutet werden, daß das Zielpublikum des Verbandes weniger Berührungsängste vor einer nicht als "frauentypisch" geltenden Disziplin hat, als die anderen Schichten der sportinteressierten Bevölkerung. Zum andern dürfte die weniger leistungsorientierte Sportpraxis des ARKB - der Bund lehnte Radrennen mit Einzelwertungen ab, pflegte mehr das Spielerische und Künstlerische als das Athletische in seinen Darbietungen - attraktiver gewirkt haben, als die des BDR, der sich als Leistungssportverband begriff.

Eine ähnliche, jedoch weniger ausgeprägte Tendenz kann für den Wassersport, vor allem für das Schwimmen, beobachtet werden:

ANTEIL DER WEIBLICHEN MITGLIEDER IN DEN SCHWIMMVEREINEN DES ATSB UND DES DSV

	ATSB	DSV (in %)
BO	41,21	36,56
DO	48,03	35,76
DU	36,78	19,48
E	43,13	31,28
GE	33,59	34,99
HA	41,92	38,35
HER	-	15,96
OB	-	36,70
im Durchschnitt	40,62	31,35
absolut	1415	2373

Beide Verbände verzeichnen einen Frauenanteil, der höher liegt als in anderen Disziplinen (z.B. Turnen bei der DT, 21.18% und beim ATSB, 21,48%). Die allgemeine emanzipatorische Funktion des Wassersports wird hiermit sichtbar.
Im Gegensatz zu ATSB und ARKB und zu den bürgerlichen Verbänden, die eine sportliche Betätigung der Frauen und Mädchen als selbstverständlich betrachten und eine solche auch fördern, lehnen die kirchengebundenen Verbände DJK und Eichenkreuz die "Zur-Schau-Stellung" des weiblichen Körpers ab, dulden deshalb keine gemischten Vereine und lassen nur eine begrenzte Zahl von Turnübungen und Spielen zu.[27]
Die katholischen Jungfrauen-Kongregationen, das weibliche Pendant zu den Jünglingssodalitäten, bieten nur ein begrenztes Angebot, das die Diszplinen Turnen, Spiele, Volkstanz, Wandern, und seltener Leichtathletik umfaßt.

---

27 Den konfessionellen Verbänden stellte sich das Problem des "Zusammenhangs zwischen Sport und Sinnlichkeit". So empörte sich z.B. die "Eichenkreuz-Turnzeitung" gegen das Turnen der Frauen im Badetrikot, wie es im Film "Wege zur Kraft und Schönheit" gezeigt wurde, weil diese Kleidung die Formen "zu sehr betont" und diese dadurch "herausfordernd wirken". (Eichenkreuz-Turnzeitung 5, Mai 1926)

Ihr verbandsmäßiger Zusammenschluß erfolgt spät. Die katholische und evangelische Tagespresse bleiben in ihrer Berichterstattung über die Aktivitäten der Kongregationen und der Frauenvereine sehr zurückhaltend. Das statistische Material fehlt deshalb fast gänzlich. Eine von uns durchgeführte Einzelstudie für den Raum Bochum ergab jedoch, daß ca. 2500 Mädchen und Frauen durch ihre Mitgliedschaft in den Kongregationen das Turn- und Sportangebot der katholischen Organisationen wahrnehmen konnten. Wieviel tatsächlich aktiv gewesen sind, bleibt unbekannt. Unter diesen Umständen sind Strukturvergleiche zwischen dem Arbeiter- und dem konfessionellen Sport nicht möglich.

6.5. Anmerkungen zum frauenagitatorischen Diskurs des Arbeitersports

Die aufgestellten Thesen für das teilweise Scheitern der Frauenagitation des Arbeitersports im Ruhrgebiet sind aber noch keineswegs ausreichend, um die ganze Problematik zu erfassen. Es muß noch näher untersucht werden, ob in dem frauenagitatorischen Diskurs der Arbeitersportler selbst nicht Elemente enthalten sind, die ebenfalls als Gründe für dieses Scheitern bewertet werden könnten. Ja, es muß sogar gefragt werden, ob nicht einige der in diesem Diskurs enthaltenen Argumentationsketten, sich zu bestimmten mentalen Dispositionen, zu Denk- und Reaktionsmustern entwickelt haben, die die Art und die Qualität der Perzeption der sozialen Realität so beeinflußt haben, daß die im ersten Teil dieses Abschnitts festgestellten ungenügenden Kenntnisse der Arbeitersportler über die Situation der Frau im Ruhrgebiet hauptsächlich eine unmittelbare Konsequenz dieses Diskurses sind.

6.5.1 Das Bild der Frau bei August Bebel als Modell für das Bild der Frau im Arbeitersport

August Bebels "Die Frau und der Sozialismus", 1879 veröffentlicht, kann als die ideologiche Basis für die Frauenagitation in der Arbeiterbewegung im allgemeinen und in der Arbeiterturn- und Sportbewegung im besonderen betrachtet werden. In diesem Buch, das 1892 schon in der 16.Auflage erschien, untersucht Bebel alle frauenrelevanten Bereiche in der kapitalistischen Gesellschaft (Geschlechtstrieb und Ehe, Zahlenverhältnis der Geschlechter, Prostitution, Erwerbs- und rechtliche Stellung der Frau).
U.a. stellt Bebel dort zunächst die zunehmende ökonomische Rolle der Frau im Zeitalter des Industriekapitalismus fest: "Die Ausdehnung und Verbesserung der Maschinen, die Vereinfachung des Arbeitsprozesses durch immer größere Arbeitsteilung, die wachsende Konkurrenz der Kapitalisten unter sich... begünstigen diese immer weitere Anwendung der Frauenarbeit, die eine in allen modernen Industriestaaten gleichmäßig wahrnehmbare Erscheinung ist."[28]

Darüber hinaus weist er jedoch auch auf die negativen Folgen einer Abhängigkeit der Frau vom Mann hin, wenn er schreibt: "Die Frau ist für den Mann in erster Linie Genußobjekt; ökonomisch unfrei ist sie genötigt, in der Ehe ihre Versorgung zu erblicken, sie hängt also vom Manne ab, sie wird ein Stück Eigentum von ihm."[29]

Insgesamt entwirft Bebel eine Strategie zur Emanzipation der Frau im Sinne des Sozialismus, wobei ihm die finanzielle Selbständigkeit der Frau als ein erster notwendiger Schritt in dieser Richtung vorrangig erscheint, denn - so die Argumentation - die Unabhängigkeit der Tätigkeit vom Mann sichert der Frau eine Teilnahme am öffentlichen Leben und macht sie zum handelnden Subjekt in der Gesellschaft.

---

28 Bebel, 1892, 98
29 Ebenda, 116

Die stärkere Eingliederung der Frau in den Produktionsprozeß hat einen ambivalenten Charakter: Sie bedeutet zugleich mehr Unterdrückung, aber auch mehr Emanzipation. Dabei liegen die Ursachen der Unterdrückung einerseits in den geschlechtstypischen Eigenschaften der Frau, anderseits in ihrer bisherigen Sozialisation, welche ihr Verhalten vor allem in bezug auf das Voranschreiten des sozialen Fortschritts negativ beeinflußt haben:
"Die Frau hat geringere Bedürfnisse, sie ist fügsamer und schmiegsamer als der Mann, das sind in erster Linie die Eigenschaften, die sie dem Unternehmer empfehlenswert machen. Dazu kommt weiter, daß sie durch ihre bisherige Stellung in der Familie an kein Maß in der Beschäftigung gewöhnt ist, sie arbeitete, wenn es ging ohne Grenze. Vom öffentlichen Leben fern gehalten, mangelt ihr der Sinn und das Verständnis für den Wert der Vereinigung und der Organisation. Dies sind weiter Eigenschaften, die vom Standpunkt des klassenbewußten Arbeiters als Fehler gelten, aber in den Augen des Unternehmers sind sie eben so viele Tugenden."[30]

Das hier von Bebel vorgeschlagene Emanzipationsmodell setzt also eine Loslösung von Verhaltensweisen, die aus der Vergangenheit übernommen wurden, und eine Anpassung an die Arbeits- und Sozialwelt der Männer voraus. Hierdurch findet die Frau - so Bebel - ihre Einbindung in die großen sozialen Bewegungen ihrer Zeit. Erst dadurch kann sie an dem großen Zukunftsprojekt des Sozialismus, die Schaffung und <u>Erhaltung</u> einer sich harmonisch entwickelnden Gesellschaft, teilnehmen:
"Die Frau, die nicht zur Entwicklung ihrer <u>körperlichen</u> Anlagen gelangt, in der Ausbildung ihrer geistigen Fähigkeiten verkrüppelt, dabei im engsten Kreis gehalten wird und nur in Verkehr mit ihren nächsten weiblichen Angehörigen kommt, kann sich unmöglich über das Alltägliche und Gewöhnlichste erheben."[31]

---

30 Ebenda, 167f
31 Ebenda, 115

An dieser Stelle nimmt Bebels Argumentation eine entscheidende Wende. Als überzeugter Darwin-Anhänger nennt er als oberstes Ziel des gesellschaftlichen Zusammenlebens "die Fortpflanzung des eigenen Wesens in der Fortpflanzung der Race", d.h. die "Verwirklichung " des "Naturplans".[32] Die dritte Stufe seines Emanzipationsmodells ist also die Anpassung der arbeitstätigen Frau an die Gesetze der Natur zwecks Wiederherstellung eines "natürlichen" Lebens, das die künstliche Ausprägung des kapitalistischen Industrielebens ersetzen soll:
"Unsere korrupten sozialen Zustände stellen häufig die Natur auf den Kopf."[33]

Dem biologistischen Weltbild des Darwinismus entsprechend erhält diese Notendigkeit der Anpassung an die Natur den Charakter einer Pflicht und eines Dienstes an der Gesellschaft:
"Jedes Glied soll die Funktionen, für die es von der Natur bestimmt ist, vollziehen, bei Strafe der Verkümmerung und der Schädigung des ganzen Organismus."[34]

Die Rolle der Leibesübungen in dem Zukunftsprojekt des Sozialismus läßt sich unschwer aus diesem normativen, funktionalistischen Diskurs ableiten. Nur "unter der Leitung (eines) von der Vernunft diktierten sittlichen Prinzips" kann der Herausforderung durch die "zwingende Mahnung der Gattungserhaltung" begegnet werden.[35] Der aus der Antike übernommene Leitsatz "Mens sana in corpore sano" wird von Bebel biologistisch variiert:

---

32 Ebenda, 82. Bebel zitiert hier einen populärwissenschaftlichen Autor, Hermann Klencke (1813-1881), praktizierender Arzt und Verfasser von medizinischen Büchern ("Das Weib als Gattin") sowie kulturhistorischen und sozialen Romanen. Das Denken Bebels ist von seiner doppelten Anlehnung an Darwin und Marx beherrscht: "Die konsequente Anwendung der unter dem Namen Darwinismus bekanntgewordenen Naturgesetze auf das Menschenwesen schafft in dem Maße andere Menschen wie andere soziale Zustände herbeigeführt werden, die nach den Lehren von Marx nur im Sozialismus herbeigeführt werden können." (Bebel, 1892, 196).

33 Ebenda, 171

34 Ebenda, 73

35 Ebenda, 75f; (Bebel zitiert hier wiederum Klencke)

"Die Gesetze der physischen Entwicklung des Menschen müssen ebenso genau studiert und befolgt werden, wie die Gesetze der geistigen Entwicklung. Die geistige Tätigkeit des Menschen ist der Ausdruck der physischen Beschaffenheit seiner Organe. Die volle Gesundheit der ersteren hängt mit der Gesundheit der letzteren aufs Innigste zusammen. Eine Störung in dem einen Teil muß auch störend auf den anderen wirken."[36]

Bebels Emanzipationsbegriff und der von ihm gezeichnete Weg zur Emanzipation der Frau kann ohne Berücksichtigung dieses entscheidenden, <u>streng biologistisch-normativen</u> Aspekts nicht in seiner vollen Tragweite verstanden werden. Bei der "Befreiung" der Frau geht es zwar um die Beseitigung der Zwänge, die durch den Kapitalismus entstanden sind, aber nicht im Sinne einer von der Frau selbst zu bestimmenden "Freiheit", sondern im Sinne der Schaffung der sozialen und psychologischen Bedingungen zum Aufbau des Sozialismus. Es geht also um die Beseitigung der störenden Elemente, die diesen Aufbau verhindern bzw. bremsen. Dazu gehört auch das von dem der Männer - aufgrund einer anderen Sozialisation - abweichende Verhalten der Frau, die, wie in einem Zitat schon betont wurde, "den Wert der Vereinigung und der Organisation" noch nicht erkannt hat und den "Standpunkt des klassenbewußten Arbeiters" deshalb noch nicht teilen kann. Nur durch die Einbindung der Frau in den Arbeitsprozeß kann ihre Emanzipation gewährleistet werden. Nur ihre Emanzipation garantiert die freie und volle Entfaltung ihrer physischen und geistigen Eigenschaften. Nur eine physisch und geistig gesunde Frau ist in der Lage, dem "Zwang des Gattungslebens" nachzukommen. Der deterministische Charakter dieser Feststellungen, die für Bebel den Wert von Naturgesetzen haben, spiegelt sich in dem imperativen Ton seiner Sprache, wenn er die mögliche Funktion der Frau in der Gesellschaft beschreibt:
"Dadurch allein kann die Frau so gut wie der Mann produktiv nützliches und gleichberechtigtes Glied der Gesellschaft wer-

36 Ebenda, 73

den, kann sie alle ihre körperlichen und geistigen Fähigkeiten voll entwickeln, ihre geschlechtlichen Pflichten und Rechte erfüllen."[37]

Mit diesen Ausführungen zur Rolle der Frau in der Gesellschaft hat Bebel einen dauernden Einfluß auf die Arbeiterbewegung ausgeübt. Seine Thesen sind von den Arbeitersportlern offenbar kritiklos übernommen worden, und die "Leitsätze zur weiblichen Körperschulung", die 1929 von der Bundesschule in Leipzig veröffentlicht werden, stehen in der Kontinuität dieses Denkens: "Hauptziele... der Frauengymnastik sind:

a) Kräftigung des Körpers und seiner Organe für die Lebensaufgabe der Frau als Mutter,

b) Hebung der körperlichen Leistungsfähigkeit für den Wirtschaftskampf,

c) Bekämpfung der dem Körper aus der Berufstätigkeit drohenden Schädigungen,

d) Schulung des Körpers zum harmonischen und haushalterischen Gebrauch seiner Kräfte und Fähigkeiten für heitere und ernste Stunden,

e) Darbietung der Gymnastik in freude- und lustweckender freier Form mit verstehendem Eingehen auf die inneren Triebkräfte, die jedem Menschen in jedem Lebensalter innewohnen."[38]

In der erzieherischen Mission, für die Bebel plädiert und welche sich die von Männern beherrschte und angeführte Arbeiterturn- und Sportbewegung in ihrem eigenen Interesse auferlegt, wird das Grundschema der im 19.Jahrhundert weitverbreiteten Kulturstufentheorie sichtbar: Sogenannte in ihrer Entwicklung "zurückgebliebene" oder ein Defizit aufweisende Völker sollen

---

37 Ebenda, 174

38 Benedix, Georg: Die Gymnastik in den Leibesübungen für Frauen und Mädchen, in: Weibliche Körperschulung. Merkblätter für Lehrgänge Nr.50, Bundesschule des Arbeiter-Turn- und Sportbundes, Leipzig, 1929

einem "zivilisatorischen" Prozeß unterworfen werden, wobei das zivilisatorische "Modell" als absolut betrachtet wird.[39]

6.5.2 Die zwiespältige Haltung der Arbeiterturner gegenüber den Frauen

Die Arbeiterturner machen gegen Ende des 19. Jahrhunderts den Bebelschen Diskurs zur Grundlage ihrer Frauensportagitation. Zahlreiche Beiträge aus der ATZ lassen seinen Einfluß erkennen. Als Beispiel sei hier der folgende Text dokumentiert:
"Wir, die in den Frauen völlig gleichberechtigte Geschöpfe erblicken und erblicken müssen, haben die Pflicht, dieselben, so viel an uns liegt, zur Selbständigkeit zu erziehen. Wie sollen die Frauen die Bestrebungen der Männer verstehen, oder sogar selbst tatkräftig unterstützen, wenn sie darin keinen Einfluß haben."[40]

In diesem Zitat wird die bei Bebel schon festgestellte männerorientierte Annäherung an die Problematik der Eingliederung der Frauen in den Arbeitsprozeß und in die Verbands- und Vereinsarbeit deutlich erkennbar. Die Antworten zu dieser Frage werden ausschließlich aus der Perspektive der Männer gegeben und die Argumentationsweise läßt eine widersprüchliche Haltung zu dieser Frage erkennen.
Der Begriff "Mann" und seine Konnotationen "wir", "uns", "die Bestrebungen der Männer" werden in dem zitierten Text zu einem Bezugspunkt mit identifikatorischer Wirkung, dem eine "fremd anmutende" Gruppe gegenübergestellt wird, auf die es einzuwirken gilt. Die verwendete Terminologie, zum Teil aus der religiösen Sprache übernommen ("Geschöpfe"), und die damit verbundenen Assoziationen signalisieren nicht einfach eine bestimmte

---

39 Unter diesem Aspekt scheint sich eine gewisse Parallelität zu den Denkmustern zu ergeben, wie sie von uns bezüglich des Verhältnisses von Arbeitersportlern und "wilden" Vereinen festgestellt worden sind.

40 ATZ 23 (1904), 292

Distanz zum Gegenstand der Betrachtungen, sondern produzieren auch ein Verhältnis, das auf eine noch zwiespältige Haltung den Frauen gegenüber schließen läßt.
Die Notwendigeit, die Gleichberechtigung der Frauen als Eingangspostulat einer Argumentation aufzustellen, beweist, daß ein solcher Gedanke noch keine Selbstverständlichkeit ist und noch genügend agitatorische Brisanz besitzt. Der Zusatz "müssen" dokumentiert implizit die fehlende innere Überzeugung, bzw. die noch zu leistende Arbeit an der Gesinnung.
Die hier indirekt zugegebenen Unzulänglichkeiten der Einstellung der Männer zu den Frauen sollen durch eine innere Verpflichtung zum Engagement für die "Sache der Frauen" kompensiert werden. Das normative Element der "Pflicht" bestimmt ebenfalls den Charakter der Agitationsarbeit: Die politische Notwendigkeit dieser Arbeit wird nicht zuletzt zu einem moralischen Gebot hochstilisiert. Die festgestellte Gleichberechtigung der Frauen und die gefordete Erziehungsarbeit sollen den "Bestrebungen" der Männer dienlich sein. Ein etwaiges, abweichendes Verhalten der Frauen wäre demensprechend nur als "Störfaktor" oder "Fehlentwicklung" aufzufassen.
Trotz der eingeräumten Möglichkeit einer Einflußnahme der Frauen bei der Gestaltung der politischen Arbeit der Männer haben die Frauen lediglich eine "Zubringerfunktion". Richtschnur und Maßstab bleiben die Ideale der Männer.
Haben die Arbeiterturner die Notwendigkeit einer Teilnahme der Frauen an den turnerischen Aktivitäten gesinnunsgmäßig und in der Theorie akzeptiert, so gestaltet sich jedoch die Gründung von Frauenturnabteilungen in den schon bestehenden Vereinen als schwierig.
Die folgenden Fragen, die 1903 von einem besorgten Turner gestellt werden, lassen die Angst vieler Turngenossen vor den eventuellen psychologischen und ökonomischen Konsequenzen einer Gefährdung der bisher unangetasteten Dominanz der Männer in der Gesellschaft durch die Einbeziehung der Frauen in das öffentliche Leben erscheinen:
"1) Wird durch die Errichtung (von Turnabteilungen) das Männerturnen leiden oder nicht? 2) Ist ein zuverlässiger Turnlehrer

für Mädchen und Frauen vorhanden, der gebildet genug ist, das Frauenturnen und seine Eigentümlichkeiten genau zu kennen, damit nicht etwa nach einigen Stunden dessen Unfähigkeit schon an den Tag tritt? 3) Ist ein Lokal von solcher Beschaffenheit vorhanden, daß die Ehre der Jungfrauen und Frauen auch nicht im entferntesten angegangen wird? 4) Sind genügend Jungfrauen vorhanden, die über ihre Zeit selbständig verfügen können, ohne ihren Herrschaften und anderen häuslichen Verpflichtungen Unbequemlichkeiten zu schaffen?"[41]

Stolz und Egoismus aber auch die Unsicherheit vor einer neuen unbekannten Situation und die Angst, im Falle eines Scheiterns möglicherweise das Gesicht zu verlieren, bestimmen hier das Verhalten eines großen Teils der Turner.[42] Und der Sorge um die pädagogischen Qualifikationen der Vorturner, bzw. um das Vorhandensein geeigneter Übungstätten wird in zahlreichen Fällen bis in die Weimarer Republik hinein eine Alibifunktion verliehen, um die Entstehung von Frauenturnabteilungen zu behindern. Begleitphänomen der fortschreitenden Öffnung und Demokratisierung der Vereine ist die Aufstellung von sogenannten "Richtlinien" und "Einheitlichen Grundlinien" auf Verbands- und Kreisebene, die das Training und die Durchführung von Wettkämpfen in den Frauenabteilungen regeln und, unter dem Vorwand der Schutzes vor gesundheitsgefährdenden Sportarten oder Übungen, der Turn- und Sportpraxis in diesen Abteilungen einen festen bindenden Rahmen setzen sollen.[43]
Bereits bei einer ersten Lektüre dieser offiziellen Verlautbarungen, die zunächst nur das Turnen, später aber alle sportlichen Disziplinen betreffen, fallen einerseits die normative und autoritäre Sprache, anderseits ein verwaltungsmäßiger Stil

41 ATZ 8, (1903), 84
42 Die vierte Frage ist um so mehr erstaunlich, da es sich um Arbeiterturner handelt. Sie läßt aber die Grenzen der Emanzipationsbereitschaft der Arbeiterturner zu Anfang des Jahrhunderts erkennen: Zunächst müssen die Frauen ihre Pflichten erfüllen, erst dann haben sie ein Recht auf Freizeit. Sie sollen vor allem nicht als Störfaktor auftreten.
43 Die Persönlichkeit von Georg Benedix ist bei der Verfassung solcher Texte prägend gewesen.

auf.[44] Auch wenn diese Texte teilweise voneinander stark abweichende Aussagen zur Zulassung von Frauen als Vorturnerinnen oder Turnwartinnen enthalten,[45] sind sie dennoch Ausdruck einer Grundhaltung dem Frauensport gegenüber: "Das Frauenturnen ist dem Männerturnen gleichwertig, aber nicht gleichartig."[46] Entsprechend dem Willen der ATSB-Führung, sämtliche Bereiche des Frauensports zu reglementieren, beziehen sich aber die Richtlinien und die begleitenden Artikel, die führende Funktionäre des Bundes in den Verbandszeitschriften veröffentlichen, nicht nur auf technische, sondern auch auf psychologische Fragen der Sportpraxis und sogar auf die Intimsphäre der Turnerinnen. So stellt z.B. Georg Benedix 1924 fest:

---

44 Vgl. dazu u.a. das Merkblatt Nr.7, "Frauenturnen" des ATSB von 1920, die 1921 auf dem Bundeskursus für das Frauenturnen in Leipzig vorgelegten "Richtlinien für die Betriebsweise und Organisation des Frauenturnens", die 1927 auf einer Tagung der Kreisfrauenturnwarte festgelegten "Einheitlichen Grundlinien zur Körperbildung der Frau", die auf der Kreisfrauenturnwartkonferenz 1929 verabschiedeten "Leitsätze" über die Frau und die Leichtathletik sowie die ebenfalls 1929 im Merkblatt für Lehrgänge Nr.50 veröffentlichten "Leitsätze zur weiblichen Körperschulung"

45 Zwei Stellungnahmen sollten hier besonders hervorgehoben werden, die in einem Abstand von einem Jahr veröffentlicht wurden und sich, trotz ihres scheinbar widersprüchlichen Charakters, gegenseitig ergänzen: "Grundsätzlich soll das Frauenturnen im Arbeiter-Turn- und Sportbund von tüchtigen, erfahrenen älteren Vorturnern geleitet werden. Leider hat mancher Verein nicht genug Vorturner für sein Männerturnen, geschweige denn, daß er obendrein noch eine Vorturnerschaft fürs Frauenturnen abgeben könnte. Wir müssen also unsere Wünsche noch zurückstellen und anerkennen, daß auch Turnerinnen sich zu sehr tüchtigen Vorturnerinnen entwickeln können. Solange wir also noch nicht genügend Turner fürs Frauenturnen zur Verfügung haben, solange sei unser Bestreben, Vorturnerinnen heranzubilden." (Merkblatt Nr.7, Frauenturnen, 1920, 5) und: "Unser Streben geht dahin, Vorturnerinnen und Turnwartinnen zu gewinnen. Sind geeignete Turnerinnen noch nicht zur Stelle, dann muß die Leitung des Turnens und die Heranbildung von geeigneten Turnerinnen den Männern noch übertragen bleiben." (Richtlinien für die Betriebsweise und Organisation des Frauenturnens", in: Oswin Schumann: Der Erste Bundesfrauenturnkursus in der Bundesschule Leipzig 1921)

46 Schumann, Oswin: Der erste Bundes-Frauenturnkursus in der Bundesschule Leipzig 1921, zit. nach Block, 1987.

"Mannschaftswettämpfe... sind wegen des periodisch wechselnden Gesundheitszustandes der Turnerinnen eine körperliche Gefährdung und darum als Meisterschaften zu verwerfen. Die Schwierigkeit des Ersatzes Zurücktretender und die Verheimlichung des Krankseins zwingen dazu."[47]

Und einige Jahre später betont Bundesturnwart Karl Bühren, daß "während der monatlichen Regel jeder Wettkampf untersagt ist".[48]

6.5.3 Das Bild der arbeitenden Frau in der Verbandspresse des Arbeitersports und in den Sportberichten der Arbeiterzeitungen

Die Durchsicht der entsprechenden Jahrgänge der ATZ und deren Frauenbeilage "Freie Turnerin" bzw. des offiziellen Organs für den Frauensport im ATSB, der "Bundesgenossin" sowie des Bochumer "Volksblattes" und der Oberhausener "Volksstimme" hat zwei wesentliche Merkmale der Darstellung der werktätigen Frau in den Veröffentlichungen des Arbeitersports und in den Sportberichten der sozialdemokratischen Arbeiterpresse im Ruhrgebiet erkennen lassen: Einerseits wird das in den 60er und 70er Jahren des 19.Jahrhunderts entstandene, durch die klassische sozialistische Literatur geprägte Bild der "Proletarierin" übernommen, das hauptsächlich auf die Beschreibung und die Analyse der ökonomischen Situation von Arbeiterinnen in der Schwer- und Textilindustrie sowie von Frauen auf den Zechen beruht, anderseits wird sich an Zeugnisse aus der Belletristik oder aus den bildenden Künsten über das Leben der Arbeiter in der "Großstadt" orientiert, wobei meistens Hamburg oder Berlin als Modell dienen.

---

47 Freie Turnerin 4 (1924), 1. Der Arbeitersport übernimmt damit bruchlos eine damals herrschende Vorstellung, wie sie auch von Ärzten vertreten wurde.

48 Die Bundesgenossin 3 (1929), 9

Eine Darstellung der arbeitenden Frau und der Frauenarbeit mit Berücksichtigung der regionalen Situation ist aus den Verbandszeitschriften und aus den Sportbeiträgen nicht zu entnehmen. Ganz im Gegenteil: Beim Durchlesen der Lokalpresse ist ein bisher unberücksichtigtes Phänomen aufgefallen: die große Diskrepanz zwischen dem reichhaltigen Informationsmaterial in den Wirtschafts- und Lokalteilen und den reduktionistischen, schlagwortartigen Darstellungen der sozialen Realität in den Sportseiten.

So enthalten zum Beispiel die "Volksstimme" und das "Volksblatt" zahlreiche statistische Tabellen und ausführliche Hintergrundartikel über die wirtschaftliche Situation sowohl im Revier im allgemeinen, als auch in ihrem Einzugsbereich im besonderen. Lokalpolitische Themen werden eingehend besprochen, und die Beiträge liefern eine Fülle von Informationen, die für eine realitätsnahe, wirkungsvolle Agitation hätten genutzt werden können. Die Hintergrundberichte in den Sportseiten begnügen sich stattdessen mit immer wiederkehrenden Darstellungsschemata, und die Leitartikel gehen oft über grobe pauschalisierende Gesinnungsbekundungen nicht hinaus. Das Bild der arbeitenden Frau, das sie vermitteln, ist, im Vergleich zu der komplexen Beschäftigungsstruktur des Reviers, wie wir sie im ersten Teil dieses Kapitels beschrieben haben, zu allgemein und zu klischeehaft.

Die Darstellungen der berufstätigen Frau in der Verbandspresse des Arbeitersports und in den Sportseiten der sozialdemokratischen Arbeiterzeitungen gehen davon aus, daß Frauen grundsätzlich verheiratet sind und Kinder zu versorgen haben, daß sie ein doppeltes Berufsleben führen und daß ihre Familien in Keller- und Hinterhofswohnungen untergebracht sind:[49]

---

49 Genau wie sie die Beschäftigungsstruktur des Reviers mißinterpretiert haben, haben die Arbeitersportler die Merkmale seiner Siedlungs- und Bebauungsstruktur ungenügend berücksichtigt: Das Revier zeichnete sich durch die Vielfalt der Wohnverhältnisse aus. Neben Stadtteilen, die mit ihren Wohnblöcken durchaus an die Berliner Arbeiterviertel erinnerten, gab es auch z.B die von den Zechenverwaltungen eingerichteten Siedlungen und Kolonien mit Baumalleen und Gärten. Von uns durchgeführte Untersuchungen zur Bevölkerungsverteilung in Bochum haben einerseits

"Die Arbeiterfrau (ist) vom frühesten Morgen beschäftigt; erst für die Familie, dann im Erwerbsleben, kehrt müde und abgehetzt in die Wohnung zurück, um Ruhe und Erholung zu finden. Doch auch hier wartet wieder Arbeit. Und ist alles getan, dann ist Ausruhen und Erholen unmöglich; denn die Wohnung ist klein, hat wenig Licht und Luft, und Sonne blickt überhaupt nicht oder doch sehr selten hinein."[50]

Durch Formulierungen wie "wir, die tagsüber in Fabriken oder Schreibstuben zusammengepfercht sind......"[51] erwecken die Texte außerdem den Eindruck, daß alle Frauen in engen Räumen arbeiten müssen, und alle Tätigkeiten werden prinzipiell mit dem Attribut "zermürbend" beschrieben, woraus der Schluß gezogen wird, daß in den Vereinen des ATSB "alle, ob Mann oder Weib, die ausgemergelten Körper gesunden und kräftigen" können.[52]
Nur gelegentlich wird auf die Zwänge des modernen Alltags gezielt eingegangen, wie in dem folgenden Beitrag aus der "Bundesgenossin":
"Die erwerbstätige Frau, die stundenlang im Büro sitzt oder hinter dem Ladentisch steht, die mindestens acht Stunden täglich sich auf der Arbeitsstätte befindet und... überfüllte und schlecht gelüftete Verkehrsmittel vorfindet, bedarf dringend eines Gegengewichtes."[53]

---

ergeben, daß bei weitem nicht alle Bergleute und Arbeiter in "Vorstadt-"Mietskasernen gewohnt haben. Sie haben anderseits gezeigt, daß vor allem die im Bochumer Süden gelegenen Gemeinden, trotz der starken Zersiedlung der Landschaft, noch keine durchgehende Bebauung aufwiesen: Der Gemeindeplan von Weitmar aus dem Jahre 1925 läßt erkennen, daß freistehende, von Ödland und Industriebrachen umgebene Häuserzeilen eher die Regel waren, als die für Großstädte typischen geschlossenen Straßenzüge mit ihren hohen Häuserblöcken und zahlreichen Hinterhöfen.

50 ATZ 13 (1926), 221

51 Freie Turnerin 8 (1922), 187

51 Bochumer Volksblatt v. 13.10.1925

53 Die Bundesgenossin 3 (1933), 9.

In manchen Beiträgen der Tageszeitungen erscheinen vage Formulierungen, die keinen Bezug zur Berufstätigkeit der Frauen enthalten. In einem "Volksblatt"-Artikel mit dem Titel "Geist und Seele des Arbeitersportlers" heißt es bezeichnenderweise: "Arbeiter, Angestellte, Beamte, Frauen und Mädels". Lediglich die Berufe der Männer werden hier also genannt, während die Frauen durch diese Klassifikation auf ihr Geschlecht und ihr Alter reduziert sind.[54]
Trotz der immer wieder betonten Notwendigkeit der Leibesübungen für die arbeitstätige Frau und trotz der Bemühungen um eine systematische und einprägsame Information über die verschiedenen Möglichkeiten, ein gesundes Leben zu führen, bleiben viele Darstellungen männerorientiert. So werden auch in der illustrierten Tabelle "Leibesübungen sind notwendig, aber welche?", die 1930 im "Volksblatt" erscheint und eine Reihe von Berufen mit den negativen gesundheitlichen Folgen ihrer Ausübung sowie die dagegen einzusetzenden "Therapien" auch bildnerisch vorstellt, lediglich Männerberufe erwähnt und dementsprechend nur Männer abgebildet. Frauen werden hier nur indirekt angesprochen.[55]

6.6 Die Reproduktion traditioneller Denk- und Vorstellungsmuster

Die Hauptwerke, die die ideologische Basis der Arbeiterbewegung darstellen, sind in der Zeit der Konstituierung des Finanz- und Hochkapitalismus entstanden, die zugleich die Zeit der Entfaltung neuer durch den Hegelianismus, die Evolutionstheorie und das Fortschrittsdenken geprägter sozialwissenschaftlicher und geschichtsphilosophischer Theorien war. Sie sind als Reaktionen auf das Elend und die Ausbeutung einer sich allmählich bildenden Klasse anzusehen und - beeinflußt durch Lamarcksches, und später Darwinsches Gedankengut - vor allem durch das Konzept des "Kampfes ums Dasein" bestimmt und können keine andere Lö-

54 Bochumer Volksblatt v. 13.10.1925
55 Bochumer Volksblatt v. 29.7.1930

sung zur "sozialen Frage" sehen, als die eines Klassenkampfes zwischen "Bourgeoisie" einerseits und "Proletariat" anderseits.[56]
Diese äußerst einfache und leicht einprägsame Dialektik ließ keinen Platz für Zwischenräume zwischen den Blöcken oder sogar - und das scheint uns fast noch bedeutsamer - für eine differenzierte Betrachtung innerhalb der einzelnen "Lager". War ein solches Denkmuster in der sozialen Wirklicheit der Mitte des neunzehnten Jahrhunderts durchaus sinnvoll - die noch gänzlich fehlende Sozialgesetzgebung und ein nur wenig entwickeltes allgemeines Sozialbewußtsein hatten zu einer hemmungslosen Unterdrückung der Arbeiterschaft geführt -, so geriet es aber in Widerspruch zu der allgemeinen Entwicklung der Jahre 1890-1930. Durch die Konsolidierung und Diversifizierung der einzelnen Wirtschaftszweige, durch die Entstehung einer modernen Sozialgesetzgebung und eines dichten Netzes von Wohltätigkeitsorganisationen, durch das Wirken von Parteien und Gewerkschaften aller politischen Schattierungen war eine vielschichtige, komplexe Gesellschaft entstanden, deren weitverzweigte Mechanismen vor allem in bezug auf die wirtschaftlichen und sozialen Antagonismen sich nicht mehr durch ein rudimentäres binäres Klassenmodell erklären ließen.
In der Tat ist die Gesellschaft der 20er Jahre des 20. Jahrhunderts mit der der 40er und 50er Jahre des 19. kaum zu vergleichen.
Die notwendige Anpassung der sozialistischen Thesen an die Strukturveränderungen der Massengesellschaft, die dringend benötigte Aktualisierung des sozialkämpferischen Diskurses sowie die unerläßliche Modernisierung der in der Wort- und Bildpropaganda verwendeten Sprache wurden nicht nur vernachlässigt, sie wurde von großen Teilen der Arbeiterbewegung und ihrer Wortführer nicht einmal als notwendig empfunden.
Die Arbeitersportler bildeten in dieser Hinsicht keine Ausnahme. Ganz im Gegenteil: Sie konnten sich offenbar nur schwer

56 Es sei hier an das Bebel-Zitat unter Fußnote 32, sowie an Engels Rede am Grab von Karl Marx erinnert, in der das Werk Marx' als das ökonomische Pendant zum Werke Darwins im naturwissentschaftlichen Bereich bezeichnet wird.

von dem streng binären Gesellschaftsmodell lösen. Ihre Propaganda arbeitete mit Begriffen und Bildern, die der Zeit der ersten Phase der Industrialisierung, ja sogar der vorindustriellen Zeit entstammten. Das Frauenbild, das sie sich zugrundegelegt hatten und das sie zu vermitteln versuchten, reflektierte kaum die Veränderungen in der Gesellschaft. Der Strukturwandel im Bereich der Wirtschaft blieb ebenso unberücksichtigt, wie der ebenfalls deutliche, durch den kriegsbedingten Einsatz von Frauen und Mädchen in Industrie und Dienstleistungen beschleunigte Wandel der Mentalitäten und politischen Verhaltensweisen der weiblichen Arbeitnehmer.

Trotz ernstgemeinter Bemühungen um eine Emanzipation der Frau und wiederholter Beteuerungen der grundsätzlichen Gleichstellung beider Geschlechter empfanden die Arbeitersportler die Frauenarbeit und die Notwendigkeit einer Heranziehung der Frau zu den Aktivitäten von Partei, Gewerkschaften und Vereinen wenn schon nicht als eine Last, so doch zumindest als ein schwer zu lösendes Problem.

Einen Sportbetrieb frei von autoritären Maßregelungen und Bevormundungen konnten sich die meisten von ihnen, vor allem die Turner, nicht vorstellen. Daß nicht Disziplin und Unterordnung,[57] sondern Spontaneität und kritisches Vermögen auch "proletarische" Tugenden sein konnten, daß Appelle an das einzelne Individuum, ob Mann oder Frau, der "Sache des Sozialismus" genauso dienlich hätten sein können wie die ständigen Beschwörungen der "Masse", scheint für viele nicht vorstellbar gewesen zu sein.

Die Leistungen des Frauensports im Arbeitersport sind demgegenüber jedoch auch unübersehbar. Als einziger Sportverband in der Weimarer Republik pflegte der ATSB eine pazifistische und antimilitaristische Grundhaltung und wollte somit den Müttern die Angst vor einer leidensvollen Zukunft nehmen. Trotz seines

57 Auf die Rolle der Turner und ihr besonderes Verständnis von "Disziplin", das Auswirkungen auf die Formierung eines Körperbildes besaß, gehen wir in Kapitel 8 noch näher ein.

teilweise sehr autoritären Diskurses und trotz des entsprechenden Verhaltens zahlreicher Vorturner und Turnlehrer bot er den Turnerinnen und Sportlerinnen eine größere Bewegungsfreiheit als die anderen Verbände.
Im Ruhrgebiet gab der Arbeitersport Mädchen und Frauen aus den unterprivilegierten Schichten die Möglichkeit, sich zu entspannen und zu bilden, dennoch gelang es ihm nicht, eine wirkliche Alternative zum Frauenbild der DT zu entwerfen.
Während eine allgemeine Abgrenzung zu den konfessionellen Verbänden wegen ihrer grundsätzlichen Ablehnung eines offenen, modernen Frauensports - bzw. zum WSV und zur FDT wegen ihrer betont männerbezogenen Haltung - problemlos erschien, war eine Abgrenzung zur DT zumindest vom Diskurs her schwieriger, ja fraglich: Der Einfluß der Turner im Arbeitersport blieb weiterhin groß, und diese betrachteten sich u.a. auch als die Erben Jahns. Jahns Denkkategorien erfuhren durch sie oft nur eine Inhaltsverlagerung, blieben aber in ihrer Substanz erhalten. So wurde z.B. Jahns Definition der Frau als "Schöpferin des häuslichen Glücks", "Mutter", und "vaterländische Gattin"[58] von Bebel lediglich erweitert und variiert: Aus der "Nur-Hausfrau" wurde, unter Beibehaltung ihres häuslichen Arbeitsbereichs, ein "<u>produktiv</u> nützliches und gleichberechtigtes Glied der Gesellschaft", aus der "vaterlandstreuen Hüterin der zukünftigen Geschlechter" wurde eine "klassenbewußte Frau und Mutter", die in der Lage sein sollte, "ihre geschlechtlichen Pflichten und Rechte (zu) erfüllen".[59]
Eine eventuelle Entlastung der Frauen durch eine Mithilfe der Männer im Haushalt wurde weder von Jahn noch von Bebel, noch von den Arbeitersportlern in Betracht gezogen. Daß die Frau keine "Gesellschaftsvorsitzerin", keine "oberste Balltummlerin", keine "Angebetete", sondern schlichte "Menschenmutter"[60] sein sollte, war für "bürgerliche" und "proletarische" Turner eine Selbstverständlichkeit.

---

58 Schwarze/Limpert, 1928, 389
59 Bebel, 1892, 174
60 Schwarze/Limpert, 1928, 389

Das Konzept einer geschlechterspezifischen Rollenverteilung und Erziehung, wie es Jahn in Anlehnung an Goethes "Torquato Tasso" definierte, in dem es heißt: "Nach Freiheit strebt der Mann, das Weib nach Sitte", wurde vom Arbeitersport, trotz Befürwortung einer politischen und sozialen Emanzipation der arbeitstätigen Frau, nicht aufgegeben. In einer Broschüre zur 2.Arbeiter-Olympiade 1925 hieß es dementsprechend:
"Die proletarische Frau braucht ein natürliches, ihre geistigen und sozialen Bedürfnisse berücksichtigendes Bildungssystem... Durch Vertiefung und Verfeinerung der Leibespflege und Lebensform soll das Empfinden für die gesellschaftlichen und sittlichen Grundgedanken der proletarischen Weltanschauung gefördert werden. Diese... Erziehung betont vornehmlich das Sittliche und Schöne."[61]

Die Ablehnung bestimmter Sportdisziplinen durch den Arbeitersport findet ihre Ursache in diesem Grundsatz, und Georg Benedix prangerte in seiner Verurteilung des Frauenfußballs nicht so sehr die Sportart an sich, als vielmehr den Typ von Frauen an, den dieser Sport vermeintlich hervorrufen sollte:
"Eines schickt sich nicht für alle. Was für den Mann ein Ausdruck der Kampftüchtigkeit ist, das wird bei der Frau zur lächerlichen `Megärenhaftigkeit', zur `Fratze', zur `Karikatur'. Darum fort damit..." [62]

61 Zit. nach: Block 1987, 289
62 Freie Turnerin 3 (1925), 4. Die Ablehnung von Sportarten, die einen hohen Einsatz an Körperkraft von den Spielern verlangten, ist Ausdruck der ständigen Angst der Arbeiterturner vor der "Vermännlichung der Frau" und entspricht ihrer biologistischen Aufasssung der Funktion der Leibesübungen in der Gesellschaft. Die vermeintliche Folge der Ausübung von als betont männlich empfundenen Sportarten durch die Frauen betrachteten sie als eine typische Erscheinung des Kapitalismus, der die Gesetze der Natur mißachte, die von der Natur bestimmten Grenzen zwischen den Geschlechtern verwische und dadurch eine harmonische Entwicklung und Entfaltung der Menschheit verhindere. Kommt der Geschlechtergegensatz, der im "Naturplan" enthalten ist, nicht "zur Verwirklichung", so kann der Mensch nicht "zum vollen Höhepunkt seines Daseins" gelangen, so entstehen "Zwittergestalten": "Der Mann wird weibisch, das Weib männlich in Gestalt und Charakter". (Bebel, 1892, 73ff)

Eine klare Differenzierung zwischen der Haltung der "bürgerlichen Sportler" und der der "Arbeitersportler" in bezug auf die Mitarbeit der Frauen in den Vereinen und auf ihre Einschätzung der sozialen Funktion dieser Mitarbeit ist insgesamt schwierig, da trotz erheblicher Unterschiede in ihrem Diskurs und trotz Vorhandensein mehrerer Strömungen innerhalb beider Richtungen, diese eine ähnliche Mentalität und eine gemeinsame Motivation erkennen lassen: Der Zweck der Integration ist letztendlich die Anpassung der Frau an die soziale und politische Kultur einer männerorientierten Gesellschaft.
So geht es lediglich um die Unterstützung des persönlichen Ehrgeizes des Mannes, wenn es heißt:
"Die Frau ist im Leben des Sportsmannes ein wichtiger Faktor. (Sie ist ein Hindernis, weil sie) es fertig bringt, so manche Spieler oder Mitarbeiter vom Sport fortzuziehen... (Sie denkt nicht), daß der Mann durch seine spielerische Tätigkeit seine Gesundheit stählt und durch den Sport der Strebergeist, der Drang nach Vorwärts in ihm wachgerufen, angespornt wird... (Jeder Mann soll aber, seine Frau in den Verein einführen), sie gewinnt so langsam Interesse und lernt ihren Mann verstehen."[63]

Und auch das Werben um "hohe", "edle" Ziele, wie das Verständnis für das Engagement des Mannes in einer Organisation der Arbeiterklasse, schränkte die Rolle der Frau, ob als "Gattin" oder als "Genossin", darauf ein, neben dem Mann zu stehen und diesen bei der Durchführung seiner Vorhaben so wenig wie möglich zu stören:
"Eine Frau, welche schon als Mädchen dazu erzogen wurde, alle Geschicke ihrer Frauenabteilung selbst mitzubestimmen, indem sie alle Versammlungen und Sitzungen mitmacht, wird den gesellschaftlichen und politischen Pflichten des Mannes mit ihren zahlreichen Opfern an Zeit und Geld ganz anderes Verständnis

---

63 Die Bundesgenossin v. 22.10.1924

entgegenbringen, als andere in völliger Unkenntnis des Vereinslebens erzogene."[64]

Hätte der Arbeitersport einen wirklich modernen Frauensport schaffen wollen, so hätte er sich von dem Einfluß der biologistisch-deterministischen Denkmuster, dem männerorientierten Körper- und Gesellschaftsideal und der damit verbundenen Mentalität zumindest distanzieren müssen.
Dies ist ihm nicht gelungen. Den meisten seiner zahlreichen Wortführer auf Reichs- wie auf Lokalebene fiel es schwer, sich eine Mitgliederschaft vorzustellen, die nicht mehr in imperativen Kategorien denken und handeln wollte. Das es aber eine solche gab, nämlich die Frauen, wurde in dem Abschnitt über die Wahl der Disziplinen in anschaulicher Weise dargestellt.
Betrachtet man rückblickend die Gesamtheit des Materials, das wir zum Thema "Frauen im Arbeitersport" untersucht haben, so muß festgestellt werden, daß tendenziell Mißtrauen und nicht Offenheit prägend gewesen sind und daß somit das folgende Zitat aus dem Bericht über die Zusammenkunft der Bezirksfrauenturnwarte des 6.Kreises die Grenzen des emanzipatorischen Charakters des Frauensports im Arbeitersport treffend charakterisiert:
"Hier muß sehr aufgepaßt werden, daß sich die Genossinen nicht über die Genossen erheben." [65]

64 Freie Trunerin 4 (1911), 185
65 Die Bundesgenossin 2 (1931) 13.

7. Konzeption und Praxis der Arbeit mit Kindern und Jugendlichen im Arbeitersport des Ruhrgebiets

7.1 Zur Verbandsarbeit der Arbeitersportbewegung mit Kindern und Jugendlichen in der Weimarer Republik

Über die Art der Arbeit mit Kindern und Jugendlichen in der Arbeitersportbewegung sowie über entsprechende Entwicklungen und Veränderungsprozeße liegen bislang noch keine systematischen Studien vor. Deshalb entschieden wir uns im Fortgang der Forschungsarbeiten, auch diesen Aspekt einer eingehenderen Betrachtung zu unterziehen. Dabei schien es sinnvoll, die Strukturen und Konzeptionen der Kinder- und Jugendarbeit des ATSB auf der Ebene der Organisationsspitze darzustellen und im Anschluß daran mit den entsprechenden Verhältnissen "vor Ort" zu konfrontieren, um vor allem der Frage nach der praktischen Umsetzung der "von oben" proklamierten Zielsetzungen und Vorstellungen in den Vereinen zumindest ein Stück weit nachgehen zu können.
Für die Betrachtung boten sich als hauptsächliche Quellen die Publikationen der ATSB-Verbandspresse, also in erster Linie die ATZ und deren Jugendbeilage "Freier Jugendsport", sowie das Regionalorgan des Arbeitersports für den 6. Kreis, der "Volkssport", und hier insbesondere dessen Beilage "Freier Jugendsport", an. Daneben wurde vereinzelt auf Broschüren sowie auf entsprechende Aufsätze aus der technischen Monatszeitschrift des ATSB, dem "Vorturner", zurückgegriffen.

7.2. Grundstrukturen der Kinder- und Jugendarbeit in den frühen 20er Jahren

Die ersten Jahre der Weimarer Republik stehen für den ATSB unter dem Zeichen der organisatorischen wie inhaltlichen Öffnung zur Verbandsarbeit mit Kindern und Jugendlichen. Ein Blick in die Mitgliederstatistiken dieser Jahre verdeutlicht, welchen

Aufschwung diese Bereiche nehmen.[1] Schwerpunkte der innerverbandlichen Diskussionen sind seit dem 12. Bundesturntag in Leipzig 1919 die Fragenkomplexe der Gründung von Schüler-, Kinder- und Jugendabteilungen in den einzelnen Vereinen sowie um die Formulierung von Erziehungsgrundsätzen und Richtlinien zur praktischen Kinder- und Jugendarbeit. Dabei wird von seiten der Bundesleitung eindeutig betont, daß in dem Aufbau von Kinder- und Schülerabteilungen die Hauptaufgabe der Vereinsaktivitäten liegen soll.

Ferner muß das gesamte Gebiet des Funktionärswesen in den Vereinen neu strukturiert und erweitert werden. Die breiten Lücken, die der Erste Weltkrieg auch in die Reihen des ATSB geschlagen hat, machen diesen Aspekt zu einem der Hauptprobleme, die der ATSB in diesen Jahren zu bewältigen hat. Organisationstechnische Fragen der Kinder- und Jugendvertretung auf Bezirks-, Kreis- und Bundesebene rücken dagegen erst ab Mitte der 20er Jahre in den Vordergrund der Verbandsdiskussionen.

Der ATSB kann in den ersten Jahren der Weimarer Republik wesentliche Einflüsse auf die öffentliche Erziehungs- und Jugendbildungsarbeit geltend machen. Theoretisch sind die Arbeitersportorganisationen allen übrigen Institutionen und Organisationen, die sich mit der Jugendpflege beschäftigen, gleichberechtigt. Dies zeigt sich insbesondere in dem Prozeß des Abbaus der gesetzlichen Restriktionen, die es dem Arbeitersport vor dem Ersten Weltkrieg fast unmöglich gemacht hatten, eigene Kinder-, Schüler- und Jugendabteilungen auf legalem Wege zu bilden. Von daher ist es nicht verwunderlich, daß in der Frühphase der Weimarer Republik auf der Bundesebene hauptsächlich organisatorische Fragen, wie die Bildung von Kinder- und Schülerabteilungen oder die organisatorische Neugestaltung der Jugendabteilungen in den Vereinen und der Verbandspresse, aufgegriffen werden. Sportpraktische oder erziehungstheoretische Themen reflektiert man dagegen nur am Rande.

Zu der Frage, inwieweit diese Themenkomplexe auch die Funktionäre des Arbeitersports im Ruhrgebiet zu diesem Zeitpunkt beschäftigen, konnte keine befriedigende Antwort gefunden werden.

---

1 Vgl. Mitgliederstatistik in Bild 20

Ein Publikationsorgan, als Forum für entsprechende Diskussionen, wird für den 6. Kreis und damit auch für die Region des Ruhrgebiets erst 1921 mit der Wochenzeitschrift "Volkssport", als offiziellem Organ der Arbeitersportbewegung, geschaffen. Dieses Kreisorgan beschäftigt sich in seinen Anfangsjahren jedoch mit Kinder- und Jugendfragen nur am Rande, was als ein Indikator dafür angesehen werden kann, daß die Thematik zu diesem Zeitpunkt noch nicht zentral ist und die Vereine "vor Ort" noch nicht erreicht hat. Lediglich in Hinsicht auf die Mitgliederentwicklung lassen sich unter Zuhilfenahme der ATSB- Geschäftsberichte genauere Aussagen treffen.

Bild 20

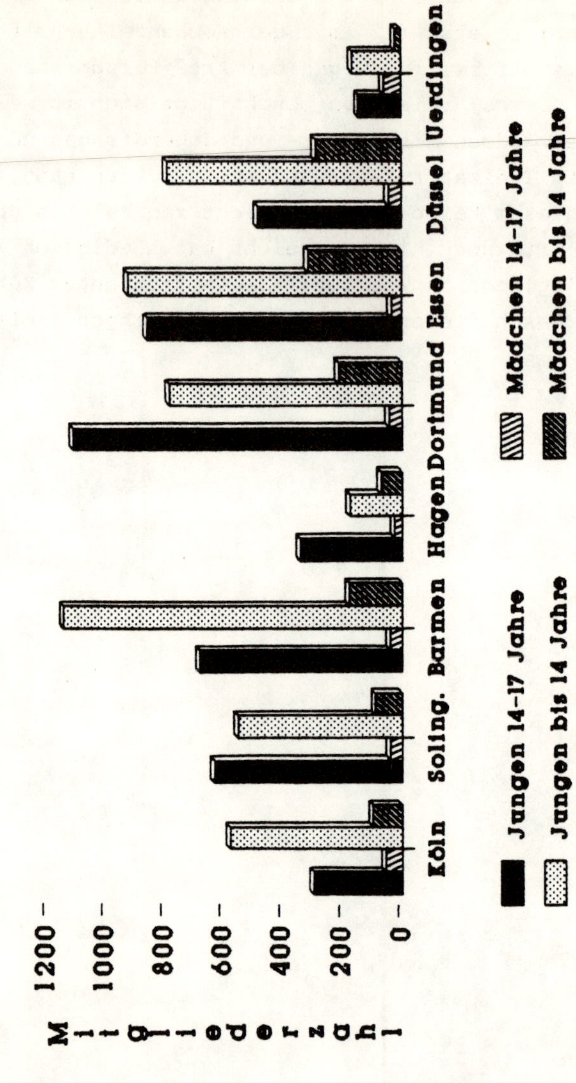

Quelle: eigene Zusammenstellung mit Hilfe des ATSB-Geschäftsberichts über das Jahr 1920

Mit Ausnahme des 5. Bezirks (Dortmund), überwiegen in den übrigen Bezirken die Mitgliederzahlen der Kinder. Dies korrespondiert mit der Gesamtentwicklung im ATSB, die in dieser Zeit von einer organisatorischen Erfassung der Kinder und Schüler bzw. Schülerinnen gekennzeichnet ist.
Die absoluten Zahlen betrachtend, muß jedoch bemerkt werden, daß die Ruhrgebietsvereine mit ihren organisierten Jugendlichen und Kindern weit hinter dem Bundesdurchschnitt liegen.[2] Ferner muß auf die heterogenen Entwicklungsprozesse innerhalb der Ruhrgebietsbezirke verwiesen werden. Bilden etwa die Bezirke Dortmund und Essen (6. Bezirk) die "Zentren der Kinder- und Jugendarbeit" im 6. Kreis der frühen 20er Jahre, so bleibt der 4. Bezirk (Hagen) in seinen organisatorischen Bemühungen weit zurück. Gravierend ist auch das deutliche Übergewicht der Knaben und Jungen in den Abteilungen des ATSB.
Da sich das ATSB- Pressewesen im 6. Kreis erst im Laufe der 20er Jahre entwickelt, ist anzunehmen, daß in den Vereinen verstärkt auf die Publikationen des Bundes zurückgegriffen wurde (z.B. Artikel aus der ATZ, Merkblätter aus dem Arbeiter-Turn-Verlag). Im Gegensatz zu Veröffentlichungen zur Verbandsarbeit mit Kindern,[3] behandelt die Bundespresse jedoch kaum jugendspezifische Themen. Auch sind Erziehungsfragen oder Konzepte für die sportpraktische Arbeit in den frühen 20er Jahren kaum anzutreffen. Die Herausgabe der Jugendbeilage "Jugend und Sport" der ATZ, die seit 1917 nur noch als Rubrik in die ATZ integriert ist, wird 1919 völlig eingestellt.
Dagegen entsteht 1921 ein Organ, das sich speziell an die im ATSB organisierten Kinder richtet, ein Indiz für die Schwerpunktsetzung im ATSB in Richtung einer verstärkten Verbandsarbeit mit Kindern. Diese Kinderzeitschrift erscheint erstmalig im März 1921 als Beilage der ATZ unter dem Titel "Jungsturm". Ab 1925 trägt diese Beilage den Titel "Freier Jungsturm", bis sie 1928 in "Jungvolk" umbenannt wird.

---

2 Geschäftsbericht des ATSB über das Jahr 1920, 204f

3 Der Kinderturnwart, 1919; ATZ 5 (1919), 26; ATZ 16 (1919), 114f

Der 6. Kreis - und damit auch das Ruhrgebiet - vollzieht erst im Jahre 1926 auf dem Kölner Kreistag seine Hinwendung zu einer aktiven Jugendarbeit, als nicht nur die Forderung nach der Wahl eines Kreisjugendleiters laut, sondern auch die Herausgabe einer Jugendbeilage für den "Volkssport" beschlossen wird, die man unter dem Titel "Freier Jugend Sport"[4] publiziert . Diese Jugendbeilage des "Volkssport", die monatlich erscheint, soll in den folgenden Jahren zum Diskussionsforum der Sportjugendbewegung des Ruhrgebiets werden, bis ihre Herausgabe infolge der Finanzprobleme während der Weltwirtschaftskrise im Jahre 1931 eingestellt wird. Eine Zeitschrift für Kinder ist vom 6. Kreis nicht herausgegeben worden.
Um die Strukturen der Verbandskinder- und Jugendarbeit detaillierter betrachten zu können, sollen im folgenden beide Bereiche gesondert behandelt werden.

7.3. Die Situation der Kinderarbeit in den Ruhrgebietsvereinen des ATSB

Zu Beginn des Jahres 1919 erscheinen in der ATZ erste Aufrufe, an die Vereine des Bundes gerichtet, Schüler- und Kinderabteilungen zu gründen.[5] Bis zu diesem Zeitpunkt hatten restriktive Gesetze und behördlicher Widerstand die offizielle Gründung von entsprechenden Abteilungen verhindert.
Auf dem 12. Bundestag 1919 in Leipzig wurden erste, knapp gehaltene Leitsätze für das Kinderturnen verabschiedet. Im Gegensatz zum Jugendbereich wird der Bundesvorstand hinsichtlich des Kinderturnens schon relativ frühzeitig aktiv. 1919 veröffentlicht der ATSB bereits ein umfangreiches Lehrbuch für das Kinderturnen, in dem zum ersten Mal der Versuch unternommen wird, umfassend über organisatorische, inhaltliche und erzieherische Fragen der Kinderarbeit Auskunft zu geben.

4 Volkssport 38 (1926), 601
5 Die Bezeichnungen "Kinder- und Schülerabteilungen" werden zu Beginn der 20er Jahre im ATSB synonym verwandt. Später setzt sich die Bezeichnung "Kinderabteilung" einheitlich durch. (ATZ 5 (1919), 26; ATZ 6 (1919) 114f

Die Aufrufe zur Gründung von Kinderabteilungen sowie die Herausgabe erster methodischer Materialen fallen jedoch in den frühen 20er Jahren im 6. Kreis und im Ruhrgebiet auf nur wenig fruchtbaren Boden. Zwar melden einige Bezirke bereits im Jahre 1920 erste Erfolge bei der Durchführung von Bezirksvorturnerstunden mit maßgeblicher Beteiligung von Kindern, wie etwa der Bezirkskinderturnwart des 7. Bezirks (Duisburg/ Düsseldorf) Heinrich von den Linden, doch bleiben diese Erscheinungen in bezug auf die Gesamtsituatuion für einige Jahre die Ausnahme.[6] Als Hauptproblem in der Kinderarbeit wird hauptsächlich auf die fehlenden Funktionäre verwiesen. Entsprechende Berichte von den Bezirkskonferenzen der Kinderturnwarte sprechen in dieser Hinsicht eine deutliche Sprache.[7]

Auf der Bezirkskinderturnwartsitzung im März 1922 in Bochum (6. Bezirk) wird u.a. festgestellt, daß nicht selten ein Kinderturnwart Veranstaltungen mit 60 - 70 Kindern beiderlei Geschlechts durchführen muß. Das sich erst langsam in den Bezirken ausweitende Fortbildungswesen in Form von Bezirkskinderturnwartlehrgängen, die in aller Regel vor den Kinderturnwartsitzungen stattfinden, wird zusätzlich behindert von sozialer Not in der Inflationszeit, die es manchen Interessenten unmöglich macht, z.B. die Kosten für die Anreise per Eisenbahn zum nächsten Fortbildungskurs auf sich zu nehmen.

Diese Situation ändert sich erst in der Konsolidierungsphase der Weimarer Republik, als auch der ATSB sein Ausbildungswesen mit ausreichenden Zuschüssen versehen kann.

Für die inhaltliche Arbeit kann das Jahr 1926 als Zäsur erkannt werden.

Mit der Wahl eines neuen Kreiskinderturnwartes (Heinrich von den Linden) sollte in den folgenden Jahren auch die Kinderarbeit im Ruhrgebiet einen Aufschwung erfahren. Aufgrund fehlenden Engagements wird der seit 1922 amtierende Kreiskinderturnwart Musfeld abgewählt. V.d.Linden formuliert bei seiner An-

---

6 ATZ 3 (1920), 31

7 Volkssport 14 (1922), 130

trittsrede folgend Arbeitsschwerpunkt: Die Kinderbewegung müsse wieder "hoch gebracht werden", jedoch sei ihm dies nur möglich, wenn er von den einzelnen Vereinskinderturnwarten unterstützt werde.[8]
Konkret beabsichtigt v.d. Linden das Aus- und Fortbildungswesen für Kinderturnwarte auszubauen sowie die organisatorische wie inhaltliche Arbeit der Kinderturnwarte der Vereine und Bezirke besser zu koordinieren.[9]

8 Volkssport 7 (1926), 94
9 Volkssport 23 (1926), 359; Volkssport 41 (1926), 632

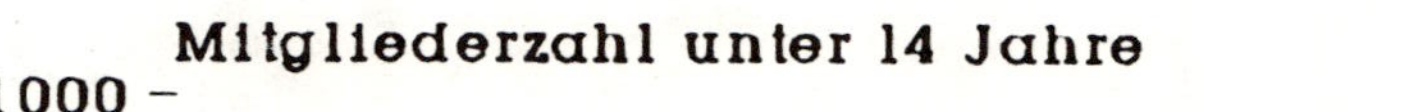

Bild 21

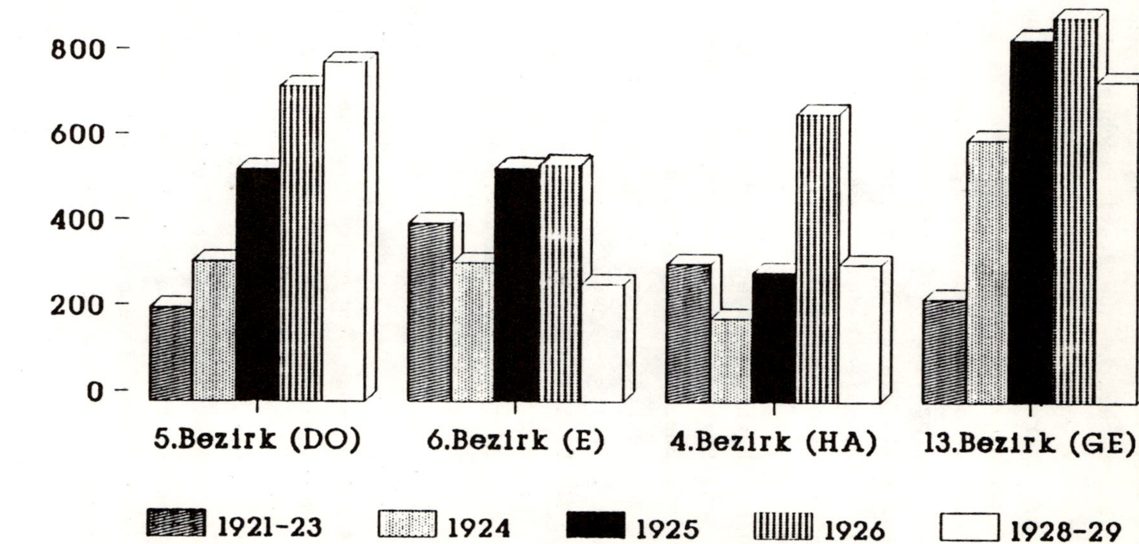

Quelle: eigene Zusammenstellung mit Hilfe der ATSB-Geschäftsberichte von 1920 bis 1929

Für die Mitgliederentwicklung im Kinderbereich liegt für die ATSB-Ruhrgebietsbezirke nur statistisches Material bis zum Jahre 1929 vor. Daher sind zwar noch die Auswirkungen der Spaltung der Arbeitersportbewegung analysierbar, nicht aber die Entwicklungsprozesse in der Zeit der Weltwirtschaftskrise. Des weiteren muß der Betrachtung der Mitgliederentwicklung vorausgeschickt werden, daß auf Beschluß des Kreisrates im Jahre 1922 der 6. Kreis einer organisatorischen Umgestaltung unterzogen wurde.[10] Seit dieser Zeit gliedert sich der 6. Kreis in 14 Bezirke. Die Region des Ruhrgebiets umfaßt nun 7 statt wie bisher 4 Bezirke:

4. Bezirk - Hagen/ Iserlohn/ Wetter
5. Bezirk - Dortmund/ Lünen
6. Bezirk - Essen/ Mühlheim
7. Bezirk - Düsseldorf/ Duisburg/ Oberhausen
11. Bezirk - Annen/ Barop/ Hörde
12. Bezirk - Bochum
13. Bezirk - Gelsenkirchen/ Wattenscheid Recklinghausen

Insofern ist erklärbar, warum die Kindermitgliederzahlen im Zeitraum von 1921 - 1923 in den von der Bezirksneugliederung besonders betroffenen Ruhrgebietsbezirken (5./6.Bezirk) gegenüber dem Jahre 1920 z.T. um bis zu 70% abnehmen. Eine Sonderstellung nimmt dabei weiter der 4. Bezirk (Hagen) ein, der, obwohl kaum von der Bezirksneueinteilung tangiert, im Bereich der Erfassung von Kindern bis Mitte der 20er Jahre nur eine langsame Entwicklung nimmt, ein Prozeß der im direkten Gegensatz zu den Entwicklungen im Jugendbereich liegt.
Zu den "Hochburgen" der ATSB-Kinderverbandsarbeit avancieren in der Zeit von 1921 - 1929 der 5. Bezirk (Dortmund) sowie der 13. Bezirk (Gelsenkirchen). Auffällig sind ferner die unterschiedlichen Auswirkungen der ATSB-Spaltung auf die Mitgliederstruktur der Bezirke. Büßen etwa der 4. und 6. Bezirk ca. 50% ihrer organisierten Kinder ein, so hält sich der Verlust im 13. Bezirk mit ca. 20% noch in Grenzen. Der 5. Bezirk weitet

10 Volkssport 6 (1922), 79

offensichtlich trotz Spaltung seine Mitgliederzahl noch aus. Mögliche Ursachen dieser Entwicklungsprozesse können u.a. in der unterschiedlichen Sozialstruktur innerhalb der städtischen Regionen liegen, ferner auch in der jeweiligen politisch-kulturellen Bedeutung der KPD bzw. der Sozialdemokratie. Diesen Fragen konnte jedoch im Rahmen dieses Projektes nicht weiter nachgegangen werden.

7.3.1 Die Funktionäre der Kinderarbeit

Organisatorisch sollen die Kinderabteilungen jeweils über zwei verantwortliche "Funktionäre" verfügen: über den Kinderturnwart und die Vorturner bzw. Vorturnerinnen. Dem Kinderturnwart als Hauptverantwortlichem für die Arbeit in den Abteilungen werden folgende "Charaktereigenschaften" zugewiesen:
"(Er darf, d. Verf.) nicht mehr (ein, d. Verf.) allzujunger Vorturner (sein, d. Verf.), der neben genügendem technischen Wissen und praktischem Können viel freie Zeit und eine ausreichende Portion erzieherisches Talent und Freude am kindlichen Spiel mitbringt".[11]

Für die Vorturner und Vorturnerinnen gelten prinzipiell die gleichen Persönlichkeits- und Qualifikationsmerkmale:
"Das Amt des Vorturners ist ein Ehrenamt. Es erfordert viel Opfersinn, Geduld und Idealismus. Die Freude der Kinder am Turnen und ihre Liebe und Anhänglichkeit an den Vorturner sind seine beste Belohnung... Die Stellung des Kindervorturners innerhalb des Vereins sei geachtet. Der Verein muß diese Arbeit ebenso anerkennen wie die der anderen Vereinsbeamten."[12]

Diesen Zielvorstellungen des Bundes wird jedoch in der Realität "vor Ort" nur vereinzelt entsprochen. Nicht selten klagen die Bezirkskinderturnwarte über ungeeignete Funktionäre in den Vereinen oder über mangelnde Unterstützung durch die Vereins-

---
11 ATSB, 19222, 7
12 Ebenda, 8

verantwortlichen. Rücktrittsgesuche von frustrierten Kinderturnwarten sind immer wieder in den Protokollen der Bezirkskinderturnwartkonferenzen nachzulesen.
So kritisiert z. B. der Bezirkskinderturnwart des 2. Bezirks das "schlechte Pflichtbewußtsein der Genossen". Im einzelnen bezieht er sich auf die mangelhafte Beteiligung der Vereine an den Bezirksveranstaltungen (Bezirksfest und Himmelfahrtsausflug) und schließt seine Ausführungen sogar mit einem Rücktrittsgesuch, dem jedoch von seiten der Versammlung nicht stattgegeben wird.[13]
Anhand der Berichte im "Volkssport" über die Veranstaltungen und Tagungen der Bezirke und des Kreises lassen sich die Aufgabenfelder der Funktionäre der Verbandskinderarbeit rekonstruieren:

Aufgaben des Kreiskinderturnwartes

- Planung und Durchführung von Kreiskinderturnwartkonferenzen
- Planung und Durchführung von Kreiskinderturnwartlehrstunden (Fortbildungsmaßnahmen für Bezirkskinderturnwarte)
- Ansprechpartner für Kinderturnwarte in Fragen der Erziehung, der inhaltlichen Gestaltung der Kinderarbeit
- organisatorisches Bindeglied von Bundesebene zur Bezirksebene sein
- Besuchen der Kreiskinderturnwartkonferenzen des Bundes[14]

Aufgaben des Bezirkskinderturnwartes

- Planung und Durchführung der Bezirkskinderturnwartkonferenzen
- Planung und Durchführung der Bezirkskinderturnwartlehrstunden
- organisatorisches Bindeglied zwischen Vereinen und Kreis sein
- Führen der Statistiken über die Kinderarbeit in den Bezirken
- Weiterleiten der Materialien des Bundesvorstandes, bzw. des Kreiskinderturnwartes an die Vereine (z.B. zur Vorbereitung von einheitlichen Vorführungen bei Kreis- und Bundesfesten).

---

13 Volkssport 44 (1927), 733
14 Volkssport 49 (1927), 813

7.3.2 Inhalte der Kinderarbeit[15]

Die ersten Ratschläge für die praktische Kinderarbeit, die in der Bundespresse anzutreffen sind, orientieren sich noch stark an den Übungsinhalten der Kriegs- und Vorkriegszeit. Auffällig ist dabei die Verwendung des Begriffs der Disziplin und das damit verknüpfte Kinderbild. Den Kindern wird prinzipiell das Merkmal der Disziplinlosigkeit zugeschrieben:
"Kinder haben keine Disziplin, freiwillig ordnen sie sich nicht unter, notgedrungen gehorchen sie, aber niemals haben sie die Einsicht, daß Stillstehen und Stillsein zu den notwendigen Dingen im Leben gehören."[16]

In diesem Zusammenhang wird insbesondere auf den erzieherischen Wert der "Freiübungen" verwiesen: "Dieselben sind nicht allein für die Gesundheit, sondern auch für die Geistestätigkeit von außerordentlichem Nutzen (...) Schöne, stramme Körperhaltung, exakte Ausführung und geistige Mitarbeit wird den Zweck der Übungen nicht verfehlen."[17]

Darüber hinaus sollen neben dem obligatorischen Geräteturnen auch "Spiele im Freien" Anwendung finden.
Als Turn- und Übungszeiten verweist man auf den späten Nachmittag bzw. den frühen Abend, aber auch schulfreie Nachmittage oder Sonntagvormittage. Prinzipiell achtet der ATSB darauf, daß

---

15 Wenn in der Folge von der Kinderarbeit gesprochen wird, so werden im einzelnen nur die Verhältnisse der Turnsparte reflektiert. Mit der Gründung der Fußball-, Leichtathletik- und Schwimmsparte existieren jedoch noch weitere Felder der Kinderarbeit, deren Inhalte ebenfalls einer detaillierten Betrachtung bedürften.

16 ATZ 5 (1919), 26

17 ATZ 6 (1920), 54; In den Vereinen scheint sich die Praxis, durch Frei- und Ordnungsübungen "Disziplin" auch an die Kinder zu vermitteln, trotz diesbezüglicher, von der Organisationsspitze motivierter Änderungsversuche noch recht lange aufrecht erhalten zu haben. So erzählten die von uns interviewten Bochumer Arbeitersportler Hertha und Alfred Sieler, beide Jg. 1915 und von 1922 bis 1930 im Arbeitersportverein, daß sie als Kinder und Jugendliche ständig Freiübungen machten, "um Disziplin zu lernen". (Interview mit dem Ehepaar Sieler v. 15.9.1986)

das Kinderturnen vor das jeweilige Männer- bzw. Frauenturnen gelegt wird, um eine übermäßige zeitliche Inanspruchnahme der Turnwarte und Vorturner weitestgehend zu vermeiden. Die Übungszeit selbst bleibt auf die Dauer von 1,5 Stunden beschränkt und findet ein- bis zweimal pro Woche statt.[18]
Als Grundstruktur der Kinderarbeit im ATSB in den frühen 20er Jahren erscheint eine nach außen getragene Schematisierung und Formalisierung der Turn- und Spielübungen zur frühen Disziplinierung der Kinder.

7.3.3 Veränderungen und Neuansätze im Bereich der Verbandskinderarbeit

Zu Beginn der 20er Jahre werden die Kinder der Turnabteilungen in zwei Gruppen aufgeteilt. In der A- Klasse finden sich alle 10- 14jährigen wieder, die B- Klasse setzt sich aus allen unter 10 Jahre alten Kinder zusammen. Bei bestimmten öffentlichen Veranstaltungen (Feste) werden die 4 - 6jährigen zusätzlich von der B- Klasse getrennt.
Diese Gliederung wird auch bei den organisatorischen Veränderungen der Jahre 1927/28 übernommen. Dabei unterscheidet man nun das Kleinkinderturnen (6 - 10 jährige) von dem Kinderturnen für Knaben und Mädchen im Alter von 10 - 14 Jahren.
Seit 1923 läßt sich in der Verbandspresse eine lebhafte Diskussion um die Neugestaltung der Kinderarbeit nachlesen. Hervorgerufen von einem Beitrag des Bundesturnwartes Georg Benedix, der nach einer deutlichen Kritik an der praktischen Arbeit der Kinderturnwarte eine Revision der Turnziele fordert,[19] wird die praktische Arbeit der Kinderturnwarte einer heftigen Kritik unterzogen. Als zentraler Vorwurf wird erhoben, daß viele Kinderturnwarte in der Wahl der Übungsgestaltung jegliche Richtlinien des Bundes mißachten und daß die turnerische Arbeit häufig wenig kindesgemäße Beanspruchungsformen aufweist.[20]

---

18 ATSB, 19222, 8f
19 Zit. nach: ATZ 24 (1923), 239
20 ATZ 24 (1923), 239; ATZ, 13 (1923), 146

Diese inhaltlichen Probleme können jedoch in den folgenden Jahren nicht nachhaltig gelöst werden. 1925 gibt Benedix noch zu bedenken:
"Wir brauchen noch viel mehr praktisches und theoretisches Wissen. Wir müssen unsere Aufgaben an unseren Kindern ganz ernsthaft auffassen. Übungsstunden, Lehrgänge und Mustervorführungen und Merkblätter bzw. Lehrbücher sind bitter nötig."[21]

Den skizzierten Problemen in der Kinderarbeit begegnet der ATSB im September 1927 mit der Einberufung einer Kreiskinderturnwartekonferenz. Hier werden auf Initiative des Bundesjugendleiters Oskar Drees Vorschläge bezüglich einer organisatorischen Veränderung beschlossen:
"Für die Belange der Leibesübungen der Kinder sollen in den Kreisen und Bezirken Zentralstellen geschaffen werden".[22]

Dabei sollen alle Sparten, die Kinderarbeit leisten, gemeinsam einen besonderen Kinderausschuß bilden, der nach Bedarf zusammentreten und über die Umsetzung der allgemeinen Grundsätze der Kinderarbeit wachen soll.[23] Dieser Forderung vorausgegangen sind Diskussionen in den Kreisen. Die Bezirkskinderturnwartekonferenz, die im November 1926 in Hagen durchgeführt wird, fordert z.B., daß Spiel und Sport der Kinder nicht mehr separat in den einzelnen Sparten, sondern gemeinsam mit dem Turnen dem Kind zugänglich gemacht werden sollen. Dabei sei darauf zu achten, daß die angestrebte "allseitige Ausbildung des Kindes" von den Vereinskinderturnwarten geleitet werde".[24]
Hinsichtlich der Schaffung der Zentralstellen für Kinderleibesübungen führt der Kreiskinderturnwart des 6. Kreises v.d. Linden aus:
"Wir wollen nun, wie es die Kreiskinderkonferenz in Leipzig beschlossen hat, aus allen Sparten die Kinder ... zusammenfassen und mit ihnen gemeinschaftlich Wandern, Turnen, Spielen, Schwimmen,, Hand- und Fußball usw. betreiben. Darum bilden wir

21 ATSB- Geschäftsbericht über die Jahre 1924 - 1925, 53
22 ATZ 22 (1927), 256
23 Volkssport 42 (1927), 696
24 Volkssport 51 (1926), 817

die Zentralstellen für Kinderleibesübungen... Gerade bei den den Sparten untergeordneten Vereinen ist die recht betrübliche Feststellung zu machen, daß sie wohl gerne der Kinderbewegung dienen möchten, aber es fehlt an geistig und körperlich rechtschaffenden Menschen, die dem heiligen Gute der Kinderbewegung in Ehrfurcht und Treue dienen können... Leider gibt es noch sehr viele Sportgenossen, die bei dem Erklingen des Wortes 'Kinder', 'Jugend', verächtlich die Achseln zucken, sich erhaben fühlen und es unter ihrer Würde finden, die fröhlichen Buben und Mädels geistig und körperlich zu stärken, ihnen ein Leiter zu sein."[25]

Dieses Resumee des Kreiskinderturnwartes verdeutlicht, daß man im Kreis zu der Überzeugung gekommen ist, daß die organisatorischen wie inhaltlichen Probleme der Kinderarbeit mit den existierenden Strukturen nicht zu lösen seien.
Ein Ausweg aus dieser Misere sollen nun die geplanten Zentralstellen darstellen, in denen der zentralistische Gedanke, einer nach bundeseinheitlichen Richtlinien strukturierten Kinderarbeit aller Sparten, realisiert werden soll.
Ferner wird auch die praktische Kinderarbeit der Vereine auf der Kreiskinderturnwartkonferenz einer heftigen Kritik unterzogen. So werden etwa folgende Übungs- und Wettkampfsformen verboten:

- Einzelwetturnen für Kinder
- Riegenwetturnen für Kinder an Geräten, soweit die Auswahl der Übungen dem Verein überlassen ist.

Als neue Zielsetzungen formuliert man demgegenüber ein kindgerechtes Üben, die Vermeidung von Überanstrengungen und eine Abstimmung gemeinsamer Veranstaltungen.[26]
Diese organisatorischen und inhaltlichen Veränderungen auf Kreisebene werden in den folgenden Jahren von seiten der Bundesgremien durch die Herausgabe neuer Lehrbücher und Richtlinien für die Kinderarbeit unterstützt. In dem 1928 erscheinenden Lehrbuch des ATSB "Die Leibesübungen des Kindes" heißt es:

---

25 Volkssport 4 (1928), 56
26 Volkssport 42 (1927), 696

"Das Ziel unserer Leibesübungen mit dem Kinde ist bestimmt durch die das Kind heute umgebenden äußeren Umwelteinflüsse, das heißt, Ziel unserer Leibesübungen mit dem Kinde ist das gesunde, in sozialistischer Richtung erzogene Menschenkind. Die Arbeitsmethode zur Erreichung dieses Ziels muß eine biologische sein, das heißt, sie hat von den körperlichen, geistigen und seelischen Eigenarten des Kindes auszugehen. Nur wenn dieser Grundsatz in den Leibesübungen des Kindes voll zur Auswirkung gelangt, können wir auf vollen Erfolg rechnen."[27]

Mit dieser Umschreibung der neuen Zielsetzung in der Kinderarbeit ist nicht nur ein tiefgreifender Bruch mit den traditionellen Ansätzen der Kinderarbeit im ATSB zu erkennen, vielmehr wird hier auch der Versuch unternommen, Grundsätze einer proletarischen Sporterziehung, die auf eine breite körperliche wie geistige Ausbildung ausgelegt sind, organisatorisch zu manifestieren.

Diese Neuansätze lassen sich auch anhand sich verändernder Begriffe und Begriffsbedeutungen verdeutlichen. Wird im ATSB über lange Jahre hinweg häufig nur vom Kinderturnen gesprochen, wenn man die Kinderarbeit umschreibt, so wird zum Ende der 20er Jahre hin der Begriff "Kinderleibesübungen" verwandt. Hierzu schreibt die Verbandspresse:

"Kinderturnen hat immer den Beigeschmack des sogenannten 'Deutschen Turnens', d.h., es befaßt sich in der Hauptsache mit Freiübungen, Handgeräteübungen, Gerätübungen und Spielen. Dagegen ist der Begriff Leibesübungen ein Sammelwort, ein Oberbegriff. Leibesübungen betreiben heißt nicht nur Turnen im Sinne der Freiübungen und des Geräteturnens, sondern Leibesübungen bedeuten viel mehr. Sie umfassen: Turnen, Sport, Spiel, Gymnastik, Tanz."[28]

Abschließend kann zum Bereich der Kinderarbeit gesagt werden, daß trotz der Umorganisierungen und der Ausweitung der Aus- und Fortbildungslehrgänge für Kinderturnwarte an der Bundesschule

---

27 Zit. nach: Volksport 48 (1928), 777
28 Der Vorturner 7 (1932), 98

sowie den Kreis- und Bezirksschulen die existierenden organisatorischen wie inhaltlichen Probleme zu keinem Zeitpunkt in befriedigender Weise gelöst werden konnten. In der Bundespresse lassen sich immer wieder Kritiken der Verbandskinderarbeit lesen.[29]
Hinsichtlich der Frage der Umsetzung der Ansätze sozialistischer Erziehungstheorie in die Vereinspraxis des ATSB kann gesagt werden, daß ab Mitte der 20er Jahre sukzessiv der Versuch unternomen wird, entsprechende Neuansätze über die Lehrgänge der Bezirks- und Vereinskinderturnwarte zu vermitteln. Fehlendes Engagement der Vereinskinderturnwarte, die häufig die ihnen angebotenen Fortbildungsmaßnahmen nicht wahrnehmen[30], lassen jedoch auf eine nur beschräkte Verbreitung schließen.
Die Probleme, die die Weltwirtschaftskrise und das Erstarken des Faschismus in der Weimarer Republik für den ATSB mit sich bringen, lassen in den 30er Jahren die oben skizzierten Diskussionen skuzessiv verstummen.

7.4 Die Jugendarbeit des ATSB im Ruhrgebiet

7.4.1 Die Konzeption der Jugendarbeit bis 1924

Für das Gebiet der Verbandsarbeit mit Kindern im ATSB ist bereits auf die hohe Bedeutung der Bundesgremien für die inhaltliche Diskussion in den Bereichen organisatorischer und konzeptioneller Veränderungen bis hinunter auf die Vereinsebene hingewiesen worden. Gleiches gilt auch für die Entwicklung der Konzepte der Jugendarbeit im ATSB. Insofern erscheint es notwendig, zu Beginn der Ausführungen Diskussionsansätze zur Jugendarbeit der Bundesebene zu reflektieren.
Initiativ in Richtung einer Belebung der Jugendarbeit wird erstmalig der Münchner Bundestag 1921 mit der Formulierung verschiedener Leitsätze zur Jugendfrage:

---
29 ATZ 25 (1929), 292f
30 ATZ 23 (1929), 268

"Alle Kräfte müssen konzentriert nutzbar gemacht werden für das hohe Ziel: Erziehung der Jugend zu körperlicher, geistiger und seelischer Vollkommenheit, Heranbildung der jungen Menschenkinder zu ganzen Menschen, Erziehung des heranwachsenden Geschlechts zum wahren Sozialismus des Geistes, der Seele und der Tat."[31]

Werden diese neuen Erziehungsinhalte in der Verbandspresse auch wegen ihrer aktuellen Nichtumsetzbarkeit kritisiert, so weisen sie doch der Jugendarbeit den zukünftigen Weg. Sie können verstanden werden als ein Abstecken des Arbeitsfeldes kommender Jugenderziehung mit den Schwerpunkten der sozialistischen Erziehung und der kooperativen Zusammenarbeit mit den anderen sozialistischen Organisationen (SAJ, Kinderfreunde u.a.)
Die nur rudimentär ausgeprägte Infrastruktur zur Jugendbildung, bzw. zur Ausbildung geeigneter Funktionäre, und die Defizite in der Erarbeitung erzieherischer Konzeptionen stellen die schwerwiegendsten Probleme der anstehenden Entwicklungen dar.
Begriffe wie "Sozialistische Erziehung", "Sozialistische Kulturarbeit" oder die verbale Mystifizierung der Jugend als "Träger der Zukunft" und als "Inkarnation sozialistischer Gesellschaftsutopien" stehen lange Zeit ohne inhaltliche Definition und praktische Realisierungskonzepte im Raum. Dieser Zustand trägt mit dazu bei, daß die o.g. Begriffe oder Redewendungen im Pressewesen des ATSB häufig rein rhethorische Anwendung finden, ohne daß die entsprechenden Inhalte mitreflektiert werden. In der ATZ klagt man deshalb auch, daß
"diese geflügelten Worte gedankenlos alltäglich gebraucht und als Phrase wie Sauerbier angeboten werden."[32]
Von daher muß man dem sozialistischen Pathos der Sprache, das zuweilen in diversen Artikeln der Verbandspresse zum Ausdruck kommt, differenziert begegnen und stets nach der konkreten inhaltlichen Relevanz für die Kinder- und Jugendarbeit fragen.
Die Jugendarbeit findet in dieser Zeit unter dem Schwerpunkt einer kompensatorisch körperlichen Erziehung statt, verknüpft

31 ATZ 15 (1921), 168
32 ATZ 4 (1922), 39

mit Ansätzen zu einer "charakterlichen Ausbildung".[33] Hierbei denkt man konkret an die "Übertragung sittlicher Tugenden", d.h. eine Erziehung zur Disziplin, Ordnung und einer "uneingeschränkten, jederzeitigen willigen und freudigen Unterordnung."[34]
Von einer bewußten Erziehung der Jugend zum sozialistischen Menschen ist in diesen Anfangsjahren der Weimarer Republik in den Veröffentlichungen der Ruhrgebietsvereine und -bezirke noch nicht die Rede.

7.4.2 Die Entwicklung der Jugendarbeit bis zum Ende der 20er Jahre

Mitte der 20er Jahre setzt im ATSB eine intensive Auseinandersetzung mit den Inhalten einer sozialistischen Jugenderziehung ein.
Auf dem Kasseler Bundestag 1924 werden zwar mit der Einsetzung des Bundesjugendausschusses erste organisatorische Voraussetzungen geschaffen für eine Intensivierung und Ausweitung der Jugendarbeit, eine konzeptionelle Erweiterung der Erziehungsinhalte um die Elemente der sozialistischen Erziehung, können jedoch in den Ruhrgebietsbezirken erst nach der Schaffung einer organisatorischen Grundlage in den Vereinen diskutiert werden. Bis in die zweite Hälfte der 20er Jahre hinein existieren - sehr zum Leidwesen der Jugendfunktionäre auf Kreis- und Bezirksebene - in vielen Vereinen noch keine Jugendabteilungen. Ein Funktionär der Jugendarbeit berichtet 1926:
"Eigentlich ist der Körpersport das Reservat der Jugend, nicht die Alten, sondern die Jungen müßten Träger der Bundesidee sein. Das ist leider... nicht der Fall. Einmal, weil wir keine nennenswerten Jugendgruppen haben und zum anderen , weil der Arbeit für die Jugend nicht genügend Beachtung geschenkt wird."[35]

---

33 ATZ 24 (1919), 199f; Volksport 15 (1923), 125
34 Volkssport 32 (1923), 325f
35 Volkssport 26 (1926), 402

Dieses Problem, das offensichtlich nicht nur die Funktionäre der Jugendarbeit im 6. Kreis betraf, wird dann auf dem Hamburger Bundestag des ATSB im Jahre 1926 vom Bundesjugendleiter Oskar Drees erneut aufgegriffen:
"Wenn nun auch der Arbeiter- Turn- und Sportbund als eine proletarische Kulturorganisation sich mit der Frage der Jugenderziehung beschäftigt, so ist dies kein Zufall, sondern entspringt einem inneren Zusammenhang, denn die gesamte Arbeiterbewegung hat die ungeheure Bedeutung der Erziehung unserer Jugend für die Arbeiterklasse erkannt. Die Frage ist allerdings außerordentlich schwer zu lösen, weil auch das ganze Erziehungsproblem sich noch im Zustand der Umwälzung und Gärung befindet und eine klare Linie noch nicht zu sehen ist. Bei uns handelt es sich um die Erziehung der proletarischen Jugend innerhalb der bürgerlichen Gesellschaftsform, in einer Zeit, wo auch die Wissenschaft diktiert ist von bürgerlicher Weltanschauung und wo man neben der bürgerlichen auch die proletarische Jugend zu Mitgliedern einer bürgerlichen Gesellschaftsordnung erzieht. Wir aber wollen die Proletarierkinder im Sinne des Proletariats erziehen."[36]

Das Zitat läßt die Probleme und Schwierigkeiten erahnen, mit denen sich ATSB-Pädagogen in der Vermittlung ihres Erziehungsansatzes in den Bezirken und Vereinen des Bundes auseinanderzusetzen hatten.
Der Prozeß der "Gärung im Erziehungswesen", den Drees sikzziert, kann auch als konstruktive innerverbandliche Auseinandersetzung um die Erarbeitung eines neuen Konzeptes der Erziehung im ATSB interpretiert werden, mit der Perspektive, die traditionelle Erziehungsprogrammatik substantiell zu erweitern. Ein Prozeß, der, wie Drees selbstkritisch anmerkt, im ATSB erst relativ spät einsetzt:
"Wir haben eine schwierige Aufgabe zu lösen..., weil diese Jugenderziehung bei uns um 10 Jahre zu spät kommt, weil wir dem

36 Protokoll der Verhandlungen des 15. Bundestages des ATSB, 82

Entwicklungsgang der proletarischen Jugend in unserem Bund nicht gefolgt sind und jetzt nachholen müssen, was wir ein Jahrzehnt lang versäumt haben."[37]

Als Träger dieser Diskussionsprozesse tritt jedoch weniger die "Vereinsbasis" in Erscheinung, vielmehr müssen hier die Bundesgremien (Bundesjugendausschuß, Erziehungsausschuß) sowie einige in den Fragen der Jugenderziehung besonders sensibilisierte und interessierte Funktionäre aufgeführt werden. Dabei gilt es jedoch zu berücksichtigen, daß Neuansätze und Initiativen zur Entwicklung neuer Erziehungskonzepte in aller Regel die nachgeordneten Funktionäre der Kreise oder Bezirke "erreichten" und nicht von ihnen selbst konzipiert wurden.
Die Gründung des Bundesjugendausschusses, als sichtbares Zeichen für eine Hinwendung des ATSB zu Problematiken und Inhalten der Jugendarbeit, kann daher auch als Zäsur in der Entwicklung der Erziehungsdiskussion innerhalb des ATSB gewertet werden. Sie leitete eine Phase der intensiven Auseinandersetzung vieler ATSB- Funktionäre auf allen Verbandsebenen mit den Inhalten der sozialistischen Erziehung ein.
Als ein zentraler Punkt in dem Prozeß der Veränderungen kann der Wandel im Selbstverständnis der Jugendarbeit angeführt werden. Dabei zielen die "sozialistischen Pädagogen" im ATSB darauf ab, das Selbstbestimmungsrecht der Jugend als konstitutiven Teil der Jugendarbeit im ATSB zu verwirklichen. Drees schreibt hierzu:
"Die Jugendbewegung läßt sich nicht allein von oben herab bearbeiten, sondern muß ihren natürlichen Entwicklungsgang von unten herauf gehen. Nicht wir Erwachsene haben zu bestimmen, welchen Weg die Jugend nehmen soll, sondern die Jugend muß uns selber die Wege zeigen."[38]

Besonderer Wert wird darauf gelegt, daß die Jugendlichen zukünftig nicht mehr als "Zöglinge" betrachtet werden, die lediglich zu "parieren" haben:

---

37 Ebenda, 86
38 Drees, 84

"Damit wird keine Disziplinlosigkeit verlangt, sondern das Höhere erstrebt, die jungen Menschen davon zu überzeugen, daß freiwillige Unterordnung erst wirkliche Freiheit rechtfertigt, daß der am freiesten ist, der sich als Glied eines großes Bildes betrachtet und die Aufgabe vertritt, an seinem Platz seine Pflicht zu erfüllen."[39]

Insbesondere die Öffnung der Jugendarbeit für eine verstärkte Integration "geistiger" Ausbildungselemente tritt als bedeutsame Veränderung der Praxis in Erscheinung. Meis schreibt in einem Leitartikel des "Volkssport" im Jahre 1929:
"Bildungsarbeit der Arbeitersportler ist eine große Aufgabe, die in der endlichen Auswirkung zu einem neuen Mensch, Tag und anderen Ufern führt. Steinig ist der Weg. Doch viel Liebe an der Arbeit, viel Wille zum Sieg quellt aus unseren Reihen... Bildungsarbeit ist ebenso freudiges Arbeiten, wie wir es auf grünem Rasen und in kühlen Fluten an unserem Organismus getan haben... Bildungsarbeit ist Fackeltragen in die Nacht des Geistes, ist in der Auswirkung angenehmes Erwachen."[40]

7.4.3 Die Jugendleiterfrage

Parallel zu der Situation in der Kinderarbeit des ATSB, zeigt sich auch in der Jugendarbeit der Ruhrgebietsvereine die "Jugendfunktionärsfrage" als eines der zentralen Probleme.
Durch die Festlegung der Gleichgewichtigkeit der Erziehungsziele in körperlicher wie geistiger Hinsicht durch den Bundesjugendausschuß im Jahre 1925, wird die Vereinsarbeit der Jugendfunktionäre nachhaltig verändert. Mit diesen Neuerungen werden zwei relativ selbständig arbeitende Erziehungsbereiche geschaffen, innerhalb derer ein jeweils verantwortlicher Jugendfunktionär die praktische Arbeit übernehmen soll. Prinzipiell geht man im ATSB davon aus, daß der Idealzustand für die Jugendarbeit derjenige sei, daß sich die Funktionen des Ju-

39 ATZ 6 (1924), 68
40 Volkssport 44 (1929), 666

gendleiters und des technischen Leiters (Übungsleiter) in einer Person vereinen sollen. Dieser Zustand soll erst nach Abschluß einer breitangelegten Jugendfunktionärsschulung erreicht werden.

Es ist jedoch anzunehmen, daß in der Vereinspraxis, infolge des latenten Jugendfunktionärsmangels, diese Differenzierung der Aufgabenbreiche nur selten durchgeführt werden konnte. Berichte von Bezirksjugendausschußsitzungen der verschiedenen Ruhrgebietsbezirke belegen, welche Probleme immer wieder auftraten, in den Vereinen selbst nur einen verantwortlichen Jugendleiter wählen zu können.[41]

Für den Bereich der körperlichen Erziehung existiert traditionell der Posten des "Übungsleiters", d.h. des verantwortlichen technischen Leiters in allen sportpraktischen Fragen.

Der sich seit Mitte der 20er Jahre neben dem Sport sukzessiv entwickelnde und etablierende Bereich der "geistigen Erziehung", der zusätzlich zu seinen Bildungsfunktionen auch dem Wunsch vieler Jugendlichen nach Geselligkeit Form und Ausdruck geben kann, soll von einem zweiten Jugendfunktionär, dem Jugendleiter, übernommen werden.

Für beide Arten der Jugendfunktionäre werden auf den verschiedenen Verbandsebenen entsprechende Fortbildungsveranstaltungen durchgeführt, so z.B. im 6. Bezirk (Essen), wo man im Jahre 1932 erstmalig dazu übergeht, im Rahmen der systematischen Funktionärsschulung Inhalte der geistigen Ausbildung zum Gegenstand der Schulung werden zu lassen. Im einzelnen werden dabei die Jugendleiter gruppenweise zu Lehrstunden zusammengerufen, bzw. auf einer einmal im Jahr durchgeführten Kreisschulung auf die Ausbildungsschwerpunkte der Winterarbeit vorbereitet.[42]

Dieses Organisationsschema der Arbeitsteilung sollte bis zur Zerschlagung des Arbeitersports im Jahre 1933 die von den Kreisfunktionären favorisierte Grundstruktur der dualen Jugendarbeit darstellen.

---

41 Volkssport 11 (1932), 84; Volkssport 13 (1932), 106;
42 Volkssport 13 (1932), 106

Dabei hatte man sich hauptsächlich mit folgenden zentralen Problemfeldern auseinanderzusetzen:
- mit dem Mangel an qualifizierten Jugendleitern und technischen Leitern;
- mit der konkreten Abgrenzung der Aufgabenbereiche und Kompetenzen der einzelnen Jugendfunktionäre

7.4.4 Die Funktion des technischen Leiters

Der "Techniker" in der Erziehungsarbeit wird in der Verbandspresse häufig metaphorisch als "Seele des Vereins" dargestellt.[43]
Nach den konzeptionellen Veränderungen innerhalb der Jugendarbeit seit Mitte der 20er Jahre hat sich auch das Aufgabenfeld des "Übungsleiters" um wesentliche Elemente erweitert.
Der "Übungsleiter" soll als Erzieher eine erzogene qualifizierte Persönlichkeit sein. Seine Aufgaben, so der Kreisjugendleiter des 6. Kreises, Meis, beständen hauptsächlich in der Auswahl geeigneter Übungen bei der körperlichen Erziehung, hier sei besonders den physiologischen Grundsätzen Rechnung zu tragen. Ferner zeichnen einen Übungsleiter persönliche Demonstrationsfähigkeit bei den Übungen und ein waches und kritisches Beobachten aller Neuerungen und aller alten Traditionen aus. Zusätzlich müsse er ein Vorbild für die Jugendlichen sein. Die wichtigste Aufgabe bestehe aber darin, die eigenen Kenntnisse und das Gelernte immer in den Dienst der Gemeinschaft zu stellen, d.h. die körperliche Erziehung nach den Grundsätzen des Arbeitersports zu gestalten.[44]
Diese Qualifikationsmerkmale werden jedoch in aller Regel nur von den wenigsten Übungsleitern völlig erfüllt. Die von Kreisen und Bezirken durchgeführten Fortbildungsmaßnahmen in diesem

---

43 Der Vorturner 7 (1926), 101; Jugend und Arbeitersport 12 (1931), 48

44 Ebenda

Bereich zielen gerade auf eine Vereinheitlichung der praktischen Arbeit ab, um die Erziehungsgrundsätze in den Vereinen realisiert zu sehen.
Die Tätigkeit des Jugendübungsleiters wird zusätzlich von Jugendvorturnern unterstützt. Zum Verhältnis dieser beiden "Funktionärsebenen" wird gesagt:
"Die Erziehungsarbeit... hat letzten Endes nur dann vollen Erfolg, wenn sie recht viele Mitarbeiter gewinnt. Selbstverständlich ist, daß seine Gehilfen (des Jugendübungsleiters, d. Verf.), die Vorturner, in seinem Sinne arbeiten. Aber er muß auch versuchen, den Vereinsvorstand für seine Pläne zu begeistern."[45]

7.4.5 Der Jugendleiter in der Vereinsjugendarbeit

Die Erziehungsarbeit im ATSB wird komplettiert durch die Tätigkeit des Jugendleiters, der sich hauptsächlich mit der geistigen Bildungsarbeit beschäftigt. Hinter seinem Tätigkeitsfeld steht die Intention des ATSB, über den eigentlichen Übungsbetrieb hinausgehend, die Vereine zu Stätten der Begegnung für Jugendliche werden zu lassen, als Alternative für die Angebote der bürgerlichen Gesellschaft (Rummelplatz, Tanzboden, Kneipe oder Straße).
Auf den Ausbau der Arbeitersportvereine zu effektiven Sozialisationsinstanzen wird von den Verantwortlichen bewußt hingewiesen. Meis führt dazu aus:
"Die unter den bürgerlichen Einflüssen alt gewordenen Arbeiter sind monoton, d.h. sind stumpf geworden. Sie sind schwerfällig und haben sich mit der Rolle, die ihnen im Leben zugeteilt wurde, abgefunden und spielen den Knecht... Es ist nicht leicht, gegen die Traditionen der bürgerlichen Erziehung zu kämpfen, die im größten Teil unserer Mitglieder steckt."[46]

---

45 Der Vorturner 7 (1926), 101
46 Jugend und Arbeitersport 12 (1931), 48

Durch ein Organisieren in proletarischen Gruppen und Vereinen können jedoch die Ideale der Arbeiterbewegung wie "Gemeinschaft", "Genossenschaft" und "Solidarität" Gestalt annehmen und so den Einflüssen der bürgerlichen Traditionen bewußt entgegenwirken. Die kulturelle Arbeit der Jugendleiter wird deshalb auch unter der Perspektive betrachtet, daß sie "Gelegenheit (gebe, d.Verf.) erzieherisch zu korrigieren, sogar positiv erzieherisch zu wirken im sozialistischen Sinn."[47]
Für die Qualifizierung und Fortbildung der Jugendleiter bezüglich seiner organisatorischen wie pädagogischen Aufgaben werden sowohl entsprechende Jugendleiterkurse auf Bezirks-, Kreis- und Bundesebene durchgeführt als auch Richtlinien erstellt.[48]

7.4.6 Organisatorische Struktur der ATSB-Jugendausschüße in den Ruhrgebietsbezirken

In dem 1924 auf dem Kasseler Bundestag verabschiedeten Organisationsmodell der Jugendausschüsse, verbindlich für alle Kreise und Vereine des ATSB, ist eine direkte Mitarbeit der Jugendlichen weder im Bundesjugend- noch in den Kreisjugendausschüssen vorgesehen. Erst auf der Bezirksebene erhalten die Jugendvertreter Stimmrecht, auf den "höheren Ebenen des Verbandes" dürfen sie den Sitzungen nur beiwohnen.[49]
Vom organisatorischen Aufbau her weisen die Jugendausschüsse identische Strukturen mit den übrigen ATSB-Institutionen auf: eine Gliederung in Vereine, Bezirke, Kreise und an deren Spitze ein zentrales Bundesgremium.[50] Die dem Bundesjugendausschuß[51]

47 Ebenda
48 Der Jugendleiter, 1922, 7f
49 ATZ 13 (1924), 151
50 ATSB, o.J., 2
51 Dem Bundesjugendausschuß, unter dem Vorsitz des Bundesjugendleiters Drees, gehörte folgender Personenkreis an: Je ein Vertreter des Bundesvorstandes, des technischen Zentralausschußes und der Redaktion der ATZ, dazu je drei in der Jugendarbeit erfahrene, erwachsene Turngenossen des bildenden, bzw. technischen Teils der Erziehung. Diese Zusammensetzung sollte sich erst 1930 deutlich zugunsten der Integration von jugendlichen Jugendvertretern verändern. (Vgl.Drees, 1924, 5f)

untergeordneten Kreisjugendausschüsse weisen folgende Vertretungen auf: je ein Vertreter des Kreisvorstandes und des kreistechnischen Ausschusses, 2 - 3 erwachsene "Genossinnen und Genossen" des Kreises und 3 - 5 Jugendliche des Kreises.
Zu Beginn der 30er Jahre setzt auch hier ein Prozeß der verstärkten Beteiligung von Jugendlichen in den Jugendausschüssen ein. Überlegungen der auf Bundes- und Kreisebene wirkenden Funktionäre, hier ist besonders an Drees und für den 6. Kreis an Meis zu denken, zielen darauf ab, daß sich aus der traditionellen "Jugendpflege" im ATSB, als Erziehung der Jugend durch Erwachsene, sukzessiv eine "Jugendbewegung" entwickeln soll, verstanden als eine von der Jugend selbstverwaltete und durchgeführte Jugendarbeit. Als visionäres Ziel erscheint die Wahl eines Jugendlichen zum Bundesjugendleiter. Drees merkt hierzu an, daß "das die eigentliche Geburtsstunde einer Jugendbewegung im ATSB wäre."[52]
Den Kreisjugendausschüssen sind die Bezirks- und Vereinsjugendausschüsse nachgeordnet, die sich entsprechend dem oben skizzierten organisatorischen Aufbau strukturieren.
Den Jugendausschüssen steht auf jeder Organisationsebene ein Jugendleiter vor, dem u.a. die Aufgabe zukommt, die Jugendvertretung in den Vorständen und technischen Auschüssen zu gewährleisten.
Die Wahl der Mitglieder in die Kreis- und Bezirksjugendausschüsse erfolgt zum einen über die Delegierung des Kreis- oder Bezirksrates (Erwachsenenvertreter), zum anderen über eine Wahl bei einer Kreis- bzw. Bezirksjugendtagung (Jugendvertreter).
Die Vereinsjugendleiter sollen bei einer Vollversammlung der Vereinsjugendlichen gewählt werden.[53]

52 Drees, 1924, 3
53 Ebenda, 15

7.4.7 Zur Funktion der Jugendausschüsse und ihrer Stellung im ATSB

Die primären Aufgaben der Jugendausschüsse bestehen in der überfachlichen Organisation und Durchführung der Bildungsabende, der Wanderungen und des nach Sparten getrennten Sportbetriebs. Die geistige Ausbildung soll nicht nach Sparten getrennt, sondern vielmehr unter Beteiligung aller Vereinsjugendlichen nach koedukativen Gesichtspunkten stattfinden.[54]
Die Jugendausschüsse aller organisatorischen Ebenen nehmen keine autonome Stellung ein. Ihre Beschlüsse und Planungen bedürfen der Zustimmung des in Betracht kommenden Vorstandes und technischen Ausschußes. Eine einvernehmliche Zusammenarbeit von Jugendausschuß, Vorstand und technischem Ausschuß gilt es aber bei den Entscheidungen anzustreben. Die Jugendauschüsse bilden die "Diskussionszentren" bei Fragen der inhaltlichen und konzeptionellen Ausrichtung der körperlichen und geistigen Jugendarbeit.[55]
Die Vereinsarbeit der Jugendlichen vollzieht sich in besonderen Veranstaltungen und Sitzungen, d.h. relativ separiert vom übrigen Vereinsgeschehen. Eine Teilnahme von Jugendlichen an Vereinsversammlungen ist solange nicht verboten, wie die Jugendlichen lediglich als "Gäste" den Veranstaltungen beiwohnen. Über Fragen des Bundes, Kreises, Bezirks und Vereins dürfen Jugendliche, die das 18. Lebensjahr noch nicht vollendet haben, nicht mitentscheiden, da ihnen laut Satzung des ATSB kein Stimmrecht zusteht.[56]

7.4.8 Entwicklungsprozesse der Jugendarbeit in den Ruhrgebietsvereinen

Bis zur Wahl eines Kreisjugendleiters im Jahre 1926 ist die Jugendbewegung im Ruhrgebiet recht unterentwickelt. Zwar werden

54 ATZ 12 (1932), 137
55 Drees, 1924, 16
56 ATSB, o.J., 7

in vielen Vereinen zu Beginn der 20er Jahre Jugendabteilungen gegründet,[57] doch bleiben weite Bereiche der Jugendarbeit (Festkultur, geistige Ausbildung, Zusammenarbeit mit den Organisationen der sozialistischen Arbeiterjugendbewegung, Fortbildung der Jugendleiter) unkoordiniert und entbehren jeglichem einheitlichen Konzept.
Hinsichtlich der Mitgliederentwicklung im Jugendbereich liegen leider nur Zahlen bis zum Jahre 1926 vor. Fragen, inwieweit der Mitgliederstand durch die inhaltlich-konzeptionellen Veränderungen der ATSB- Jugendarbeit nach dieser Zeit beeinflußt wurde, können daher nicht beantwortet werden.

57 Vgl. dazu die Statistik der Jugendmitglieder

Bild 22

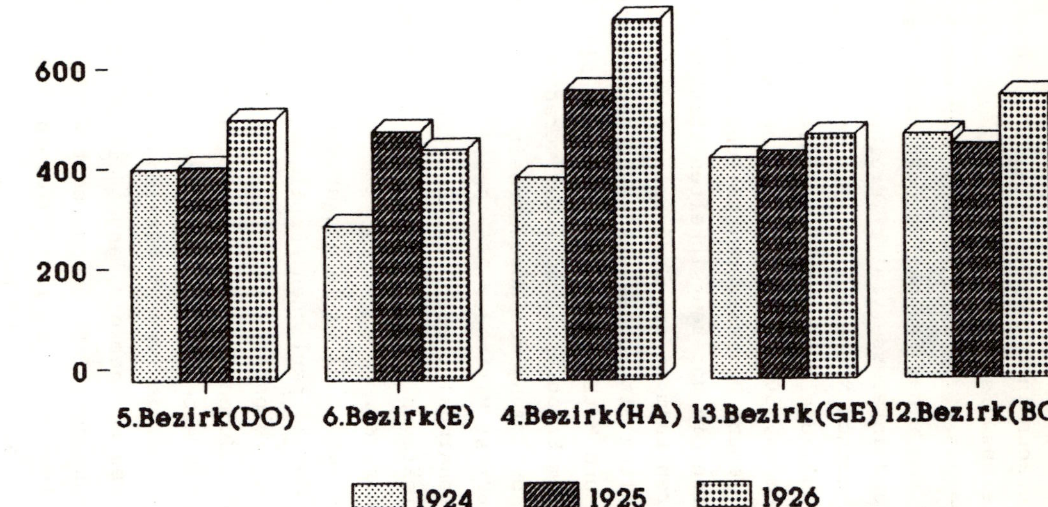
Entwicklung der Jugendarbeit
in ausgewählten Bezirken des 6.Kreis
Mitgliederzahl der 14-18jährigen
800
600
400
200
0
5.Bezirk(DO)
6.Bezirk(E)
4.Bezirk(HA)
13.Bezirk(GE)
12.Bezirk(BO)
1924
1925
1926
Quelle: eigene Zusammenstellung mit
Hilfe der ATSB-Geschäftsberichte von
1920 bis 1929

Angesichts der Entwicklungsprozesse auf Bundesebene, fällt der Mitgliederzuwachs in den Jugendabteilungen der Ruhrgebietsbezirke vergleichsweise bescheiden aus.
Mit Ausnahme des 4. Bezirks (Hagen) kann quasi für die Zeit von 1924 - 1926 von einer Stagnation gesprochen werden. Mangelndes Engagement und Interesse vieler Vereine an der Jugendarbeit findet hier seinen Niederschlag. Die starken Rückgänge in der Mitgliederzahl, die z.B. den 5. und 6. Bezirk im Vergleich zum Jahre 1920 um ca. 50% schrumpfen lassen, sind z.T. auf die bereits beschriebene Bezirksneueinteilung zurückzuführen, darüber hinaus dürften die unterentwickelten Strukturen der Jugendarbeit mit ihren kaum an den Bedürfnissen der Jugendlichen orientierten Inhalten mit zu dieser Situation beigetragen haben.
Die Inhalte und Methoden der Jugendarbeit sind überwiegend abhängig von dem Erfahrungsschatz der verantwortlichen Funktionäre. Eine Abstimmung der Jugendarbeit auf Bezirks- bzw. Kreisebene setzt erst Mitte der 20er Jahre ein.
Die Diskussionsinhalte zur Frage der "Jugendpflege" werden daher auch primär von Bundesfunktionären über den "Volkssport" in den Kreis getragen.
Als Probleme werden dabei in den ersten Jahren hauptsächlich die Inhalte der körperlichen Ausbildung thematisiert.[58] Diskussionspunkte um Selbstorganisations- und Selbstverwaltungsmöglichkeiten der Jugend, die seit Kriegsende breite Kreise der sozialistischen Arbeiterjugendbewegung erfaßt hatten, bleiben im ATSB, bzw. bei den verantwortlichen Funktionären des 6. Kreises und des Ruhrgebiets lange Zeit unberücksichtigt.
Als Zielsetzung der ATSB-Jugendarbeit werden daher auch keine politischen Inhalte formuliert, vielmehr betont man den hohen erzieherischen Wert der körperlichen Erziehung:
"Jugendpflege ist Liebe zur Jugend. Wir als Arbeitersportler haben den Wert der körperlichen Erziehung in frühester Jugend erkannt und darum Schüler- und Jugendabteilungen gegründet.

---

58 ATZ 15 (1923), 125

Keine Züchtung von sogenannten Sportskanonen, sondern systematische körperliche Erziehung durch Turnen, Spiel und Sport ist das Ziel des Arbeiter- Turn- und Sportbundes".[59]

Die zweite Phase in der Entwicklung der Jugendbewegung des 6. Kreises setzt mit der Wahl des Kreisjugendleiters im Jahre 1926 ein. Unmittelbar nach seinem Amtsantritt kritisiert Carl Meis in deutlichen Worten die Situation der Kreisjugendbewegung: "Nicht die Alten, sondern die Jungen müßten die Träger der Bundesidee sein. Das ist leider, insbesondere im 6. Kreis nicht der Fall. Einmal, weil keine nennenswerten Jugendgruppen bestehen und zum anderen, weil der Arbeit für die Jugend nicht genügend Beachtung geschenkt wird."[60]
Lediglich der 5. Bezirk (Dortmund) war in seiner Jugendarbeit bereits vor 1926 auf Bezirksebene aktiv hervorgetreten.[61] Für die einzelnen Sparten werden Anfang des Jahres verantwortliche Spartenjugendleiter gewählt.
Man kann demnach festhalten, daß eine vereinsübergreifende Jugendarbeit bis auf die Ausnahme des Bezirks um Dortmund im Ruhrgebiet vor 1926 nicht stattgefunden hat. Entsprechende Strukturen auf Bezirks- und Kreisebene etablierten sich erst sukzessiv in der zweiten Hälfte der 20er Jahre.
Trotz heftigen Drängens von seiten des Kreisjugendleiters und des Kreisjugendausschusses auf eine Intensivierung und organisatorische Ausweitung der Jugendarbeit, lassen sich jedoch bis in die 30er Jahre hinein Kritiken an dem mangelnden Engagement vieler "Genossen des Kreisgebietes" an den Fragen und Zielsetzungen in der Verbandspresse finden. So berichtet etwa das Mitglied im Kreisjugendausschuß Storsberg:
"Wohl arbeiten zielklare, sich ihrer Aufgabe bewußte junge und alte Genossen an der Gewinnung der jungen Menschen durch den Sport für den Sozialismus, mit unermüdlichen, durch keine Enttäuschungen gebrochenen Willen, aber ihrer sind wenige und ihre Zahl reicht bei weitem nicht aus, diese schwere und doch so

59 Ebenda
60 Freie Sportwoche 26 (1926), 393
61 Freier Jugend Sport 2 (1926), 680

dankbare Aufgabe zu bewältigen und zum Ziele zu führen. Immer und immer wieder ertönt der Ruf um Unterstützung, um tatkräftige Hilfe in diesem für die Zukunft so überaus bedeutungsvollen Kampf. Er tönt ins Leere."[62]

Diese Kritik reflektiert den Zustand der Erziehungsarbeit des 6. Kreises und des Ruhrgebiets in zutreffender Weise. Häufig existieren in den Vereinen noch keine Jugendleiter, oder vorhandene Jugendleiter beteiligen sich nicht an den Fortbildungsmaßnahmen des Kreises oder Bezirks. Im 3. Bezirk (Barmen/Elberfeld) z.B. wird im Jahre 1931 erstmalig ein Jugendausschuß gewählt. Im gleichen Jahr wird hier der erste bezirksweite Jugendleiterlehrgang durchgeführt.[63]

Die möglichen Ursachen dieser Probleme liegen u.a. darin begründet, daß viele Vereine darauf verzichten, neben dem "Übungsleiter" noch einen "Jugendleiter" zu wählen, dem dann u.a. die Aufgabe zugekommen wäre, über die Arbeit im eigenen Verein hinaus auch Kontakte zu Bezirks- und Kreisjugendleiter zu knüpfen und somit eine Vermittlungsfunktion zu übernehmen. Ferner existieren nicht in allen Vereinen Jugendausschüsse zur Koordination der Jugendarbeit der einzelnen Sparten. Auch hier sind die Unterschiede innerhalb der einzelnen Bezirke zu beachten. Innerhalb des 4. Bezirks (Hagen) treten organisatorische Probleme in der Jugendarbeit erst nach der Spaltung der Arbeitersportbewegung auf, von der dieser Bezirk, wie schon mehrfach erwähnt, besonders betroffen war.[64]

Die Jugendarbeit der ATSB-Vereine in der Spätphase der Weimarer Republik wird stark von tagespolitischen Thematiken bestimmt. Das Aufkommen des Faschismus stellt auch die ATSB-Funktionäre vor neue Probleme und Aufgaben. Dazu kommt, daß der ATSB seit seiner Spaltung im Jahre 1928 gezwungen wird, sich vom kommunistischen "Rotsport" abzugrenzen.[65] Dies erfolgt in aller Regel

62 Freier Jugend Sport 2 (1930), 113

63 Volkssport 50 (1931), 422

64 Volkssport 7 (1929), 105

65 Auf einer Bezirksjugendleitersitzung im Jahre 1930 resumierte Meis: Die Spaltung ist auch auf die Jugend nicht ohne Einfluß geblieben, da gerade die Jugend der zersetzenden Einwirkungen der "Opposition" am ehesten erlag. Wir

durch ein deutliches Bekenntnis zur Republik und ihren Institutionen,[66] ferner aber auch über eine Intensivierung der Bildungsbemühungen. Meis schreibt zu dieser Problematik:
"In der Gegenwart gibt es viele 'Kämpfer' - Inflationskämpfer! Solche, die sich nie um die Arbeiterbewegung kümmerten, denen das Wort Sozialismus ein lästiger Ton im Ohr war, die aber, mit der allgemeinen Not gezogen, auch über Nacht Sozialisten wurden... Die verantwortungslose Art des Kampfes dieser Inflations-Nazi-Kommunisten fordert so verlockend und verheißend heraus, daß ein nur fühlender Notleidender bedenkenlos sich verschreibt. Doch der etwas denkende und im sozialistischen Sinne geschulte Arbeiter wird kein Opfer dieser Inflation."[67]

Als Problemlösungsansatz schlägt Meis eine Intensivierung der geistigen Erziehung der Jugendlichen vor:
"Nicht selbst so zu werden! - Das ist der Kern, der aus der wahren Erziehungsarbeit an der Jugend herauskommen soll."[68]

Der "sozialistische Tatmensch", körperlich wie geistig in gleicher Intensität geschult, erscheint für die verantwortlichen Jugendfunktionäre auch in dieser Phase als das zentrale Erziehungsziel der ATSB-Jugendarbeit.

7.4.9 Zur Funktion der Bezirks- und Vereinsjugendfunktionäre

Auf einer Bezirksjugendleiterkonferenz im Jahre 1927 gibt der Kreisjugendleiter Meis in einem Referat einen kurzen Bericht über seine Arbeit:
"Als man mich bei irgendeiner Tagung wählte, sah es mit der Jugendbeweung innerhalb unseres Kreises noch schlecht aus, man hatte es bisher nur verstanden, die Jugend in technischer Be-

---

müssen versuchen, die erlittenen Verluste wieder wett zu machen..." (Freier Jugend Sport 5 (1930), 283)

66 Volkssport 1 (1929),1; Volkssport 53 (1931), 445; Volkssport 11 (1932), 84

67 Freie Sportwoche 40 (1931), 513

68 Ebenda

ziehung zu erfassen. Meine ersten Aufgaben bestanden darin, in Rundschreiben und in Artikeln im 'Volkssport' den Vereinen und Bezirken den Weg zu weisen, den sie in puncto Jugendbewegung zu gehen haben, nur fand ich bisher in meiner Tätigkeit nur wenig Unterstützung, auch wird meine Funktion von manchen Genossen verkannt; man schickt mir z.B. Beschwerdelisten über verhängte Spielverbote der Fußballjugend zu. Es ist nicht meine Aufgabe, Streitigkeiten zu schlichten, sondern den Vereinen zu zeigen, wie wir unsere Jugendlichen zu erziehen und zu bilden haben, damit wir dieselben zu wirklichen Arbeitersportlern erziehen und wir einen guten Nachwuchs haben."[69]

Neben der anklingenden Resignation bezüglich einer Realisierung der Jugendarbeit formuliert Meis hier einen seiner zentralen Aufgabenbereiche: die Vermittlung des neuen sozialistischen Erziehungsansatzes an die verantwortlichen Funktionäre der Bezirke und Vereine. Blickt man auf die von Meis bei diversen Anlässen hierzu gehaltenen Referate, so taucht der Themenkomplex "Erziehung" immer wieder auf.[70] Neben der Durchführung von Lehrgängen für Bezirksjugendleiter, von Sitzungen des Kreisjugendausschusses, und seinem Engagement als reisender Referent für Jugend- und Erziehungsfragen hält Meis ferner Kontakte zu der Bundesebene, insbesondere zu dem Bundesjugendausschuß und ist bemüht, Veränderungen in der Ausrichtung der Jugendarbeit, die auf den Sitzungen des Bundesjugendausschusses, bzw. von anderen Bundesinstitutionen (Kreisjugendleitersitzungen, Sitzungen des Erziehungsausschuß) beschlossen werden, in den Kreis zu tragen.[71]

Die Aufgabe des Bezirksjugendleiters besteht hauptsächlich in der Unterstützung der Vereinsjugendleiter bei Fragen der Erziehung und bei der Planung von Jugendabenden und Festen.[72] Dar-

---

69 Volkssport 7 (1927), 105

70 Volkssport 52 (1928), 854; Freier Jugend Sport 3 (1930), 152; Volkssport 11 (1932), 84

71 Jugend und Arbeitersport 4 (1929), 16; Freier Jugend Sport 10 (1927), 633; Freier Jugend Sport 5 (1930), 283

72 Volkssport 46 (1928), 753

über hinaus kommt ihm die Funktion zu, auf Bezirksebene für die Aus- und Fortbildung der Vereinsjugendleiter Sorge zu tragen. Die Vereinsjugendleiter hatten infolge des "dualen Ausbildungssystems" in den Vereinen primär erzieherische Funktionen, eingebettet in organisatorische Aufgaben (Planung und Durchführung von Wanderungen, Unterhaltungsabenden, Vortragsabenden, Festen).[73]

Zeitliche Schwerpunkte der "geistigen Bildungsarbeit" im ATSB sind stets die Wintermonate, in denen das Sportprogramm infolge der Witterungsverhältnisse nur eingeschränkt durchgeführt werden kann. In dieser Zeit sollen verstärkt die geselligen wie bildenden Inhalte der ATSB-Erziehung zur Geltung kommen: Musikabende, Singabende, Rezitationen, Arbeitsgemeinschaften zu den unterschiedlichsten Themen, heitere Abende, Festveranstaltungen, aber auch Vorträge, bzw. Vortragsreihen stehen auf der Tagesordnung der Vereine und ihrer Programme.

Die Intensivierung der Jugendarbeit auf diesem Gebiet ist Ergebnis einer Diskussion um die Neugestaltung der Jugendarbeit, die seit 1926 von den Jugendfunktionären auf Kreis- und Bezirksebene geführt wird. Als neue Zielsetzungen werden formuliert:

"Wir müssen die Jugend nicht nur gewinnen suchen, sondern wir müssen es verstehen, sie an uns zu fesseln, und das können wir nur, wenn wir Veranstaltungen treffen, die ausschließlich auf die Jugend zugeschnitten sind und wenn wir unserer Jugend Gelegenheit geben, diese Veranstaltungen so zu gestalten, wie sie es will."[74]

"Jugendspezifische Inhalte" wie Sportfeste, Wanderungen, Treffahrten, Geländespiele (Waldläufe, Schnitzeljagd, Volkstänze) und Sonnwendfeiern, verbunden mit Sonnwendfahrten, sollen mit in die Vereinsarbeit des gesamten Jahres integriert werden.[75]

73 Volkssport 6 (1928), 106
74 Freie Sportwoche 26 (1926), 393
75 Freier Jugend Sport 3 (1926), 743

Die Planung von "Heimabenden" steht nicht selten vor dem Problem der Raumfrage. Häufig sind die Vereine nicht in der Lage, der Vereinsjugend zu diesen Zeiten die vereinseigenen Räumlichkeiten zur Verfügung zu stellen. (Die Vereinsarbeit der Erwachsenen findet in aller Regel zu dieser Zeit statt.) Daher verlagern sich diese Veranstaltungen zum Teil in öffentliche Gebäude (Jugendheime, Schulen), aber auch in Privatwohnungen.[76] Bei den Berichten der Kreispresse über diese Veranstaltungen sind eindeutige Tendenzen erkennbar, die auf eine kontinuierliche, fast den gesamten Freizeitbereich der Jugendlichen einnehmende Erfassung der Jugend abzielen.[77] Man glaubt, hiermit den Einflüssen der bürgerlichen Gesellschaft effektiver begegnen zu können.

7.5 Das 1. Westdeutsche Kreiskindersportfest in Hagen

Neben den Jugendtreffen in Lüdenscheid[78] 1927 und Koblenz[79] 1928 sowie dem Kreis-Frauen-Sportfest in Gladbeck[80] 1928 ist auch für die Gruppe der Kinder im ATSB ein besonderes Fest initiiert worden. Dieses 1. Westdeutsche Kreiskindersportfest in Hagen 1928 stand nicht nur einfach in der Tradition der Arbeitersportfeste im Ruhrgebiet, sondern war auch Ausdruck der Bemühungen, neue Konzeptionen im Bereich der Kinderarbeit umzusetzen und vor allem öffentlich darzustellen. Von seinem organisatorischen Aufbau unterschied es sich nicht wesentlich von anderen überregionalen Festen der erwachsenen Arbeitersportler. Vielmehr reihte es sich ein in die Folge von Sportfesten, die ihren Konzeptionen nach auf die Selbstdarstellung im ATSB abzielten. Es erscheint deshalb lohnenswert, zum Abschluß des Kapitels über die Kinder- und Jugendarbeit des Arbeitersports noch das Programm und den Verlauf dieses Festes zu untersuchen.

---

76 Jugend und Arbeitersport 3 (1929), 9f
77 Volkssport 45 (1929), 681; Jugend und Arbeitersport 3 (1932), 9f
78 Volkssport 23 (1927), 382f
79 Volkssport 22 (1928), 378
80 Volkssport 1928,, 553f

Hauptintention des Kreiskinderfestes in Hagen ist die Darstellung der mythischen Vision der Arbeitersportbewegung, die die Kinder und Jugendlichen als Träger der neuen sozialistischen Gesellschaft begreift. Zahlreiche Beschreibungen reproduzieren hier den in der gesamten Arbeiterbewegung verbreiteten, kollektiven Mythos, nachdem die Kinder metaphorisch als "Zukunft des Sozialismus" imaginiert werden. So werden etwa im "Volkssport" die Symbole des Aufstiegs und des Lichts sowie religiöse Konnotationen für die Agitation für das Fest benutzt:
"Herauskommen sollt ihr aus den dumpfen, stinkigen Höfen der Großstadt, die mit ihrer Umgebung in euch den Lebensnerv töten - heraus - ans Licht! Tage der Sonne, Tage des Lichts, Tage gemeinschaftlichen Fühlens und Denkens, sollen diese Festtage für euch sein. Jahrzehntelang haben die `Großen' in der Arbeitersportbewegung für ein neues Menschentum gekämpft. Euch dieses Menschentum zu erkämpfen, war ihr Bestreben. Noch stehen wir im Kampfe um dieses Ziel. Wir `Großen' wissen nicht, ob wir der jetztigen Generation dieses Ziel noch erkämpfen können. Wenn nicht, dann seid ihr berufen, den Kampf fortzuführen... Wir mühen uns darum, daß ihr in eure Herzen die große Idee der Arbeitersportbewegung aufnehmt... Schon in euren Kindertagen wollen wir `Großen' den Gemeinschaftssinn, das Zusammengehörigkeitsgefühl in eure Herzen einprägen. Die `Liebe zum Nächsten' predigen wir euch. Diese Erkenntnis soll in euch reif werden. Die Idee des Massensports hat dann ihren Zweck erfüllt."[81]

Aus diesen pathetischen Worten ist darüber hinaus aber auch deutlich zu entnehmen, in welchem Verhältnis der Sport- und Erziehungsgedanke im ATSB zueinander stehen: Gefordert ist eine offensichtliche Unterordnung des Sporttreibens unter eine sozialistische Erziehungsmaxime.

---

81 Volkssport 33 (1928), 475f

7.5.1 Die Vorbereitungen zum Fest und das Festprogramm

Dem Hagener Arbeitersportkartell obliegt die organisatorische Vorbereitung des Kindersportfestes, eine Aufgabe, die nicht weniger als 12 Ausschüsse, gewählt von den Mitgliedern des Kartells, über ein halbes Jahr beschäftigen soll. Neben dem Hauptausschuß, der die "Verantwortung für das volle Gelingen des Festes"[82] trägt, hat auch der Wohnugsausschuß (Beschaffung von Quartieren für ca. 4000 Teilnehmer/ innen[83]) sowie der Verkehrsausschuß (Auf-/Abbau der Geräte, Abwicklung des Festumzugs, Ausschmückung der Straßen) zentrale Aufgaben zur Realisierung zu übernehmen.
In den letzten Wochen des Jahres 1927 häufen sich im "Volkssport" Meldungen über Vereins- und Bezirksübungsstunden für Kindersportwarte, in deren Verlauf die Freiübungen der Kinder diskutiert, bzw. eingeübt werden sollen. Die Inhalte der sportlichen Darstellungen werden vom technischen Ausschuß unter der Beteiligung des Kreiskinderturnwartes v.d. Linden vorbereitet und den Bezirken zur Verfügung gestellt. Auf Anregungen und Kritik aus den Bezirken wird das Festprogramm Veränderungen unterzogen, die sich hauptsächlich auf die Festfreiübungen beziehen.[84] Im Aufgabenbereich einzelner Bezirke liegt die Vorbereitung von "Sondervorführungen": Der 12. Bezirk (Bochum) plant gymnastische Übungen und Spiele mit dem Medizinball für Mädchen von 12 - 14 Jahren. Der 4. Bezirk (Hagen) beabsichtigt Mutsprünge am Doppelbock für Knaben und Kastenübungen für Mädchen aufzuführen. Auch im übrigen ist die Programmfolge gekennzeichnet von geschlechtspezifischen Aufführungen: Mädchen führen Tänze auf, die Jungen vornehmlich Freiübungen.[85]
Das Kindersportfest wird hauptsächlich von dem Mitgliedern des ATSB über eine Festumlage auf alle Vereine des 6. Kreises sowie den Verkauf von Festplaketten an Kinder (0,25 Mark) und Erwach-

---

82 Volkssport 5 (1928), 74f
83 Volkssport 24 (1928), 406. Die Kinder und Begleiter wurden in Privatquartieren, Jugendherbergen und Jugendheimen untergebracht. (Freier Jugend Sport 6 (1928), 465)
84 Volkssport 6 (1928), 96f
85 Volkssport 26 (1928), 447

sene (0,50 Mark) finanziert. Hinzu kommen Gelder der Kommune Hagen (3000 Mark) und des Landkreises Hagen (300 Mark).[86]
Das Kindersportfest wird in der Zeit vom 14. - 16. Juli 1928 durchgeführt. Es beginnt am Samstagabend (14. Juli) mit einem Begrüßungsabend in der Hagener Stadthalle, die Festrede hält der Kreisjugendleiter Meis.
Das Hauptfestprogramm findet am Sonntag (15. Juli) statt. Vorproben des Sportprogramms werden ab 9 Uhr auf dem Festsportplatz Höing durchgeführt, der aufgrund seiner Größe Platz bietet für über 3700 Freiübungsturner. Am frühen Nachmittag (14 Uhr) beginnt der Festzug der Kinder durch die Straßen Hagens zum Festsportplatz. Die sportlichen Darbietungen erfolgen ab 15.30 Uhr. Um 20 Uhr findet in der Stadthalle die Abschlußfeier des Hagener Sportkartells statt.[87]
Der Montag (16. Juli) steht unter dem Zeichen von Wanderungen für die Teilnehmenden in die Umgebung Hagens (Hohenlimburg, Wetter, Milspe, Volmetal). Die Führung der Wanderungen übernimmt die Ortsgruppe Hagen des Touristikvereins "Naturfreunde".[88]

7.5.2 Die Bedeutung des Festes für die Arbeitersportbewegung des Ruhrgebiets

In verschiedenen Beiträgen der ATSB-Presse wird der Festzug der Kinder als eigentlicher Höhepunkt des Kinderfestes gefeiert. Traditionell erkennt die Arbeitersportbewegung in diesen Aufmärschen das adäquateste Mittel der Außendarstellung des Arbeitersports. Dabei soll nicht nur den eigenen Mitgliedern die Stärke der sozialistischen Sportbewegung vor Augen geführt werden, sondern man betont stets, daß auch die bürgerlichen Gegner beeindruckt werden sollen. Die kollektive Identität des Arbeitersports scheint sich demnach in starkem Maße durch einen di-

86 Freier Jugend Sport 6 (1928), 465
87 Volkssport 16 (1928), 288
88 Volkssport 14 (1928), 245f

rekten Bezug zu den bürgerlichen Sportverbänden und -institutionen zu bilden. Der Volkssport schreibt:
"Die Arbeitersportbewegung hat einen unstreitbaren Erfolg errungen, das müssen auch die Gegner unserer Bewegung anerkennen."[89]

Ferner berichtet die Kinderzeitschrift "Jung - Volk" des ATSB über Stellungsnahmen von ATSB- Mitgliedern zum Sportfest. Einmütig sind hier Momente der Begeisterung festzustellen, wobei es offensichtlich die Größe des Festes sowie die Teilnehmerzahl ist, die wichtige identitätsstiftende Funktionen erfüllt:
"Ich habe über die Größe des Festzuges sehr gestaunt und bin riesig erfreut darüber, zu wissen, daß unsere Turn- und Sportbewegung einen solchen Umfang hat."[90]

Ja, das Fest selbst wird zu einem Symbol für den Fortschritt und die Leistungsfähigkeit des Arbeitersports hochstilisiert, wenn es etwa an anderer Stelle heißt:
"Der Gesamteindruck des schönen Festes zeigte einen gewaltigen Schritt vorwärts für die Ziele unserer Arbeiter- Turn- und -Sportbewegung."[91]

Darüber hinaus gehend zielt das Kinderfest auf eine Darstellung der ATSB- Vereinskinderarbeit ab. Neben den bereits beschriebenen Aufführungen der Kinder soll hier auch die hohe zahlenmäßige Beteiligung der Kinder am Festzug ein Zeichen für die Stärke der Organisation sein. Diesem, im übrigen auch bei den Festen der erwachsenen Arbeitersportler anzutreffenden "Mythos der großen Zahl" entspricht es, daß in den Aufrufen zur Beteiligung an der Veranstaltung Wert darauf gelegt wird, daß möglichst alle Vereine des 6. Kreises mit ihren Kinderabteilungen vollzählig in Hagen anwesend sind:
"Seid euch alle bewußt, daß Tausende von Augen an diesen Tagen auf die Kinder blicken werden. Darum helft mit in allen Verei-

89 Volkssport 29 (1928), 489
90 Jung-Volk 12 (1928), 91
91 Ebenda

nen, daß die Kinderabteilungen frisch und fröhlich, geistig und körperlich gestählt nach Hagen kommen".[92]

Und die ATSB- Presse schreibt:
"Zum ersten Mal treten die Kinder des 6. Kreises auf den Plan, um demonstrativ für die Arbeiterturn- und Sportbewegung einzutreten. Führwahr, es kann für uns keine schönere Pflicht geben, als in gemeinsamen Wirken und Schaffen den höheren Zielen unserer schönen idealen Turnsache zuzustreben. In gewaltiger und wuchtiger Art muß das 1. Kreisfest wirken. Allen denen, die heute noch glauben, die Arbeitersportbewegung totschweigen zu können, wird das Fest eine ernste Mahnung und Warnung sein. Unsere <u>Anhängerzahl in der Kindersportbewegung ist gewachsen</u> (Hervorheb. von uns, d.Vf.) und die Reihen sind geschlossener geworden.... Auf- und vorwärtsstrebende Menschen geziemt es, auch in den Zeiten der Festfreude... der ernsten Arbeit zu gedenken und sich Rechenschaft geben darüber, ob man stets und zu jeder Zeit seine manchmal schwere Pflicht restlos erfüllt hat... Jeder einzelne muß beseelt sein vom gemeinsamen Willen, von der Liebe und Hingabe für unsere Kleinen. Überall muß der Festgedanke geweckt werden. Er muß wachsen, und muß alle begeistern für unser großes Kindertreffen."[93]

Das Kreiskindersportfest stellte eines der letzten überregionalen Feste vor der Spaltung der Arbeitersportbewegung dar, die insbesondere die Hagener ATSB-Kinder- und Jugendabteilungen traf. Sicher kann dieses Fest als Reaktion auf die Intensivierung der Kinder- und Jugendarbeit und als praktischer Umsetzungsversuch der Basis von neuen, von der Organisationsspitze kommenden Konzeptionen gewertet werden. Allerdings deutet unsere Analyse des Festes eher daraufhin, daß hier faktisch die Selbstbestätigung der eigenen Bewegung zum Nachteil einer geforderten kindgerechten Veranstaltungsform in den Vordergrund rückte.

---

92 Ebenda
93 Freier Jugend Sport 6 (1928), 465

8. Körperbild, Gruppenbewußtsein und Rituale der Arbeiterturner

8.1. Zur identitätsstiftenden Funktion des Körpers

Sowohl körperliche Umgangs- und Kommunikationsformen, als auch der Körper selbst, seine Bewegungen und einzelne seiner Teile sind für Arbeiter gerade auch wegen der Anforderungen, denen sie am Arbeitsplatz ausgesetzt waren, immer ein wichtiges identitätsstiftendes Medium gewesen. Die herausragende Rolle, die bestimmte Attribute und Merkmale der Physis, wie z.B. Größe, Wuchs und Gewicht oder Brustumfang und Schulterbreite für die Selbstdefinition gespielt haben, kommt oft schon in den mündlich oder schriftlich fixierten Lebenserinnerungen von Arbeitern zum Ausdruck.

So schildert etwa der schon erwähnte Bergarbeiter Georg Werner, der 1899 aus Schlesien auswandert, in seiner Autobiographie seine Ankunft auf dem Gelsenkirchener Bahnhof. Deutlich ist dabei die Bewunderung herauszuhören, die er für die Körperkraft und -größe des Sohnes seiner "Kostfamilie" empfindet:

"Einer meiner Kameraden empfahl mich an seinen Bruder, der in Gelsenkirchen wohnte und auf der Zeche `Dahlbusch' arbeitete. Dieser schrieb mir, ich solle kommen, er würde mir gern behilflich sein. Mit dem Sohn der Leute, bei denen ich in Kost gehen sollte, holte er mich vom Bahnhof ab. Franz Nowak, der Sohn meiner Kostbauern, war etwas älter als ich, hatte schon gedient und überragte mich um reichlich zwanzig Zentimeter. Dazu war er bärenstark."[1]

An diese, im Alltagswissen von Arbeitern verankerte Wertschätzung bestimmter Körpereigenschaften, zu der noch unmittelbar mit der Physis zusammenhängende Merkmale wie Kraft, Stärke und Geschicklichkeit hinzukommen, hat gerade auch die politische Symbolik der Arbeiterbewegung zum Zwecke der Agitation und der politischen Bewußtseinsbildung immer wieder angeknüpft. In vielen ikonographischen Darstellungen, die im Umfeld der Arbei-

1 Zit. nach: Köpping, 1983, 59

terbewegung entstanden, sind dementsprechend die Arbeiter häufig als große, muskulöse Gestalten dargestellt, die "politische und soziale Macht" symbolisieren sollen.[2] Der Körper und seine Verfassung scheint geradezu als eine besondere Art von "symbolischem Kapital" gebraucht worden zu sein, mit dem Arbeiter Selbstbewußtsein im Kampf gegen die vielfältigen Formen der Repression, Diffamierung und Ausgrenzung durch die bürgerliche Gesellschaft zu gewinnen suchten.
Wir wollen deshalb im folgenden noch einige Aspekte der symbolischen Gebrauchsweisen des Körpers, wie sie auch in der Arbeitersportbewegung des Ruhrgebiets dominant waren und dort hohe mentalitätsstiftende Funktion besaßen, einer Analyse unterziehen. Rekonstruiert werden soll die Struktur eines spezifischen Körperbildes und dessen Wirkungsweise, wobei wir zunächst einige allgemeine Vorstellungen über den Körper im Arbeitersport darstellen und schließlich detaillierter auf die Gruppe der Arbeiterturner eingehen, die mittels einer besonderen Körpersymbolik ein relativ eigenständiges Gruppenbewußtsein entwickelte.

8.2 Stereotype Redeweisen über den Körper

Sucht man nach den stereotypen Redeweisen in der Arbeitersportbewegung, die sich auf den Körper beziehen, lassen sich grob

2 Barbara Kehm hat in einer Arbeit über die Maifeiern der Arbeiter im Spiegel der Bochumer Presse der 20er und 30er Jahre u.a. die stereotype Form der Darstellung, derzufolge die Arbeiterbewegung durch "große Figuren" und ihre politischen Gegner durch "kleine Gestalten" imaginiert wurde, untersucht und dabei herausgearbeitet, daß die semantische Opposition "groß/klein" den Gegensatz von "politischer Macht" bzw. "Ohnmacht" konnotiert. (Kehm, 1986[2], 3) Daß dies auch von Arbeitern so internalisiert worden ist, wurde uns z.B. in einem Interview mit dem Bochumer Gewerkschaftsfunktionär und Mitglied der Naturfreunde, Paul Bludau, Jg. 1906, bestätigt. Bludau erinnerte sich dort an seine Teilnahme an verschiedenen Reichsbanneraufmärschen während der Endphase der Weimarer Republik und verwies voller Stolz darauf, daß "wir bei uns einen über 2m großen Polizisten hatten, der immer im Zug vorneweg marschierte" und daß "das immer einen großen Eindruck auf die Leute, und auch auf die von der SA machte, wenn der mit dabei war." (Interview mit Georg Bludau v. 14.2.1986)

zwei Aspekte voneinander unterscheiden: Zum einen konstruieren die Aussagen einen pseudologischen Zusammenhang zwischen dem Körper, seiner Gesundheit und dem erfolgreichen Führen des Klassenkampfes. Die Vorstellung, derzufolge für den Sieg über die bürgerlich-kapitalistische Gesellschaft ein "gesunder Körper" des Arbeiters eine unabdingbare Notwendigkeit ist, findet schon früh in die Diskurse der Arbeitersportbewegung Eingang. So heißt es z.B. in einer Ausgabe der ATZ von 1904:
"Als Arbeiterturner haben wir zunächst die Aufgabe, den Körper zu stählen und widerstandsfähig zu machen... Ist das nicht eine schöne, ideale Aufgabe, ist dieses Bestreben nicht eine Notwendigkeit für die Arbeiterklasse - Jawohl! Einen Kampf kann man nur mit gesunden, kräftigen Menschen führen. Der Baustein der Zukunft darf nicht krank und faul sein."[3]

Zum andern fällt auf, daß die Arbeitersportler von dem klassischen Dualismus von Körper und Geist ausgehen, diesen sowohl einfach reproduzieren, aber auch insofern umfunktionieren, als daß sie ihn benutzen, um eine eindeutige Abgrenzung zum politischen Gegner herzustellen.
Im folgenden Textauszug, entnommen einem Artikel des "Volkssport", der sich unter der Überschrift "Klassenkampf und Sportbewegung" mit dem Verhältnis zwischen bürgerlicher und Arbeitersportbewegung befaßt, steht die Körpermetapher von der "schwieligen Faust" in Opposition zu der begrifflichen Serie "Professoren", "Doktoren", "Fabrikanten" und "Geheimräte", die u.a. "Geist" konnotiert. Über die negative Wertbesetzung dieser Begriffe bildet sich eine Identität, für die der Körper und Körperlichkeit zentral sind:
"Wie es auf politischem und gewerkschaftlichem Gebiet verschiedene Parteien oder Richtungen gibt, so auch auf sportlichem Gebiet. Auf der einen Seite finden wir die sogenannte bürgerliche Sportbewegung,... auf der anderen Seite die Arbeitersportbewegung... Betrachten wir einmal ein Adressenverzeichnis bürgerlicher Sportverbände, so werden wir keinen Mann der schwieligen

3 ATZ 21 (1904), 263

Faust, wohl aber Professoren, Doktoren, Fabrikanten, Geheimräte und dergleichen darin verzeichnet finden."[4]

Stereotype Verwendung findet in diesem Zusammenhang auch das im Alltagswissen verankerte Sprichwort vom "gesunden Geist, der in einem gesunden Körper wohnt". Es wird verbunden mit der schon angesprochenen Vorstellung über die Rolle der Gesundheit im Klassenkampf. Das Merkmal "gesund" ist dabei das vermittelnde Element, das den Dualismus von Körper und Geist überbrücken soll, und die Agitation des Arbeitersports versucht auf diese Weise an die Alltagserfahrung von Gesundheit und Krankheit anzuknüpfen, um politisches Bewußtsein und Motivation für den Kampf zur Errichtung einer sozialistischen Gesellschaftsordnung zu bilden:
"Gesundheit ist bestimmend für Körper und Geist. `Nur in einem gesunden Körper wohnt ein gesunder Geist'... Wir brauchen einen gesunden Körper, um tüchtig zu schaffen, aber auch einen gesunden Geist, um denken zu können. Wir brauchen beides für einen Kampf, für einen Kampf um das Lebensdasein, aber auch für ein freies Menschentum."[5]

Die Reproduktion des Sprichworts hat ihre Ursache aber auch in dem Bedürfnis, die Existenz der Arbeitersportbewegung innerhalb der Arbeiterbewegung zu legitimieren.

---

4 Volkssport 36 (1922), 321

5 Bochumer Volksblatt v. 26.2.1931; Zu beobachten sind auch zahlreiche Variierungen des Sprichwortes. So wirbt etwa die Dortmunder Ortsgruppe des Freidenkerverbandes für einen Beitritt der Arbeitersportler in ihre Organisation mit der Metapher des "aufrechten Körpers", versucht also eine allgemein als positiv bewertete und Selbstbewußtsein symbolisierende Körperhaltung für ihre Ziele zu nutzen und stellt dem das negative Bild des "ausgemergelten und gebeugten Körpers" gegenüber: "Arbeitersportler höre! In einen aufrechten Körper gehört ein aufrechter Geist! Du bist bestrebt, aus dem vom Kapitalismus ausgemergelten, verkümmerten und gebeugten Körper des Proletariers einen gesunden aufrechten (Hervorheb. i. Original, d.VF.) zu formen, um ihn zu einem Mitstreiter im Befreiungskampfe der Menschheit zu machen." (Festführer zum 2. Westdeutschen Arbeiter-turn- und Sportfest, Dortmund 1930)

Während die Funktion von Partei und Gewerkschaften von deren tradtionellem Selbstverständnis her in der "geistigen Bildung und Erziehung" der Arbeiter besteht, übernimmt der Arbeitersport die Verantwortung für die "körperliche Bildung" und kann mittels der Formel des "gesunden Geistes, der in einem gesunden Körper" wohnt, im politischen und gewerkschaftlichen Bereich der Arbeiterbewegung gegen entsprechende Vorbehalte angehen, die sich gegen die körperlichen Freizeitaktivitäten von Arbeitern richten. Weil die Formel prinzipiell so interpretiert werden kann, daß die Voraussetzung für eine erfolgreiche Geistesbildung ein entsprechend "gesunder Körper" ist, zu dem der Arbeitersport beiträgt, kann einer Vorstellung begegnet werden, die der "geistigen Bildung" absolute Priorität einräumt.
Dementsprechend heißt es in einem Gedicht, das ein Arbeiterturner anläßlich des 10jährigen Stiftungsfestes seines Vereins verfaßt:

"Und auch der Kopf wird nicht vergessen - Ja, es heißt:
`Ein starker Körper? - Gleichermaßen auch der Geist!'
Wir schaffen Klassenkämpfer, die überzeugt von ihrer Pflicht,
Damit der Sport uns hilft durch Nacht zum Licht!"[6]

8.3 Der Widerspruch zwischen Turnen und Sport

Die allgemeine Relevanz des Körperbildes für die Arbeiter- und Arbeitersportbewegung ist mit diesen Ausführungen ebenso skizziert, wie die hauptsächlichen symbolischen Bedeutungen, die mit dem Körper verbunden wurden.
Während unserer Recherchen fiel uns nun weiterhin auf, daß der Widerspruch zwischen Turnen und Sport innerhalb der Arbeitersportbewegung eine Rolle im Hinblick auf ein bestimmtes Körperbild, dessen Verbreitung und die damit verknüpfte Form der Mentalitätsbildung gespielt hat.
Auszugehen war bei einer genaueren Betrachtung dieses Aspektes also zunächst von der in der Sekundärliteratur immer wieder

6 Festbuch zur Stadioneinweihung des Sportklubs Obersprockhövel, o.J. (1931)

festgestellten Dominanz der Arbeiterturner in den Vereinen und Verbänden des deutschen Arbeitersports, die sich auch für die Entwicklung und die Verhältnisse im Ruhrgebiet bestätigt. Neben den Radfahrern sind es hier wie anderswo die Arbeiterturner, auf deren Initiative die ersten Vereine entstehen. Ihr Einfluß zeigt sich jedoch nicht allein daran, daß sie die Gründergeneration der Arbeitersportbewegung stellen, bzw. bis zu deren Ende die Mehrzahl der gehobenen Führungspositionen innehaben. Sie entwickeln auch ein spezifisches System von Wertvorstellungen, Symbolen und Ritualen, in denen sich ein ausgeprägtes Selbst -und Gruppenbewußtsein artikuliert.
Dieses Gruppenbewußtsein entsteht zu einem großen Teil durch den staatlichen Repressionsdruck während des Kaiserreichs und in der Auseinandersetzung mit der bekämpften bürgerlichen Deutschen Turnerschaft. Darüber hinaus spielt in diesem Zusammenhang aber auch das Verhältnis zur Sport- und Spielbewegung eine ausschlaggebende Rolle, gegen die sich die Arbeiterturner lange Zeit gewehrt haben.
Ihre Kritik gegenüber der Leichtathletik, dem Fußball, Handball, Boxen usw. verbindet sich dabei in der Regel mit dem Vorwurf, dadurch werde der Körper nur ungenügend ausgebildet und einseitig und oft sogar in gesundheitsgefährdender Weise belastet. Hinzu tritt die Befürchtung, daß gerade durch die modernen Formen des Sports kapitalistische Werte und Prinzipien wie Konkurrenz, Egoismus und Starkult in der Arbeiterklasse verbreitet würden. Die Ablehnung aller Sportdisziplinen kann dabei teilweise soweit gehen, daß selbst der Begriff "Sport" vermieden und durch andere, positiver besetzte Begriffe wie "Körperpflege" oder "Leibesübungen" ersetzt wird. Ein Beispiel für diese Strategie ist der Artikel "Sport oder Mord", der 1924 im Bochumer "Volksblatt" erscheint und durch eine minutiöse Schilderung von Verletzungen beim Boxen die Rezipienten davon überzeugen will, daß diese Form der körperlichen Aktivität auf keinen Fall für Arbeitersportler in Frage kommen darf:
"Denke Dir, lieber Leser, zwei Sportler, nur mit einer leichten Sporthose bekleidet, an den Händen sogenannte Unzenhandschuhe, betreten den Ring. Auf Kommando des Richters geht es los. Links

und rechts sitzt der Schlag. Es folgen dann Stöße vor das Nasenbein oder vor die Kinnlade... Das Ohr, die Nase blutet, auch die Zähne scheinen zu bluten. Der 'Sportler'wankt... Der Kampf ist aus... Nach all dem fragen wir uns: Ist der Boxsport wirklich Volkssport, eine Leibesübung, die den Menschen gesunden, erzieherisch auf ihn und vor allem auf die Jugend in diesem Sinne einwirken kann. Alles ist zu verneinen. Sport, wir sagen Körperpflege oder Leibesübungen, denn mit dem ersten Namen wird heute Schindluder getrieben, ist es nicht... Unserem Urteil über den Boxsport schließt sich der Bundesturnwart des Arbeiter-Turn- und Sportbundes an, der sagte: Das Boxen auf öffentlichen Bühnen ist eine polizeilich erlaubte Körperverletzung."[7]

Da aber der Sport auch unter Arbeitern und insbesondere unter Arbeiterjugendlichen immer attraktiver wird, müssen die Arbeiterturner dem schließlich aus Gründen der Selbsterhaltung der Bewegung Rechnung tragen und die verschiedenen Sportarten integrieren. Auf offizieller Verbandsebene äußert sich das in der relativ autonomen Organisierung verschiedener Sportsparten und der Umbennenung des Arbeiter-Turnerbundes in "Arbeiter-Turn- und Sportbund" nach dem Ersten Weltkrieg.
Diese Form der Integration sagt allerdings kaum etwas über die Verhältnisse auf der Ebene des Vereinsalltages aus, dessen Struktur noch immer nicht ausreichend erforscht ist und sich auch wohl nur über den Ansatz einer alltags- und regionalgeschichtlichen Perspektive erschließt.
Aufgrund unserer Forschungsarbeiten meinen wir feststellen zu können, daß die formale Integration der anderen Sportarten auf der organisatorischen Ebene keine vergleichbare Entsprechung im alltäglichen Vereinsleben besaß, sondern daß vielmehr der Konflikt zwischen den traditionsbewußten Turnern und den übrigen Arbeitersportlern bis zum Ende des Arbeitersports weiter bestanden hat und wirksam gewesen ist.

7 Bochumer Volksblatt v. 2.2.1924

8.3.1 Turnerischer Habitus

Neben entsprechenden Hinweisen in den Quellen, in denen z.B. Arbeiterschwimmer oder -fußballer die Bevormundung seitens der Turner kritisieren,[8] zeigt sich das u.E. in besonderem Maße im Zusammenhang mit einigen Symbolen und rituellen Gesten, die im Arbeitersport verbreitet waren und deren identitätsstiftende Funktion noch heute in den Erzählungen ehemaliger Arbeitersportler deutlich zum Ausdruck kommt.
Zu solchen Ritualen gehören insbesondere das Singen von Liedern der Arbeiterbewegung zu Beginn oder Ende der Turnstunde oder auch auf Tagungen und Versammlungen, die Grußformel "Frei Heil", aber ebenso körperliche Bewegungsformen wie die an militärische Ordnungsmuster erinnernden, turnerischen Frei- und Ordnungsübungen, die im übrigen, wie die Analyse der von uns durchgeführten Interviews zeigte, von allen männlichen und weiblichen Mitgliedern eines Arbeiterturnvereins regelmäßig praktiziert wurden.
All diese symbolischen und rituellen Formen kann man als Elemente eines "turnerischen Habitus" bezeichnen, denn sie sind in dieser Art typisch für die Arbeiterturner und gelten nicht, bzw. in nur eingeschränktem Maße für Schwimmer, Ballspieler und Leicht- oder Schwerathleten, sodaß wir es für gerechtfertigt halten, idealtypisch zwischen einer "turnerischen" und einer "sportlichen Sozialisation" in der Arbeitersportbewegung zu unterscheiden. Unbedingt zum turnerischen Habitus zählt darüber hinaus aber auch - und das ist in diesem Zusammenhang von besonderem Interesse - eine bestimmte Vorstellung über das Aussehen und die äußere Erscheinungsform des Körpers und seiner Haltung, die vor allem durch das positiv besetzte Merkmal der

---

8 Vgl. exempl. Volkssport 10 (1922), 85

Straffheit bestimmt ist. Der Körper bekommt hier entscheidende Funktionen für die Formierung eines Gruppenbewußtseins der Arbeiterturner.[9]

8.3.2 Übertragung des Körperbildes der Arbeiterturner in andere Sportarten

Es läßt sich nun beobachten, daß die Arbeiterturner versucht haben, Elemente ihres Habitus und ihres Körperbildes in andere Sportarten zu übertragen, um so in einer für sie als kritisch empfundenen Phase ihren Einfluß in der Arbeitersportbewegung zu erhalten.

Auslösendes Moment dafür ist der immer stärker werdende Einfluß der Spiel- und Sportbewegung innerhalb der reinen Arbeiterturnvereine, der offensichtlich eine regelrechte Sinn- und Identitätskrise bei den älteren Arbeiterturnern hervorruft.

Während jugendliche Arbeiterturner schon vor 1914 in den Vereinen zunehmend darauf drängen, neben dem Turnen insbesondere noch das Fußballspiel betreiben zu können, dies aber in der Regel von den älteren Vorturnern und Turnwarten noch direkt unterbunden werden kann, schafft der Erste Weltkrieg folgende Situation: Durch Einberufung der erwachsenen Turner, Vorturner und Turnwarte kommt wie anderswo auch in den Revierstädten der Vereinsbetrieb des Arbeitersports zum Erliegen. In dieser Phase organisieren Arbeiterjugendliche offenbar nicht selten selbst und außerhalb der klassischen Form des Vereins ihre sportlichen Aktivitäten. Die damit verbundenen Folgen für das Turnen werden in einer Schilderung des Dortmunder Arbeitersportlers Emil Wienhold, vor dem Ersten Weltkrieg Turnzögling, deutlich:

"Während des 1. Weltkrieges spielten wir Kinder und Jugendliche auf der Straße Fußball. Es war für uns die einzige Möglichkeit Sport zu treiben, denn die Turnstunden fielen während des Krieges aus. Nach Ende des Krieges sollte das ursprüngliche

---

9 Wie die Auseinandersetzungen zwischen Turnen und Sport zeigen, finden sich ähnliche Verhaltensmuster in der bürgerlichen Sportbewegung.

Turnen wieder eingeführt werden. Unser aus dem Krieg heimkehrender Vorturner, Max Zimmermann, war sehr enttäuscht, als er feststellen mußte, daß wir Zöglinge Turnutensilien verkauft hatten, um Fußbälle dafür zu kaufen."[10]

Es darf angenommen werden, daß solche oder ähnliche Erfahrungen für die älteren Turner keine Einzelfälle geblieben sind. Hinzu trat außerdem, daß, wie wir bereits in Kapitel 3 aufgezeigt haben, der relativ rasche und enorme Aufschwung des Arbeitersports nach dem Ersten Weltkrieg auch im Ruhrgebiet durch die Etablierung reiner Sport- und Ballspielvereine und -abteilungen erfolgt. Auf diese für sie mit der Gefahr eines Verlustes ihrer Wertvorstellungen verbundenen Entwicklung, reagieren die Arbeiterturner nun, indem sie ihr Körperbild den anderen Sportlern als Modell präsentieren und darüber hinaus einzelne, in ihrer besonderen Mentalität negativ besetzte physische Merkmale zur Diffamierung und Abgrenzung gegenüber den Ballspielern und Leichtathleten gebrauchen.
Typisch dafür ist ein Artikel im "Volkssport", der Anfang der 20er Jahre erscheint. Absicht dieses Artikels ist es, die Fußballer für das in der Krise befindliche Turnen zu gewinnen und von der Notwendigkeit dieser Form der Leibesübungen zu überzeugen. Dabei werden die positiv bewerteten Elemente des turnerischen Habitus, wie die "breite und gehobene Brust", eine besondere Form des Gehens, das "Schreiten", und die "straffe Körperhaltung" in einen identitätsstiftenden Gegensatz zu bestimmten negativen Merkmalen der Physis der Fußballer gebracht:
"Während der Turner in stolzer Haltung daherschreitet, kommt der Nurfußballer mit gesenktem Kopf, die Brust tief eingedrückt, die Arme wie unnötige, überflüssige Anhängsel mit sich führend, daher geschlendert. Die Beine sind stets in Offensivstellung gehalten, und wehe der leeren Wichsdose oder anderen schußfähigen Gegenständen, die dreist genug sind, sich ihnen in den Weg zu stellen. Sie werden ohne Rücksicht auf die Straßenpassanten zu einer Luftreise verurteilt. In genau derselben

10 Interview mit Emil Wienhold v. 15.12. 1985

Haltung liefern sie ein Wett- oder Gesellschaftsspiel auf dem Sportplatz. Beine und Lunge werden dabei zu größter Tätigkeit angespornt, während die Brust zwischen den schlaff herabhängenden Armen eingepfercht wird."[11]

Die hier erkennbare Tendenz zur Behauptung der turnerischen Identität mittels eines bestimmten Körperbildes spiegelt sich aber nicht nur auf einer rein verbalen Ebene wider.
Die Essener Arbeiterschwimmerin und Naturfreundin Fanny Rothensee beweist mit ihrer Schilderung, daß traditionelle turnerische Rituale und Bewegungsmuster - hier das Aufstellen und Marschieren zu Beginn der Übungsstunde - in diesem Zusammenhang insofern eine wichtige Rolle spielen, als sie offensichtlich in variierter Form auf andere Sportarten übertragen werden:
"Im Arbeitersport war alles mögliche vertreten, aber es ging geordnet zu... Als der Schwimmverein gegründet wurde (unmittelbar nach dem 1. Weltkrieg, d.Vf.) waren auch viele Turner nun mit im Schwimmverein..., und wir waren immer alle pünktlich und diszipliniert. Erst aufstellen, dann marschierten wir singend um das große Becken herum. Turner, auf zum Streite,... wir sangen dann Schwimmer auf zum Streite, tretet in die Bahn, Kraft und Mut geleite uns zum Ziel hinan..."[12]

Psychologisch betrachtet ist dieses Übertragen von Elementen des turnerischen Habitus folgendermaßen erklärbar: Nach dem Ersten Weltkrieg bot sich vor allem den Arbeitern, die noch als Turnzöglinge im Kaiserreich auf dem Turnboden gestanden hatten und die besondere "turnerische Sozialisation" erfahren hatten, die Möglichkeit neuer Bewegungs- und Rollenerfahrungen. Die damit verbundene Unsicherheit erforderte eine Integration dieser neuen Bewegungsmuster in den eigenen, durch traditionelle Strukturen geprägten Wahrnehmungshorizont, die dann eben mittels der "alten" turnerischen Rituale geleistet werden konnte. Diese Funktion der Reduzierung von Angst- und Unsicherheitsgefühlen beim Erlernen und Erfahren neuer Sportarten sollte u.E.

11 Volkssport 9 (1922), 65
12 Interview m. Fanny Rothensee v. 23.7.86

allerdings nicht darüber hinwegtäuschen, daß eine der Wirkungen des Körperbildes und der mit ihm verbundenen Rituale in der Machterhaltung der Arbeiterturner im Vereinsalltag des Arbeitersports bestand.

8.3.3 Rituale der Ordnung und der Disziplin

Für diese These lassen sich noch weitere Hinweise finden, wobei insbesondere auf den Begriff der Disziplin einzugehen ist. Dieser Terminus und seine Konnotationen, vor allem der Begriff der Ordnung, der in der Regel synonym verwendet wird, haben offensichtlich gerade in der Gruppenmentalität der Arbeiterturner eine große Rolle gespielt.
"Disziplin" stellt für die Arbeiterturner einen positiven Wert von besonderer Bedeutung dar. Ihre Identität bildet sich in hohem Maße über diesen Begriff, und sie erblicken im Aufkommen der Sport- und Spielbewegung das Eindringen von "Regellosigkeit", "Undiszipliniertheit" und "Unordnung" in die bis dahin von ihnen dominierte Arbeitersportbewegung. Dementsprechend bekämpfen sie in ihrer Agitation die Sportler und Ballspieler, in dem sie gegen diese beständig den Vorwurf des "unordentlichen und undisziplinierten Verhaltens" erheben. "Sport" und "Disziplinlosigkeit" scheint in der Mentalität der Arbeiterturner fest miteinander verknüpft. So heißt es z.B. in einem Artikel aus dem "Volkssport" unter der bezeichnenden Überschrift "Vom sportlichen Betragen":
"Was ist das eigentlich, gibt es ein Betragen besonderer Art, das man als sportlich bezeichnen könnte? Eigentlich nicht, denn was wir darunter verstehen, ist das Betragen anständiger, disziplinierter Menschen... Was ist aber Disziplin? Selbstbeherrschung, um die Formen des Anstandes zu wahren. Das eben verlangen wir vom Sportler, daß er sich selbst beherrscht und tut, was ihm Verstand und Takt gebietet... Wie steht es damit? Ganz ehrlich, wenn man aus seinem Herzen keine Mördergrube machen will, muß man zugestehen, daß es sehr schlecht steht. Fast möchte man meinen, daß der Sport kein Mittel gesellschaftlicher

Erziehung ist, sondern eher das Gegenteil. Disziplin kann man allenfalls beobachten, solange die Sportler unter Kommando stehen; sind sie dagegen sich selbst überlassen, dann kann man oft sehr schlimme Dinge erleben. Abgesehen von alkoholischen Ausschreitungen benehmen sich die Sportler oft so disziplinlos, um nicht zu sagen flegelhaft gegen andere Leute, daß man die Rückwirkungen in der Bewegung (gemeint ist die Arbeitersportbewegung, d,Vf.) nur tief bedauern kann."[13]

Interessant ist, daß die Vorstellung von Disziplin, wie sie für die Arbeiterturner typisch ist, eng an militärähnliche Verhaltensmuster und Körperformierungen angelehnt ist. In dem Zitat wird das schon durch die Formulierung angedeutet, derzufolge Sportler nur diszipliniert sind, wenn sie "unter Kommando" stehen. Dieser Vorstellung entspricht auf der Ebene der Sportpraxis die Wertschätzung der Frei- und Ordnungsübungen durch die Arbeiterturner, die u.a. aus militärische Bewegungselementen bestehen und die im Vereinsalltag den Auftakt und Schluß der Übungsstunde bilden, bzw. auch den Übungsbetrieb gliedern, um offenbar einen "ordnungsgemäßen Ablauf" zu gewährleisten.
Der Dortmunder Arbeiterturner Ernst Erdt, Jg. 1903, beschreibt dieses Ritual:
"Ja, das war bei den Freiübungen. Also wir kamen in die Halle, so um 18.00 Uhr. Dann konnte eine Viertelstunde frei herumgelaufen werden... Dann kam der Pfiff: Antreten! Dann wurde in einer großen Reihe angetreten, der Größe nach, mit Abzählen, genauso mit Kopf kurz nach links werfen, die Zahl rufen... Dann Aufmarschieren. Genaues Aufmarschieren mit Links schwenkt! Marsch! Praktisch militärisch... Exakt stehen bleiben! Von wegen da rumlümmeln oder hinsetzen, das gab es nicht... Dann wieder Trillerpfeife: Übung beendet! Weitermarschieren zum nächsten Gerät!"[14]

---

13 Volkssport 34 (1922), 306

14 Interview mit Ernst Erdt v. 8.8.1986. Wie fest der Begriff der Ordnung offenbar an militärische Bewegungsmuster gekoppelt war, wurde auch noch in einem Gespräch mit dem Arbeiterturner Helmut Turck, Vortuner beim Freien Turn- und Spielverein Hagen 1896, deutlich. Auf die Frage nach dem Sinn der Frei- und Ordnungsübungen und deren militärischen

Begreift man die Frei- und Ordnungsübungen der Arbeiterturner nun als Rituale der Ordnung und Disziplin und mißt in diesem Zusammenhang der damit verbundenen Körperformierung die Funktion zu, die Werte "Ordnung" und "Disziplin" symbolisch zu repräsentieren, dann erklärt sich auch der Umstand, daß die Arbeiterturner immer wieder versuchen, die Ballspieler und Leichtathleten in ihren Vereinen zur Teilnahme an den Frei- und Ordnungsübungen anzuhalten: Für sie kann eine Gruppe, die generell im Verdacht der Disziplinlosigkeit steht,[15] aber vor allem in der Frühphase der Weimarer Republik fester Teil der Arbeitersportbewegung wird, offensichtlich nur auf diese Weise "erzogen" werden.

Die Arbeiterturner bilden ihr besonderes Gruppenbewußtsein also dadurch, daß sie sich selbst gleichsam in die Rolle der "Hüter von Ordnung und Disziplin" in der gesamten Arbeitersportbewe-

---

Bewegungselementen antwortete Turck: "Ja, Sie müssen ja irgendwie Ordnung da hineinbekommen... Wie wollen Sie das denn anders machen, wenn Sie da 30 bis 40 Leute in der Halle haben. Anders kriegen Sie ja gar keine Ordnung da hinein". (Interview mit Helmut Turck v. 13.3.1987)

15 Dabei ist anzunehmen, daß die Arbeiterturner durch verschiedene Ereignisse, die mit der Durchsetzung der Sport- und Spielbewegung und insbesondere des Fußballspiels auftraten, ihre Vorurteile gewissermaßen bestätigt bekamen. Zum einen ist hier das offenbar häufig auftretende Phänomen von Spielabbrüchen, Spielprotesten und Schiedsrichterkritiken im Arbeiterfußball zu nennen, zum andern jedoch auch die gelegentlich vorkommende Praxis der Fußballer in einem bürgerlichen und einem Arbeitersportverein gleichzeitig Mitglied zu sein oder, was schon des öfteren der Fall war, bei entsprechenden materiellen Angeboten zu einem bürgerlichen Verein zu wechseln. Ein Beispiel für dieses Verhalten ist der von uns interviewte Bochumer Arbeiterfußballer Otto Salewski, Jg. 1908, der 1930 den Arbeitersportverein Harpen verließ, weil ihm der bürgerliche Fußballverein Sodingen für seinen Beitritt einen Arbeitsplatz auf einer Herner Zeche versprochen hatte. Nachdem Salewski ein knappes Jahr bei Sodingen gespielt und noch immer keinen Arbeitsplatz bekommen hatte, ging er wieder zu seinem ehemaligen Arbeitersportverein zurück. (Interview mit Otto Salewski v. 2.7.1986) Gerade ältere Arbeiterturner dürften solche und ähnliche Geschehnisse als "Disziplinbruch" gewertet haben.

gung versetzen und dabei den "Sportlern", die oft nur wenig Verständnis für eine Teilnahme an den Ordnungsritualen besitzen, sogar autoritär gegenübertreten.
Aufschlußreich ist in diesem Zusammenhang z.B. eine Aussage des Dortmunder Arbeiterfußballers Karl Scharmann, der als Kind, wie er selbst formulierte, "auf dem Turnboden groß geworden war" - also die entsprechende turnerische Sozialisation bekommen hatte - und im Zuge der Öffnung des Arbeitersports zu den Ballspielen schließlich zu einem Arbeiterfußballverein überwechselt.
Scharmann erinnert sich, daß bei Arbeitersportfesten die Fußballer oft unter der Androhung von Spielverbot dazu gezwungen wurden, bei den Aufmärschen und den Frei- und Ordnungsübungen der Arbeiterturner mitzuwirken, die üblicherweise anläßlich des Auftaktes oder Endes der Feste im Stadion vor Publikum durchgeführt wurden.[16]
Vergegenwärtigt man sich, daß gerade die Arbeitersportfeste immer auch unter dem Aspekt "symbolische Darstellung der Masse, der Einheit, der Disziplin und der Solidarität des Arbeitersports" standen, so läßt das darauf schließen, daß gerade die Arbeiterturner wie keine andere Gruppe sonst im Arbeitersport auch hier die Führungsrolle[17] beansprucht und über ein entsprechendes Körperbild umzusetzen versucht haben.
Waren durch den Einfluß der Spiel- und Sportbewegung im Vereinsalltag schon viele verschiedene Bewegungsformen - und damit auch unterschiedliche Körperbilder[18] - im Arbeitersport vorhanden, so sollte wenigstens auf der Ebene der öffentlichen

---

16 Interview mit Karl Scharmann v. 31.7.1986

17 Eine Parallele dazu findet sich in den Auseinandersetzungen zwischen DT und DRA zu Beginn der 20er Jahre.

18 Wir glauben hier die Hypothese formulieren zu können, daß im Vereinsalltag gerade bei den Arbeiterschwimmern tendenziell ein anderes Körperbild vorhanden war. Viele Fotos von Arbeiterturnern zeigen z.B. eine nach Größe und in Reihe hintereinander aufgestellte Riege. Dabei wurde offenbar auch darauf geachtet, daß die Körper sich gegenseitig nicht berührten, sondern in einem möglichst gleichen Abstand voneinander standen. Demgegenüber scheint auf den zeitgenössischen Bildern der Arbeiterschwimmer eher das Motiv einer locker formierten, gemischtgeschlechtlichen Gruppe zu dominieren, deren einzelne Mitglieder durch Körperkontakte, wie etwa Umfassen der Arme und Schultern, miteinander verbunden sind.

Selbstdarstellung der Eindruck der Einheit durch eine für alle geltende Körperformierung gewahrt bleiben. Diese orientierte sich dann aber letztlich an einem militärischen Modell, das bei den Arbeiterturnern eine Tradition besaß und in das sogar, wie die folgende Anweisung zum Reichsarbeitersporttag in Essen 1923 beweist, das Bekleidungsverhalten miteinbezogen war:
"Achtung, Reichsarbeitersporttag! Um alle Zweifel zu beheben, teilen wir mit, daß die Kleidung der Turnerinnen für den Festzug folgende ist: weißer Schwitzer, blaue Turnhose, schwarze Strümpfe und Turnschuhe, keine Zivilschuhe, um einheitlich aufzutreten. Wir bitten dieses unbedingt zu beachten."[19]

An anderer Stelle ist bereits darauf aufmerksam gemacht worden, daß das Vorhandensein militärähnlicher Rituale und das ihnen koresspondierende Körperbild in der Arbeitersportbewegung auch in dem kollektiven Vorwurf von Chaos und Unordnung begründet ist, den das Bürgertum gegen die Arbeiterklasse immer wieder erhoben hat und daß die Reproduktion dieser Verhaltensmuster sicher auch zur Bildung einer autoritären Mentalität beigetragen hat.[20] Zu ergänzen wäre diese These um den Aspekt, daß die Verhaltensmuster gerade bei den "Sportlern" nicht attraktiv waren und daß sie dadurch wohl auch den Effekt besessen haben, den Widerspruch zwischen Turnen und Sport in der Arbeitersportbewegung weiter zu vertiefen und einer erfolgreichen Integration des Sports auf der Ebene des alltäglichen Verhaltens im Verein eher im Wege standen.
U.E. scheint ein weiterer wichtiger Grund für die Reproduktion der Rituale von Ordnung und Disziplin aber auch noch in der Vorstellung gelegen zu haben, daß der Sozialismus nicht nur die Aufgabe habe, den "Geist", sondern auch den "Körper" des Arbeiters in besonderer Weise zu veredeln:
"Die sozialistische Gesellschaft wäre aber eine Halbheit, träte zu der Vollkommenheit des Geistes nicht auch jene des Körpers. Hochstand des Geistes, Gesundheit und Körperschönheit sind die Eigenschaften, welche die Träger der von uns ersehnten Gesell-

---

19 Essener Arbeiterzeitung v. 8.6.1923
20 Hauk, 1986, 69ff

schaftsordnung aufweisen müssen. Bekenntnis zum Sozialismus verlangt von uns deshalb Arbeit am Körper. Diesem Schönheit und Form und dadurch Gesundheit zu geben, erfordert Leibesübungen, Sport... Arbeitersport ist ein solches Mittel zur Höherhebung der Ausgebeuteten..."21

hieß es etwa in einem Artikel der "Niederrheinischen Volksstimme". Da diese Zielvorstellung aber in einer weiterhin durch gesundheitszerstörerische und den Körper hohen Belastungen und Gefährdungen aussetzende Produktionsverhältnisse gänzlich irreal bleiben mußte, bestand offensichtlich ein gewisses Bedürfnis nach Kompensierung. Die Arbeiterturner scheinen nun mit ihrem besonderen Körperbild eine kompensatorische Funktion erfüllt zu haben. Sie antizipierten das gewünschte sozialistische Körperideal und waren in dieser Hinsicht der "Teil der Arbeiterbewegung", der symbolisch für das "Ganze" stand. Wenn diese These richtig ist, dann folgt daraus aber auch, daß in der Arbeiterbewegung zumindest Tendenzen vorhanden waren, nach denen "Schönheit und Gesundheit des Körpers"[22] am besten über militärähnliche Formierungen zu repräsentieren waren. Zudem wäre die Frage zu stellen, ob nicht eine Auswirkung der besonderen Wertschätzung eines "gesunden und schönen Körpers", wie sie sich in dem Artikel aus der "Niederheinischen Volksstimme" artikuliert, darin bestanden hat, daß der Arbeitersport all diejenigen nicht integrieren konnte, die aus Alters- und Krankheitsgründen über das favorisierte Körperbild gar nicht verfügen konnten.

---

21 Niederrheinische Volksstimme v. 22.2.1928

22 Es darf natürlich in diesem Zusammenhang nicht übersehen werden, daß gerade auch die Arbeitsverhältnisse und ihre Folgen für die körperliche Verfassung von Arbeitern den Wunsch nach Gesundung und Erhalt eines funktionsfähigen Körpers erzeugt haben. So war die Schaffung eines Ausgleichs zu den Arbeitsverhältnissen immer eins der zentralen Anliegen des Arbeitersports. (Vgl. dazu: Ueberhorst, 1973, 40f) Das Problem scheint eher darin gelegen zu haben, daß sich aus diesem Ziel offenbar eine Art "Körpermythos" entwickelte, der im Hinblick auf die Hegemoniefähigkeit der Arbeiterbewegung auch fragwürdige Folgen gehabt hat.

9. Die sportliche und kulturelle Praxis des Arbeitersports am Beispiel der Arbeitersportfeste

In seinem bereits eingangs erwähnten Literaturbericht über den bisherigen Forschungsstand zum Arbeitersport hat Hans Joachim Teichler u.a. festgestellt, daß eine "systematische Aufarbeitung des historischen Sportverhaltens und der kulturellen Eigenarbeit in der Arbeitersportbewegung noch in den Anfängen steht".[1] Neben der Aufarbeitung der zeitgenössischen Kulturtheorien und der "sozialistischen Körperkultur" im Arbeitersport,[2] ist bisher insbesondere ein Vergleich dieser theoretischen Konzepte mit dem Vereinsalltag ausgeblieben. Lediglich Herbert Dierker bemerkt in einer Theorie-Praxisanalyse, daß "das Vereinsleben vor Ort tendenziell noch hinter der theoretischen Leistung eines kritischen Aneignungsprozesses zurückbleibt."[3]

Schon in der zeitgenössischen Literatur zur Arbeitersportkultur stand die "sozialistische Körperkultur" als Form unmittelbarer, alltäglicher Lebensgestaltung im Wechselspiel von Hoch- und Volkskultur.[4]

Damit ist ein zentrales Problem der historischen Arbeitersportbewegung angesprochen. Sie war auf der einen Seite, um ihrem Anspruch eine Massenorganisation zu sein, gerecht zu werden, auf die Rezeption populärer, volkstümlicher Formen angewiesen. Ihrem Ziel, zugleich auch Träger einer neuen "sozialistischen

---

1 Teichler, 1984, 333

2 "Darum ist der Sport zugleich Befreier für den gemarterten, geknechteten und mißhandelten Proletarier... In diesem Sinne ist Arbeiter-Sport ein höherer Begriff als Sport schlechthin, er ist ein Emporheben der tiefuntersten Gesellschaftsschichten zum Kulturleben" (Wildung, 1925, 11, zit. nach: Teichler, 1984, 331)

3 Dierker, 1983, 53-57

4 Während z.B. Paul Franken in Anlehnung an Max Adler im Sozialimus vor allen Dingen eine Kulturbewegung sah und eine sozialistische Fest- und Körperkultur forderte, warnte Helmut Wagner die Arbeitersportbewegung vor der konsequenten Verwirklichung einer "sozialistischen Sportgesinnung". Er befürchtete einen Einbruch in der Massenwirksamkeit der Arbeitersportbewegung, vergleichbar mit manchen "Nacktkultur- und Gymnastikzirkeln". (Vgl. dazu: Franken 1980 und Wagner 1973)

Körperkultur" zu sein, konnte sie allerdings nur entsprechen, wenn sie eine eigene, an ihren theoretischen Entwürfen angelehnte Sportpraxis entwickelte. Den zeitgenössischen Widerspruch zwischen einer Massenkultur mit populären Elementen und bürgerlichem Einfluß und einer "sozialistischen Körperkultur", die lediglich von Sekten gepflegt wurde und auf eine Massenbasis verzichtete, gilt es allerdings kritisch zu hinterfragen. An dieser Stelle soll geprüft werden, ob die Arbeitersportbewegung "vor Ort" in der Lage war, mit eigenen hegemonialen Kulturformen, bürgerlich-dominierende Formen sportlicher Praxis zu hinterfragen und eigenen, alternativen Modellen gegenüberzustellen.

Die bisherigen Ergebnisse des Forschungsprojekts lassen jedoch an der "Fähigkeit" der regionalen Arbeitersportbewegung des Ruhrgebiets zur Hegemonie zweifeln. Zum einen scheinen die soziokulturellen und ökonomischen Voraussetzungen im Ruhrgebiet die Arbeitersportbewegung trotz der Herausbildung eines zahlenmäßig starken Industrieproletariats eher behindert als gefördert zu haben. Zum anderen haben organisatorische Prozesse, wie z.B. die Spaltung des Arbeitersports, eine kulturell effektive Arbeit nicht begünstigt. Daß jedoch von der fehlenden quantitativen Basis nicht vorschnell auf mangelnde kulturelle Leistungsfähigkeit geschlossen werden darf, konnte schon an einigen Beispielen der Entwicklung des Arbeitersports im Ruhrgebiet gezeigt werden.

Neben der vorgenommenen Analyse des Körperbildes im Arbeitersport und den praktizierten Sportarten, soll abschließend noch mit den Festen des Arbeitersports ein weiteres, wichtiges Praxisfeld in seiner historischen Entwicklung genauer untersucht werden.

Wenn in der Literatur die zahlreichen Feste der Arbeitersportbewegung untersucht wurden, so waren dies in erster Linie die großen Massenveranstaltungen, wie nationale Sportfeste und die Arbeitersportolympiaden.[5] Ihre Analyse erscheint jedoch nur wenig geeignet zu sein, Fragestellungen nach der Beziehung

5 Ueberhorst, 1973, 146ff und Fischer, 1978, 95ff

von Arbeiterbewegungskultur und Arbeiterkultur[6] zu beantworten. Zwar blieben diese Festlichkeiten und Höhepunkte des Arbeitersports aufgrund ihrer Größendimension einigen Zeitgenossen besonders im Gedächtnis haften, typisch für den Vereinsalltag waren sie in keiner Weise. In Sprech- und Bewegungschören z.B. nahmen bei solchen Mammutveranstaltungen bis zu 1000 Menschen teil. Sie bauten eine zeremoniell-ästhetische Welt des Rituals und der Symbolik auf (Weihespiele) und lösten so die Arbeiter und Arbeiterinnen von den Mühsalen ihres Alltags, aber auch von ihrer Alltagskultur.[7]

Den Zusammenhang von Vereinsalltag und Festlichkeiten des Arbeitersports können nur regionale Studien ergründen.[8] Analog zur Analyse der regionalen Organisations- und Mentalitätsgeschichte des Arbeitersports, müssen deshalb also zunächst die soziokulturellen Voraussetzungen und Eigenarten der Region untersucht werden.

9.1 Regionale soziostrukturelle Voraussetzungen für die Entwicklung einer Arbeiterfestkultur

9.1.1 Die Sonderkulturen der Polen und der Bergarbeiter

Das entstehende Ruhrgebiet ab den 60er Jahren des 19.Jahrhunderts ist so etwas wie ein "Schmelztiegel" verschiedener Bevölkerungskreise. Bedeutungsvoll für die Entstehung einer eigenen soziokulturellen Identität sind vor allem drei soziale Gruppen: die agrarisch geprägten Zuwanderer, die berufsständischen Bergleute sowie die monarchisch-national orientierten Kleinbürger.

Die agrarisch geprägten Zuwanderer, insbesondere aus den Ostgebieten des deutschen Reiches bzw. aus Polen, halten an ihrer

---

6 Zu dieser systematischen Unterscheidung siehe besonders: Saldern, 1986, 147

7 Stübling 1983

8 Noltenius, 1987, 41f. Leider wirken die vom Autor zahlreich angeführten regionalen Beispiele hauptsächlich illustrierend und daher ihrer "Regionalität", d.h. ihrem Zusammenhang mit den regionalen Besonderheiten von Alltagskultur beraubt.

Identität lange Zeit fest. In einer Vielzahl von Vereinen, darunter auch die Sokol-Sportvereine, suchen sie ihre kulturelle Eigenheit zu wahren. Der Produktionsbereich fördert zwar durch ein erlebbares Solidaritätsgefühl eine schrittweise Integration, dennoch kommt es zur Herausbildung einer festen, relativ abgeschlossenen polnischen Subkultur im Ruhrgebiet, wofür in erster Linie eine zunehmende Polenfeindlichkeit und Diskriminierung verantwortlich gemacht werden kann.
Hat diese Polenfeindlichkeit in der Hauptsache politische Gründe,[9] so richtet sich die Diskriminierung aber auch gegen die für typisch gehaltenen polnischen Kultur- und Verhaltensmuster. Besonders die alten traditionellen Geselligkeitsformen sind Zielscheibe der antipolnischen Agitation. Dabei ist eine Orientierung z.B. der Feste an kalendarischen Riten, verbunden mit Merkmalen wie materieller Überfluß und dessen demonstrativer Konsum, Genuß und Tabubrüchen, nicht nur, wie wir bereits im Kapitel über das Verhältnis zwischen Arbeitersportbewegung und "wilden" Turnvereinen gezeigt haben, typisch für die Ruhrpolen. Diese Elemente einer Volkskultur werden aber - ähnlich wie im Falle der "wilden" Vereine" - durch ihre Belegung mit Metaphern wie "Excesse", "sittlicher Niedergang" und "wildes Treiben"[10] im öffentlichen Bewußtsein zusätzlich auch zur Diskriminierung der Ruhrpolen gebraucht und schaffen so im Alltagsverstand stabile Vorurteile gegen diese Bevölkerungsgruppe. Auch die verächtliche Bezeichnung "Pollacken" gehört in diesen Zusammenhang.
Entscheidend für unsere Fragestellung ist, daß auf diese Weise nicht nur die Ruhrpolen diskriminiert, sondern auch die Elemente einer Volkskultur tabuisiert werden, die sich gerade in einer bestimmten Form von Festkultur ausdrücken.
Die Übernahme der Vorurteile erfolgt nun auch in der Arbeiterbewegung und führt dort - so lautet unsere These - zu einer Disziplinierung der Festkultur.

---

9 In Preußen setzte in den 90er Jahren eine antipolnische Politik gegen eine polnische "Überfremdung", in der Hauptsache vom auch später im Ruhrgebiet ansässigen "Ostmarkverein" betrieben, ein. (Vgl. Herbert, 1986, 75)

10 Ebenda

Um nicht selbst vom bürgerlichen Vorwurf, wie er sich in der Redeweise von "den unsittlichen Pollacken" manifestiert, getroffen zu werden, entfernen sich die Feste der Arbeiterbewegung im Ruhrgebiet offensichtlich immer mehr von traditionellen volkskulturellen Elementen.
Neben diesen Rahmenbedingungen ist in diesem Kontext darüber hinaus aber auch noch einmal an die schon angesprochene, besondere Form der Bergarbeiterfestkultur zu erinnern.
Die Bergleute verfügen über eigene historisch entwickelte Formen der Geselligkeit und des Festes, die nicht nur durch "Berggebräuche" und kirchliches Festbrauchtum, sondern auch durch eine gewisse Akzeptanz der herrscherlichen, patriarchalen Autorität (Monarchenverehrung) geprägt ist.
Als eine typische Form kann hier das "Bergfest" mit dem obligatorischen Kirchgang und Umzug unter den Klängen der Bergkapelle, der aufwendigen Massenmahlzeit mit schützenfestähnlichem Freibierkonsum, Tanz und Kinderbelustigung auf Kosten der Bergamtskasse, angesehen werden.[11]
Aufgrund des Fehlens historisch gewachsener Städte, kann sich jedoch im Ruhrgebiet keine einheitliche Festkultur der Bergleute ausbreiten. Statt dessen schaffen die Betriebe ein eigenes Vereins- und Festwesen, das unter dem Eindruck der ersten Bergbaukrisen in den 80er Jahren des 19.Jahrhunderts wieder rückläufig wird. Fortan organisieren sich Arbeiter, Führungspersonal und Unternehmer mit ihresgleichen in Vereinen und Klubs zur Pflege der jeweils eigenen Vergnügungen,[12] und in diesen Vereinen leben ständische Rituale, vielfach unter der Obhut der katholischen Kirche, weiter fort.

9.1.2 Frühe Arbeiterfeste und politisch-monarchischer Kult des Bürgertums

Die aufkommende Arbeiterbewegung bemüht sich im Ruhrgebiet anfangs aus taktischen Rücksichten um vorsichtige Zurückhaltung

11 Tenfelde, 1979, 209ff
12 Ebenda, 226

gegenüber dem spezifisch bergmännischen Festbrauchtum. Das Bedürfnis der Bergleute nach abgehobener Geselligkeit ist tief verwurzelt, und es darf angenommen werden, daß sich auch viele sozialdemokratische Arbeiter nicht der Eindringlichkeit der bergmännischen Festkultur zu entziehen vermögen.[13] Trotzdem bemühen sich die Sozialdemokratie und die Gewerkschaften um eine eigene Festkultur. Besonders die seit 1900 alljährlich veranstalteten "Gewerkschaftsausflüge" in Düsseldorf ziehen zeitweise bis zu 2000 Menschen an.[14]
An diesen Festen, die im Ruhrgebiet aufgrund der organisatorischen Schwäche der Gewerkschaften sehr viel kleiner sind als etwa im Bergischen Land oder in den rheinischen Regionen und hier auch erst später entstehen, nehmen häufig auch die Arbeitersportvereine teil.
Im gesamten Ruhrgebiet gibt es im Kaiserreich aber auch eine politische Kultur, die national-monarchisch orientiert ist und nicht nur das Bürgertum, sondern - durch ein ausgeprägtes System von Traditions- und Kriegervereinen - zahlreiche Arbeiter einbinden kann. Daneben gelingt es zumindest bis zum Ende des 19.Jahrhunderts, die polnischen Vereine und die Vereine der Bergleute in die öffentlichen Feste und Aufmärsche weitgehend zu integrieren.[15] Diese Festkultur beinhaltet neben den Aufmärschen, Denkmalsenthüllungen und Schützenfesten auch Elemente der Volkskultur und zeigt damit, daß und wie sich das Bürgertum seine Hegemonie im Alltagsleben und in den Bereichen elementarideologischer Anschauungsformen und Verhaltensweisen zu sichern sucht.
Die Faszination, die von solchen Rituale ausgeht, ist von Klaus Tenfelde beschrieben worden:
"Das Volk...nahm die im jahreszeitlichen Rhythmus wiederkehrenden Feste zum Anlaß seiner eigenen unbekümmerten Geselligkeit, seines ausgelassenen Treibens. Es feierte im Freien, bevölkerte mit seinen großen Familien und fähnchen-

---

13 Ebenda, 233
14 Friedemann 1982
15 Füßmann 1985

schwenkenden Kindern die Festplätze, bestaunte das militärische Schauspiel und freute sich an der Festmusik."[16]

Die bürgerlichen Turnvereine im Ruhrgebiet, in denen immer weitaus mehr Arbeiter Mitglied sind als in den Vereinen des Arbeitersports, sind bei den monarchisch-nationalen Festen und Umzügen ständig mit Abordnungen und Abteilungen vertreten, wobei sie durch die öffentliche Vorführung der Rituale der Frei- und Ordnungsübungen auf dem Festplatz nicht nur einfach teilnehmen, sondern symbolisch gewissermaßen auch Werte wie "Einigkeit", "Ordnung" und "Geschlossenheit" propagieren.

9.1.3 Das Fußballspiel als besondere Form des Volksfestes

Die Festkultur der bürgerlichen Turnvereine entwickelt sich von den Vereinsfesten, Stiftungsfesten und Preisturnwettkämpfen der Kaiserzeit zu populären Sportfesten in der Weimarer Republik. Den Charakter eines "Volksfestes" ungeheurer Popularität nehmen besonders die Fußballspiele an. Die Popularität des Fußballs im Ruhrgebiet ist nicht nur durch das Entstehen zahlreicher Vereine sichtbar, sondern gerade auch durch die Entwicklung zum beliebtesten Zuschauersport. Während die Fußballvereine in den Städten Gelsenkirchen (Schalke 04), Dortmund (Borussia) und Essen (Schwarz-Weiß) bis zu 40000 Menschen zu Fußballspielen mobilisieren, werden selbst in kleineren Städten wie Wanne-Eickel und Herne die Spiele der Vereine "Preußen" Wanne und "Westfalia" Herne von zahlreichen Zuschauern besucht.[17] In den Städten werden diese Massenveranstaltungen erst durch den Bau von großen Stadien möglich. So werden die Stadien "Rote Erde" in Dortmund und "Glückauf-Kampfbahn" in Gelsenkirchen 1926 fertiggestellt. Den Volksfestcharakter der Spiele kennzeichnet Siegfried Gehrmann durch:
"...das Anrücken der Zuschauermassen offenbar schon geraume Zeit vor Spielbeginn; die dichte Besetzung der Ränge - der Re-

---

16 Tenfelde, 1979, 225
17 Gehrmann, 1988, 93

porter spricht von einer `undurchdringlichen Menschenmauer`-, die mitgeführten Lärminstrumente, um die eigene Mannschaft anzufeuern; das Zusammenspiel von Akteuren und Publikum - die Nervosität der Spieler überträgt sich auf die Zuschauer, die ihrerseits immer aufgeregter werden -, das drohende Murren der Menge, das darauf hindeutet, daß der Gegner unfair attakiert; schließlich der Jubel über den Erfolg der eigenen Mannschaft, deren Spieler am Ende im Triumphzug vom Platz getragen werden."[18]

Die Fußballvereine bekennen sich in dieser Zeit zu der sozialen Herkunft ihrer Zuschauer, und üben eine große Faszination gerade auf junge Arbeiter aus. Dadurch sind sie in der Lage, besonders in der Krisenzeit der dreißiger Jahre, Menschen von ihrer politisch-sozialen Deklassierung abzulenken.

9.2 Entwicklung und Strukturen der Festkultur des Arbeitersports

9.2.1 Arbeitersportfeste im Kaiserreich

Wie entwickelte sich vor diesem Hintergrund die Festkultur des Arbeitersports im Ruhrgebiet? Waren die Arbeitersportvereine in der Lage aus dem "Humus" der Volkskultur im Ruhrgebiet eine an ihren Idealen orientierte "sozialistische Festkultur", wie sie z.B. von dem Kulturtheoretiker Paul Franken[19] gefordert wurde, zu entwickeln?
Die Suche nach Festen oder Feierlichkeiten des Arbeitersports in der Kaiserzeit im Ruhrgebiet zeigt kaum Ergebnisse. Der Arbeitersport ist organisatorisch zu schwach, um mit Festen und Feiern an die Öffentlichkeit zu gehen. Zudem verhindern auch die repressive Gesetzgebung und schikanöse Praktiken der staatlichen Behörden die größere Entwicklung einer Arbeitersportfestkultur. Die gesamte Arbeiterbewegung ist in der Kaiserzeit

---

18 Gehrmann, 1988, 107
19 Franken, 1979, 71f

nicht zur Durchführung großer öffentlicher Auftritte in der Lage.

Neben der Praxis, daß Arbeiterturn- , -radfahr- oder -athletenvereine auf Gewerkschaftsfesten auftreten, und dort aber meist nur eine dekorative Funktion erfüllen, finden die Feste des Arbeitersports in der Regel in dieser Zeit lediglich auf Vereins- und Bezirksebene statt. Besonders beliebt sind dabei offensichtlich die zahlreichen volkstümlichen Veranstaltungen wie Tanzfeste und Maskenbälle. Letztere rufen allerdings bei den Funktionären des Arbeitersports vielfach Unbehagen und massive Kritik hervor. Wiederholt finden sich in der ausgewerteten Literatur Anträge auf Kreis- und Bezirksturntagen, die sich gegen die Maskenbälle wenden, so z.B. auf dem Kreisturntag 1910 in Herne, auf dem der Delegierte Möller aus Barmen eine Resolution einreicht, "wonach Maskenbälle tunlichst zu vermeiden und Preismaskenbälle als der Freien Turnsache unwürdig vollständig fallenzulassen sind".[20]

9.2.2 Lokale Arbeitersportfeste zu Beginn der Weimarer Republik: das Beispiel Herne

Ist diese Haltung typisch für die Zeit des Kaiserreichs, gibt es mit dem Beginn der Weimarer Republik erste Anzeichen für eine intenisivierte gewerkschaftliche Festkultur im Ruhrgebiet. Als Beispiel sei an dieser Stelle die anfänglich örtliche Praxis genannt, den 1. Mai mit einem Gewerkschaftsausflug zu feiern.

Im Jahr 1922 ruft die Sozialdemokratische Partei für Herne, Sodingen, Holthausen und Börnig zu einer Reihe von Veranstaltungen am 1.Mai auf. Der Zug am Vormittag führt zum "Kanalschlößchen", einem bekanntem Ausflugslokal am Rhein-Herne-Kanal. An der Feier im Volkspark, mit einer Ansprache, Gesangs-Vorträgen und einem Konzert am Nachmittag, nehmen auch die Arbeitersportler mit turnerischen Aufführungen teil. Den volkskulturellen Charakter unterstreichen die Veranstaltungen am

---

20 ATZ Nr.10 v.15.5.1910, 165f

Abend mit Theater-Aufführungen, Gesangs-Vorträgen und abschließendem Tanz.[21]
Das vorhandene Bedürfnis nach Unterhaltung und Belustigung nutzt z.B. auch der Herner Arbeitersportverein "Einigkeit" im Jahre 1920 für sein Familienfest. Geworben wird mit einem "spiegelglatten Parkettboden, auf dem es sich herrlich tanzen läßt".[22] Weiterhin werden "Turnerische Aufführungen, lebende Bilder und Aufmarsch mit Pyramidenbau"[23] angekündigt. Hier manifestiert sich der Versuch, mit Hilfe weit verbreiteter Geselligkeitsformen die eigene Organisation, den eigenen Verein zu stärken. Erstaunlicherweise wird dabei jedoch, sieht man von dem Datum 1. Mai einmal ab, auf eine Darstellung der inhaltlichen Ziele des Arbeitersports verzichtet.

9.2.3 Neuansätze in der Festkultur während der Weimarer Republik

Mit dem Zusammenbruch der Monarchie in Deutschland, den geänderten politischen und gesellschaftlichen Rahmenbedingungen sowie der Ausdifferenzierung der Arbeiterbewegung bzw. der Arbeiterkulturbewegung seit Anfang der 20er Jahre lassen sich auch für den Bereich der Festkultur der Arbeiterbewegung neue Formen und Inhalte konstatieren.
Ihrem Selbstverständnis nach fühlen sich die sozialistischen "Kulturtheoretiker" der frühen Weimarer Zeit[24] als die kulturellen Erben des einst radikalen, nun aber reaktionär gewordenen Bürgertums. Dieser kulturpolitisch- kulturtheoretische Ansatz dominiert während der 20er Jahre in den Diskussionsprozessen der Arbeiterbewegung. Dem zugrunde liegt eine deterministische Geschichtsauffassung von der quasi automatischen Transformation der bürgerlich-kapitalistischen zur sozialistischen

---

21 Bochumer Volksblatt v. 30.4.1922
22 Herner Zeitung vom 11.9.1920
23 Ebenda
24 Hier sei z. B. auf Gustav Radbruch verwiesen (Vgl. dazu: Kaufmann, 1987, 168 ff)

Gesellschaft, in der die Arbeiterklasse notwendiger Weise zum Subjekt der zukünftigen gesellschaftlichen Ordnung werden soll. Die Arbeiterfeste erhalten in diesem marxistischen Weltbild eine besondere Aufgabe zugewiesen. Sie haben quasi eine neue, "höhere" kulturelle Stufe zu antizipieren, sollen konkreter Ausdruck eines "neuen Völkerfrühlings" oder" Menschheitsfrühlings" werden.[25]
Die neuen Festformen der Arbeiterbewegung setzen in Form und Inhalt an den traditionellen Festen der bürgerlichen Kultur, insbesondere an den kirchlichen Festen an. Im Ablauf der Feste sollen die proletarischen Zukunftserwartungen und sozialistischen Utopien durch die inhaltliche Ausgestaltung für die Teilnehmenden sichtbar bzw. erfahrbar werden.
Für den Bereich der Arbeitersportbewegung lassen sich in der Weimarer Zeit eine Vielzahl von neuen Festaktivitäten erkennen, wobei verschiedene Traditionslinien sichtbar werden. Zum einen sei auf die mannigfaltigen Reformbemühungen und Neuansätze der sozialistischen Arbeiterjugendbewegung verwiesen. Unmittelbar nach Kriegsende, in der Phase der "jugendbewegten Zeit",[26] entwickelt sich innerhalb der Arbeiterjugend ein neues Lebensgefühl. Dabei wird nach neuen Ausdrucks-, Kommunikations-, Lebens- und Freizeitformen gesucht. Die zugrundeliegenden Normen und Wertvorstellungen sind idealistisch, z.T. romantisierend, primär gefühlsorientiert, ohne ein ausgesprochenes, auf Veränderung der politischen Strukturen gerichtetes Interesse.[27]
Zum anderen sind die Ansätze verschiedener sozialistischer Theoretiker und Pädagogen[28] erwähnenswert, die die Umgestaltung der Festkultur einbetten in den Gesamtentwurf der Schaffung einer sozialistischen Gesellschaft.
Sie entwerfen Konzepte neuer Festformen, die als proletarische Alternative zu den kirchlich-bürgerlichen Festen fungieren sollen: Jugendweihen anstelle von Konfirmationen oder Sonnwendfeiern statt Weihnachtsfeiern.[29] Hinzu treten neue Gedäch-

---

25 Liebknecht, 1898, 50
26 Krafeld, 1984, 83f
27 Schley, 1987, 44ff
28 Adler 19262; Kanitz 1974 und Franken 1930
29 Sozialistische Erziehung, 5 (1924), 182

nisfeiern: Liebknecht-, Luxemburg-, Verfassungs- und Revolutionsfeiern, aber auch andere Feiern wie Stiftungsfeste, Frühlings- und Sommerfeste bis hin zu lebenszeitlichen Festen (soz. Heirat, Taufe oder Beerdigung).
Einschränkend muß hier jedoch festgestellt werden, daßniemals während der Weimarer Zeit, diese neuen Festformen zu einem "flächendeckenden Instrument sinnvermittelnder Festgestaltung der Arbeiterbewegung"[30] geworden sind.
Seit Ende der 20er Jahre erfaßt den "Weimarer Kultursozialismus"[31] eine tiefe innere Krise. Neben einer schwindenden politischen wie kulturellen Integrationskraft der Arbeiterkulturbewegung[32] wird der Kultursozialismus auch aus den eigenen Reihen heraus kritisiert und werden seine rituellen Formen der Festgestaltung heftig angegriffen. Die Feste werden wegen ihres stets gleichen inhaltlichen Aufbaus anhand des Bildes von "Dunkelheit und Licht" - begriffen als Metapher des Emanzipationskampfes der Arbeiterklasse - kritisiert. Als Alternative erscheinen Überlegungen, die die traditionellen Darstellungsformen um Elemente des Alltagslebens erweitern und dadurch attraktiver gestalten wollen. Der Historiker Peter Friedemann schreibt hierzu:
"Die Skizze einer solchen `neuen Festform', etwa eines `Sprechchortextes' erhielt zuerst Elemente der Arbeitswelt, sie beschrieb Probleme der industriellen Wirklichkeit... Vermischt wurde ein solcher Sprechchor mit musikalischen Einlagen... Aussagen aus dem Radio, Filmeinblendungen etc."[33]

In diesen Veränderungen sind Ansätze einer Integration von neuen Medien der Massenkulturbewegung zu erkennen, als Indiz für fortgesetzte Interdependenzen von Arbeiter- und bürgerlicher Kultur.

---

30 Friedemann, 1986, 108
31 Langewiesche, 1984, 41ff
32 Peukert, 1987, 150ff
33 Friedemann, 1986, 110

9.2.4 Zielsetzungen der Festkultur für Jugendliche und Kinder

Die Festkultur im Arbeitersport der Kaiserzeit entbehrt noch kinder- und jugendspezifischen Formen, Kinder und Jugendliche werden lediglich "beteiligt", dürfen die Veranstaltungen besuchen.[34]

Dieses Bild ändert sich jedoch im Laufe der Weimarer Zeit, als Feste im Arbeitersport aus neuen Motiven heraus begangen werden. Neben einer Selbstdarstellung der Organisation nach innen und außen, der Selbstbekräftigung durch das Erleben von Solidarität und Zusammengehörigkeit oder der Darstellung eigener proletarischer Zukunftserwartungen, steht nun gerade das Moment der Erziehung der Teilnehmenden, insbesondere der Kinder und Jugendlichen, im Vordergrund. Bei der Erarbeitung neuer Konzepte für die Festkultur im Arbeitersport[35] orientiert man sich an den nachfolgenden Ansätzen.

Sowohl aus entwicklungspsychologischen Gründen als auch durch die Tatsache begründet, daß das individuelle "Wollen" nicht allein vom "Verstand" sondern auch vom Gefühl gelenkt wird, setzen sozialistische Pädagogen der Weimarer Zeit ihre Erziehungkonzepte bei der sozialistisch motivierten "Gefühlsbildung" an. Bereits Kinder sollen mit Zielsetzungen der sozialistischen Bewegung vertraut gemacht werden, um so eine feste emotionale Verbindung zu ihrer Klasse zu bekommen. Erst nach der Bildung des "Klassengefühls" habe sich die gezielte Schulung des "Klassenbewußtseins" anzuschließen, die im Sinne einer verstandesmäßigen Erweiterung der jugendlichen Psyche aufgefaßt wird.[36]

Das "Klassengefühl" selbst soll gebildet werden durch eine aktive Beteiligung der Kinder und Jugendlichen an Festen, Feiern, Aufmärschen der Arbeiterbewegung sowie durch die Verwendung gemeinsamer Symbole (Fahnen, Kleidung, Abzeichen).[37]

Dabei werden die sozialistischen Feste der Arbeiterbewegung als zentrale Mittel für die sozialistische Gefühlsbildung erkannt. Diese sollen zugleich durch ihre Organisation wie inhaltliche

---

34 Friedemann, 1988, 386
35 Volkssport Nr. 32 (1927), 529f
36 Kanitz, 1929, 111
37 Sozialistische Erziehung, 10 (1925), 254ff

Gestaltung ein bewußter Ersatz für religiöse Feste darstellen, als Ausdruck des antireligiösen Ansatzes der sozialistischen Erziehung.[38]
Der sozialistische Pädagoge Otto F. Kanitz führt hierzu aus, man könne im Hinblick auf die Instrumentalisierung der Festkultur viel von der Kirche lernen:
"Von ihren Methoden (gemeint sind die der Kirche, d.Vf.) müssen wir viel lernen: Sie blickt auf eine vierhundertjährige psychologische Erfahrung zurück. Sie hat es verstanden, die Kinder für ihre abstrakten Lehren zu gewinnen, ohne diese Lehren selbst den Kindern vortragen zu müssen."[39]

Als zentrale Forderung wird formuliert, daß sich die sozialistischen Feste und Feiern deutlich von den bürgerlich-klerikalen Festen unterscheiden sollen.
Der Charakter dieser neuen Festkultur für Kinder und Jugendliche im Arbeitersport des Ruhrgebiets soll im folgenden exemplarisch an den Festen der Jugendweihe und der Sonnwendfeiern veranschaulicht werden

9.2.5 Die Jugendweihe

Als Jugendweihen werden Feiern bezeichnet, die symbolisch den Übergang der Kinder in das Leben der sozialistischen Jugend zum Ausdruck bringen sollen. Von diesen Passagenritualen erfaßt werden Kinder im Alter von 13 - 16 Jahren. Gleichzeitig ist diese Feier gedacht als Ausdruck der Bindung des werdenden Individuums an die sozialistische Bewegung.
Der Gedanke der Jugendweihe wird hauptsächlich von den "Freien/Weltlichen Schulen" aufgegriffen und in den 20er Jahren dort als Ersatz für die Konfirmation oder Firmung verstanden. Dabei knüpft diese Art von Jugendfeier der sozialistischen Bewegung bewußt an die kirchlichen Vorbilder an, da ein Ignorieren oder ersatzloses Streichen der Firmung oder Konfirmation

---

38 Kanitz, 1974, 221
39 Sozialistische Erziehung, 10, (1925), 258

angesichts der tiefen Verwurzelung dieser Feiern auch in den Reihen der Arbeiterschaft offensichtlich nicht möglich ist.[40]
Seit Angang der 20er Jahre lassen sich in der Bundespresse des ATSB erstmalig Hinweise bzw. Aufforderungen zur Durchführung von Jugendweihen in Form von Schulentlassungsfeiern finden.[41]
Diese Jugendfeiern im ATSB sind in die Phase der zu Ostern stattfindenden Schulentlassungen gelegt, in eine Zeit also, in der alle Jugendarbeit betreibenden Jugendverbände mit intensiven Werbemaßnahmen an die schulentlassenen Jugendlichen herantreten.

Innerhalb des 6. Kreises des ATSB wird bis in die zweite Hälfte der 20er Jahre die Bedeutung der Jugendweihen kontrovers diskutiert. So referiert etwa Jugendleiter Carl Meis Positionen, die besagen, daß der ATSB keine eigenen Jugendweihen durchführen müsse, da viele Kinder bereits eine solche in den "Freien Schulen" erlebten.[42] Meis hält jedoch dagegen, daß die Jugendweihen im ATSB von einem anderen Charakter seien. Die Jugendweihe im ATSB habe nichts mit der Jugendweihe der weltlichen Schulen zu tun. Vielmehr gehe es um die feierliche Gestaltung der "Schulentlassung", bei der die Kinder der ATSB-Kinderabteilungen feierlich in die Abteilungen der Jugend übergeführt werden sollen.[43]

Offensichtlich wird bei den Ausführungen des Kreisjugendleiters zu den Jugendweihen im ATSB, daß diese Festform von ihrer Intention her eher unter die Klasse der Werbeveranstaltungen einzureihen ist, die jedoch von ihrer Konzeption und Durchführung einen recht beeindruckenden Verlauf nehmen soll.

Als Organisationshilfen zur Gestaltung von Jugendweihen können die Funktionäre der ATSB-Jugendarbeit auf verschiedene Publikationen zurückgreifen, die vom Zentralbildungsausschuß der SPD[44] sowie vom Arbeiter-Jugend-Verlag[45] veröffentlicht werden.

40 Cardoff, 1983, 110f
41 ATZ, 4 (1922), 39
42 Freier Jugend Sport 1, (1927), 26
43 Ebenda
44 Lohmann o.J.
45 Schulentlassungsfeier 1922

Weitere Anhaltspunkte bietet die Schrift von Müller, die 1921 bereits in zweiter Auflage erscheint[46] sowie die später herausgegebene Arbeit von Eschbach.[47]
Die ATSB- Presse gibt folgende Organisationshinweise: Es sei auf eine schlichte Feier "ohne Tanz und Zechgelage" zu achten, der Schwerpunkt der Darbietungen habe sich an den Erwartungen der Eltern und Jugendlichen auszurichten. Im einzelnen verweist man auf geeignete Musikstücke, Gedichte, Rezitationen, Freiübungen, Vorturnerelemente, Pyramiden, Prologe mit "lebenden Bildern" sowie auf "kräftige Schlußgedichte", vorgetragen von einem Schulentlassenen. Zum Teil wird der Charakter einer Werbeveranstaltung bei dieser Art von Feierlichkeit dadurch verdeutlicht, daß besonderer Wert auf die Betonung turnerisch-sportlicher Elemente gelegt wird.[48]
Daneben lassen sich jedoch auch Jugendweiheprogramme finden, deren inhaltlicher Aufbau im besonderen den Charakter der "Weihe" betonen. Exemplarisch sei hier ein Programm einer Jugendweihe vorgestellt, das im "Volkssport" abgedruckt wurde:
"Programm zur Jugendweihe:
1. Largo von Händel (Unter den Klängen der Musik treten die zu weihenden Kinder lautlos in den Saal und begeben sich auf ihre eigens reservierten Plätze)
2. Vorspruch zu Feier (...)
3. Ins Leben! (Rhythmische Darstellung)
4. Bach: Sarabande aus der 6. Violincello-Suite (Musik)
5. Weihe von Satow (Spruch einer Jugendlichen im Sportanzug)
6. Weihung der Kinder (Eindrucksvolle Weiherede)
7. Arioso von Strätzer (Musik, Violinsolo)
8. Gemeinsamer Gesang "[49]

Ausdrücklich appelliert man jedoch auch an die Kreativität der

46 Müller 19212
47 Eschbach 1929
48 ATZ 4, (1922), 39
49 Volkssport 6, (1927), 96

Vereinsverantwortlichen bei der Erstellung der Programmfolge. Insofern ist anzunehmen, daß unterschiedlichste Formen der Jugendweihe im ATSB praktiziert wurden.

9.2.6 Die Sonnwendfeiern des Arbeitersports

Die Sonnwendfeiern gehören ihren Intentionen nach zu den Festformen der Arbeiterbewegung, die bewußt an vorchristliche Traditionen anknüpfen und damit den antireligiösen Charakter der neuen sozialistischen Festkultur betonen helfen. Begangen werden sie in Form von Winter- und Sommersonnwendfeiern, wobei im weiteren die Wintersonnwendfeiern detaillierter betrachtet werden.
Gerade an den Zielsetzungen der Wintersonnwendfeiern, die als sozialistische Alternative für die christlichen Weihnachtsfeste konzipiert sind, läßt sich der Charkter der sozialistischen Festkultur besonders gut verdeutlichen. Das Weihnachtsfest soll unter Bezug auf seine "vorchristlichen Wurzeln" mit neuem Sinn gefüllt werden. Dabei beabsichtigt man nicht nur, daß diese Festform die emotionelle Bedeutung der traditionellen Festtage ersetzen, sondern daß auch deren innerer Verlauf neu strukturiert werden soll.
Das Fest der Wintersonnenwende gilt als Fest der proletarischen Hoffnung auf eine Erlösung von Armut und Unterdrückung durch die eigene Kraft der Arbeiterklasse. Bewußt verbindet man die traditionellen Kollektivmythen des Aufstiegs und des Lichts als Symbole des erstrebten Sieges der Arbeiterklasse über das bürgerlich-kapitalistische System mit dem ursprünglichen Sinn der Wintersonnwendfeier als Feier des Sieges des Lichtgottes über Finsternis, Tod und Schrecken.[50] Die ATSB- Bundespresse schreibt hierzu:
"Wir wollen auch ein Fest der Freude feiern wie einst unsere freien Vorfahren... Wir als vorwärtsstrebende Jugend wollen die Feuerräder des Sozialismus in die dunklen Täler der breiten, gleichgültigen Massen rollen, damit sich die Sonne der Mensch-

50 Jugend und Arbeitersport 6, (1930), 21

heit endlich wendet. Seien wir das Morgenrot am Himmel der neuen Gesellschaft. Seien wir die Handlanger am Bau des neuen Staates."[51]

Anzumerken ist, daß sich der Weimarer Kultursozialismus mit diesen Feiern zum Teil selbst inszenierte. Der Gedanke der Sonnenwende, als kollektives Symbol der sich ankündigenden Menschheits- und Kulturwende, soll getragen werden von den nach sozialistischen Zielsetzungen erzogenen Arbeiterjugendlichen, insbesondere von den Jugendlichen des ATSB, da sie dem angestrebten Ideal des "neuen sozialistischen Menschens" aufgrund der harmonischen Kombination ihrer geistigen und körperlichen Ausbildung bereits am nächsten seien.[52]
Seit Anfang der 20er Jahre lassen sich in der Regionalpresse Hinweise auf Vereins-Wintersonnwendfeiern finden. Interessant sind dabei die organisatorischen wie inhaltlichen Veränderungen, die sich im Laufe der Jahre zeigen.
In ihrer frühen Form wird die Wintersonnwendfeier im ATSB als "Bühnenveranstaltung" durchgeführt. So feiert z.B. der "Freie Turn- und Spielverein Hagen 1896" in einem Saal mit festem Programm. Neben einer Ansprache des Vereinsvorsitzenden zur Bedeutung der Wintersonnenwende liegt der Schwerpunkt der Feier auf den Vorführungen der Kinder und Jugendlichen (Pyramidenbau, Geräteturnen).[53] Von seiner konzeptionellen Ausrichtung her ähnelt diese Feier eher einer Werbeveranstaltung für den Verein, als einem Ersatz für die traditionelle Weihnachtsfeier.
Von daher kann es nicht überraschen, daß in einigen Vereinen bis in die Mitte der 20er Jahre gesonderte Weihnachtsfeiern für Kinder und Jugendliche des Vereins veranstaltet werden. Der Volkssport berichtet etwa von einer Weihnachtsfeier der "Freien Turnerschaft Wetter" (4. Bezirk) im Jahre 1925, deren organisatorischer Rahmen vergleichbar ist mit dem Hagener Beispiel. Als Neuerung tritt jedoch die Verlosung von Überra-

---

51 Jugend und Arbeitersport 13, (1930), 50
52 Jugend und Arbeitersport 6, (1930), 21
53 Volkssport 1 (1923), 11

schungen hinzu, was als Indiz dafür gelten kann, daß man sich um kindgerechtere Darbietungsformen bemüht.

In diese Zeit fallen auch die ersten Beiträge von ATSB- Funktionären, die eine Zäsur in den Festformen der Vereine fordern.[54]

Diese Forderungen bleiben hinsichtlich der Vereinsarbeit offenbar nicht ungehört. Bis zum Ende der 20er Jahre lassen sich tiefgreifende Veränderungen bei der Gestaltung der Wintersonnwendfeiern erkennen. Diese Feiern sollen nun nicht mehr in den einzelnen Vereinen stattfinden, sondern vielmehr unter Federführung der Sportkartelle bzw. der Bezirke.[55] Zusätzlich bettet man die Feiern ein in einen größeren situativen Kontext, d.h. man integriert sie in Sonnwendfahrten bzw. -wanderungen[56] der Stadt- bzw Bezirksjugend.

Bei diesen Sonnwendfahrten sind die Sonnwendfeiern integraler Bestandteil der mehrtägigen Reise.[57] Die Fahrten oder Wanderungen sind konzipiert als gemeinsame Veranstaltungen von Mädchen und Jungen. Die Übernachtungen erfolgen im Winter in Jugendherbergen bzw. in den Häusern der Naturfreunde.

Die Sonnwendfeiern betonen ihrer Erscheinung nach den Erlebnischarakter, knüpfen dabei nicht nur an bekannte Elemente der "jugendbewegten Zeit" an, sondern sind in gewissem Maße auch an den Bedürfnissen der Jugendlichen orientiert, indem das gemeinsame Erleben von Feier, Natur und Gesang in gemischten Gruppen im Vordergrund steht.[58]

---

54 Volkssport 51 (1926), 812

55 Volkssport 3 (1929), 40; Freier Jugend Sport, 1929, 1, 40

56 Solche Fahrten wurden z. B. von der Dortmunder Arbeitersportjugend veranstaltet; (Freier Jugend Sport 1, 1930, 21)

57 Ebenda

58 Ebenda; Inwiefern diese Festform dem Anspruch einer realen Alternative zum christlichen Weihnachtsfest entsprechen konnte, kann abschließend nicht beantwortet werden.

9.2.7 Werbe- und Bühnenveranstaltungen

Die Ziele des Arbeitersports sollen in der Folgezeit durch den Reichsarbeitersporttag verdeutlicht werden. Das Bochumer Volksblatt berichtet:
"Reichsarbeitersporttag in Herne. Wie in allen Orten unserer deutschen Republik, so fanden sich auch in Herne am Sonntag die Anhänger der Arbeitersportvereine zusammen zur Feier des ersten Reichs-Arbeiter-Sporttages. Ein Werbetag für den Arbeitersport sollte es sein. Ein Erfolg ist es ohne Zweifel gewesen für die Arbeitersportbewegung, auch hier in Herne, wobei zu berücksichtigen ist, daß das Arbeiter-Sportkartell hier in Herne erst vor wenigen Wochen geschaffen worden ist und die Zeit zu den Vorbereitungen zum Reichsarbeitersporttag für das Kartell sehr kurz bemessen war. Trotzdem ist die Veranstaltung sehr gut verlaufen und unsere Vereine haben sich tapfer verhalten. Am Vormittag fand ein Staffettenlauf von 2000 Meter statt, an dem sich ein Konzert im Volkshaus anschloß. Nachmittags formierte sich um 2 Uhr der Festzug zum Sportplatz Germania am Bahnhof. Die Beteiligung war gut. Auf dem Sportplatz zeigten sich die Turner, Radfahrer und Fußballspieler mit ihren Leistungen. Besonders zu erwähnen ist ein gut aufgeführter Mädchenreigen der Schülerabteilung. Nach dem Fußballspiel gings im geschlossenen Zug wieder zum Volkshaus, wo weitere Veranstaltungen die zahlreich erschienenen Zuschauer vom Wert der Arbeitersportbewegung überzeugten. Auch die vor kurzem aus dem Arbeiterturnverein hervorgegangene Kraftsportabteilung zeigte hier Ringkämpfe in wahrhaft schöner Form und guter Trainierung. Die gesamte Veranstaltung wurde verschönt durch Gesangvorträge der Arbeitersänger und -sängerinnen. So ist das gesamte Fest recht harmonisch verlaufen und dieser Reichs-Arbeitersporttag hat gezeigt, daß gerade die Art und Weise, wie die freiorganisierte Arbeiterschaft Sport treibt, ohne die Auswüchse des Preissports, nur zur Kräftigung und Gesundung des Körpers, das einzig richtige ist. Und allen organisierten Arbeitern, welche Interesse für Sport haben, und das sollte heute ein jeder, raten wir, sich den Arbeitersportvereinen anzuschließen. Ganz besonders die heranwach-

sende Jugend beiderlei Geschlechts sollte dieses beherzigen. Diese gehört in die Arbeiterjugend und die Arbeitersportvereine."[59]

Die Unterschiede zu bürgerlichen Veranstaltungen sind kaum auszumachen. Zieht man einen Vergleich mit den bürgerlichen Sport-Werbeveranstaltungen der Zeit, so findet man viele ähnliche Elemente. Lediglich mit dem Verzicht auf Ehrungen und Preise (Auswüchse des Preissports) wird der Unterschied zum bürgerlichen Sportfest begründet. Die Reichsarbeitersporttage werden zum festen Bestandteil der Aktivitäten der örtlichen Arbeitersportkartelle. Trotz gelegentlicher Variationen bildet sich rasch eine alljährlich wiederkehrende, stereotype Veranstaltungsfolge heraus. Einer Demonstration, bzw. einem Sternmarsch folgt ein Massenaufmarsch mit einer Ansprache örtliche Funktionäre des Arbeitersports, bzw. von Partei oder Gewerkschaft. Anschließend folgt im Stadion die Hauptveranstaltung mit Massenreigen, Vorführungen der Radfahrer und dem obligaten Abschlußfußballspiel der eigenen Stadtauswahl gegen eine erfolgreiche Fußballmannschaft aus den Nachbarstädten. Die Beteiligung ist entsprechend unterschiedlich und schwankt je nach der Popularität der eingeladenen Fußballmannschaft. Oft sehen sich die Funktionäre der örtlichen Kulturkartelle veranlaßt, während der Reichsarbeitersporttage ein Spielverbot für die Arbeiterfußballer auszusprechen. Gerade die Fußballer nehmen nur zögerlich an den Aufmärschen u.ä. der Reichsarbeitersporttage teil und werden häufig dafür getadelt.
Der Einfluß des Kultursozialismus zeigt sich in den zahlreichen Bühnenveranstaltungen des Arbeitersports. Sie sind ebenfalls als Werbeveranstaltungen gedacht. Durch die Hebung der sportlichen Aktivitäten vom Sportplatz auf die Bühne, soll der Zusammenhang von Sport und Kultur betont werden. Arbeitersport soll fortan eine Kulturleistung sein. Dabei zeigt der Wechsel des Veranstaltungsortes exemplarisch aber auch, daß in der Arbeitersportbewegung "Kultur" durchaus in einem bürgerlichen Sinn als "Hochkultur" und "künstlerische Leistung" begriffen wird.

59 Bochumer Volksblatt v. 2.6.1921

U.E. ist die Reproduktion dieses an bildungsbürgerlichen Wertvorstellungen orientierten Kulturbegriffs aber nicht allein das Resultat einer einfachen und unkritischen Übernahme. Zu berücksichtigen ist vielmehr, daß der Arbeitersport in der Arbeiterbewegung selbst Legitimationsschwierigkeiten hat und auf diese Weise versucht, seine "Kulturfähigkeit" gegen die Widerstände in Partei und Gewerkschaften unter Beweis zu stellen. Deswegen kommt es häufig auch zu einer Orientierung an einem antiken Körperbild. So formuliert z.B. der Arbeitersportfunktionär Max Blumtritt im Jahre 1926:

"Noch heute stehen wir staunend vor den wunderbaren Kunstwerken des klassischen Altertums und bewundern die herrlichen, ebenmäßigen Gestalten. Aber die Schaffung solcher Kunstwerke war eben nur möglich auf Grund der durch rationelle und umfassende Körperpflege geschaffenen schöngeformten menschlichen Körper, deren körperliche Haupttugenden Kraft, Ausdauer, Gesundheit, Geschicklichkeit und Selbstvertrauen waren. Eigenschaften, die dem modernen Arbeiter in seinem großen Kulturkampf so bitter not tun."[60]

Die Lage der Arbeiter im Kapitalismus sieht Blumtritt "als Leidensweg ausgemergelter Geschöpfe, ohne Kulturansprüche".[61] Erst die Kulturtätigkeit der Arbeiterbewegung "wird das menschliche Leben lebenswert machen" und die Arbeiter "einreihen in die Gemeinschaft wahrer Kulturmenschen."[62] Dem Arbeitersport soll dabei eine große Bedeutung zukommen. Für Blumtritt treiben Arbeitersportler den Sport nicht um des Sportes willen:

"Wir tun es um unserer Gesundheit wegen, damit wir als Arbeiter den Befreiungskampf vom Joche der kapitalistischen Ausbeutung als starke und geistesfrische Menschen führen können."[63]

Dieses Konzept vom Sport als Beitrag zur Arbeiterkultur bietet die Grundlage für die Bühnenveranstaltungen des Arbeitersports.

---

60 Blumtritt, 1926, 6
61 Ebenda
62 Ebenda, 7
63 Ebenda, 14

Derartige Veranstaltungen, häufig auch "Kunstabende des Arbeitersports", "turnerisch-politische Bühnenschauen" oder "Matineen" genannt, werden zu Beginn der Weimarer Republik zur zentralen öffentlichen Veranstaltungsform der Arbeitersportvereine und -kartelle im Ruhrgebiet.
Neben der Zurschaustellung des Körpers als Kapital der Arbeiter, wird versucht, Werte der Arbeiterbewegung, wie z.B. Solidarität, durch sportliche Darbietungen auszudrücken:
"Beim Springen am hohen Pferd konnte man sehen, bis zu welchem hohen Grade von Mut und Entschlossenheit es eine Turnerin bringen kann, wenn sie sich auf die absolut sichere Hilfestellung verlassen kann. In dieser gegenseitigen Hilfeleistung liegt ein tieferer Sinn: die Kamaradschaft. Da steht Mensch neben Mensch in Bereitwilligkeit und Hilfeleistung. Der Geist der Freundschaft, Brüderlichkeit und Menschlichkeit ist das Band, das sie umschlinge, und dieser Gemeinschaftsgeist erweckt bei dem weiblichen Geschlecht die Idee des Sozialismus."[64]

Diese Darstellung wirkt konstruiert und überhöht, der Versuch, eigene körperliche Ausdrucksformen zu finden, ist jedoch deutlich vernehmbar. Vor allem die in der damaligen Arbeiterbewegung hochstehenden Werte wie Ordnung und Disziplin scheinen in besonderer Weise geeignet zu ein, innerhalb dieser Veranstaltungen visualisiert zu werden. So wird von einer Bühnenschau in Witten berichtet:
"Die Wohldiszipliniertheit und der Ernst, von denen die Veranstaltung getragen war, übertrugen sich von allem Anfang an wie ein duftendes Fluidum auf das Publikum, sodaß Publikum und ausübende Turner und Turnerinnen, geradezu ineinander aufgingen...Eine würdige Ruhe erfüllte den großen, bis aufs letzte Plätzchen gefüllten Saal."[65]

Besonders dem Frauenturnen wird in verschiedenen Bühnenveranstaltungen eine feste Rolle eingeräumt. Der emanzipatorische Gehalt des Frauenturnens ist dabei ambivalent. Neben der Aner-

64 Ebenda
65 Herner Volkswille v. 3.7.1923

kennung der Leistung bei den Turnübungen, erfolgt in der gleichen Veranstaltung eine typische Rollenzuweisung durch eine bestimmte Form des Frauenturnens:
"... die begeisterte Hingabe der Mädchen an die Musik...stellte eine glückliche Vereinigung zwischen Rhythmus und Leibesübungen dar, und man kann in dieser Verbindung eine begrüßenswerte Veredelung des Frauen- und Mädchenturnens erblicken.."[66]

9.2.8 Gegenkulturelle Elemente im Arbeiterschwimmfest

Während sich in dieser Aussage die schon mehrfach konstatierte Internalisierung bestimmter Ordnungsmuster manifestiert, wie sie vor allem in der Mentalität der Arbeiterturner gründete, scheint im Hinblick auf die Entwicklung gegenkultureller Normen eine nähere Untersuchung der Feste der Arbeiterschwimmer aufschlußreich.
Nach der Eröffnung des Sommerbades an der Bergstraße steht den Herner Arbeiterschwimmern eine Anlage zur Verfügung, die besonders für Sportfeste geeignet ist. Das Schwimmbad, das mehrere Schwimmbecken, einen 10m hohen Sprungturm und eine über tausend Besucher fassende Tribüne besitzt, nutzen die Arbeiterschwimmer häufig für ihre Schwimmfeste. Diese Veranstaltungen sind als Werbung für den Arbeitersport geplant. Dabei werden der gesundheitliche und körperbildende Wert des Schwimmens in den Vordergrund gestellt. Das Motto des Schwimmfestes des 12.Bezirks des ATSB am 30.9.1929 im Herner Sommerbad lautet dementsprechend: "Licht, Luft und Bewegung sind die drei Sanitätsräte der Menschheit."[67]

Wie sehr die Arbeiterschwimmer bemüht sind, die Popularität von Sportfesten mit ihren eigenen sportlichen, kulturellen und politischen Intentionen zu verbinden, zeigt die Programmfolge des Schwimmfestes. Eine obligatorische Ansprache soll "...die Bedeutung des Arbeitersports im allgemeinen und die gesundheitli-

66 Ebenda
67 Bochumer Volksblatt v. 3.9.1929

chen Vorzüge des Schwimmsports im besonderen..."[68] verdeutlichen. Bei den Schwimmwettkämpfen wird auf Einzelkonkurrenzen verzichtet. Stattdessen wird, in Abgrenzung zum bürgerlichem Sport, lediglich in Vereinsstafetten um den Sieg geschwommen. Daneben werden Demonstrationsübungen der Rettungsschwimmer und ein Wasserballspiel dargeboten.
Die bereits konstatierte Differenz zwischen Arbeiterschwimmern und Arbeiterturnern in bezug auf das Körperbild, findet insofern eine Entsprechung bei den Schwimmfesten, als daß die Arbeiterschwimmer mit Hilfe von humoristischen Einlagen - zumindest tendenziell - die Fähigkeit zu Spaß und Selbstironie bei öffentlichen Veranstaltungen unter Beweis stellen. Dabei wird allerdings nicht nur "bloßer Spaß" in einem gänzlich unpolitischen Sinne geboten, sondern es werden z.B. bestimmte Verhaltensformen und Strukturen innerhalb der Arbeiterbewegung karikiert.
So erinnert sich der Gelsenkirchener Arbeiterschwimmer und -ruderer Albert Guth, Jg. 1904:
"Wir haben uns öfter verkleidet, in schweren Klamotten Wettschwimmen gemacht,... und bei einem Schwimmfest war einer als 'Clown Jupp, der bekannte Arbeiterphilosoph', verkleidet und hat so ein bißchen den gelehrten Ton der Parteifunktionäre, so etwas auf die Schippe genommen, damit."[69]

Selbstbewußtsein bei öffentlichen Auftritten demonstrieren Arbeiterschwimmer darüber hinaus mit dem Tragen der meist rotfarbigen, sog. Dreiecksbadehose, die, wie der folgende Auszug aus einem Interview mit dem ebenfalls aus Gelsenkirchen stammenden Arbeiterschwimmer Heinrich Simon illustriert, zu ständigen Konflikten mit den Moralvorstellungen bürgerlicher und konfessioneller Schichten führte:

---

68 Ebenda

69 Interview mit Albert Guth v. 12.2.1987; auch der Hagener Arbeitersportler Karl Arend bestätigte die Schwierigkeiten, die mit der "Dreicksbadehose" verbunden waren, wies aber zugleich daraufhin, daß sie dann oft in bewußt provokativer Absicht getragen wurde. (Interview mit Karl Arend v. 12.2.1887)

"Ja, die (gemeint sind bürgerliche und konfessionelle Vereine und Parteien, d.Vf.) haben hier auch die Nase gerümpft, weil die Männer, die hatten ja nur diese kleinen roten Badehosen an, und da stand vorne `Freie Schwimmer'drauf. Und die Bürgerlichen hatten noch immer längere Hosen. Wir waren da freier... sicher da gab's ein Naserümpfen, wenn beim Maiumzug in der Badekluft marschiert wurde."[70]

9.3 Disziplinierungstendenzen innerhalb der Festkultur gegen Ende der Weimarer Republik

9.3.1 Kampf gegen Alkohol und Nikotin

Gegen Ende der Weimarer Republik bekommen die Feste des Arbeitersports im Ruhrgebiet offensichtlich einen stärker symbolischen Charakter. Die zu Anfang der zwanziger Jahre entwickelten Formen des Sportfestes mit Teilen wie Fußballspiel, Turnvorführungen, Festumzug, Saalveranstaltung und Tanz machen nun zunehmend einer Demonstration der vermeintlichen Stärke des Arbeitersports Platz.
Damit einher geht die ständige Betonung von Werten und Begriffen wie "Disziplin", "Ordnung" und "Sauberkeit", die die Arbeiterbewegung bei den 1. Mai-Feiern in den Vordergrund stellt. Die Herner Volkszeitung berichtet z.B. von den "Massen in Feiertagskleidung" und "zahlreichen Transparenten in sauberem Anstrich...Voran die rote Kavallerie auf Rädern, gefolgt von den jungen Trommlern zum Sozialismus. Dann die trainierten Körperformen der Arbeitersportler..."[71]
Auf die Funktion der Arbeitersportler, bzw. der Arbeiterturner bei solcher öffentlichen Darstellung der Arbeiterbewegung wurde schon eingegangen. Darüber hinaus ist an dieser Stelle noch auf eine besondere Form von Abstinenzheitskult hinzuweisen, der im Arbeitersport bis dahin zwar auch vorhanden ist, zu Beginn der 30er Jahre u.E. jedoch verstärkt hervortritt.

70 Interview mit Heinrich Simon v. 20.2.1987
71 Herner Volkszeitung v. 3.5.1930

So veranstalten z.B. im Jahre 1930 die Arbeitersportler in Herne neben dem Jugendtreffen des 12.Bezirks, dem Bezirkssportfest der Arbeiterradfahrer und dem Schwimmfest der freien Schwimmer Herne, auch das Bezirksfest des ATSB mit großem Aufwand. Zur Vorbereitung dieses Bezirksfestes lädt das Arbeitersportkartell Herne den sozialdemokratischen Reichstagsabgeordneten Carl Schreck aus Bielefeld ein, einen Vortrag gegen den Mißbrauchs des Alkohols zu halten.[72] Ein junger Arbeitersportler faßt die diesbezügliche Absicht des Kartells zusammen: "Wir wollen Alkohol und Nikotin meiden, wollen reines Volk erziehen, welches denken und kämpfen kann. Dieses Bekenntnis wollen wir am 5. und 6. Juli auf unserem Bezirkssporttag in Herne ablegen...Kein Turngenosse darf an diesem Tage durch Trunkenheit die Weihe des Festes stören."[73]

Der Begriff "reines Volk" bzw. seine Konnotationen "Ordnung" und "Sauberkeit" werden in diesem als typisch für diese Phase anzusehenden Text in Beziehung zum Alkohol und zum Nikotin gesetzt. Durch die Betonung der "Weihe" des Festes, kommt dem Genuß von Alkohol und Nikotin symbolisch der Stellenwert einer "Sünde" zu. Der Gebrauch dieser Begriffe - und dazu gehört natürlich auch der Terminus "Bekenntnis" - zeigt aber nicht nur, wie sehr die Feste des Arbeitersports als ritualisierter Religionsersatz fungieren.[74] Vielmehr artikuliert sich hier auch der Versuch, die sportliche Betätigung dem Genuß von Alkohol und anderen Rauschmitteln gegenüberzustellen und, wie der folgende Auszug aus einem Artikel im "Volkssport", ebenfalls von Carl Schreck verfaßt, beweist, den "abstinenten Sportler" den Arbeitern als Vorbild und Inbegriff gesunder, reiner und ungefährlicher Lebensfreude darzustellen:
"Viele ausgemergelte und unterernährte Arbeiter greifen zum Schnaps in dem Wahne, daß sie dadurch nicht vorhandene und verbrauchte Kräfte ersetzen könnten... Diese Volksgenossen bilden

---

72 Herner Volkszeitung v. 20.6.1930
73 Herner Volkszeitung v. 26.6.1930
74 Korff,1979, 100. Korff weist in seinem Aufsatz den Zusammenhang von Maifeier und religiöser Metaphorik in der Arbeiterbewegung nach.

dann die Kreise, in denen auch am wenigsten die Arbeiterbewegung vorwärts zu kommen vermag. Durch das gute Beispiel kann gerade hier außerordentlich viel geleistet werden. Vor allem kann der Sportler durch seine Frische und die daraus wachsende Lebensfreude praktisch beweisen, daß es höhere Genüsse gibt als wie ein Tanz mit dem Akoholteufel. Auch auf den Festen der Arbeitersportler muß die natürliche frohe Stimmung herrschen als ein Zeichen dafür, daß es dazu nicht erst des 'Feuerwassers' bedarf."[75]

Bedeutungsvoll und charakteristisch an dieser Aussage ist auch die Verwendung der Körpermetapher "ausgemergelte Arbeiter". Sie steht in einer symbolisch-mythischen Opposition zu dem Stereotyp der "kraftvollen und sehnigen Gestalten der Arbeitersportler", das in allen von uns analysierten regionalen Arbeiterzeitungen anläßlich von Festen, Feiern und Aufmärschen verwendet wurde, und den Schluß zuläßt, daß gerade der Arbeitersport immer wieder von Funktionären der Arbeiterbewegung dazu benutzt wurde, die Wunschvorstellungen, wie denn nun die Arbeiterklasse insgesamt hätte sein sollen, symbolisch zu repräsentieren.

9.3.2 Militärische Metaphorik und Politisierungsversuche

Es wurde schon angesprochen, daß gerade die großen Veranstaltungen des Arbeitersports während der Weimarer Republik wie etwa die Bundesfeste und Arbeiterolympiaden einen hohen Faszinationsgrad für Akteure und Zuschauer besaßen. In den Erinnerungen von Arbeitersportlern kommt ihnen natürlich ein hoher identifikatorischer Stellenwert zu. Auffällig ist dabei oft eine Dominanz von Sprachelementen, die dem militärischen Vokabular entlehnt sind. Eine durchaus verallgemeinerungsfähige Aussage stellt unter diesem Aspekt die folgende Beschreibung der Wiener Arbeiterolympiade von 1931 durch den Essener Arbeitersportler und Gewerkschaftsfunktionär Heinrich Spieß dar. In dieser Aussage, bei der sich Spieß aufgrund der Ähnlichkeit der

75 Volkssport v. 8.1. 1924, 8

militärischen Rituale und Verhaltensmuster sogar der Vergleich zu faschistischen Körperformierungen aufdrängt, wird auch angedeutet, daß eine wichtige Funktion militärischer Metaphorik für Arbeiter und Arbeitersportler offenbar in der Vermittlung eines Gefühls der Stärke und Überlegenheit bestand:
"In Wien waren wir mit 15000 Deutschen Arbeitersportlern, und es waren auch eine Menge Essener dabei, und da sind wir in 12er Reihen über den Ring marschiert. Und wer das erlebt hat, der hätte nie gedacht, daß zwei Jahre später alles vorbei war. Wenn Sie die 80000 Sportler gesehen hätten, alles kräftige Jungs, so wie später die aktiven Divisionen Hitler's... Wenn sie die gesehen hätten, wie die in 12er Reihen über den Ring marschierten... Auf der Parlamentstribüne stand die gesamte sozialistische Internationale, die gerade damals in Wien tagte, da hätte niemand geglaubt, daß das jemals zusammenbrechen könnte... Schon wenn sie im Bataillon marschierten, dann war das ein Masseneffekt..., dem kann niemand widerstehen, die walzen alles nieder. Jeder glaubte, daß diese Masse unüberwindbar war."[76]

Betrachtet man nun entsprechende Berichte in den Arbeiterzeitungen über die großen Arbeitersportfeste im Ruhrgebiet, so zeigt sich im Hinblick auf die Verwendung militärischer Metaphern und Begriffe eine auffällige Kongruenz. Auch hier herrschen militärische Begriffe vor. So ist etwa die Rede von "Bataillonen" und "Heerschauen" und von "Kolonnen" der Arbeitersportler, die auch als "Kerntruppen der Arbeiterbewegung" imaginiert werden.
Hinsichtlich der Verwendungsweise militärischer Metaphern läßt sich ein Unterschied zwischen dem sozialdemokratisch und dem kommunistisch orientierten Flügel des Arbeitersports nicht erkennen. U.E. werden sie von beiden Teilen benutzt, um dem jeweils anderen die "höhere Leistungsfähigkeit" bezüglich der Ziele der Arbeiterbewegung zu demonstrieren und um für die Mitglieder in den Vereinen in Anbetracht des aufkommenden Faschismus eine möglichst klares Feindbild aufzubauen und dadurch die Bewegung insgesamt stärker zu politisieren.

76 Interview mit Heinrich Spieß v. 22.8.1986

So spricht z.B. die sozialdemokratische "Essener Volkswacht"anläßlich eines von Gewerkschaftern und Arbeitersportlern im Jahre 1931 in Essen gemeinsam veranstalteten "Festes der Arbeit" davon, daß die Losung "Alle Mann in Frontstellung" sein und daß "in ganz gewaltigen Demonstrationen unsere Stärke und Einigkeit in der Öffentlichkeit"[77] gezeigt werden muß. Der ebenfalls sozialdemokratisch ausgerichtete "Volkssport" ruft unter der Überschrift "Sportgestähltes Freiheitsheer" die Arbeitersportler im Jahre 1932 mit folgenden Worten zur Teilnahme an einer Kundgebung der Eisernen Front auf:
"In allen Vereinen gilt es, die Eisernen Hundertschaften der Sportler zusammenzufassen und sie als selbständige Formationen dem Freiheitsheer in zentraler Gliederung einzufügen. Am 21. Februar werden auch die westdeutschen Arbeitersportler im Rahmen machtvoller Kundgebungen der Eisernen Front mit ihren Schutz-Sport-Hundertschaften aufmarschieren... Die Eiserne Front ist Schutzwall und Sturmtrupp zugleich gegen Faschismus, für Volksrecht und Demokratie... Die Parole für den 21. Februar heißt: Die Sturmbanner entrollt! Die Sportler-Hundertschaften rücken an!"[78]

In Tonfall und Terminologie ähnlich ist das kommunistische "Ruhr-Echo", das 1932 für eine Teilnahme der Arbeitersportler des Ruhrgebiets an der "Ruhr-Spartakiade" wirbt:
"Platz - die Straße frei! - Die Kolonnen der antifaschistischen Ruhrsportler marschieren... Rote Sturmfahnen und Transparente mit revolutionären Losungen werden den Kampfeswillen zum Ausdruck bringen."[79]

---

77 Essener Volkswacht v. 27.6.1931

78 Volkssport v. 9.2.1932, 41

79 Ruhr-Echo v. 2.7. 1932. Die insgesamt auf drei Tage geplante "Ruhr-Spartakiade" wurde jedoch wegen gewalttätiger Zwischenfälle, bei denen es mehrere Tote und Verletzte gab, noch am Tag ihres Beginns von den Behörden verboten.

9.4. Das 2. Westdeutsche Arbeitersportfest in Dortmund

Im Jahr 1930 verstärkt der Arbeitersport im Ruhrgebiet seine Anstrengungen, und veranstaltet neben dem Jugendtreffen des 12.Bezirks im Juni 1930 zahlreiche Bezirkssportfeste der Arbeiterradfahrer und der Freien Schwimmer. Als ein Höhepunkt dieser Anstregungen des Arbeitersports ist das 2.Westdeutsche Arbeitersportfest in Dortmund anzusehen.
Schon kurz nach dem 1. Westdeutschen Arbeitersportfest, das 1926 in Köln stattgefunen hatte, wird als nächster Austragungsort vom Kreistag des 6.Kreise die Stadt Dortmund ausgewählt. Die Funktionäre des 6.Kreises erhoffen sich "ein noch glänzenderes Fest, größere Beteiligung und stärkere Fortschritte"[80] gegenüber der Kölner Veranstaltung. Für die Organisatoren gilt es zwei Hauptschwierigkeiten aus dem Weg zu räumen, um den Ansprüchen gerecht zu werden: die große Arbeitslosigkeit und die Auswirkungen der Spaltung der Arbeitersportbewegung.[81]
Wie sehr die Stadt Dortmund nach Ansicht der Organisatoren geeignet ist, den entsprechenden Rahmen für die Großveranstaltung abzugeben, wird schon frühzeitig in zahlreichen Ankündigungen in den Arbeiterzeitungen betont:
"Westdeutschlands Arbeitersportler in Dortmund! Freude erfüllt Dortmunds Arbeiterschaft über dieses Ereignis. Freude darüber, daß sich die Arbeitersportler gerade die Metropole der Kohle und des Eisens für ihr Treffen ausgesucht haben."[82]

Neben der Tatsache, eine Industriestadt zu sein, bietet die Stadt Dortmund in den Augen der Arbeitersportler aber noch mehr:
"Dortmund ,das rote Fest in der Stadt der schwieligen Fäuste und rauchenden Schlote. In der Stadt, die in der Westfalenhalle und in der Kampfbahn "Rote Erde" selten schöne, schmuckvolle

80 So der Vorsitzende des 6.Kreises, Oswald Hirschfeld, in der Westf. Allg. Volkszeitung v. 2.8.1930
81 Ebenda
82 Westf. Allg. Volkszeitung v. 2.8.1930

Sportstätten hat, und deren Bevölkerung so recht erglüht ist vom wahren Volks- und Massensport."[83]

Offenbar ist die Tatsache, daß Dortmund eine Hochburg des Arbeitersports ist, ebenso bedeutungsvoll, wie das Vorhandensein entsprechender Sportanlagen für die geplanten Massenveranstaltungen.
Ein Blick auf das Programm des 2. Westdeutschen Arbeitersportfestes in Dortmund dokumentiert anschaulich, wie sehr, neben der Faszination für die beteiligten Arbeitersportler, die öffentliche Darstellung des Arbeitersports im Vordergrund des Festes steht.
Der "Tag der Kinder" am 27.Juli 1930 steht am Anfang der Festveranstaltungen. Der Charakter der Kinderveranstaltung weicht bis auf Details nicht von dem der in der Vergangenheit eingeübten Reicharbeitersporttage, Bezirkssportfeste u.ä. ab. Dem Sammeln auf dem Republikplatz folgt der Festmarsch durch die Straßen Dortmunds, die Massenspeisung in der Westfalenhalle und die anschließenden sportlichen Darbietungen und Wettkämpfe im Stadion. Die Demonstration mit Kindern dient dem Arbeitersport zur Versicherung seiner eigenen Stärke, wobei die "marschierende Jugend" gleichsam zu einer Art lebender Metapher für die Zukunft der eigenen Bewegung wird:
"Das Auge manches Erwachsenen wird feucht, denn man empfindet beim Anblick dieser straff diszipliniert marschierenden Jugend die Genugtuung, daß die Zukunft gesichert ist."[84]

In den sportlichen Darbietungen wechseln sich die Darstellung kindgerechter Spiel- und Sportformen mit dem Einüben der Disziplin- und Ordnungsmuster des Arbeitersports ab:
"Da geht das Tor auf und herein flutet die große kompakte Masse der freiübenden Kinder. Kurze Kommandos: In bester Ordnung formiert sich die Masse auf der weiten Kampfbahn."[85]

---

83 Westf. Allg. Volkszeitung v. 1.8.1930
84 Westf. Allg. Volkszeitung v. 28.7.1930
85 Westf. Allg. Volkszeitung v. 28.7.1930

Klingt hier die militärische Metaphorik leicht an, so steht sie bei der Ankündigung des restlichen Programms des 2. Westdeutschen Arbeitersportfestes in Dortmund deutlich im Vordergrund: "Am Freitag, den 1.August ist um 14 Uhr Antreten der Wettkämpfer! ... Die Spielleute und Fahnenabordnungen marschieren zum Hansaplatz...Am Sonntag, den 3.August, schon um 9 Uhr Antreten und Abmarsch zu den Festplätzen...Schon rüstet sich alles, um die Heerschau des westdeutschen Arbeitersports zu einem großen Erlebnis zu gestalten."[86]

Die von solchen Masseninszenierungen ausgehende Faszination beschreibt die Dortmunder Arbeiterzeitung am nächsten Tag: "Wir sehen in die Straßen...Die roten Sportler sind da! Hinein in die Stadt tragen sie ihre roten Fahnen. Glühend rot leuchtet es in Dortmunds Straßen. Freude und Begeisterung faßt alle. Da rasseln die Trommelwirbel! Fahnen, Fahnen, Fahnen! Das packte! Das faßte! Das riß mit! Frei Heil! Frei Heil! Ihr roten Sportler auf roter Erde. Ihr Arbeiterbataillone im klassischen Land des Klassenkampfes."[87]

Lediglich die Sportrevue am Samstag in der Westfalenhalle ist in der Lage, sowohl Ziele und Absichten, aber auch praktizierte alternative Formen des Sportbetriebes der Arbeitersportler zu zeigen. Aber auch hier ist vieles auf die Zurschaustellung sporttreibender Massen ausgerichtet. Der Vorsitzende des Dortmunder Kultur- und Sportkartells, Max Zimmermann, betont dementsprechend in seiner Eröffnungsrede: "Arbeitersportler strömen nicht zur Rekordsucht, streben nicht nach übersteigerten Spitzenleistungen. Nicht das Land oder die Stadt, aus denen die Rekorde gemeldet werden, verdienen den Ruf besonderer Pflegestätten des Sports, sondern jene, die den höchsten Prozentsatz wirklich ausübender Sportler aufweisen können."

86 Westf. Allg. Volkszeitung v. 1.8.1930
87 Westf. Allg. Volkszeitung v. 2.8.1930

Neben den obligaten Massenübungen gibt es bei dieser Veranstaltung durchaus Darbietungen, die den Leistungsstand der jeweiligen Abteilungen des Arbeitersports aufzeigen sollen. Der Faszination dieser Wettkämpfe auf das Publikum ist man sich durchaus bewußt und stellt sie in den Vordergrund. Die Radsportler beteiligen sich "mit scharfen Rennen auf blitzenden Stahlmaschinen", die Stemmerriege "hantierte mit Eisenkugeln wie Kokusnüsse" und die Turner "zeigten halsbrecherische Akrobatik, daß den Zuschauern der Atem stockte".[88]
Daneben versuchen die Organisatoren des Festes, Elemente der Volkskultur in die Veranstaltung zu integrieren, etwa durch die Darbietung eines "Holzschuhtanzes durch den Arbeiter-Turn- und Sportverein 98 in der Tracht holländischer Meisjes".[89]
Insofern ist der Charakter des gesamten 2. Westdeutschen Arbeitersportfestes in Dortmund durchaus ambivalent. Ein prägendes Element der Veranstaltung ist die Demonstration der Massen und der vermeintlichen Stärke des Arbeitersports als Reflex auf die erfolgte Spaltung und die Wirtschaftskrise, verbunden mit dem schon aufgezeigten Mitgliederverlust.
Daneben wird in einer Reihe von Veranstaltungsteilen das Bemühen um populäre Festformen in Verbindung mit einer Darstellung der Sportpraxis des Arbeitersports deutlich.

9.5 Die Fußballspiele des Arbeitersports

Wie verhielt sich der Arbeitersport zu den damals besonders populären "Festen" im Sport des Ruhrgebiets, den Fußballspielen? Der Arbeitersport zeigte zunächst nicht nur wenig Interesse an den Massenveranstaltungen des Fußballs, sondern bekämpfte auch ihre Darstellung in der bürgerlichen Sportberichterstattung. Obwohl sich in der Praxis des Arbeitersports das Leistungsprinzip durchgesetzt hatte, blieben die Art und Weise, wie über das Sportgeschehen berichtet wurde, dazu lange in einem auffallenden Gegensatz. Der Arbeitersport beharrt auf seinem gemein-

88 Westf. Allg. Volkszeitung v. 2.8.1930
89 Westf. Allg. Volkszeitung v. 2.8.1930

schaftlich orientierten Sportkonzept, wonach es beim Sport auf die "Erfassung breitester Massen" und nicht auf die "Züchtung von Kanonen" ankomme.[90] Der bürgerliche Sport hingegen züchte den "Kanonenkult, die Rekordjagd, den Sensations- und Geschäftsgeist, der die bürgerliche Sportwelt in einem unentwirrbaren Labyrinth umschlingt".[91]

So vermeidet die Arbeitersportbewegung lange Zeit eine ausführliche Form der Sportberichterstattung. Fußballspiele werden kurz und knapp, oft nur durch das Nennen des Ergebnisses, kommentiert. Dementsprechend wirken die Berichte oft stereotyp und langweilig:

"Sonntag, den 24.April: Gesellschaftsspiel 2. Mannschaft "Vorwärts" Herne: 2:0 für Stockum. 1.Mannschaft Freie Turnerschaft Stockum gegen A.B.V. "Vorwärts" Herne: 4:1 für Stockum. Herne hatte Sonntag eine schlechte Form an den Tag gelegt und konnte so gegen die angriffslustigen Stockumer nicht viel ausrichten. Nur gegen Schluß fand sich Herne und konnte wenigstens das Ehrentor drücken."[92]

Der bewußte Verzicht auf die Förderung des "Starrummels" bedeutet zudem, daß der Arbeitersport, obwohl in seinen Reihen ohne Zweifel auch gute Sportler stehen, kaum imstande ist, Idole hervorzubringen, die das Identifikationsbedürfnis und die Begeisterungsfähigkeit des sportinteressierten Publikums ansprechen.

Im Gegensatz dazu werden die bürgerlichen Sportler, besonders die Fußballer von Schalke 04 und anderen populären Fußballvereinen des Ruhrgebiets, von der bürgerlichen Presse zu Leitfiguren und Vorbildern für die fußballspielende Jugend gemacht, an denen sich ihre Phantasie und ihr Ehrgeiz entzünden kann. Die weitaus geringere Werbekraft des Arbeitersports führt zu erheblich geringeren Zuschauerzahlen bei den Spielen der Arbeiter-

---

90 ATSB-Geschäftsbericht über das Jahr 1920, 48
91 Herner Volkszeitung v. 2.1.1939
92 Bochumer Volksblatt v. 3.5.1921

fußballer. Dazu kommen die internen, schon angesprochenen Schwierigkeiten, die die Fußballer innerhalb des Arbeitersports haben.

Nachdem der ATSB unmittelbar nach dem Ersten Weltkrieg durch die Aufnahme des Fußballspiels in einer organisatorisch eigenständigen Sparte bereits eine offenere Haltung dokumentiert hatte, kommt es gegen Ende der 30er Jahre erneut zu einer Verhaltensveränderung, die sich u.a. durch die Herausgabe einer "Amtlichen Zeitung für Fußball und Rugby im Arbeiterturn- und Sportbund" im Jahre 1932 manifestiert.

Neben den politischen Artikeln gibt es in der Zeitung "Der Fußball-Stürmer" jetzt mehr ausführliche, unverkennbar dem bürgerlichen Berichtsstil angeglichene Spielberichte mit den Photos der Akteure.[93] Im Ruhrgebiet profitieren zahlreiche Vereine von dieser Entwicklung.

Zu Beginn der 30er Jahre ist der Verein "Wanne 09" mehrfach Meister des Gelsenkirchner Bezirks und spielt im Jahr 1932 um die Westdeutsche Meisterschaft. Zu den Endrundenspielen des Vereins kommen etwa 5000 Zuschauer. Der "Volkssport" spricht von einer "Großwerbung erster Ordnung für den Arbeitersport", von "famosen Leistungen", "glänzender Abwehr des Torhüters" und schwärmt von "Wannes Läuferreihe".[94]

Mit diesen Tendenzen zeigt sich zwar der Versuch des Arbeitersports, der bürgerlichen Kulturhegemonie, die sich im sportlichen Praxisbereich u.a. über die überwiegend durch die Berichterstattung produzierten "Idole" und "Leitbilder" artikuliert, etwas entgegenzusetzen, der konstatierte Wandel zu einer attraktiveren und populäreren Selbstdarstellung in den Medien des Arbeitersports setzte u.E. jedoch insgesamt zu spät ein, als daß er für die Mobilisierung neuer Anhängerschaften noch hätte nennenswert zum Tragen kommen können.[95]

---

93 Siehe dazu besonders die Berichterstattung zum Länderspiel einer ATSB-Auswahl gegen Norwegen, in: Der Fußball-Stürmer v. 8.8.1932, 594ff

94 Volkssport v. 2.2.1932

95 Gehrmann, 1988, 195

9.6 Populäre Wirksamkeit der Arbeitersportfeste

Zusammenfassend lassen sich für die Feste des Arbeitersports im Ruhrgebiet idealtypisch drei Phasen ausmachen.
Auf die erste Phase in der Kaiserzeit und zu Beginn der Weimarer Republik mit volkstümlichen und populären Formen, folgt eine Phase der Suche nach einer kulturellen Identität und neuen Formen sportlicher Darstellung in Form der Schwimmfeste, Bühnen- und Schauturnveranstaltungen. Dieser Abschnitt mündet in eine Phase der "Disziplinierung" der Festformen und der öffentlichen Darstellung ein. Wie groß die Akzeptanz der verkörperten Werte wie "Ordnung" und "Disziplin" ist, äußert sich auch im hohen Anteil der Arbeitersportler an den Mitgliedern des sozialdemokratischen Kampfbundes "Eiserne Front".[96]
Weiter kann festgestellt werden, daß der Arbeitersport im Ruhrgebiet der Massenbegeisterung, die von den bürgerlichen Fußballspielen ausging, nur wenig entgegenzusetzen hatte. Offenbar liegt hier ein weiterer Grund für die hohe Dominanz des bürgerlichen Sports in dieser Region. Lediglich die Art und Weise, wie die z.B die Arbeiterschwimmer oder die Kinder- und Jugendabteilungen ihre Feste gestalteten, läßt erkennen, daß sie in der Lage waren, kulturelle Hegemonie zumindest ansatzweise auszuüben. Sie besetzten nicht nur den Begriff "Gesundheit" bzw. "Kindheit" für ihre sportliche Tätigkeit und versuchten, ihn neu zu definieren, darüber hinaus konnten sie durch ihre Feste demonstrieren, daß neben individueller Leistungsfähigkeit auch gemeinschaftliche Freude an sportlicher und spielerischer Bewegung stehen konnte. Die hier erkennbare Auffassung der Arbeitersportler vereinte gleichsam Spannung durch Wettbewerbe, Bewunderung der Leistung durch die Zuschauer, politische und kulturelle Aufklärung und Freude an eigener Bewegung. Damit verstanden sie es, wenn auch nur partiell, den vermeintlichen Widerspruch zwischen Massenorganisation und kulturellem Anspruch des Arbeitersports aufzulösen.

---

96 Der überwiegende Teil der erwachsenen, männlichen Mitglieder des ATSV "Einigkeit" 07 war ab 1930 Mitglied der "Eisernen Front" in Herne. (Interview mit Robert Brauner v. 25.3. 1987)

10. Zusammenfassung und Ausblick

Das Forschungsprojekt, dessen Resultate im vorliegenden Bericht dargestellt wurden, beschäftigte sich unter zwei Hauptzielsetzungen mit der Geschichte der Arbeitersport- und Arbeiterkulturbewegung des Ruhrgebiets: Zum einen sollte das Vereinswesen des organisierten Arbeitersports und dessen Entwicklung in der Zeit von der Jahrhundertwende bis 1933 empirisch möglichst exakt erfaßt und rekonstruiert werden. Zum andern ging es um eine Analyse der in der Arbeitersportbewegung vorherrschenden, kollektiven Mentalitäten und deren Funktionen.
Im Hinblick auf die erste Zielsetzung bleibt bei einer Bilanz zunächst festzuhalten, daß das Ruhrgebiet als "eine verspätete Region" der Arbeitersport- und der Arbeiterkulturbewegung bezeichnet werden kann.
Mit Ausnahme von Dortmund und Hagen enstanden hier in nennenswertem Umfang erst nach der Jahrhundertwende, in den Jahren ab 1903/04, Arbeitersportvereine. Der eigentliche Durchbruch gelang der Arbeitersportbewegung jedoch nach 1918, als sowohl die veränderten politischen Rahmenbedingungen als auch die Integration einer Reihe von "modernen" Sportarten, darunter vor allem die Ballspiele und der Wassersport, die Zahl der Mitglieder und Vereinsgründungen in den Revierstädten sprunghaft ansteigen ließ. Der Arbeitersport bot seinen Mitgliedern jetzt ein breites und abwechslungsreiches Sport- und Bewegungsangebot und gewann damit insgesamt an Attraktivität.
Wenngleich auch Ereignisse wie die Ruhrbesetzung und die Inflation bzw. später die Weltwirtschaftskrise und nicht zuletzt die Spaltung der Arbeitersportbewegung eine Reihe von Schwierigkeiten mit sich brachten und sich hemmend auf eine noch positivere Entwicklung auswirkten, waren die Vereine des Arbeitersports zu Beginn der 30er Jahre insgesamt in den von uns untersuchten Revierstädten zu einem gewichtigen, das sportliche und kulturelle Leben mitbestimmenden Faktor geworden, der zumindest teilweise, wie etwa im Radsport, den bürgerlichen und konfessionellen Sportverbänden zahlenmäßig gleichwertig bzw. überlegen war.

Gerade in den Städten, die man als die "Zentren des organisierten Arbeitersports im Revier" bezeichnen kann, wie etwa Dortmund, Essen und - am Rande des Ruhrgebiets gelegen - auch Hagen, gestalteten Arbeitersportler über die aktive Mitarbeit in den kommunalen Organen und die Veranstaltung einer Reihe größerer Feste das sport- und kulturpolitische Leben in einem bedeutenden Umfange mit.
Über diese Leistungen hinaus zeigte jedoch die Analyse der kollektiven Mentalitäten auch die zum Teil selbst bzw. durch eine bestimmte Wahrnehmungsweise produzierten Probleme, die sich vor allem im Hinblick auf die Integration bestimmter Gruppierungen in der Ruhrarbeiterschaft für den Arbeitersport oft eher nachteilig auswirkten.
So trug die Übernahme und hartnäckige Reproduktion bestimmter wertbesetzter Begriffe und Metaphern zu einem Umgang mit den sich ebenfalls aus der Arbeiterschaft rekrutierenden "wilden" Vereinen bei, der ohne Verständnis für deren kulturelle Bedürfnisse und vor allem ohne Sensibilität für ein mögliches, gegen die hegemonialen Normen gerichtetes Widerstandspotential blieb. U.E. zeigt sich hieran exemplarisch die mangelnde Fähigkeit des Arbeitersports, die Traditionen volkskultureller Elemente und Verhaltensformen aufzunehmen und in seinem Sinne umzufunktionieren.
Gleiches gilt für den mit dem Frauensport verbundenen Frauenbild. Hier vermißt man ebenso den Versuch einer produktiven Anknüpfung an den "Alltagsverstand" und einer entsprechenden Umstrukturierung "patriarchalischer und männlicher Sichtweisen und Mentalitäten".
Insgesamt scheint, analog zu den politischen und gewerkschaftlichen Arbeiterorganisationen, auch im Arbeitersport ein Weltbild dominiert zu haben, das nur den Gegensatz von "bürgerlich" und "proletarisch" anerkannte und, verknüpft mit einem stark ausgeprägten Organisationsfetischismus, dahin tendierte, alle Besonderheiten auf diesen Gegensatz zu reduzieren.
Die binäre, aber offensichtlich kollektiv verbreitete Vorstellung von der Gesellschaft, die diese in "zwei feindliche Lager" (Bürgertum und Proletariat) teilte, ließ offensichtlich keinen

Platz für eine Betrachtungsweise, die z.B. die gerade in der Weimarer Republik verstärkt einsetzenden Differenzierungen im gesamten sozialen Gefüge und dementsprechend auch in der Arbeiterschaft angemessen reflektiert hätte. Zu häufig orientierte man sich im Arbeitersport an traditionellen Denkmustern und - das wurde im Kapitel über den Frauensport besonders deutlich - hielt ungeachtet aller regionalen Besonderheiten und Unterschiede an einem zu einfachen Bild der sozialen Realität fest. Es besteht durchaus Grund zu der Annahme, daß u.a. auch deswegen die bürgerliche Sportbewegung insgesamt immer erfolgreicher war als der Arbeitersport und daß bürgerliche oder - insbesondere im Ruhrgebiet - konfessionelle Sportvereine Arbeiter in ihrer Rolle als Akteure <u>und</u> Rezipienten des Sports positiv ansprechen und integrieren konnten. Ebenso scheint die Tatsache, daß der Arbeitersport der hier besonders populären Fußballkultur kein gleichwertiges Angebot gegenüberstellen konnte, darauf zurückführbar zu sein.

Trotz der zweifellos wichtigen Leistung, seinen Mitgliedern die Möglichkeit zu sportlich-kultureller Betätigung eröffnet und auf diesem Wege auch zur Stärkung eines Selbstbewußtseins von Arbeitern beigetragen zu haben, und trotz der von uns auch dargestellten Aneignungs- und Umfunktionierungsversuche von Elementen der bürgerlich-hegemonialen Kultur, läßt unsere Studie unter diesem Aspekt also eher an der "Fähigkeit zur kulturellen Hegemonie" des Arbeitersports zweifeln.

Inwieweit das auch im Hinblick auf die nicht-erfolgte Rekonstituierung einer eigenständigen Arbeitersportbewegung nach dem Zweiten Weltkrieg Auswirkungen gehabt hat, kann allenfalls vermutet, im Rahmen dieses Projektes jedoch nicht beantwortet werden.

Offen bleiben mußten zudem die Fragen danach, wie sich das Ende der Arbeitersportbewegung 1933 "vor Ort" konkret gestaltete und mit welchen Aktivitäten die kommunistische Rotsportbewegung im Ruhrgebiet in Erscheinung trat und über welche Anzahl an Mitgliedern und Vereinen sie verfügte. Hier wären weitere Forschungen und insbesondere auch die Erschließung noch unbekannten Quellenmaterials nötig.

Wünschenswert wäre es darüber hinaus aber auch, eine vergleichende Studie für das Bergische Land und die rheinischen Regionen durchzuführen. Hier könnten dann Hypothesen wie die der Initiativfunktion der dortigen Arbeitersportler für die Entwicklung des Ruhrgebiets verifiziert, als auch der Frage nachgegangen werden, welche Auswirkungen die vergleichsweise frühe Existenz einer starken politischen Arbeiterbewegung und der entsprechend frühe Aufbau eines Vereinswesens des eigenständigen Arbeitersports in bezug auf die Bildung eigenständiger, alternativer Kulturformen besessen hat. Aufschlußreich wäre in diesem Zusammenahng eine Analyse der mentalen Dispositionen nach dem hier angewendeten methodischen Verfahren. Auf diese Weise könnten weitere Erkenntnisse für einen Bereich gewonnen werden, der trotz seiner Relevanz für alltagsgeschichtliche Fragestellungen bisher in der Forschung eher eine marginale Rolle spielt.

11. Literaturverzeichnis

Archivalien

Adreßbücher der Städte Bochum, Dortmund, Duisburg, Oberhausen, Gelsenkirchen, Herne, Hagen von 1927 - 1933

Adressenverzeichnisse des 6. Kreises des Arbeiter-Turn- und Sportbundes von 1927, 1928 und 1929

Bestand Politische Akten der Regierung Düsseldorf (1921 - 1933)

Bundesgeschäftsberichte des Arbeiterschwimmerbundes von 1910 - 1913 und von 1919/20

Bundesgeschäftsberichte des Arbeiterradfahrerbundes Solidarität von 1919/20, 1924/25 und 1928/29,

Bundesgeschäftsberichte des Arbeiterturnerbundes aus den Jahren 1907, 1910, 1911 und 1912

Bundesgeschäftsberichte des Arbeiter-Turn- und Sportbundes aus den Jahren 1920, 1921, 1924, 1926 und 1928

Verwaltungsberichte der Städte Bochum, Dortmund, Duisburg, Hagen, Herne von 1925 - 1932

Zeitgenössische Darstellungen:

Adler, Max: Neue Menschen, Berlin 1924

Arbeiter-Jugend-Verlag (Hg.): Schulentlassungsfeier, (Aufführungsmaterial Heft 3), Berlin 1922

Arbeiter-Turn- und Sportbund (Hg.): Der Jugendleiter, Berlin 1930

Ders.(Hg.): Die Organisation des Arbeiter-Turn- und Sportbundes e.V., Leipzig o.J.

Ders.(Hg.): Protokoll der Verhandlungen des 15. Bundestages des ATSB, Leipzig 1926

Ders.(Hg.): Protokoll der Verhandlungen des 16. Bundestages des ATSB, Leipzig 1928

Bebel, August: Die Frau und der Sozialismus, Stuttgart 1892

Braun, Adolf: Die Kartelle, Berlin 1892

Ders.: Die Gewerkschaften, ihre Entwicklung und Kämpfe, Nürnberg 1914

Drees, Oskar: Die Jugendbewegung im Arbeiter-Turn- und Sportbund, Leipzig o.J.

Eschbach, Walter: Handbuch zur Gestaltung sozialistischer Jugendfeste und Jugendfeiern, Berlin 1929

Fischer, Karl: Handbuch für die Mitglieder des Arbeiter-Radfahrer-Bundes "Solidarität", Offenbach a.M. 1905

Franken, Paul: Vom Werden einer neuen Kultur. Die Aufgaben der Arbeiterkultur- und Sportorganisationen, Münster 1979 (Reprint der Ausgabe von 1930)

Frey, Karl: Unsere Gegner, Bd. 1, Leipzig 1926[2]

Houben, Heinrich H. (Hg.): Heinrich Laube's gesammelte Werke in fünfzig Bänden, Leipzig 1909

Hue, Otto: Die Bergarbeiter. Historische Darstellung der Bergarbeiter-Verhältnisse von der ältesten bis in die neueste Zeit, Bd. 2, Stuttgart 1913

Kanitz, Otto F.: Das proletarische Kind in der bürgerlichen Gesellschaft, Frankfurt a. M. 1974

Ders.: Kämpfer der Zukunft, Wien 1929

Liebknecht, Wilhelm: Zum Jubeljahr der Märzrevolution, Berlin 1898

Lohmann, Richard: Die Jugendweihe, (Sonderheft der "Arbeiterbildung" Nr. 5), o.O., o.J.

Marx, Karl/Engels, Friedrich: Manifest der Kommunistischen Partei, Berlin (Ost) 1983, (MEW, Bd. 4)

Marx, Karl: Das Kapital, Bd. 1 und Bd. 3, Frankfurt a.M. 1976 und 1977, (MEW, Bd. 23 und 25)

Müller, Emil R.: "Sonnige Jugend". Festgedanken und Feierstunden, Berlin 1921[2]

Schwarze, Max/Limpert, Wilhelm (Hg.): Friedrich Ludwig Jahn. Das Deutsche Volksthum, nach der Originalausgabe von 1810, Dresden 1928

Statistisches Reichsamt (Hg.): Volks-, Berufs- und Betriebszählung vom 16.Juni 1925, (Statistik des Deutschen Reiches, Band 404), Berlin 1929

Dass.: Volks-, Berufs- und Betriebszählung vom 16.Juni 1925. Berufszählung: Die berufliche und soziale Gliederung der Bevölkerung in den deutschen Großstädten, Berlin, 1929. (Statistik des Deutschen Reiches, Bd.406)

Treitschke, Heinrich von: Historische und politische Aufsätze, 1.Bd.: Charaktere, vornehmlich aus der neueren deutschen Geschichte, Leipzig 1886[5]

Wehner, Walter (Hg.): Die Arbeiterbewegung im Ruhrgebiet. (Reprint der von der Buchdruckerei der Arbeiterzeitung Dortmund, Filiale Essen, herausgegebenen Broschüre von 1907), Essen 1981

Werner, Georg: Kumpel. Erzählung aus dem Bergarbeiterleben, Berlin 1948[2]

Wildung, Fritz: Arbeitersport, Berlin 1929

Zentralkommision für Sport und Körperpflege (Hg.): Nachschlagebuch für die Leitungen der örtlichen Sportkartelle. Eine Anweisung für die Funktionäre der Arbeitersportbewegung, Berlin o.J. (1914)

Zeit- und Festschriften

Arbeiterturnzeitung (ATZ)

Bochumer Volksblatt

Der Fußballstürmer. Zeitschrift der Fußballsparte im Arbeiter-Turn- und Sportbund, (Jg. 1932)

Der Vorturner

Deutsche Turnzeitung (DTZ)

Dortmunder Arbeiterzeitung/Westfälische Allgemeine Volkszeitung

Essener Arbeiterzeitung/Volkswacht

Festbuch zur Stadioneinweihung des Sportklubs Obersprockhövel von 1931

Festführer zum 1. Westdeutschen Arbeiter-Turn- und Sportfest in Köln 1926

Festführer zum 2. Westdeutschen Arbeiter-Turn- und Sportfest in Dortmund 1930

Festschrift 40 Jahre DJK Sportfreunde Herne 1919, Herne 1959

Festschrift 70 Jahre "TuS Herne 07", Herne 1977

Freie Sportwoche
Gelsenkirchener Volkswille
Hagener Volksstimme/Neue Freie Presse
Herner Volksstimme/Volkszeitung
Kreismitteilungsblatt des 6. Kreises des Arbeiterturnerbundes
Niederrheinische Volksstimme
Ruhr-Echo
Volkssport. Organ für die Interessen des 6. Kreises des Arbeiterturn- und Sportbundes

Sekundärliteratur

Abelshauser, Werner/Faust, Anselm/Petzina, Dietmar (Hg.): Deutsche Sozialgeschichte 1914 bis 1945, München 1985

Arbeitsgruppe Bielefelder Soziologen (Hg.): Alltagswissen, Interaktion und gesellschaftliche Wirklichkeit, Opladen 1981[5]

Bechtold, Hartmut: Die Kartellierung der deutschen Volkswirtschaft und die sozialdemokratische Theoriediskussion vor 1933, Frankfurt a.M. 1986

Blessing, Werner K.: Der monarchische Kult, politische Loyalität und die Arbeiterbewegung im deutschen Reich, in: Ritter, Gerhard A. (Hg.): Arbeiterkultur, Königstein/Ts. 1979, 185 - 208

Block, Sigrid: Frauen und Mädchen in der Arbeitersportbewegung, Münster 1987

Born, Karl E.: Wirtschafts- und Sozialgeschichte des Deutschen Kaiserreichs (1867/71 - 1914), Stuttgart 1985

Brandt, Hans-Jürgen: Kirchliches Vereinswesen und Freizeitgestaltung in einer Arbeitergemeinde 1872 - 1933: Das Beispiel Schalke, in: Huck, Gerhard: Sozialgeschichte der Freizeit, Wuppertal 1982, 207 - 222

Brüggemeier, Franz-Josef: Leben vor Ort. Ruhrbergleute und Ruhrbergbau 1898 - 1919, München 1984[2]

Ders.: Traue keinem über sechzig? Entwicklungen und Möglichkeiten der Oral History in Deutschland, in: Geschichtsdidaktik 3 (1984), 199 - 210

Ders.: Leben in Bewegung. Zur Kultur unständiger Arbeiter im Kaiserreich, in: Dülmen, Richard van (Hg.): Armut, Liebe, Ehre. Studien zur historischen Kulturforschung, Frankfurt a.M. 1988, 225 - 257

Burke, Peter: Stärken und Schwächen der Mentalitätengeschichte, in: Raulff, Ulrich (Hg.): Mentalitätengeschichte. Zur historischen Rekonstruktion geistiger Prozesse, Berlin (West) 1988, 127 - 145

Cardoff, Peter: Was gibt`s denn da zu feiern?, Wien 1983

Crew, David: Bochum. Sozialgeschichte einer Industriestadt 1860 - 1914, Frankfurt a.M./Berlin/Wien 1980

Dieckmann, Walter: Information oder Überredung. Zum Wortgebrauch der politischen Werbung in Deutschland seit der Französischen Revolution, Marburg 1964

Dierker, Herbert: Theorie und Praxis des Arbeitersports in der Weimarer Republik, in: Blecking, Diethelm, (Hg.): Arbeitersport in Deutschland. Dokumentation und Analysen, Köln 1981, 43 - 56

Dorn, Petra/Zimmermann; Michael: Bewährungsprobe. Herne und Wanne-Eickel 1933-1945. Alltag, Widerstand, Verfolgung unter dem Nationalsozialismus, Bochum 1987

Eco, Umberto: Einführung in die Semiotik, München 1973

Edelman, Murray: Politik als Ritual. Die symbolische Funktion staatlicher Institutionen und politischen Handelns, Frankfurt a.M./New York 1976

Elias, Norbert: Zum Begriff des Alltags, in: Hammerich, Kurt/Klein, Michael (Hg.): Materialien zur Soziologie des Alltags (Sonderheft 20 der Kölner Zeitschrift für Soziologie und Sozialpsychologie), Opladen 1978, 22 - 29

Friedemann, Peter: Feste und Feiern im rheinisch-westfälischen Industriegebiet 1890-1914. in: Huck, 1982, 162 - 186

Ders.: Anspruch und Wirklichkeit der Arbeiterkultur 1891 - 1933, in: Petzina, Dietmar (Hg.): Fahnen, Fäuste, Körper. Symbolik und Kultur der Arbeiterbewegung, Essen 1986, 101 - 112

Ders.: Wie munter und wie ordentlich wir unsere Feste zu feiern verstehen, in: Düding, Peter u.a. (Hg.): Öffentliche Festkultur, Reinbek b. Hamburg 1988, 373 - 389

Fromm, Erich: Arbeiter und Angestellte am Vorabend des Dritten Reiches, München 1983
Fuchs, Werner: Biographische Forschung. Eine Einführung in Praxis und Methoden, Opladen 1984
Füßmann, Klaus: "Führe uns nicht unter Bismarks Versuchungen" - Die politische Kultur der aufsteigenden Industriestadt Herne im Deutschen Kaiserreich (1871-1914), Magisterarbeit Bochum 1984
Gehrmann, Siegfried: Fußball - Vereine - Politik. Zur Sportgeschichte des Reviers 1900-1940, Essen 1988
Gramsci, Antonio: Philosophie der Praxis, Frankfurt a.M. 1967
Hannappel, Hans/Melenk, Hartmut: Alltagssprache. Semantische Grundbegriffe und Analysebeispiele, München 1979
Hartfiel, Günter.: Soziale Schichtung, München 1978
Hauk, Gerhard: "Ein schwer zu beackernder Boden" - Arbeiter- und Arbeitersportbewegung in Rheinland-Westfalen und an der Ruhr, in: Teichler, Hans-Joachim/Hauk, Gerhard (Hg.): Illustrierte Geschichte des Arbeitersports, Berlin/Bonn 1987, 63 - 75
Ders.: "Armeekorps auf dem Weg zur Sonne". Einige Bemerkungen zur kulturellen Selbstdarstellung der Arbeiterbewegung, in: Petzina, 1986, 69 - 90
Herbert, Ulrich: Geschichte der Ausländerbeschäftigung in Deutschland 1880 bis 1980, Bonn 1986
Herlemann, Beatrix: Kommunalpolitik der KPD im Ruhrgebiet 1924 - 1933, Wuppertal 1977
Hermann, Ulrich (Hg.): Neue Erziehung, Neue Menschen, Weinheim 1987
Honegger, Claudia: Geschichte im Entstehen. Notizen zum Werdegang der Annales, in: Dies. (Hg.): Schrift und Materie der Geschichte. Vorschläge zur systematischen Aneignung historischer Prozesse, Frankfurt a.M. 1977, 7 - 46
Jarausch, Konrad: Quantitative Methoden in der Geschichtswissenschaft, Darmstadt 1985
Kaufmann, Arthur: Gustav Radbruch, München 1987
Krafeld, Karl: Geschichte der Jugendarbeit, Weinheim 1984
Kehm, Barbara: Der 1. Mai im Spiegel der Bochumer Presse von 1927 - 1955, Bochum 1986

Klönne, Arno: Klassen und Schichten. Sozialwissenschaftliche Theorien und Kontroversen von Weimar bis Bonn. Stuttgart 1977

Knüpper, Heinz: Illustriertes Lexikon der deutschen Umgangssprache, Bd. 8, Stuttgart 1984

Kocka, Jürgen: Sozialgeschichte. Begriff - Entwicklung - Probleme, Göttingen 1986[2]

Köpping, Walter (Hg.): Lebensberichte deutscher Bergarbeiter, o.O., o.J. (Essen 1983)

Korff, Gottfried: Volkskultur und Arbeiterkultur. Überlegungen am Beispiel der sozialistischen Maifesttradition, in: Geschichte und Gesellschaft 5 (1979), 83 - 102

Koselleck, Reinhart: Begriffsgeschichte und Sozialgeschichte, in: Ders.: Vergangene Zukunft. Zur Semantik geschichtlicher Zeiten, Frankfurt a.M. 1984[2], 107 - 129

Kürbisch, Friedrich G./Klucsarits, Richard (Hg.): Arbeiterinnen kämpfen um ihr Recht, Wuppertal 1981

Langewiesche, Dieter: Die Arbeitswelt in den Zukunftsentwürfen des Weimarer Kultursozialismus, in: Lehmann, Albrecht (Hg.): Studien zur Arbeiterkultur, Münster 1984, 41 - 58

Ders.: Kultur der Arbeiterbewegung im Kaiserreich und in der Weimarer Republik, in: Ergebnisse 26 (1984), 9 - 30

Lessing, Hellmut/Liebel, Manfred: Wilde Cliquen. Szenen einer anderen Arbeiterjugendbewegung, Bensheim 1981

Losseff-Tillmans, Gisela: Frau und Gewerkschaft, Frankfurt a.M. 1982

Lucas, Erhard: Zwei Formen von Radikalismus in der deutschen Arbeiterbewegung, Frankfurt a.M. 1976

Mead, Georg H.: Geist, Identität und Gesellschaft, Frankfurt a.M. 1973

Medick, Hans: Plebejische Kultur. Plebejische Öffentlichkeit. Plebejische Ökonomie. Über Erfahrungen Besitzarmer und Besitzloser in der Übergangsphase zum Kapitalismus, in: Berdahl, Robert u.a.: Klassen und Kultur. Sozialanthropologische Perspektiven in der Geschichtsschreibung, Frankfurt a.M. 1982, 157 - 204

Negt, Oskar/Kluge, Alexander: Öffentlichkeit und Erfahrung. Zur Organisationsanalyse von bürgerlicher und proletarischer Öffentlichkeit, Frankfurt a.M. 1972

Niethammer, Lutz (Hg.): "Die Jahre weiß man nicht, wo man die heute hinsetzen soll". Faschismuserfahrungen im Ruhrgebiet, Bd.1, Berlin/Bonn 1983

Noltenius, Rainer: Der Arbeitersport in der Festkultur der Arbeiterbewegung, in: Teichler/Hauk, 1987, 41 - 47

Petzina, Dietmar: Die deutsche Wirtschaft in der Zwischenkriegszeit, Wiesbaden 1977

Peukert, Detlev: Arbeiteralltag - Mode oder Methode?, in: Haumann, Heiko (Hg.): Arbeiteralltag in Stadt und Land. Neue Wege der Geschichtsschreibung (Argument-Sonderband 94), Berlin (West) 1982, 8 - 39

Ders.: Die Weimarer Republik, Frankfurt a.M. 1987

Pfister, Gertrud: "Macht euch frei". Frauen in der Arbeiter-Turn-und Sportbewegung, in: Teichler/Hauk, 1987, 48 - 57

Plato, Alexander von: Wer schoß auf Robert R., oder was kann Oral History leisten?, in: Heer, Hannes/Ulrich, Volker (Hg.): Geschichte entdecken. Erfahrungen und Projekte der neuen Geschichtsbewegung, Reinbek b. Hamburg 1985, 266 - 280

Raulff, Ulrich: Vorwort Mentalitätengeschichte, in: ders., 1988, 7 - 17

Reulecke, Jürgen (Hg.): Arbeiterbewegung an Rhein und Ruhr. Beiträge zur Geschichte der Arbeiterbewegung in Rheinland-Westfalen, Wuppertal 1974

Ritter, Gerhard A.: Arbeiterkultur im Deutschen Kaiserreich. Probleme und Forschungsansätze, in: ders., 1979, 15 - 39

Ders./Kocka, Jürgen (Hg.): Deutsche Sozialgeschichte. Dokumente und Skizzen, München 1983[2]

Ders.: Die Arbeiterbewegung im wilhelminischen Reich. Die sozialdemokratische Partei und die freien Gewerkschaften 1890 - 1900, Berlin 1959

Rittner, Volker: Ein Versuch systematischer Aneignung von Geschichte: Die "Schule der Annales", in: Geiss, Imanuel/Tamchina, Rainer (Hg.): Ansichten einer künftigen Geschichtswissenschaft, Bd. 1: Kritik - Theorie - Methode, Frankfurt a.M/Berlin/Wien 1980, 153 - 172

Rohe, Karl: Vom Revier zum Ruhrgebiet. Wahlen - Parteien - Politische Kultur, Essen 1986

Saldern, Adelheid von: Arbeiterkulturbewegung in Deutschland in der Zwischenkriegszeit, in: Boll, Friedhelm (Hg.): Arbeiterkulturen zwischen Alltag und Politik. Beiträge zum europäischen Vergleich in der Zwischenkriegszeit, Düsseldorf 1986, 29 - 70

Salomon, Alice: Die Ursachen der ungleichen Entlohnung von Männer- und Frauenarbeit, in: Losseff-Tillmans, 1982, 116 - 137

Schley, Cornelius: Die sozialistische Arbeiterjugend Deutschlands, Frankfurt a.M. 1987

Schönhoven, Klaus: Die deutschen Gewerkschaften, Frankfurt a.M 1987

Schöttler, Peter: Sozialgeschichtliches Paradigma und historische Diskursanalyse, in: Fohrmann, Jürgen/Müller, Harro (Hg.): Diskurstheorien und Literaturwissenschaft, Frankfurt a.M. 1988, 159 - 199

Schulz, Dorothea: Aspekte des Frauensports in der Arbeitersportbewegung des Ruhrgebiets mit den Schwerpunkten Hagen, Dortmund, Essen, Staatsexamensarbeit Bochum 1987

Siemann, Wolfram: Die deutsche Revolution von 1848/49, Frankfurt a.M. 1985

Soder, Martin: Hausarbeit und Stammtischsozialismus. Arbeiterfamilie und Alltag im deutschen Kaiserreich, Giessen 1980

SPD Unterbezirk Herne (Hg.): Sozialdemokratie in Herne von den Anfängen bis zum Verbot 1933, Herne 1984

Stadt Recklinghausen (Hg.): Kohle war nicht alles. Hochlarmarker Lesebuch, Oberhausen 1981

Stübling, Rainer: Kultur und Massen. Das Kulturkartell der modernen Arbeiterbewegung in Frankfurt am Main von 1925 bis 1933, Offenbach a.M. 1983

Teichler, Hans Joachim: Arbeitersport - Körperkultur - Arbeiterkultur. Kritische Anmerkungen zu einem längst überfälligen Aufarbeitungsprozeß, in: Sportwissenschaft 4 (1984), 325 - 347

Tenfelde, Klaus: Sozialgeschichte der Bergarbeiterschaft an der Ruhr im 19. Jahrhundert, Bonn 1977

Ders.: Zur Bedeutung der Arbeitskämpfe für die Entwicklung der deutschen Gewerkschaften, in: Matthias, Erich/Schönhoven, Klaus: Solidarität und Menschenwürde. Etappen der deutschen Gewerkschaftsgeschichte von den Anfängen bis zur Gegenwart, Bonn 1984, 25 - 38

Thompson, Edward P.: Plebeische Kultur und moralische Ökonomie. Aufsätze zur englischen Sozialgeschichte des 18. und 19. Jahrhunderts, Frankfurt a.M./Berlin/Wien 1980

Treiber, Hubert/Steinert, Heinz: Die Fabrikation des zuverlässigen Menschen. Über die "Wahlverwandtschaft" von Kloster- und Fabrikdisziplin, München 1980

Ueberhorst, Horst: Frisch, frei, stark und treu. Die Arbeitersportbewegung in Deutschland 1893 - 1933, Düsseldorf 1973

Ders.: 125 Jahre Rheinisch-Westfälischer Turnverband. Eine historisch-kritische Würdigung, Bergisch-Gladbach/Oberwerries 1983

Wachholz, Willi/Voß, Armin: Die unpolitischen Turner. Beiträge zur Geschichte ihrer Verbände, Westhofen 1988

Wehler, Hans-Ulrich: Die Polen im Ruhrgebiet bis 1918, in: ders. (Hg.).: Moderne deutsche Sozialgeschichte, Königstein/Ts. 1981[5], 437 - 455

Ders.: Neoromantik und Pseudorealismus in der neuen Alltagsgeschichte, in: ders.: Preußen ist wieder chic... Politik und Polemik in zwanzig Essays, Frankfurt a.M. 1983, 99 - 106

Weick, Karl: Über den Prozeß des Organisierens, Frankfurt a.M. 1985

Whorf, Benjamin L.: Sprache - Denken - Wirklichkeit. Beiträge zur Metalinguistik und Sprachphilosophie, Reinbek b. Hamburg 1984

Wien, Erich: Theorien der sozialen Schichtung, München 1974

Will, Wilfried/Burns, Rob (Hg.): Arbeiterkulturbewegung in der Weimarer Republik. Texte - Dokumente - Bilder, Frankfurt a.M/Berlin/Wien 1982

Winkler, Heinrich A. (Hg.): Organisierter Kapitalismus. Voraussetzungen und Anfänge, Göttingen 1974

Ders.: Von der Revolution zur Stabilisierung. Arbeiter und Arbeiterbewegung in der Weimarer Republik 1918 bis 1924, Berlin/Bonn 1985[2]

Wittmann, Ingrid: "Echte Weiblichkeit ist ein Dienen" - Die Hausgehilfin in der Weimarer Republik und im Nationalsozialismus, in: Frauengruppe Faschismusforschung (Hg.): Mutterkreuz und Arbeitsbuch, Frankfurt a.M. 1981, 15 - 48

Zwahr, Hartmut: Zur Konstituierung des Proletariats als Klasse. Strukturuntersuchung über das Leipziger Proletariat während der industriellen Revolution, München 1981